权威·前沿·原创

皮书系列为
"十二五""十三五""十四五"时期国家重点出版物出版专项规划项目

B

BLUE BOOK

智 库 成 果 出 版 与 传 播 平 台

汽车工业蓝皮书

BLUE BOOK OF AUTOMOTIVE INDUSTRY

中国汽车工业发展报告
（2024）

ANNUAL REPORT ON THE DEVELOPMENT OF CHINA

AUTOMOTIVE INDUSTRY (2024)

中国汽车工业协会
主　编／中国第一汽车集团有限公司
北京汽车集团有限公司

社会科学文献出版社
SOCIAL SCIENCES ACADEMIC PRESS（CHINA）

图书在版编目（CIP）数据

中国汽车工业发展报告.2024／中国汽车工业协会，
中国第一汽车集团有限公司，北京汽车集团有限公司主编.
北京：社会科学文献出版社，2024.10.--（汽车工业
蓝皮书）. --ISBN 978-7-5228-4347-6

Ⅰ.F426.471

中国国家版本馆 CIP 数据核字第 2024KA6587 号

汽车工业蓝皮书

中国汽车工业发展报告（2024）

中国汽车工业协会
主　　编／中国第一汽车集团有限公司
　　　　　北京汽车集团有限公司

出 版 人／冀祥德
责任编辑／吴云苓
责任印制／王京美

出　　版／社会科学文献出版社·皮书分社（010）59367127
　　　　　地址：北京市北三环中路甲 29 号院华龙大厦　邮编：100029
　　　　　网址：www.ssap.com.cn
发　　行／社会科学文献出版社（010）59367028
印　　装／三河市东方印刷有限公司

规　　格／开 本：787mm×1092mm　1/16
　　　　　印 张：30　字 数：457 千字
版　　次／2024 年 10 月第 1 版　2024 年 10 月第 1 次印刷
书　　号／ISBN 978-7-5228-4347-6
定　　价／198.00 元

读者服务电话：4008918866

《中国汽车工业发展报告（2024）》
编　委　会

曾祥佳	柏　宁	李向荣	张　宇	李维菁
王亚飞	牟　薇	李云伟	李　韬	杨建红
张　贞	姚静芳	王智明	冯　霞	孟仝欣
干　杰	吴相昆	曹　鹏	薛　凯	朱云尧
衣俊辉	王　燕	车一平	张越垚	宋世克
李　华	杜红兵	周琳胜	葛娜娜	方红兵
白　灵	曹　阳	伍丽娜	冯会健	华进勇
回　春	沈　斌	范攀攀	叶晓明	杨贵永
陈文都	李伟成	王　岭	杨冰融	李迎浩
谢驰航	乐　智	瞿佳钰	田晶晶	郑　琪
许广宏	刘朝辉	孙志斌	曹　阳	陈　思
佟　飞	吴紫莹	姜　磊	陈士华	李邵华
柳　燕	李桂新	雷　滨	王　军	刘　金
崔莉莎	田丹晖	李　尧	尤　强	尚　蛟
韩　昭	邹　朋	孙天成	黄旭弘	赵永健
李卫立	伊　鸣	黄　兴	刘　征	齐立香
刘建荣	黎冲森	齐立香	李子醇	李　辉
邢朕怀	王天辉	徐高翔	蒋小梅	

支 持 单 位　中国汽车技术研究中心有限公司

东风汽车集团有限公司

上海汽车集团股份有限公司

重庆长安汽车股份有限公司

北京汽车集团有限公司

广州汽车集团股份有限公司

奇瑞汽车股份有限公司

安徽江淮汽车集团股份有限公司

中国重型汽车集团有限公司

浙江吉利控股集团有限公司

长城汽车股份有限公司

比亚迪汽车工业有限公司

江铃汽车股份有限公司

中国汽车工程学会

中国汽车工程研究院有限公司

一汽解放汽车有限公司

东风汽车有限公司

宇通客车股份有限公司

厦门金龙汽车集团股份有限公司

东风汽车股份有限公司

北汽福田汽车股份有限公司

上汽依维柯红岩商用车有限公司

陕西汽车控股集团有限公司

东风商用车有限公司

上汽大众汽车有限公司

上海通用汽车有限公司

一汽—大众汽车有限公司

广汽丰田汽车有限公司

一汽丰田汽车有限公司

广汽本田汽车有限公司

北京奔驰汽车有限公司

华晨宝马汽车有限公司

上汽通用五菱汽车股份有限公司

神龙汽车有限公司

北京新能源汽车股份有限公司

上海蔚来汽车有限公司

广州小鹏汽车科技有限公司

北京车和家信息技术有限公司

威马汽车科技集团有限公司

宁德时代新能源科技股份有限公司

合肥国轩高科动力能源有限公司

北京中能时代科技集团有限公司

精进电动科技股份有限公司

万向钱潮股份有限公司

浙江亚太机电股份有限公司

深圳市航盛电子股份有限公司

浙江万安科技股份有限公司

杰华特微电子股份有限公司

湖南科力远新能源股份有限公司

新焦点汽车技术控股有限公司

长春一汽富晟集团有限公司

北京京西重工有限公司

中国电动汽车充电基础设施促进联盟

北京理工大学

中国信息通信研究院

襄阳达安汽车检测中心有限公司

西部科学城智能网联汽车创新中心（重庆）有限公司

中汽研汽车检验中心（武汉）有限公司

目　录 ⟐

Ⅰ　总报告

Ⅱ　乘用车篇

Ⅲ　商用车篇

Ⅳ 节能与新能源汽车篇

Ⅴ 智能网联汽车篇

Ⅵ 供应链篇

Ⅶ 标准化与检测篇

附　录

皮书数据库阅读**使用指南**

CONTENTS ⟆

I General Report

II Passenger Vehicles

III Commercial Vehicles

Ⅳ   New Energy Vehicles

Ⅴ   Intelligent Connected Vehicle

Ⅵ   Supply Chain

Ⅶ   Standardization

总 报 告

B.1
2023年中国汽车工业发展报告

摘 要： 2023年，中国汽车工业取得显著成就，销量、新能源车销量和出口量均居全球首位。这反映了中国汽车产业的活力与韧性，以及中国制造的实力和信心。经过70年的发展，中国汽车工业正积极应对全球汽车行业变革，致力于高质量发展，努力实现汽车强国目标。本报告基于2023年全球和中国汽车工业的相关数据，分析了促进汽车消费，新能源汽车、智能网联、产业标准化、节能减排和后市场发展等一系列汽车产业发展政策，阐述了行业集中度出现分化、竞争格局明显重塑的行业竞争态势，以及在新能源、智能网联、新材料方面取得的技术突破，并简要汇总了汽车产销突破3000万辆大关等十大行业热点信息。并从宏观环境、汽车产业、需求趋势等角度综合分析预计2024年汽车市场规模将在3100万辆左右，同比增长3%。

关键词： 汽车工业　中国汽车品牌　新能源汽车

一　全球汽车工业发展形势

2023 年，影响汽车行业的全球问题逐渐减少、过去三年累积的汽车需求量及供应量增加，同时伴随经济的良好复苏和消费能力的持续提升，世界主要汽车市场均呈现强劲的反弹态势。根据 MarkLines 全球汽车信息平台对全球 60 多个主要国家的统计，2023 年全球汽车销量为 8879.5 万辆，同比增长 11.2%，六大洲除了非洲之外，其他均实现了正增长。其中，亚洲销售 4866.8 万辆，同比增长 10.8%，全球占比达到 54.8%；北美洲销售 1935.9 万辆，同比增长 12.7%，全球占比 21.8%；欧洲销售 1548.8 万辆，同比增长 14.1%，全球占比 17.4%，以上三大洲合计销售 8351.5 万辆，同比增长 11.9%，全球占比高达 94.1%。南美洲、大洋洲、非洲销量较低，三者合计占比仅 5.9%（见表 1）。

表 1　2019~2023 年全球各大洲汽车销量变化情况

单位：万辆，%

地区	销量					同比增长				
	2019 年	2020 年	2021 年	2022 年	2023 年	2019 年	2020 年	2021 年	2022 年	2023 年
亚洲	4244.7	3964.4	4177.6	4390.6	4866.8	-6.8	-6.6	5.4	5.1	10.8
北美洲	2097.3	1763.2	1837.2	1717.4	1935.9	-2.0	-15.9	4.2	-6.5	12.7
欧洲	1972.2	1534.0	1541.2	1357.4	1548.8	0.8	-22.2	0.5	-11.9	14.1
南美洲	393.5	289.3	322.8	326.6	329.1	-4.1	-26.5	11.5	1.2	0.8
大洋洲	121.8	103.7	121.5	124.6	136.5	-7.4	-14.9	17.2	2.6	9.6
非洲	71.8	61.1	75.5	71.2	62.3	-3.6	-14.9	23.4	-5.6	-12.5
总计	8901.3	7715.7	8075.7	7987.8	8879.5	-3.9	-13.3	4.7	-1.1	11.2

注：图表中数据为以原精确数据计算，与以"万辆"为单位计算结果有出入，下同。

资料来源：MarkLines。

1. 亚洲

2023 年，亚洲五大区域汽车销量只有东南亚出现微跌，其他地区均实现了正增长，其中东亚销售规模最大，在中国汽车市场强劲拉动下，全年销售 3681.8 万辆，同比增长 11.7%，在亚洲占比由上年的 75.1% 升至 75.7%；南亚全年销售 516.5 万辆，同比增长 3.4%，在亚洲占比 10.6%，较上年下降 0.8 个百分点；东南亚销售 340.5 万辆，同比微降 0.7%，在亚洲占比 7.0%，较上年下降 0.8 个百分点；西亚销售 278.1 万辆，同比增长 31.6%，是亚洲增长最快的区域；中亚与其他四大区域销量相差很大，仅有 49.9 万辆，但同比增速较高，达到 21.6%（见表 2）。

表 2 2019~2023 年亚洲各大区域汽车销量变化情况

单位：万辆，%

地区	销量					同比增长				
	2019 年	2020 年	2021 年	2022 年	2023 年	2019 年	2020 年	2021 年	2022 年	2023 年
东亚	3296.0	3200.7	3266.3	3295.7	3681.8	-6.9	-2.9	2.1	0.9	11.7
南亚	401.0	306.6	400.2	499.7	516.5	-14.0	-23.5	30.5	24.8	3.4
东南亚	339.9	242.8	273.7	342.8	340.5	-1.4	-28.6	12.7	25.3	-0.7
西亚	173.4	177.3	198.8	211.4	278.1	-1.6	2.2	12.2	6.3	31.6
中亚	34.4	37.1	38.6	41.0	49.9	29.3	7.7	4.1	6.4	21.6
总计	4244.7	3964.4	4177.6	4390.6	4866.8	-6.8	-6.6	5.4	5.1	10.8

资料来源：MarkLines。

2023 年，亚洲 21 国中，销量超过百万辆的有 6 个国家，分别是中国、印度、日本、韩国、土耳其和印度尼西亚，六者合计销量达到 4390.9 万辆，同比增长 11.7%，占亚洲总销量的 90.2%，较上年提升 0.6 个百分点，占全球总销量的 49.5%，较上年提升 0.3 个百分点。

2023 年，中国汽车市场高举高打，呈现强大的韧性，全年销售 3009.4 万辆，同比增长 12.0%，亚洲占比高达 61.8%，较上年提升 0.6 个百分点；全球占比进一步提升，达到 33.9%，以绝对优势连续 15 年蝉联全球第一大汽车消费市场。

印度随着经济的快速增长，加上庞大的消费人群，汽车市场正在迅速扩大，近四年分别跨越 200 万辆、300 万辆、400 万辆和 500 万辆台阶。其中，2023 年销量达到 508.0 万辆，同比增长 6.6%，连续第二年稳居全球第三大汽车市场，超过日本，但仍落后于中国和美国。

日本是全球的汽车消费大国，汽车销量长期维持在 500 多万辆规模，2020 年以来受到新冠疫情、全球半导体不足及零部件调配困难等因素影响，汽车销量跌至 400 万辆台阶。2023 年日本汽车市场回暖明显，全年销售 477.5 万辆，同比增长 13.7%，在亚洲占比升至 9.8%，全球占比达 5.4%，并被印度反超，排名降至全球第四位。

2023 年，韩国政府修改了车辆检查制度，使得老旧车型难以通过年检，进而促使消费者购买新车，此政策对新车销售有一定的促进作用。全年销售汽车 172.3 万辆，同比增长 3.2%，排名亚洲第四位、全球第十一位。

土耳其拥有大量全球供应商，全球有 250 多家供应商以土耳其为生产基地，其中 30 家跻身全球前 100 名供应商之列，2023 年土耳其大力支持供应链恢复，也促进了新车销售。2023 年，土耳其汽车市场创历史新高，销量首次超过 100 万辆，达到 123.3 万辆，同比增长 57.4%，成为世界各国增速最高的国家，也成为仅次于英国的第二大欧洲汽车出口国。

近几年，印度尼西亚汽车销量起伏很大，2020 年跌至最低点 49.5 万辆，近三年政府陆续出台一系列吸引外资和促进汽车工业发展的政策，促使其汽车销量恢复性增长，2023 年继续保持在百万辆规模，达到 100.6 万辆，同比小幅下降 4.0%，排名亚洲第六位，但全球占比仅为 1.1%，排名第十五位。

泰国、沙特阿拉伯、马来西亚销量均在 80 多万辆水平。其中，泰国在 2019 年汽车销量达到历史高峰后，近四年一直在 80 万辆规模徘徊，2023 年销售汽车 84.1 万辆，同比下降 5.1%；沙特阿拉伯销量连续四年回升，2023 年达到 80.4 万辆，同比增长 23.3%；马来西亚为东盟第三大汽车市场，规模仅次于泰国和印度尼西亚，2023 年销售汽车 80.0 万辆，同比增长 11.0%。

亚洲其他国家和地区汽车销量规模普遍较小，其中菲律宾、乌兹别克斯坦、越南、以色列、阿联酋、中国台湾和哈萨克斯坦 2023 年销量在 20 万~50 万辆。科威特、巴基斯坦、阿曼、新加坡和缅甸销量均在 15 万辆以下（见表 3）。

表 3　2019~2023 年亚洲主要国家/地区汽车销量变化情况

单位：万辆，%

排名	国家/地区	销量					同比增长				
		2019 年	2020 年	2021 年	2022 年	2023 年	2019 年	2020 年	2021 年	2022 年	2023 年
1	中国	2576.9	2531.1	2627.5	2686.4	3009.4	−8.2	−1.8	3.8	2.2	12.0
2	印度	381.7	293.8	376.0	476.4	508.0	−13.3	−23.0	28.0	26.7	6.6
3	日本	519.1	459.5	444.5	419.8	477.5	−1.4	−11.5	−3.3	−5.6	13.7
4	韩国	178.1	187.4	170.8	167.0	172.3	−1.8	5.2	−8.8	−2.2	3.2
5	土耳其	47.9	77.3	73.7	78.3	123.3	−22.8	61.3	−4.6	6.2	57.4
6	印度尼西亚	94.8	49.5	82.1	104.8	100.6	−9.8	−47.8	66.1	27.6	−4.0
7	泰国	102.9	80.4	77.5	88.7	84.1	1.2	−21.8	−3.7	14.4	−5.1
8	沙特阿拉伯	55.0	46.8	58.1	65.1	80.4	31.5	−15.0	24.2	12.1	23.3
9	马来西亚	60.4	52.9	50.9	72.0	80.0	0.9	−12.4	−3.9	41.6	11.0
10	菲律宾	40.2	24.3	28.7	36.6	43.5	2.8	−39.6	18.3	27.3	19.0
11	乌兹别克斯坦	26.8	27.6	26.5	28.6	29.9	31.5	3.1	−4.2	7.9	4.7
12	越南	30.6	28.4	27.7	35.8	27.6	10.6	−7.2	−2.4	29.2	−22.8
13	以色列	25.5	21.7	29.1	27.0	27.1	−4.6	−15.0	34.0	−7.3	0.4
14	阿联酋	22.2	15.3	19.8	22.4	26.5	−1.2	−31.3	29.6	13.0	18.4
15	中国台湾	21.9	22.7	23.5	22.6	22.7	−6.6	3.6	3.5	−3.8	0.6
16	哈萨克斯坦	7.6	9.4	12.1	12.5	20.0	22.1	23.8	28.4	3.1	60.3
17	科威特	11.3	8.7	10.5	11.7	12.7	9.0	−23.4	20.8	12.1	7.9
18	巴基斯坦	19.3	12.8	24.3	23.3	8.5	−27.0	−33.6	89.9	−4.2	−63.4
19	阿曼	11.4	7.5	7.6	6.8	8.3	−10.9	−34.2	0.7	−9.6	20.6
20	新加坡	8.7	5.5	5.8	4.2	3.8	−7.4	−36.8	5.1	−27.2	−10.3
21	缅甸	2.2	1.8	0.9	0.7	0.9	23.3	−19.2	−47.2	−24.4	22.7

资料来源：MarkLines。

2. 欧洲

2023 年，伴随供应链进一步恢复和厂商生产趋于正常化，欧洲汽车市场明显好转，合计销售汽车 1548.8 万辆，同比增长 14.1%，为全球第三大汽车市场。

欧洲五大区域除北欧微跌外，其他全线飘红，其中西欧全年销售 557.6 万辆，同比增长 17.6%，占欧洲总销量的 36.0%，较上年提升 1.1 个百分点；中欧结束三连跌，2023 年销售 467.7 万辆，同比增长 9.3%，但欧洲占比出现 1.3 个百分点的下降，由上年的 31.5% 跌至 30.2%；南欧销售 339.6 万辆，同比增长 14.2%，欧洲占比 21.9%，与上年基本持平；东欧 2023 年表现突出，全年销售 103.1 万辆，同比大增 34.5%，欧洲占比 6.7%，较上年提升 1.0 个百分点；北欧销售 80.7 万辆，同比微降 0.6%（见表4）。

表4　2019~2023 年欧洲各大区域汽车销量变化情况

单位：万辆，%

地区	销量					同比增长				
	2019 年	2020 年	2021 年	2022 年	2023 年	2019 年	2020 年	2021 年	2022 年	2023 年
西欧	671.0	505.2	511.5	474.1	557.6	0.2	-24.7	1.3	-7.3	17.6
中欧	577.9	463.9	437.9	428.1	467.7	4.2	-19.7	-5.6	-2.2	9.3
南欧	433.6	307.1	320.5	297.3	339.6	-1.0	-29.2	4.4	-7.2	14.2
东欧	189.8	172.6	182.0	76.7	103.1	-1.8	-9.1	5.5	-57.9	34.5
北欧	100.0	85.3	89.3	81.2	80.7	-1.0	-14.7	4.7	-9.1	-0.6
总计	1972.2	1534.0	1541.2	1357.4	1548.8	0.8	-22.2	0.5	-11.9	14.1

资料来源：MarkLines。

欧洲国家普遍国土面积小、人口数量少，汽车销售规模不大，2023 年在全球车市恢复性增长的情况下，销量超过 100 万辆的仅有 4 个国家。

德国是欧洲最大的汽车市场，在连跌三年后，2023 年汽车销量再次站上 300 万辆台阶，达到 314.1 万辆，同比增长 7.9%，约占欧洲总销量的 20.3%，较上年下降 1.2 个百分点，全球占比为 3.5%，与上年基本持平，排名全球第五位。

英、法是欧洲仅次于德国的两个汽车消费大国，2023 年二者合计销售 445.9 万辆，同比增长 16.5%，占欧洲总销量的 28.8%，占全球总销量的 5.0%。其中，英国作为欧洲第二、全球第七大汽车市场，2023 年由于供应链问题的缓解，销量明显回升，全年销售 225.0 万辆，同比增长 18.4%，是新冠疫情以来销量最高的一年。法国 2023 年整体表现也较好，全年销售 220.9 万辆，同比增长 14.6%，在连续三年保持对英国销量优势之后，2023

年以微弱劣势被反超，排名降至欧洲第三位、全球第八位。

2023年，随着意大利经济逐渐恢复，居民购车需求也在增加，汽车销量实现了较大幅度的增长，全年销售176.2万辆，同比增长20.3%，占欧洲总销量的11.4%，较上年提升0.6个百分点，全球占比2.0%，排名第九位。

西班牙和俄罗斯销量在90万辆以上，其中西班牙2023年销售汽车94.9万辆，同比微增0.8%，占欧洲总销量的6.1%，较上年下降0.8个百分点。俄罗斯在东欧虽然仍保持一枝独秀，但在全球规模并不大，2022年受俄乌冲突影响，汽车销量暴跌至68.7万辆，2023年大幅反弹，全年销售93.7万辆，同比增长36.3%；冲突另一方乌克兰销量也开始触底回升，但整体规模较小，仅有5.7万辆。

比利时和波兰两国销量均为50多万辆，其中波兰是中欧第二大汽车市场，2023年销售汽车54.4万辆，同比增长28.8%。波兰全年销售51.2万辆，同比增长12.4%。其他国家年销量均不足50万辆（见表5）。

表5 2019~2023年欧洲各主要国家汽车销量变化情况

单位：万辆，%

排名	主要国家	销量					同比增长				
		2019年	2020年	2021年	2022年	2023年	2019年	2020年	2021年	2022年	2023年
1	德国	395.7	321.9	292.2	291.0	314.1	5.1	-18.7	-9.2	-0.4	7.9
2	英国	268.6	193.0	200.9	190.1	225.0	-1.7	-28.1	4.0	-5.4	18.4
3	法国	274.3	210.0	214.2	192.7	220.9	2.4	-23.4	2.0	-10.1	14.6
4	意大利	209.4	153.3	163.0	146.5	176.2	0.5	-26.8	6.3	-10.1	20.3
5	西班牙	148.5	101.8	102.0	94.2	94.9	-5.0	-31.5	0.2	-7.6	0.8
6	俄罗斯	176.0	159.9	166.7	68.7	93.7	-2.3	-9.1	4.3	-58.8	36.3
7	比利时	62.9	50.2	45.5	42.2	54.4	0.6	-20.2	-9.5	-7.1	28.8
8	波兰	55.6	42.8	44.7	45.6	51.2	4.4	-22.9	4.3	2.0	12.4
9	荷兰	44.6	35.6	32.3	31.2	37.0	0.5	-20.2	-9.3	-3.3	18.5
10	瑞典	41.8	33.0	34.4	33.0	34.2	0.1	-21.2	4.3	-4.1	3.6
11	瑞士	35.6	27.5	28.0	26.1	29.4	4.3	-22.7	1.6	-6.6	12.6
12	奥地利	37.2	28.6	29.9	23.7	27.0	-3.1	-23.2	4.5	-20.6	13.8

续表

排名	主要国家	销量					同比增长				
		2019年	2020年	2021年	2022年	2023年	2019年	2020年	2021年	2022年	2023年
13	捷克	27.0	22.0	22.6	21.8	25.5	-4.1	-18.4	2.7	-3.2	16.7
14	葡萄牙	26.2	17.3	17.5	18.0	22.8	-2.0	-33.8	1.3	2.5	26.9
15	丹麦	25.9	22.9	21.7	17.5	19.9	0.0	-11.4	-5.5	-19.0	13.1
16	罗马尼亚	20.1	14.6	14.5	15.2	16.9	7.3	-27.1	-0.7	4.5	11.1
17	挪威	19.0	18.1	21.7	21.0	16.4	-1.8	-4.7	20.2	-3.5	-21.9
18	爱尔兰	14.5	11.2	13.6	13.1	15.4	-5.6	-22.7	21.6	-3.7	17.4
19	希腊	12.2	8.8	11.1	11.5	14.5	10.6	-28.0	26.7	3.2	25.8
20	匈牙利	15.8	12.8	12.2	11.2	10.8	15.6	-18.9	-4.8	-8.5	-3.4
21	芬兰	13.4	11.3	11.5	9.7	10.3	-4.9	-15.4	2.1	-16.2	6.3
22	斯洛伐克	11.0	8.3	8.4	8.7	9.7	2.6	-24.8	1.5	3.3	12.0
23	乌克兰	10.3	9.9	12.2	4.6	5.7	6.5	-3.5	23.0	-62.5	25.9
24	克罗地亚	6.3	3.6	4.5	4.4	5.7	4.8	-42.7	25.5	-2.7	28.6
25	卢森堡	6.1	5.1	5.0	4.7	4.9	2.8	-16.1	-1.1	-5.5	3.5
26	斯洛文尼亚	7.3	5.4	5.4	4.6	4.9	0.1	-26.6	0.5	-14.2	5.6
27	保加利亚	3.5	2.2	2.5	2.9	3.8	3.0	-36.8	9.7	17.0	31.5
28	爱沙尼亚	2.8	1.9	2.3	2.6	2.8	4.8	-30.1	17.3	13.0	9.5
29	白俄罗斯	0.8	0.8	0.9	0.8	0.9	-12.3	5.4	4.3	-6.7	3.3

资料来源：MarkLines。

3. 北美洲

北美四国中，有3个国家销量超百万辆，其中美国一家独大，2023年销售1612.5万辆，同比增长12.0%，是十多年来的最大增幅，但销量仍未恢复到疫情前几年1700万辆的水平；美国是全球第二大汽车产销国，也是全球汽车千人保有量最高的国家，汽车消费趋于饱和，以增换购为主。2023年加拿大出台购车补贴政策，为符合条件的购车者提供一定的补贴，降低购车成本，提高了消费者购车意愿，全年销售汽车175.5万辆，同比增长12.0%，排名全球第十位。随着疫情之后墨西哥市场的持续复苏，汽车供应链的稳步恢复和芯片供应的反弹，2023年墨西哥汽车市场实现了5年来的最大增幅，全年累计销售136.1万辆，同比增长24.4%。波多黎各销量不大，在10万辆左右（见表6）。

表6 2019~2023年北美洲各主要国家汽车销量变化情况

单位：万辆，%

国家/地区	销量					同比增长				
	2019年	2020年	2021年	2022年	2023年	2019年	2020年	2021年	2022年	2023年
美国	1757.6	1499.2	1554.6	1440.3	1612.5	−1.4	−14.7	3.7	−7.3	12.0
加拿大	197.3	158.6	170.6	156.7	175.5	−3.3	−19.6	7.5	−8.2	12.0
墨西哥	131.8	95.0	101.5	109.5	136.1	−7.3	−27.9	6.8	7.9	24.4
波多黎各	10.7	10.3	10.5	10.9	11.8	−3.3	−2.9	1.8	3.5	7.9
北美洲	2097.3	1763.2	1837.2	1717.4	1935.9	−2.0	−15.9	4.2	−6.5	12.7

资料来源：MarkLines。

4. 南美洲

2023年，南美洲五国合计销售汽车329.1万辆，同比增长0.8%，占全球汽车销量的3.7%，较上年下降0.4个百分点，5个国家分化明显。其中，巴西销量一枝独秀，全年销售230.8万辆，同比增长9.7%，占南美洲总销量的70.1%，较上年提升5.7个百分点，排名全球第六位，其中电动汽车销量近9万辆，同比增长91.0%，创历史新高，主要是因为巴西从2024年1月起恢复征收新能源汽车进口关税，并逐步提高税率，并计划2035年全面禁售燃油车，促使车企加速电动化转型，对电动汽车的销量产生积极影响。阿根廷销售40.5万辆，同比增长2.0%；智利销售33.0万辆，同比下降26.1%。哥伦比亚18.7万辆，同比下降28.9%；乌拉圭销量仅有6.2万辆（见表7）。

表7 2019~2023年南美洲各主要国家汽车销量变化情况

单位：万辆，%

国家/地区	销量					同比增长				
	2019年	2020年	2021年	2022年	2023年	2019年	2020年	2021年	2022年	2023年
巴西	278.8	205.8	212.0	210.4	230.8	8.6	−26.2	3.0	−0.7	9.7
阿根廷	45.2	33.8	37.1	39.7	40.5	−43.5	−25.3	9.7	7.1	2.0
智利	38.9	27.2	43.4	44.6	33.0	−10.3	−30.1	59.6	2.7	−26.1
哥伦比亚	26.4	18.9	25.0	26.3	18.7	2.7	−28.4	32.8	4.8	−28.9
乌拉圭	4.2	3.6	5.2	5.6	6.2	−7.2	−14.3	43.8	7.2	10.1
南美洲	393.5	289.3	322.8	326.6	329.1	−4.1	−26.5	11.5	1.2	0.8

资料来源：MarkLines。

5. 大洋洲

2023 年，大洋洲销售汽车 136.5 万辆，同比增长 9.6%，其中澳大利亚维持在百万辆以上，全年销售 121.7 万辆，同比增长 12.5%，排名全球第十四位；新西兰销售 14.9 万辆，同比下降 9.6%（见表8）。

表8 2019~2023 年大洋洲各主要国家汽车销量变化情况

单位：万辆，%

国家/地区	销量					同比增长				
	2019 年	2020 年	2021 年	2022 年	2023 年	2019 年	2020 年	2021 年	2022 年	2023 年
澳大利亚	106.3	91.7	105.0	108.1	121.7	-7.8	-13.7	14.5	3.0	12.5
新西兰	15.5	12.0	16.5	16.4	14.9	-4.3	-22.7	37.9	-0.3	-9.6
大洋洲	121.8	103.7	121.5	124.6	136.5	-7.4	-14.9	17.2	2.6	9.6

资料来源：MarkLines。

6. 非洲

非洲经济发展相对落后，在各大洲中汽车销量也最低，2023 年非洲总销量仅为 62.3 万辆，同比下降 12.5%，是唯一下滑的大洲。其中，南非销售汽车 53.3 万辆，同比增长 1.0%；埃及汽车销量继上年大跌后，2023 年继续暴跌 51.1% 至 9.0 万辆（见表9）。

表9 2019~2023 年非洲各主要国家汽车销量变化情况

单位：万辆，%

国家/地区	销量					同比增长				
	2019 年	2020 年	2021 年	2022 年	2023 年	2019 年	2020 年	2021 年	2022 年	2023 年
南非	53.5	38.0	46.4	52.7	53.3	-2.8	-29.0	22.0	13.7	1.0
埃及	18.3	23.1	29.1	18.5	9.0	-5.8	26.6	25.8	-36.5	-51.1
非洲	71.8	61.1	75.5	71.2	62.3	-3.6	-14.9	23.4	-5.6	-12.5

资料来源：MarkLines。

（一）全球新能源汽车市场发展形势

近年来，在全球节能减排的压力下，各国新能源汽车政策支持持续增强，推动全球新能源汽车产业高速发展，产销规模快速上升。2023年全球包括纯电动、插电式混合动力和燃料电池在内的新能源汽车累计销售1466.3万辆，同比增长34.8%，新能源汽车销量在整体汽车市场中占比达到16.5%，较上年提升2.9个百分点（见表10）。截至2023年底，全球新能源汽车保有量达到4000万辆，占全球汽车保有量（14.46亿辆）的2.8%。

表10 2019~2023年各大洲新能源汽车销量变化情况

单位：万辆，%

主要地区	销量					渗透率				
	2019年	2020年	2021年	2022年	2023年	2019年	2020年	2021年	2022年	2023年
亚洲	129.9	146.0	371.0	723.1	1003.3	3.1	3.7	8.9	16.5	20.6
欧洲	55.3	127.7	221.0	252.0	289.9	2.8	8.3	14.3	18.6	18.7
北美洲	35.8	36.6	73.1	108.6	162.2	1.7	2.1	4.0	6.3	8.4
其他	0.4	0.3	1.0	4.4	10.9	0.1	0.1	0.2	0.8	2.1
全球总计	221.4	310.6	666.1	1088.1	1466.3	2.5	4.0	8.2	13.6	16.5

资料来源：MarkLines。

亚洲是新能源汽车增长最快、规模最大的消费市场，2023年新能源汽车销量高达1003.3万辆，同比大涨38.7%，占全球新能源汽车总销量的68.4%，较上年提升2个百分点，新能源汽车渗透率达到20.6%，较上年提升4.1个百分点。以德、英、法为代表的欧洲国家近年出台了一系列促进新能源汽车发展的刺激政策，部分国家也宣布了禁售燃油车时间表，加快了欧洲新能源汽车销量规模提升，2023年欧洲新能源汽车继续保持增长态势，全年销售289.9万辆，同比增长15.0%，新能源汽车渗透率达到18.7%，较上年提升0.1个百分点，但欧洲全球新能源汽车占比有所下降，由上年的23.2%降至2023年的19.8%。2023年北美洲新能源汽车销售162.2万辆，同比增长49.4%，全球新能源汽车销量占比为11.1%，较上年提升1.1个百分点，新能源汽车渗透率8.4%，较上年提升2.1个百分点。大洋洲、南美洲、非洲新能源汽车销量很低。

在巴黎协定的大框架下，各国都制定了节能减排的目标，加快了新能源汽车推广。2023 年中国新能源汽车销售 949.5 万辆，同比增长 37.9%，连续九年排名全球第一。

2023 年，美国政府积极推动新能源汽车产业发展，《通胀削减法案》开始实施，从 2023 年 1 月 1 日起为购买在美国组装的电动车的消费者提供补贴；为二手电动汽车购买者提供最高 4000 美元的税收抵免；为租赁电动车的消费者提供最高 7500 美元的税收优惠，这些政策促进美国新能源汽车销量大幅提升。全年美国销售新能源汽车 148.5 万辆，同比增长 48.1%，渗透率由上年的 7.0% 提升至 9.2%，占全球新能源汽车总销量的 10.1%。

2023 年，德国政府调整了新能源汽车的补贴政策，对于售价不超过 4 万欧元的电动车，补贴从 6000 欧元减少到 4500 欧元；售价在 4 万~6.5 万欧元的电动车，补贴从 5000 欧元下调至 3000 欧元；售价超过 6.5 万欧元的电动车及插电式混动车型不再享有补贴；12 月 16 日进一步取消电动汽车补贴的申请，这些政策导致 2023 年德国新能源汽车销量下降，全年销售新能源汽车 69.9 万辆，同比下降 15.2%，占其总销量的 22.2%，较上年下降 6.1 个百分点。

与德国相反，法国政府 2023 年加大了电动汽车补贴力度，对售价不超过 4.7 万欧元的车型，个人购车者补贴从 6000 欧元提升到 7000 欧元，企业购车者补贴从 4000 欧元增加到 5000 欧元。此外，企业购买插电式混动车型将获得 1000 欧元的补贴，这些政策推动电动汽车销量提升，全年销售新能源汽车 48.6 万辆，同比增长 45.9%，排名全球第四位。

英国在 2023 年取消了所有新能源汽车购车补贴，一定程度上制约了新能源汽车销量，但同时英国将原用于购车补贴的资金转移，用于充电网络的建设，并对电动汽车家庭充电和企业充电设施安装进行补贴。总体来看，英国新能源汽车仍保持增长势头，全年销售新能源汽车 47.7 万辆，同比增长 23.6%，排名全球第五位（见表 11）。

其他国家新能源汽车产销规模均低于 20 万辆，虽然有些国家新能源汽车销售规模不大，但其新能源汽车渗透率很高，如挪威（70.0%）、瑞典（51.2%）、芬兰（45.9%）、荷兰（43.3%）等。

表 11　全球新能源汽车销量前五国家 2019～2023 年新能源汽车销量情况

单位：万辆，%

国家	销量					渗透率				
	2019 年	2020 年	2021 年	2022 年	2023 年	2019 年	2020 年	2021 年	2022 年	2023 年
中国	120.6	136.7	352.1	688.7	949.5	4.7	5.4	13.4	25.6	31.6
美国	32.2	33.3	67.0	100.3	148.5	1.8	2.2	4.3	7.0	9.2
德国	10.7	40.5	67.3	82.4	69.9	2.7	12.6	23.0	28.3	22.2
法国	6.7	18.8	30.8	33.3	48.6	2.5	9.0	14.4	17.3	22.0
英国	8.2	18.0	33.2	38.6	47.7	3.1	9.3	16.5	20.3	21.2

资料来源：MarkLines。

2023 年，全球新能源汽车销量前十企业中，中国占了 4 席。有两家企业新能源汽车销量超过 200 万辆，其中比迪亚以 302.2 万辆、20.6% 份额排名全球第一；紧随其后的特斯拉销售新能源汽车 210.1 万辆，同比增长 36.4%，其中 Model Y 销售 135.8 万辆，同比增长 57.0%，Model 3 销售 67.9 万辆，同比增长 13.1%。其中，中国和美国是特斯拉销量前二国家，2023 年分别销售 94.8 万辆和 65.5 万辆，二者占特斯拉总销量的 76.3%。

其他企业都在 100 万辆以下，其中大众集团销售新能源汽车 95.9 万辆，同比增长 20.6%，排名第三位，下属车型 ID.3 系列销量最高，达到 14.5 万辆，之后是 ID.4（12.6 万辆）、Audi Q4 e-tron（10.6 万辆）；中国、德国和英国是大众新能源汽车销量前三的国家，2023 年分别销售 22.2 万辆、19.6 万辆和 10.7 万辆。

吉利控股（含沃尔沃）过去五年新能源汽车销量持续上升，2023 年销售 85.8 万辆，同比增长 42.8%，排名升至全球第四，熊猫 mini、极氪 001、XC40、XC60、银河 L7、极星 2 等车型是销量担当。

2023 年，通用集团销售新能源汽车 64.9 万辆，同比下降 10.7%，主要是由五菱宏光 mini 销量大幅下滑所致，排名降至第五位。

上汽集团、Stellantis、广汽集团、现代起亚和宝马集团新能源汽车销量均为 50 多万辆，排名第六至十位（见表 12）。

表12　全球新能源汽车销量前十企业2019～2023年新能源汽车销量情况

单位：万辆，%

企业	销量					同比增长				
	2019年	2020年	2021年	2022年	2023年	2019年	2020年	2021年	2022年	2023年
比亚迪	23.0	19.3	60.6	186.2	302.2	−7.6	−16.2	214.6	207.2	62.3
特斯拉	30.4	45.8	104.5	153.9	210.1	34.1	50.6	128.0	47.3	36.4
大众集团	12.3	38.5	70.9	79.5	95.9	74.2	212.3	84.2	12.2	20.6
吉利控股	12.7	16.0	29.5	60.1	85.8	15.8	25.9	84.3	103.8	42.8
通用集团	9.5	22.2	51.6	72.6	64.9	14.2	134.1	132.1	40.9	−10.7
上汽集团	7.9	9.7	20.2	34.2	55.0	−18.2	21.6	108.7	69.7	60.8
Stellantis	0.0	0.0	33.9	45.7	54.1	—	—	—	34.6	18.5
广汽集团	4.7	7.2	13.3	29.4	53.0	121.9	52.4	84.5	122.3	80.1
现代起亚	15.2	20.6	38.4	49.9	52.5	19.9	35.1	86.6	29.8	5.2
宝马集团	13.0	17.3	32.2	42.0	51.7	9.5	33.2	85.7	30.6	23.1

资料来源：MarkLines。

（二）世界主要汽车集团产销情况

在全球范围内，2023年的汽车市场表现出了强劲的增长势头，一些汽车企业取得了显著的销量成绩。排名前十的汽车集团合计销售5926万辆，同比增长5.8%，全球占比66.7%，较上年下降3.4个百分点，比亚迪首次进入全球销量榜前十（见表13）。

表13　2023年前十大汽车集团销量

排名	集团	销量（万辆）		市占率（%）	
		2023年	同比增长	2023年	变化（百分点）
1	丰田	1123	7.2	12.7	−0.5
2	大众	924	11.9	10.4	0.1
3	现代起亚	730	6.9	8.2	−0.3
4	Stellantis	639	6.5	7.2	−0.3
5	雷诺日产三菱	628	−1.7	7.1	−0.9
6	通用	487	−16.6	5.5	−1.8

排名	集团	销量(万辆)		市占率(%)	
		2023 年	同比增长	2023 年	变化(百分点)
7	本田	397	6.1	4.5	-0.2
8	福特	395	7.6	4.4	-0.1
9	比亚迪	302	61.7	3.4	1.1
10	铃木	301	4.2	3.4	-0.2

资料来源：MarkLines。

作为历史悠久的汽车制造商，丰田集团凭借其广泛的车型阵容、较高的品牌忠诚度以及在混合动力和氢燃料电池汽车领域的优势，连续四年蝉联全球销量第一。2023 年丰田全球销售汽车 1123 万辆，同比增长 7.2%，比其最大竞争对手德国大众的领先优势达到 200 万辆，全球市占率为 12.7%，较上年下降 0.5 个百分点。其中，油电混合动力车型约占其销量的 1/3，纯电动汽车占比不到 1%。丰田销量增长得益于其在亚洲市场的强劲表现，尤其是在中国和印度市场。

2023 年，大众集团全球销售 924 万辆，同比增长 11.9%，仅次于丰田位居全球第二。大众主要得益于欧洲和北美市场的快速增长，其中欧洲销售 327 万辆，同比增长 21.2%，北美 99 万辆，同比增长 18.4%。目前，燃油车仍是大众销量的绝对主力，2023 年大众集团销售纯电动车 77.1 万辆，同比增长 34.7%，仅占其总销量的 8.3%。中国多年来一直是大众全球最大的区域市场，但近几年出现了明显下滑，甚至 2023 年销量被欧洲反超，造成这种局面的原因，一方面是大众新能源转型缓慢，新能源汽车销量未达预期，与其在全球的总销售量不相匹配；另一方面是作为基石的传统燃油车正面临着迅速崛起的中国品牌新能源汽车的竞争。

现代起亚汽车集团凭借其具有竞争力的车型组合和对电动汽车技术的重大投资，在 2023 年表现出色。全年累计销售汽车 730 万辆，同比增长 6.9%，排名全球第三位。其中，现代销售 421.7 万辆，同比增长 6.9%；起亚销售 308.6 万辆，同比增长 6.3%，其电动车型 Ioniq 5 和 EV6 受到了市场欢迎。区域方面，现代起亚在北美和亚洲市场整体表现较为出色，而在中国市场韩系近年来表现低迷，2023 年北京现代和悦达起亚合计销量仅为 42.3 万辆。

2021 年，菲亚特克莱斯勒（FCA）和标致雪铁龙（PSA）正式合并成立新公司 Stellantis（斯特兰蒂斯），旗下有 14 个汽车品牌。2023 年斯特兰蒂斯累计销售 639 万辆，同比增长 6.5%，全球排名第四位。在中国市场，目前仅剩下神龙汽车，但经营业绩并不理想，2023 年神龙汽车销量仅为 8.0 万辆，同比下降 35.8%，但斯特兰蒂斯在欧洲市场销量达到 281.4 万辆，同比增长 7.2%，弥补了其在亚洲市场的下滑。值得一提的是 2023 年斯特兰蒂斯投入 15 亿欧元成为零跑汽车战略股东，持股比例约 20%。

过去 5 年，雷诺日产三菱联盟全球销量持续下降，2022 年被现代起亚反超，排名降至第四位，2023 年再次被 Stellantis 反超，排名降至第五位，全年联盟合计销售汽车 628 万辆，同比下降 1.7%。虽然在亚洲和非洲销量遇冷，但在美洲和欧洲市场依然实现增长。在中国市场，2023 年日产和三菱均出现大幅下滑态势，其中东风日产销售 66.3 万辆，同比下降 19.9%，广汽三菱销量仅为 8957 辆，同比降幅高达 73.3%。但在新能源汽车领域，雷诺的电动车 ZOE 和日产的 Leaf 依旧在电动车市场中占有一席之地。

排名第六位的通用集团 2023 年销售汽车 487 万辆，同比下降 16.6%。从地区来看，北美市场依然是通用的主阵营，通用汽车在北美销量达到 129 万辆，同比增长 18.2%；中国市场，两家合资公司合计销售 183.6 万辆，同比下降 19.0%，尤其是通用五菱降幅高达 27.7%，这也是造成通用集团整体销量下滑的主因。与之相反的是通用集团在美国本土市场表现出色，增幅达到 14.1%，是该公司自 2019 年以来销量最高的一年。

2023 年，本田汽车全球销售 397 万辆，同比增长 6.1%，排名全球第七。中国和美国是本田全球最大的两个市场，二者合计占比超过 60%。2023 年中美本田汽车销量出现明显分化，其中美国销售 130.8 万辆，同比大增 32.5%，较上年净增 32.5 万辆，反超中国成为本田海外第一大市场。而中国出现了明显下滑，广汽本田和东风本田合计销售 124.5 万辆，同比下降 11.1%。本田在国内的销售支柱为 CR-V、雅阁、思域、皓影、型格等车型，但本田在电动化转型方面相对缓慢，2023年全球新能源汽车销量仅为8.1万辆。

2023年，福特全球销售395万辆，同比增长7.6%，排名全球第八位，美国依然是福特全球最大的市场，占比稳定在50%以上。福特凭借其F系列卡车在北美市场的持续领导地位及电动版F-150 Lightning的推出，成功稳固了其全球领先排名；中国、美国和加拿大紧随其后，但规模均不大，在20万~30万辆。

2023年，比亚迪以302万辆销量排名全球第九位，这是中国品牌首次跻身全球销量前十行列，是中国汽车品牌在全球市场的重要突破。比亚迪在新能源汽车领域的领先也为中国车企在全球市场上的地位提升做出了贡献。

铃木尽管退出了中国市场，但在全球的表现依然可圈可点，2023年全球销售301万辆，同比增长4.2%，全球排名第十位。铃木主要市场集中在印度和日本本土，其中印度表现突出，全年销售174.3万辆，同比增长8.0%，占其全球总销量的57.9%，是铃木最大的单一市场；之后是日本，全年销售65.1万辆，同比增长7.9%，占铃木全球总销量的21.6%。

二 中国汽车工业发展状况

2023年，中国汽车市场电动化、智能化全面爆发，新能源汽车崛起成为世界瞩目的焦点。与此同时，价格战的硝烟弥漫了一整年，在这充满挑战与变化的一年，中国汽车行业正悄然迎来巨大变革，产销规模再创新高，竞争格局不断重塑。

（一）汽车工业总体规模

1.产销规模[①]

2023年，中国汽车市场整体销售3009.4万辆，同比增长12.0%，连续

---

① 资料来源：根据中国汽车工业协会数据整理。

三年实现正增长，与上年相比增速提升 9.9 个百分点。其中，国内销量 2518.4 万辆，同比增长 6.0%，比销量最高的 2017 年少 280.4 万辆；海外出口 491.0 万辆，同比增长 57.9%。

乘用车市场 2015~2023 年连续九年销量超过 2000 万辆。自 2020 年以来，乘用车市场销量呈现稳步增长的态势，2023 年伴随市场逐步回暖，购车需求进一步释放，回归正常，有效拉动了销量增长。全年乘用车销售 2606.3 万辆，同比增长 10.6%。其中，高端品牌乘用车销售 451.6 万辆，同比增长 15.4%。

近年来，商用车市场销量起伏较大。2020 年受国Ⅲ产品淘汰、治超趋严以及基建投资等因素拉动，商用车市场大幅增长，产销达到峰值；随后 2021 年市场需求出现下降；2022 年跌落谷底，为 2009 年以来的最低水平；2023 年受宏观经济稳中向好、消费市场需求回暖因素影响，加之各项利好政策的拉动，商用车市场回弹，实现恢复性增长，全年商用车销售 403.1 万辆，同比增长 22.1%。

2. 经济效益①

2023 年，汽车工业重点企业（集团）累计完成工业总产值 4.1 万亿元，同比增长 11.1%，增加额为 4119.2 亿元；累计完成工业销售产值 4.0 万亿元，同比增长 9.1%，增加额为 3359.1 亿元；累计完成工业增加值 7214.4 亿元，同比下降 2.3%，减少额为 170.8 亿元。累计实现营业收入 4.7 万亿元，同比增长 8.6%；累计实现利润总额 2292.7 亿元，同比下降 25.9%。

3. 进出口规模

（1）整车出口情况分析

近年来，中国汽车出口表现越来越亮眼。2021 年、2022 年中国汽车出口量连续迈上 200 万辆、300 万辆台阶，2023 年再次实现跨越式突破，海外出口达到 491.0 万辆，同比增长 57.9%（见表 14），出口对汽车总销量增长贡献达到 55.7%，并超过日本成为全球第一大汽车出口国。中国在迈向汽

---

① 资料来源：国家统计局。

车强国的征程中，正在用不断增长的汽车出口规模对外展示中国制造的能力，中国品牌"出海"进入高速成长期。

表14　2015~2023年中国汽车出口量变化

单位：万辆，%

年份	2015	2016	2017	2018	2019	2020	2021	2022	2023
出口量	70.9	72.9	89.6	104.1	102.4	99.5	201.5	311.1	491.0
同比增长率	-23.5	2.9	22.9	16.1	-1.6	-2.9	101.1	54.4	57.9

资料来源：根据中国汽车工业协会数据整理。

分车型看，乘用车出口414.0万辆，同比增长63.7%，出口占比84.3%，较上年提升3.0个百分点；商用车出口77.0万辆，同比增长32.2%，占比15.7%。其中，新能源出口120.5万辆，同比增长77.4%，较上年净增52.6万辆，占出口总量的24.5%。

2009年以来，中国一直是全球最大的汽车市场，但中国汽车消费市场长期被大众、丰田、通用、宝马和奔驰等国外品牌主导。近几年，随着中国品牌的全面崛起，中国车企也开始加速海外扩张。2023年主流企业中，除东风外绝大部分企业出口实现了正增长，且增幅普遍较大，排名前十的企业合计出口429.4万辆，同比增长54.7%，占总出口量的87.4%，各企业表现出现明显分化。一是奇瑞、吉利和比亚迪三匹黑马脱颖而出，前二者均实现了翻倍增长，其中奇瑞汽车高基数高增长，全年出口达到92.5万辆，市占率达18.8%，较上年提升4.3个百分点，为行业最高；吉利在帝豪EC7系列、博越PRO（出口名称AZKARRA）等车型拉动下，全年出口突破40万辆，市占率提升至8.3%，排名行业第三；比亚迪出口起步较晚，整体规模较小，但成长性最快，2023年实现了3.3倍的出口增长。二是排名前十位的企业中有一半跑输大盘，东风是TOP10中唯一下滑的企业；上汽成为出口市场第一个突破百万辆的企业，2023年虽仍以109.9万辆的绝对优势排名第一，但市占率大幅下降6.8个百分点；长安、特斯拉和江淮虽保持正增长，但市占率也同样出现了不同程度的下降。三是长城、北汽整体表现较好，跑赢行业大盘，其中长城全年出口达到31.6万辆，同比大增82.5%，排名行业第六位；北汽增速虽高于行业平均，但整体规模不大（见表15）。

表15　中国TOP10出口企业销量、市占率及变化

排名	集团	出口量（万辆）				市占率（%）		
		2022年	2023年	同比增长（%）	增减变化（百分点）	2022年	2023年	增减变化（百分点）
1	上汽	90.6	109.9	21.3	19.3	29.1	22.4	-6.8
2	奇瑞	45.2	92.5	104.8	47.3	14.5	18.8	4.3
3	吉利	19.8	40.8	105.9	21.0	6.4	8.3	1.9
4	长安	24.9	35.8	43.9	10.9	8.0	7.3	-0.7
5	特斯拉	27.1	34.4	26.9	7.3	8.7	7.0	-1.7
6	长城	17.3	31.6	82.5	14.3	5.6	6.4	0.9
7	比亚迪	5.9	25.2	330.2	19.4	1.9	5.1	3.3
8	东风	24.2	23.1	-4.6	-1.1	7.8	4.7	-3.1
9	北汽	11.0	19.0	73.5	8.1	3.9	3.9	0.4
10	江淮	11.5	17.0	48.0	5.5	3.7	3.5	-0.2

资料来源：根据中国汽车工业协会数据整理。

从出口区域看，2023年中国汽车出口量前十位的国家依次为俄罗斯、墨西哥、比利时、澳大利亚、英国、沙特阿拉伯、菲律宾、泰国、阿联酋、西班牙，合计出口282.1万辆，同比增长83.4%，占出口总量的57.5%，较上年提升8.0个百分点。出口前十位的国家中，只有沙特阿拉伯出现小幅下降，其他九个国家均实现了正增长，其中受俄乌冲突影响，对俄罗斯出口量大幅增长，2023年出口90.9万辆，同比增长4.6倍，占出口总量的18.5%，较上年大幅提升13.3个百分点（见表16）。中国品牌新能源汽车主要出口欧洲和南亚市场，2023年新能源汽车出口排名前十位的国家合计出口87.2万辆，占出口总量的72.4%。其中，新能源汽车出口量超10万辆的有4个国家，分别是比利时（19.8万辆）、泰国（15.9万辆）、英国（13.9万辆）和菲律宾（11.6万辆）；对西班牙和澳大利亚新能源汽车出口

也在 9 万辆左右，反映了在全球汽车产业向新能源领域深度转型的风口下，中国汽车正逐步被工业化程度更高的西方国家消费者所认可和接受。

表 16　TOP10 国家出口量、市占率及变化

排名	集团	销量（万辆）				市占率（%）		
		2022 年	2023 年	同比增长（%）	增减变化（百分点）	2022 年	2023 年	增减变化（百分点）
1	俄罗斯	16.2	90.9	461.1	74.7	5.2	18.5	13.3
2	墨西哥	25.4	41.5	63.4	16.1	8.2	8.5	0.3
3	比利时	20.7	21.7	4.8	1.0	6.7	4.4	-2.2
4	澳大利亚	16.0	21.4	33.8	5.4	5.1	4.4	-0.8
5	英国	14.8	21.4	44.6	6.6	4.8	4.4	-0.4
6	沙特阿拉伯	22.2	21.3	-4.1	-0.9	7.1	4.3	-2.8
7	菲律宾	14.5	17.2	18.6	2.7	4.7	3.5	-1.2
8	泰国	8.9	16.9	89.9	8.0	2.9	3.4	0.6
9	阿联酋	9.3	15.5	71.0	6.6	3.0	3.2	0.2
10	西班牙	5.8	13.9	139.7	8.1	1.9	2.8	1.0

资料来源：根据海关总署数据整理。

（2）整车进口情况分析

在中国加入 WTO（世界贸易组织）之后，汽车进口量逐年上升，2011 年首次跃上百万辆级规模，但自 2017 年以来汽车进口量进入下行通道，尤其是近三年，随着中国品牌的崛起及国际品牌加速中国市场布局，汽车进口量快速下降，2023 年进一步加速下滑，全年进口汽车 79.9 万辆，同比下降 8.9%，进入"去库存"期（见图 1）；全年进口车累计销售 76.9 万辆，与上年同期基本持平，微涨 0.1%，主要与 2022 年基数较低有关；实现进口总额 3321.3 亿元，同比下滑 5.8%。

虽然汽车进口量逐年下滑，但销售单价逆势上升，从 2015 年的 25.2 万元提升到 2023 年的 41.6 万元，主要原因是消费升级趋势、低价产品国产化、汇率贬值，其中消费升级是进口车市场增长的核心动力。

2023 年，进口超豪华车 7585 辆，规模很小；进口豪华车 69.1 万辆，

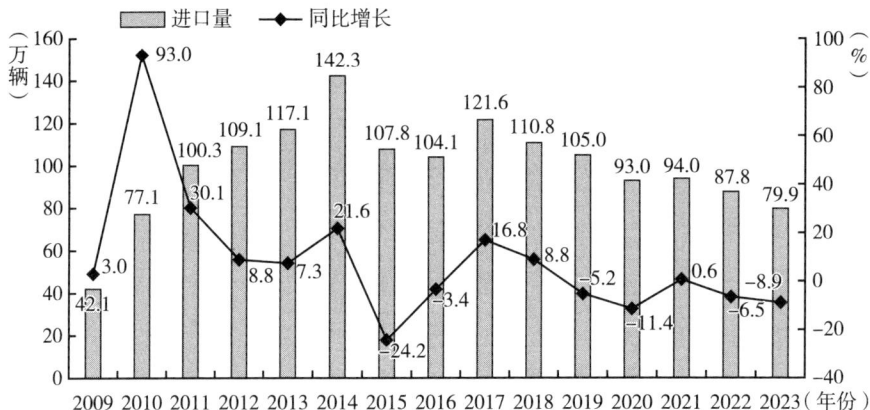

图1　2009~2023年中国汽车进口量变化

资料来源：中国汽车流通协会。

同比微跌 0.2%，占进口总量的 86.4%，是绝对主力；主流车 7.0 万辆，同比增长 4.8%，占进口总量的 8.7%。

2023 年，进口车销量前十品牌中有 5 个实现正增长，分别为奥迪、路虎、丰田、沃尔沃和大众。排名第一的雷克萨斯销量为 18.1 万辆，同比下降 0.9%，雷克萨斯 2023 年销量表现较弱，主要受电动化进展较慢影响，当前雷克萨斯新能源车型主要是油改电车型，难以得到消费者认可。排名第二的奔驰销量为 15.6 万辆，同比下降 2.7%，车型国产化导致宝马和 mini 销量大幅下滑 10.7% 和 36.4%，分别为 10.3 万辆和 1.8 万辆。

2023 年，进口乘用车排量集中在 1.5~2.0L，虽然该排量区间占比降至 39.8%，较上年下降 7.9 个百分点，但仍保持第一大排量区间；2.5~3.0L 排量区间占比 28.6%，较上年下降 1.7 个百分点；2.0~2.5L 排量区间占比 20.8%，位居第三。2.0L 以上排量区间表现出色，2023 年占比达到 53.5%，较上年提升 7.4 个百分点，说明进口车高端化趋势日益明显。

2023 年，新能源进口车销售 4.6 万辆，同比增长 47.9%。其中，纯电动汽车保持快速增长态势，同比涨幅达 172.0%，特斯拉 model X、宝马 i 系和保时捷 Taycan 增量贡献居前；插电式混动车型受国产插混车型市场影响，进口车销量表现偏弱，插电混动车型中奔驰 GLE、雷克萨斯 RX 和保时捷卡宴增量较大。

4. 二手车交易情况①

2023 年是二手车新政全面落地执行的第一年，制约因素清除和堵点打通，政策效应正在显现，二手车市场进入全新发展阶段。全年二手车累计交易 1841.3 万辆，同比增长 14.9%，与上年相比增加了 238.5 万辆，创历史新高；累计交易金额为 11795.3 亿元。

从细分市场看，乘用车和商用车市场二手车交易较上年均有显著增长。全年乘用车累计交易 1477.7 万辆，同比增长 14.7%，其中基本型乘用车累计交易 1089.7 万辆，同比增长 14.4%；SUV 交易 237.8 万辆，同比增长 16.7%；MPV 交易 114.1 万辆，同比增长 17.8%；交叉型乘用车交易 36.07 万辆，同比增长 2.9%。商用车累计交易 257.0 万辆，同比增长 10.0%，其中载货车交易 149.7 万辆，同比增长 15.5%；客车 107.3 万辆，同比增长 3.1%。

从车龄结构看，二手车使用年限在 3~6 年的交易量最大，占比达到 43.5%，较上年提升了 3.3 个百分点；使用年限在 3 年内车型占比为 28.0%，较上年下降 2 个百分点；车龄在 7~10 年的车型占比为 20.2%，较上年提升 0.6 个百分点；车龄 10 年以上的车型占比为 8.3%，较上年下降 1.9 个百分点。

从跨区交易看，2023 年，跨区域流通比例稳步上升，二手车流动性逐步增强。全年二手车转籍总量达到 501.8 万辆，同比增长 25.0%，转籍率为 27.3%，较上年提升 2.2 个百分点。市场流通性的增强主要得益于"取消限迁"，此前各省份以环保为由，限制国四、国五标准的二手车迁入本地，2015 年开始国家层面多次要求取消限迁，但成效有限。2022 年 7 月，商务部等 17 部门印发了《关于搞活汽车流通　扩大汽车消费若干措施的通知》，再次提出全国范围内取消对符合国五排放标准小型非营运二手车的迁入限制。2023 年是政策全面落地的第一年，除北京之外，全国其他城市的限迁

_____

① 根据中国汽车流通协会数据整理。

壁垒已破除，促使二手车跨区域流转日益活跃。

从交易价格看，2023年二手车成交价格明显下行。年初时疫情缓解，价格稍有回升；随着3月新车打响价格战，二手车价格应声而落，直到9月二手车价格逐渐恢复到2022年水平，年底呈现小幅翘尾效应。全年二手车均价6.4万元，比2022年下降2000元。

2023年，二手车三年保值率同比下降5%~6%，中大型SUV和MPV三年保值率下降10%左右，其中自主品牌二手车保值率降幅最小，只有不到1%，三年保值率58.8%。新能源汽车保值率整体下降，但是不同车型呈现两极分化态势。BEV车型三年保值率51.9%，全年降幅5.3%；PHEV车型三年保值率52.8%，全年下降3.4%。BEV车型技术迭代快，新车以更低指导价和更高配置争夺市场份额，导致二手车保值率明显下跌，而PHEV车型技术升级速度相对缓慢，加之消费者认同度逐渐提升，保值率也更加稳定。

5. 机动车保有量[①]

2023年，全国新注册登记机动车3480万辆，比上年增加1.6万辆，同比增长0.05%。其中，新注册登记汽车2456万辆，比上年增加133万辆，同比增长5.7%，自2014年以来已连续10年新注册登记量超过2000万辆。截至2023年底，全国机动车保有量达4.35亿辆，较上年净增1800万辆，其中汽车3.36亿辆，较上年净增1700万辆，汽车保有量占机动车总量的77.2%，较上年提升0.6个百分点。

2023年，新注册登记新能源汽车743万辆，占新注册登记汽车数量的30.3%，与上年相比增加207万辆，增长38.8%，从2019年的120万辆到2023年的743万辆，呈高速增长态势。截至2023年底，全国新能源汽车保有量达2041万辆，占汽车总量的6.1%；其中纯电动汽车保有量1552万辆，占新能源汽车保有量的76.0%。

截至2023年底，全国有94个城市的汽车保有量超过100万辆，与2022

---

① 根据公安部数据整理。

年相比增加 10 个城市，其中 43 个城市超 200 万辆，25 个城市超 300 万辆，成都、北京、重庆、上海、苏州等 5 个城市超过 500 万辆。

6.机动车驾驶人数

随着汽车市场需求不断增长，加之城市化进程持续推进，城镇人口占比逐年上升，中国机动车驾驶人数量持续增长。公安部数据显示，中国驾驶人数量过去十年稳步增长。截至 2023 年底，全国机动车驾驶人数量达 5.23 亿人，其中汽车驾驶人 4.86 亿人，占驾驶人总数 92.9%。2023 年，全国新领证驾驶人 2429 万人。2022 年 4 月 1 日起实施的《机动车驾驶证申领和使用规定》（公安部令第 162 号）新增"轻型牵引挂车"准驾车型（C6），目前已取得 C6 准驾车型驾驶人数量达 140 万人，更好满足了群众驾驶小型旅居挂车出行需求，促进了房车旅游新业态发展。

（二）汽车工业经济运行态势①

2023 年，我国工业经济总体呈现回升向好态势，工业经济在波动中实现稳步恢复，发展的韧性进一步增强。汽车工业展现强大的韧性，产销规模、营业收入、利润总额等均实现增长，汽车强国建设迈出坚实步伐，支撑国民经济健康平稳发展。

1.汽车制造业增加值实现两位数增长

2023 年，全国实现工业增加值 39.9 万亿元，同比增长 4.2%，其中规模以上工业企业工业增加值同比增长 4.6%，重点行业生产整体向好，41 个工业大类行业中有 28 个保持增长。在规模以上工业中，分经济类型看，国有控股企业增加值同比增长 5.0%，股份制企业同比增长 5.3%，外商及港澳台投资企业同比增长 1.4%，私营企业同比增长 3.1%。制造业增加值同比增长 5.0%，其中汽车制造业同比增长 20.0%，远高于制造业整体。

2.汽车制造业企业数量持续增加

2023 年，全国共有工业企业 48.2 万家，较上年增加 3.1 万家，同比增

---

① 资料来源于国家统计局。

长 6.8%，其中，汽车制造业 1.85 万家，较上年同期增加 986 家，同比增长 5.6%，占全国工业企业总数的 3.8%，较上年同期微降 0.1 个百分点。

3. 汽车制造业流动资产总额上升

2023 年，全国工业企业流动资产 85.9 万亿元，较上年增加 4.3 万亿元，同比增长 5.2%。其中，汽车制造业流动资产 6.9 万亿元，较上年增加 7059.3 亿元，同比增长 11.3%，占全国工业企业流动资产总额的 8.1%，较上年提升 0.4 个百分点。

4. 汽车制造业应收账款大幅增长

2023 年，规模以上工业企业应收账款 23.7 万亿元，比上年增加 1.67 万亿元，同比增长 7.6%。其中，汽车制造业应收账款 2.3 万亿元，比上年增加 2571.3 亿元，同比增长 12.4%，占工业企业应收账款总额的 9.8%，较上年增加 0.4 个百分点。

5. 汽车制造业产成品存货仍增加

2023 年，全国规模以上工业企业产成品存货 6.1 万亿元，比上年增加 1272.6 亿元，同比增长 2.1%。其中，汽车制造业产成品存货 4097 亿元，较上年增加 93.7 亿元，同比增长 2.3%，占工业企业产成品存货总额的 6.7%，较上年持平。

6. 汽车制造业营业收入跑赢大盘

2023 年，规模以上工业企业实现营业收入 133.4 万亿元，较上年增加 1.5 万亿元，同比增长 1.1%。其中，汽车制造业营业收入 10.1 万亿元，较上年增加 1.1 亿元，同比增长 11.9%，远高于行业总体增速，占规模以上工业企业主营业务收入的 7.6%，较上年提升 0.7 个百分点。

7. 汽车制造业营业成本小幅上升

2023 年，规模以上工业企业发生营业成本 113.1 万亿元，较上年增加 1.3 万亿元，同比增长 1.2%；每百元营业收入中的成本为 84.8 元，比上年微增 0.04 元。其中，汽车制造业主营业务成本 8.8 万亿元，较上年增加 9702.5 亿元，同比增长 12.5%，占工业企业营业成本的 7.7%，较上年提升 0.8 个百分点。

8. 汽车制造业利润总额逆势增长

2023年，国内外不稳定不确定因素仍然较多，企业经营压力较大，全年规模以上工业企业实现营业利润7.7万亿元，比上年减少1791.5亿元，同比下降2.3%。分经济类型看，国有控股企业实现利润2.3万亿元，同比下降3.4%；股份制企业5.7万亿元，同比下降1.2%，外商及港澳台商投资企业1.8万亿元，同比下降6.7%；私营企业2.3万亿元，同比增长2.0%。制造业实现利润5.8万亿元，同比下降2.0%，其中汽车制造业全年实现利润总额5086.3亿元，较上年增加282亿元，逆势增长5.9%，远高于行业整体，占行业总体的6.6%，较上年提升0.5个百分点。

9. 汽车制造业亏损企业实现减亏

2023年，全国工业企业亏损企业10.4万家，较上年增加5738家，同比增长5.8%。其中，汽车制造业亏损企业4283家，较上年减少466家，同比下降9.8%，占亏损工业企业总数的4.1%，较上年下降0.7个百分点。全国工业企业亏损总额1.56万亿元，较上年减少949.4亿元，同比下降5.7%。其中，汽车制造业亏损总额1412.4亿元，较同期减亏60.9亿元，同比下降4.1%，占工业企业亏损总额的9.1%，较上年增加0.2个百分点。

三　中国汽车产业政策

2023年，为了加快汽车产业转型升级和高质量发展，国家部委、地方政府围绕促进汽车消费、新能源汽车、智能网联、产业标准化、节能减排和后市场发展等出台了一系列汽车产业发展政策。

（一）助力车市增长，促进消费政策多点开花

汽车作为国民经济的支柱性产业之一，是扩大内需、拉动消费的关键领域。2023年，国家和地方陆续出台了一系列促消费利好政策，有力地提振了汽车消费，为2023年车市高增长提供了强大助力，也有利于汽车市场稳

定发展。

为进一步稳定和扩大汽车消费，促进消费持续恢复，2023 年 7 月 21 日，国家发改委、商务部等十三部门联合发布《关于促进汽车消费的若干措施》，提出了支持老旧汽车更新消费、加快培育二手车市场、加强新能源汽车配套设施建设、降低新能源汽车购置使用成本、加强汽车消费金融服务和鼓励汽车企业开发经济实用车型等六个方面汽车支持政策，促进汽车消费对稳定中国消费大盘、促进产业链高质量发展发挥了积极作用。7 月 31 日，《关于恢复和扩大消费的措施》发布，提出优化汽车购买使用管理，扩大新能源汽车消费，不断增强高质量发展的持久动力。

2023 年 8 月 9 日，商务部、国家发改委、金融监管总局联合发布《关于推动商务信用体系建设高质量发展的指导意见》，指出推动金融机构与商贸流通企业开展合作，合理增加对消费者购买汽车、家电、家居等产品的消费信贷支持，持续优化利率和费用。鼓励商贸流通企业在风险可控的前提下，积极打造面向消费者的信用应用场景，向消费者提供先用后付、减免押金等灵活交易安排。

2023 年 9 月 1 日，工业和信息化部等七部门联合发布《汽车行业稳增长工作方案（2023—2024 年）》，提出 2023 年力争实现全年汽车销量 2700 万辆左右，同比增长约 3%，其中新能源汽车销量 900 万辆左右，同比增长约 30%；汽车制造业增加值同比增长 5% 左右；2024 年，汽车行业运行保持在合理区间，产业发展质量效益进一步提升。同时，还提到要稳定燃油汽车消费。各地不得新增汽车限购措施，鼓励限购地区增加购车指标；消除地方保护，维护全国统一大市场；深挖房车、皮卡等细分市场消费潜力；鼓励发展混合动力、低碳燃料技术路线。

（二）抢抓变革机遇，助推新能源车健康发展

为了抢占汽车产业发展"新赛道"，国家围绕新能源汽车全产业链出台了一系列支持政策，对快速培育新能源汽车消费市场、带动产业发展发挥了至关重要的作用。其中，消费端支持政策主要包括资金补贴、税费减免、牌

照路权三个方面。2023年继续出台较多相关政策，进一步推动了新能源汽车产业高质量可持续发展。

2023年2月3日，工业和信息化部等八部门联合发布《关于组织开展公共领域车辆全面电动化先行区试点工作的通知》，提出7个重点领域的车辆全面电动化先行区试点工作，加快提升城市公交、物流、出租、环卫、重卡等车型电动化比例。11月13日，上述八部门再次印发了《关于启动第一批公共领域车辆全面电动化先行区试点的通知》，确定北京、深圳、重庆、成都、郑州等15个城市为首批试点城市，鼓励探索形成一批可复制可推广的经验和模式，为新能源汽车全面市场化拓展和绿色低碳交通运输体系建设发挥示范带动作用。

2023年6月12日，工业和信息化部、国家发改委、商务部等五部门发布了《关于开展2023年新能源汽车下乡活动的通知》，支持企业开发更多先进适用车型，完善充电基础设施体系，6月至12月，采取"线下+云上"的形式，促进农村地区新能源汽车推广应用，进一步释放农村地区消费潜力，引导农村居民绿色出行。

2023年6月21日，财政部、税务总局、工业和信息化部三部门联合发布《关于延续和优化新能源汽车车辆购置税减免政策的公告》，提出对购置日期在2024年1月1日至2025年12月31日期间的新能源汽车免征车辆购置税，其中每辆新能源乘用车免税额不超过3万元；对购置日期在2026年1月1日至2027年12月31日期间的新能源汽车减半征收车辆购置税，其中每辆新能源乘用车减税额不超过1.5万元。

2023年12月11日，财政部、税务总局、工业和信息化部三部门联合发布《关于调整减免车辆购置税新能源汽车产品技术要求的公告》，相关车型要上传减免税标识、换电模式标识，换电模式车型、燃料电池车型等按公告要求补充相应佐证材料。公告提升了包括整车能耗、续驶里程、动力电池系统能量密度等多项指标，新增了低温里程衰减技术指标要求，明确了换电模式车型相关要求。2024年1月1日至2024年5月31日为过渡期，2024年6月1日起，不符合公告技术要求的车型将从减免税目录中撤销。

（三）把握制胜方向，智能网联政策密集出台

智能网联汽车市场规模不断扩大，成为汽车技术变革的核心焦点。据不完全统计，2023 年以来，全国各级政府在智能网联汽车领域发布了近 30 条政策，以支持智能网联汽车的产业发展、运营管理以及道路测试与示范应用。这些政策的出台无疑为智能网联汽车发展提供了强大支持。

2023 年 9 月 20 日，交通运输部印发《关于推进公路数字化转型加快智慧公路建设发展的意见》，提出 2027 年和 2035 年的目标，分期实现公路全生命期"一套模型、一套数据"，深度应用数字化技术提升质量和效率，降低运行成本；建成实体公路和数字孪生公路，构建现代化公路基础设施体系；发展数字经济及产业生态。同时，促进基于数字化的设计、施工方式和工程管理模式变革，以及相关业务流程再造、规则重塑、制度变革。

2023 年 11 月 17 日，工业和信息化部、公安部等四部门联合印发《关于开展智能网联汽车准入和上路通行试点工作的通知》。目的是通过开展试点工作，引导智能网联汽车生产企业和使用主体加强能力建设，在保障安全的前提下，促进智能网联汽车产品的功能、性能提升和产业生态的迭代优化，推动智能网联汽车产业高质量发展。基于试点实践积累管理经验，支撑相关法律法规、技术标准制修订，加快健全完善智能网联汽车生产准入管理和道路交通安全管理体系。

2023 年 12 月 5 日，交通运输部印发《自动驾驶汽车运输安全服务指南（试行）》，要求自动驾驶汽车开展道路运输服务应在指定区域内进行，并依法通过道路交通安全评估。应用场景主要包括使用自动驾驶汽车从事城市公共汽电车客运经营活动的，可在物理封闭、相对封闭或路况简单的固定线路、交通安全可控场景下进行；使用自动驾驶汽车从事出租汽车客运经营活动的，可在交通状况良好、交通安全可控场景下进行；审慎使用自动驾驶汽车从事道路旅客运输经营活动；可使用自动驾驶汽车在点对点干线公路运输或交通安全可控的城市道路等场景下从事道路货物运输经营活动；禁止使用自动驾驶汽车从事道路危险货物运输经营活动。

（四）强化协同创新，优化规范汽车产业标准

为适应中国节能与新能源汽车产业发展和技术进步的需要，近年来国家加快建立健全相关标准法规体系，在促进汽车产业科技进步、拓展应用领域、保障安全运营等方面起到至关重要的作用。2023年国家进一步优化规范汽车产业相关标准，强化协同创新，引领产业高质量发展。

2023年3月3日，自然资源部发布《智能汽车基础地图标准体系建设指南（2023版）》，加强智能汽车基础地图标准规范的顶层设计，推动地理信息在自动驾驶产业的安全应用，建立智能汽车基础地图标准体系动态更新工作机制，为推进智能汽车基础地图技术创新应用和智能汽车产业健康发展提供持续有力保障。

2023年5月31日，工业和信息化部、财政部、商务部等五部门联合发布《关于修改〈乘用车企业平均燃料消耗量与新能源汽车积分并行管理办法〉的决定》，对现行管理办法进行修改。主要修改内容包括三个方面，一是调整新能源车型积分计算方法，将新能源乘用车标准车型分值平均下调40%左右，并相应调整了积分计算方法和分值上限；二是建立积分灵活性交易机制；三是优化其他积分管理制度。

2023年7月11日，国家金融监督管理总局发布新版《汽车金融公司管理办法》，以风险为本加强监管，引导汽车金融公司聚焦主业，增加风险管理要求，细化风险控制。取消股权投资业务，对出资人提出更高要求，强化股东对汽车金融公司的支持，取消定期存款期限的规定。增加风险管理要求，增设流动性风险监管指标，完善重大突发事件报告、现场检查、延伸调查和三方会谈等规定。将汽车附加品融资列入业务范围。允许向汽车售后服务商提供库存采购、维修设备购买等贷款。允许售后回租模式的融资租赁业务。新增公司治理与内部控制要求，允许设立境外子公司等。

2023年7月18日，工业和信息化部、国家标准委联合修订发布《国家车联网产业标准体系建设指南（智能网联汽车）（2023版）》，作为2018版建设指南的继承、延伸与完善。2023版指南考虑了智能网联汽车技术深

度融合和跨领域协同的发展特点，设计了"三横二纵"的技术逻辑架构，主要针对智能网联汽车通用规范、核心技术与关键产品应用，构建包括智能网联汽车基础、技术、产品、试验标准等在内的智能网联汽车标准体系，充分发挥标准对智能网联汽车产业关键技术、核心产品和功能应用的基础支撑和引领作用。

2023年8月8日，国家标准委等五部门联合印发《氢能产业标准体系建设指南（2023版）》。这是国家层面首个氢能全产业链标准体系建设指南。该指南重点面向低碳氢生产、高效氢储运、可靠氢加注、多元化氢能应用，系统构建了氢能产业标准体系框架，涵盖了111项现行国家标准和行业标准，28项正在制定和19项计划制定的国家标准和行业标准。提出到2025年，建立一个支持氢气生产、储存、运输和利用的全产业链综合标准体系，修订或建立30多项国家和行业氢能标准。

2023年12月29日，工业和信息化部发布《国家汽车芯片标准体系建设指南》。提出到2025年，制定30项以上汽车芯片重点标准，明确环境及可靠性、电磁兼容、功能安全及信息安全等基础性要求，制定控制、计算、存储、功率及通信芯片等重点产品与应用技术规范，形成整车及关键系统匹配试验方法，满足汽车芯片产品安全、可靠应用和试点示范的基本需要。到2030年，制定70项以上汽车芯片相关标准，进一步完善基础通用、产品与技术应用及匹配试验的通用性要求，实现对于前瞻性、融合性汽车芯片技术与产品研发的有效支撑，基本完成对汽车芯片典型应用场景及其试验方法的全覆盖，满足构建安全、开放和可持续汽车芯片产业生态的需要。

（五）践行"双碳"战略，引领汽车产业绿色发展

为推动和落实"双碳"目标，中国先后出台系列相关政策，强化系统观念、加强统筹协调、狠抓工作落实，协同推进降碳、减污、扩绿、增长，推动"双碳"工作取得积极成效。汽车产业作为绿色低碳发展的重点领域，2023年新能源汽车消费再次成为中国内需增长的新亮点，对减少交通领域

污染物排放、促进高质量碳达峰、降低石油进口依赖、支撑建设全球汽车强国等都具有重要意义。

作为国家战略，积极稳妥推进碳达峰碳中和，落实好"1+N"政策体系是中国当前生态环境保护工作的重中之重。2023年又出台了多项有关"双碳"的政策。4月21日，国家标准委等十一部门联合发布《碳达峰碳中和标准体系建设指南》，围绕基础通用标准，以及碳减排、碳清除、碳市场等发展需求，基本建成碳达峰碳中和标准体系；11月6日，国家发改委发布《国家碳达峰试点建设方案》，在15个省区开展首批碳达峰试点建设；11月22日，国家发改委等五部门联合印发《关于加快建立产品碳足迹管理体系的意见》，对重点任务作出系统部署，构建起产品碳足迹管理体系总体框架。

2023年5月9日，生态环境部、工业和信息化部、商务部等五部门联合发布的《关于实施汽车国六排放标准有关事宜的公告》，被认为是中国迎来的史上最严的机动车排放标准。该公告确定自2023年7月1日起，全国范围内全面实施国六排放标准6b阶段，禁止生产、进口、销售不符合国六排放标准6b阶段的汽车。针对部分实际行驶污染物排放试验（即RDE试验）报告结果为"仅监测"等轻型汽车国六b车型，给予半年销售过渡期，允许销售至2023年12月31日。

（六）多重利好政策，推动汽车后市场发展

汽车售后市场是指汽车销售后围绕汽车使用过程的各种服务，涵盖了消费者购买车辆后的一切服务。中国庞大的汽车保有量为后市场发展提供了强大的"基础"。近些年，围绕后市场全价值链国家也出台了一系列利好政策，助力车企深入发展和挖掘后市场产业价值。

2023年5月17日，国家发改委和国家能源局联合发布了《关于加快推进充电基础设施建设更好支持新能源汽车下乡和乡村振兴的实施意见》，支持地方政府结合实际开展县乡公共充电网络规划，加快实现适宜使用新能源汽车的地区充电站"县县全覆盖"、充电桩"乡乡全覆盖"。

2023年6月19日，国务院办公厅印发《关于进一步构建高质量充电基

础设施体系的指导意见》，提出到 2030 年基本建成覆盖广泛、规模适度、结构合理、功能完善的高质量充电基础设施体系，建设形成城市面状、公路线状、乡村点状布局的充电网络，充电基础设施快慢互补、智能开放，充电服务安全可靠、经济便捷，标准规范和市场监管体系基本完善，有效满足人民群众出行充电需求，有力支撑新能源汽车产业发展。

2023 年 10 月 12 日，商务部等九部门联合发布《关于推动汽车后市场高质量发展的指导意见》，明确汽车后市场发展的总体目标和主要任务，提出优化汽车配件流通环境、促进汽车维修服务提质升级、构建多层次汽车赛事格局、加快传统经典车产业发展、支持自驾车旅居车等营地建设、丰富汽车文化体验和优化汽车消费金融服务等七方面措施，系统部署推动汽车后市场高质量发展，促进汽车后市场规模稳步增长，市场结构不断优化，规范化水平明显提升，持续优化汽车使用环境，更好满足消费者多样化汽车消费需求。

四　中国汽车市场发展形势

2023 年，是全面贯彻落实党的二十大精神的开局之年，是新冠疫情防控转段后经济恢复发展的一年。汽车行业凝心聚力、砥砺前行，创造出令人瞩目的业绩，多项指标创历史新高，实现了质的有效提升和量的合理增长，成为拉动工业经济增长的重要动力。

（一）中国汽车各细分市场发展情况

2023 年，汽车产销累计完成 3016.1 万辆和 3009.4 万辆，同比分别增长 11.6% 和 12%，产销量创历史新高，实现两位数较高增长，这一成绩标志着中国汽车产业再度迎来全新里程碑，中国已经成为名副其实的汽车大国。乘用车市场延续良好增长态势，对稳住汽车消费基本盘发挥重要作用；商用车市场企稳回升，产销回归 400 万辆；新能源汽车继续保持快速增长，产销突破 900 万辆，市场占有率超过 30%，成为引领全球汽车产业转型的重要力量；汽车出口再创新高，全年出口接近500万辆，对汽车总销量增长的贡献率达到55.7%，有效拉动行业整体快速增长。

1. 乘用车市场

2023年，乘用车销量首破2600万辆，达到2606.3万辆，同比增长10.6%，主要得益于出口创历史新高，达到414.0万辆，国内市场也明显复苏，达到2192.3万辆，已超过疫情前的2019年。其中，轿车在新能源汽车带动下，连续增长4年，2023年再次突破千万辆大关，达到1149.0万辆，同比增长3.4%，行业占比达44.1%，较上年下降3.1个百分点。SUV成长性最好，保持连续五年的增长势头，全年销售1320.6万辆，同比增长18.0%，行业占比达到50.7%，较上年提升3.2个百分点，并连续四年超过轿车，成为需求规模最大的细分市场。MPV总体规模不大，2016年达到高点后开始下滑，但2023年有所回升，全年销售110.2万辆，同比增长17.6%，行业占比仅为4.2%。交叉型乘用车继续呈现下滑趋势，全年销量仅有26.5万辆，同比下降18.1%，行业占比降至1.0%。

2023年，乘用车市场呈现三大特征。一是市场动能转换，经济弱修复对车市支撑有限，地方强补贴成促消费有力补充。2023年GDP年均增速降低，恢复不及预期，消费意愿有所回升但仍然偏低，对车市支撑有限，但全年地方汽车促消费力度远超往年，山东、吉林、陕西等多个地区补贴额度超亿元，成为促销有力补充。二是定价权转换，新老赛道拼杀迅速激化，新旧势力价格战空前惨烈，新赛道的领先者获得优势，发动价格战抢夺市场，背后是定价权从燃油车转移到新能源车；价格全年持续大幅下滑，新能源领衔，各品牌无一幸免，持续时间之长、下滑幅度之大、覆盖范围之广，为历史仅见。三是品牌势能转换，自主品牌借助电动智能化转型，接受度直线提升，与合资品牌攻守易位。2023年，自主品牌市占率首次超过合资，在自主新能源车突飞猛进的同时，自主品牌在燃油车市场的市占率基本平稳；自主内部的集中度保持平稳，但竞争格局快速更迭，尤其是TOP11~20位次的厂家在快速被新势力占领，同时新品牌的销售效能明显高于被淘汰的品牌；换购品牌忠诚度进一步下降，向头部自主品牌倾斜，这未来对自主企业是机遇，传统合资和豪华车企业面临极大挑战。

2. 商用车市场

近些年，商用车市场销量起伏较大，2020 年受国Ⅲ产品淘汰、治超趋严以及基建投资等因素拉动，商用车市场大幅增长，产销达到峰值；随后 2021 年市场需求出现下降；2022 年跌落谷底，为 2009 年以来的最低水平；2023 年，受宏观经济稳中向好、消费市场需求回暖因素影响，加之各项利好政策的拉动，商用车市场谷底回弹，实现恢复性增长，全年累计销售 403.1 万辆，同比增长 22.1%，但仍未达到疫情前水平。商用车四大细分市场全线飘红，其中中重卡市场表现最为突出，累计销售 101.8 万辆，同比大涨 32.6%，行业占比达 25.3%，较上年提升 2.0 个百分点；轻卡市场在连跌两年后，2023 年探底回升，累计销售 189.5 万辆，同比增长 17.1%，低于商用车大盘，导致行业占比（47.0%）较上年下降 2.0 个百分点；其中皮卡销售 52.1 万辆，同比增长 0.3%，拖累了轻卡市场的整体增长。微型货车在连跌两年后触底回升，全年销售 62.6 万辆，同比增长 23.6%，行业占比达 15.5%，较上年提升 0.2 个百分点；客车市场规模自 2018 年以来在 40 万~50 万辆波动，2023 年销售 49.2 万辆，同比增长 20.5%，行业占比只有 12.2%，较上年下降 0.2 个百分点。

2023 年，商用车市场呈现四大特征。一是国内如期恢复、外需持续火热。2023 年随着疫情防控政策的转变，国内商用车市场如期实现恢复，但与疫情前需求水平还存在差距；商用车出口市场持续火热，外需对增长的贡献也非常突出，贡献度达到 25.5%。二是细分市场冷热不均，出现分化。具体表现为前期下滑越深的车型反弹增速越快，尤其是中重卡表现最为明显；新能源车好于燃油车，前三季度新能源车销量增长均明显高于燃油车，仅四季度弱于燃油车，主要原因是 2022 年末补贴退出引发提前购买，导致基数超高；商用车区域结构一向稳定，但 2023 年发生明显变化，北方明显好于南方，北方（华北、西北、东北）市占率均不同程度增长，主要原因是北方 LNG 需求爆发，南方受外贸拖累。三是天然气重卡意外走高，有喜有忧。受俄乌冲突影响，2023 年中国天然气供应大幅增加，价格下跌，始于一季度的油气价差迅速扩大是天然气重卡走高的主要促发原因，促进销量的同时拉低了整体运价；年末采暖季到来，同时工业用气未断供，导致气价季节性走高，天然气重卡需求回落，但依然具有较强韧性。四是上下游产业链有量无价、生存艰难。典型的商用车上市企业利润表现一般，多数企业仅比2022年有所改善，较前期仍有较大差距。

3. 新能源汽车市场①

近些年，中国新能源汽车市场已进入规模化发展阶段，2023年继续保持强劲增长势头，全年新能源汽车销售949.5万辆，同比增长37.9%，行业占比超过30%，达到31.6%。从类别看，新能源乘用车依然是拉动市场增长的主要动力，全年销售902.3万辆，同比增长38.8%，行业占比达95.0%，较上年提升0.6个百分点。新能源商用车仍处于政策驱动阶段，全年销量仅有47.2万辆，同比增长22.1%。从技术路线看，纯电动车依然是最大的细分市场，全年销售668.5万辆，同比增长24.6%，行业占比为70.4%，虽然仍处于主力地位，但行业占比较上年下降7.5个百分点；插电式混合动力汽车近年来受到用户青睐，连增四年，势头迅猛，2023年销量达到280.4万辆，同比大增84.7%，行业占比为29.5%，较上年提升7.5个百分点；燃料电池汽车目前仍处于有序示范阶段，仅在局部实现商业化，总体规模很小，2023年销量仅有5843辆。

2023年，新能源汽车市场主要呈现三大特征。一是内部动能转换，BEV增速明显放缓，PHEV（含REEV）强势增长，2023年增量贡献度达到49.3%，已与纯电动汽车贡献度基本相当（50.6%），成为拉动市场的主要动力，跻身发展路线主流。二是低线城市电动化加速，2023年一线城市新能源汽车销量占比32.6%，较上年下降3.9个百分点；二线城市占比46.4%，较上年提升2.8个百分点；三线城市占比20.9%，较上年提升1.2个百分点。三是智能化提速，中高端新能源产品借助智能化突围高端化得到市场认可，2023年新能源汽车在两个价位段增长较快，10万~15万元市场，是新能源价位下

---

① 资料来源：根据中国汽车工业协会及网络公开数据整理。

移后向主力家用进军所致；20 万~30 万元新能源汽车产品借助智能化提速，凭借智能配置丰富、类豪华舒适体验突围高端化得到市场认可。

（二）汽车市场发展月度情况

2023 年，汽车整体市场销量月度走势呈现"低开高走，逐步向好"特点。年初，受传统燃油车购置税优惠和新能源汽车补贴政策退出、春节假期提前、部分消费提前透支等因素影响，汽车消费恢复相对滞后，前两个月累计产销较同期明显回落；3~4 月，价格促销潮使终端市场产生波动，汽车消费处于缓慢恢复过程中，汽车行业经济运行总体面临较大压力；5~10 月，国家及地方政策推动，加之地方购车促销活动等措施延续，市场需求逐步释放，"金九银十"效应重新显现；11 月以来，市场延续良好发展态势，叠加年末车企冲量，出现明显翘尾，汽车市场向好态势超出预期，产销量创历史新高（见表 17）。

表 17　2023 年汽车行业整体月度销量信息

单位：万辆，%

类别	1 月	2 月	3 月	4 月	5 月	6 月	7 月	8 月	9 月	10 月	11 月	12 月
乘用车	145.7	162.6	199.6	178.7	203.0	224.7	208.0	225.3	246.3	246.2	257.9	276.7
同比增长	-32.4	10.4	9.7	88.2	26.6	2.3	-3.0	7.1	7.1	11.7	25.8	24.0
商用车	19.2	35.0	45.5	37.1	35.2	37.5	30.7	32.9	39.5	39.1	39.1	38.9
同比增长	-48.8	32.5	9.8	58.8	35.8	22.8	10.9	17.7	27.7	29.8	40.5	19.6
行业合计	164.9	197.6	245.1	215.9	238.2	262.2	238.7	258.2	285.8	285.3	297.0	315.6
同比增长	-34.8	13.7	9.7	82.4	27.9	4.8	-1.4	8.4	9.5	13.9	27.6	23.5

资料来源：根据中国汽车工业协会数据整理。

（三）中国汽车市场竞争态势

1. 行业整体竞争情况

（1）行业集中度表现出现分化

2023 年，各企业在新能源汽车和海外出口市场的不同表现造成不同细分市场集中度变化。一是整体汽车市场，特斯拉、"蔚小理"等造车新势力的进一步崛起，导致头部企业集中度呈现下降趋势，2023年TOP10企业合计销售2571.5万辆，同比增长9.9%，行业占比85.4%，较上年下降1.7个百分点。二是新能源汽车市场，比亚迪、特斯拉等头部企业愈加强势，行业集中度进一步上升，2023年新能源汽车TOP10企业合计销售824.1万辆，同比增长47.7%，行业占比86.8%，较上年提升5.8个百分点。三是出口市场，一汽、广汽、起亚等腰部企业出口规模快速增长，跑赢行业大盘，导致头部企业集中度下降，2023年TOP10企业合计出口429.4万辆，同比增长52.4%，出口行业占比87.4%，较上年下降3.1个百分点。

（2）竞争格局明显重塑

2023年，汽车市场竞争更加激烈，价格战席卷全年，主流企业竞争位势发生很大变化。传统头部企业增长乏力，二线企业强势崛起，2022年TOP5企业均未跑赢行业大盘，市占率全部下滑，而排名6～10位的企业表现良好，市占率均有所上升。2023年，TOP10企业中，上汽虽仍排名行业第一，但市占率较上年下降3.0个百分点，东风同比降幅高达17.0%，被挤出前五。比亚迪和奇瑞表现优异，同比增速超过50%，其中比亚迪全年销量突破300万辆，同比大增61.8%，市占率较上年提升3.1个百分点，排名从上年第六位跃升至第三位，是全年最大的赢家；奇瑞凭借海外市场的突出表现，排名升至第八位，市占率较上年提升1.7个百分点（见表18）。

表18　2022~2023年TOP10企业销量、市占率及变化

排名	集团	销量（万辆）				市占率（%）		
		2022年	2023年	同比增长（%）	增减变化	2022年	2023年	增减变化（百分点）
1	上汽	519.2	491.2	-5.4	-28.0	19.3	16.3	-3.0
2	一汽	320.4	336.7	5.1	16.3	11.9	11.2	-0.7
3	比亚迪	186.9	302.4	61.8	115.6	7.0	10.1	3.1
4	长安	234.6	255.3	8.8	20.7	8.7	8.5	-0.2
5	广汽	243.5	250.6	2.9	7.1	9.1	8.3	-0.7
6	东风	291.9	242.1	-17.0	-49.8	10.9	8.0	-2.8

续表

排名	集团	销量（万辆）				市占率（%）		
		2022年	2023年	同比增长（%）	增减变化	2022年	2023年	增减变化（百分点）
7	吉利	169.2	211.3	24.8	42.0	6.3	7.0	0.7
8	奇瑞	123.0	187.8	52.8	64.9	4.6	6.2	1.7
9	北汽	145.3	170.8	17.6	25.5	5.4	5.7	0.3
10	长城	106.8	123.0	15.2	16.3	4.0	4.1	0.1

资料来源：根据中国汽车工业协会数据整理。

2. 细分市场竞争情况

（1）乘用车市场竞争情况

2023年，乘用车行业发展迎来了"百家争鸣"式的多元化"高光时刻"，市场竞争更加激烈，竞争格局不断重构，TOP20企业中，有9家企业实现正增长，其中有7家同比增速超过20%，其中造车新势力理想首次进入乘用车行业前二十位（见表19）。

合资品牌方面。2023年，德系双雄仍呈现明显的分化走势，二者市占率均出现下降，其中一汽大众增长乏力，全年销售185.0万辆，同比微增2.7%，被比亚迪反超，排名行业第二；上汽大众全年累计销售121.5万辆，同比下降8.0%，其中斯柯达降幅超过60%，奥迪A7L表现良好，全年销量突破3万辆，同比增长3.8倍。美系品牌在华表现一升一降，其中特斯拉国产化四年来，市场表现节节攀升，全年销售94.8万辆，同比增长33.3%；上汽通用连续七年下滑，全年销售104.3万辆，同比下滑10.9%，三大品牌别克、凯迪拉克、雪佛兰全线下滑；长安福特未进入行业前二十。日系品牌六个主要企业全线下滑、无一增长，其中一汽丰田全年销售80.0万辆，同比下降4.1%，日系企业降幅最小，其中卡罗拉锐放、格瑞维亚表现突出；广汽丰田降至100万辆内（95.0万辆），但仍排名日系第一，其中锋兰达表现突出，实现翻倍增长；本田系已连续四年下滑，其中广汽本田销售64.0万辆，同比下降13.7%，型格和ZR-V虽带来7.2万辆增量，但无法抵消主力车型雅阁和缤智的大幅下滑；东风本田销售 60.5 万辆，同比下降 8.5%，已连续三年被广汽本田超越，其中新品 HR-V 销售 3.7 万辆；作为日系车的代表，东风日产 2021 年跌破百万辆后持续下降，2023 年销量进一步降至 65.6 万辆，同比下滑 19.7%，主力车型中仅奇骏实现正增长，销量占比超 50% 的轩逸也出现 14.9% 的下滑；长安马自达已降至 10 万辆以下，未进入前二十，其他品牌已明显边缘化。豪华品牌中，华晨宝马销售 74.4 万辆，同比增长 7.0%，其中新品宝马 X5、iX3 和 i3 是增长主力；一汽奥迪和上汽奥迪合计销售 66.8 万辆，同比增长 11.5%，其中 2023 款奥迪 A6L 外观、内饰、配置、动力全面提升，市场表现较好，同比增速高达 34.4%，增量贡献度达到 64.6%；北京奔驰销售 59.1 万辆，和上年基本持平，其中奔驰 C 和 GLB 增长较快。

中国品牌方面。2023 年乘用车市场出现两匹黑马（比亚迪和奇瑞），比亚迪全年销售 288.5 万辆，同比增长 55.7%，市占率较上年提升 3.2 个百分点，再次夺得乘用车市场销冠，取得了中国品牌"领头羊"的地位；奇瑞汽车表现也非常突出，2022 年首次突破百万辆大关，2023 年继续高歌猛进，全年销售 171.8 万辆，同比增长 54.6%，其中乘用车出口 92.4 万辆，占其乘用车总销量的 53.8%，行业排名第三位，较上年提升 5 位。近几年，吉利汽车销量在 130 万辆波动，2023 年在新老车型的共同推动下，销量上升到 166.1 万辆。其中老车型博越 L 和星越 L 实现增量 16 万辆，新车型熊猫 mini、银河 L7、领克 08 和极氪 X 合计实现增量 23.0 万辆，但主力车型博越、缤瑞下滑较大。长安汽车销售 157.9 万辆，同比增长 12.3%，其中长安 Lumin、欧尚 Z6、深蓝 S7、逸达和 UNI-V 功不可没，合计增量贡献达到 176.5%。长城汽车 2021 年突破百万辆，2022 年跌至 88.1 万辆，2023 年再次回升到 102.8 万辆，同比增长 16.7%，其中大狗、初恋、蓝山、枭龙表现突出，增加 17.8 万辆，但主力车型哈弗 H6 持续下滑。上汽乘用车销售 97.5 万辆，同比增长 21.3%，其中新品名爵 MG4 净增 15.2 万辆，增量占比达到 89.0%，MG 领航改款后销量大增，由上年的 1220 辆猛增至 5.8 万辆。上通五菱销售 96.0 万辆，同比下降 26.3%，成为跌幅最大的中国品牌，行业排名降至第十位，其中五菱宏光 mini 随着 A00 级电动车市场需求萎缩，同比降幅高达 78.6%，减量 43.5 万辆，严重拖累了企业整体销量。广汽乘用车全年销售 90.6 万辆，同比增长 38.9%，其中埃安 AION Y 和 AION.S 表现不俗，合计贡献了 84.5% 的增量。理想 L7、L8 和 L9 全线发力，助力理想汽车全年销售 37.6 万辆，同比增长 182.2%，成为涨幅最大的企业，首次跻身乘用车行业前二十位（见表 19）。

表 19　2022~2023 年乘用车 TOP20 企业销量、市占率及变化

排名	集团	销量（万辆）				市占率（%）		
		2022 年	2023 年	同比增长（%）	增减变化	2022 年	2023 年	增减变化（百分点）
1	比亚迪	185.3	288.5	55.7	103.2	7.9	11.1	3.2
2	一汽大众	180.2	185.0	2.7	4.8	7.6	7.1	-0.5
3	奇瑞汽车	111.1	171.8	54.6	60.6	4.7	6.6	1.9
4	吉利汽车	137.7	166.1	20.6	28.4	5.8	6.4	0.5
5	长安汽车	140.6	157.9	12.3	17.3	6.0	6.1	0.1
6	上汽大众	132.1	121.5	-8.0	10.6	5.6	4.7	-0.9
7	上汽通用	117.0	104.3	-10.9	-12.8	5.0	4.0	-1.0
8	长城汽车	88.1	102.8	16.7	14.7	3.7	3.9	0.2
9	上汽乘用车	80.3	97.5	21.3	17.1	3.4	3.7	0.3
10	上通五菱	130.2	96.0	-26.3	-34.2	5.5	3.7	-1.8
11	广汽丰田	100.5	95.0	-5.5	-5.5	4.3	3.6	-0.6
12	特斯拉	71.1	94.8	33.3	23.7	3.0	3.6	0.6
13	广汽乘用车	65.3	90.6	38.9	25.4	2.8	3.5	0.7
14	一汽丰田	83.5	80.0	-4.1	-3.5	3.5	3.1	-0.5
15	华晨宝马	69.5	74.4	7.0	4.9	2.9	2.9	-0.1
16	东风日产	81.6	65.6	-19.7	-16.1	3.5	2.5	-0.9
17	广汽本田	74.2	64.0	-13.7	-10.1	3.1	2.5	-0.7
18	东风本田	66.1	60.5	-8.5	-5.6	2.8	2.3	-0.5
19	北京奔驰	59.2	59.1	-0.2	-0.1	2.5	2.3	-0.2
20	理想汽车	13.3	37.6	182.2	24.3	0.6	1.4	0.9

资料来源：根据中国汽车工业协会数据整理。

（2）商用车市场竞争情况

近年来，商用车市场销量起伏较大，2023 年触底反弹，实现了恢复性

增长，主流企业全线飘红，TOP10 集团有一半跑赢行业大盘。表现较好的企业中，北汽出口表现亮眼，轻型车表现好，以 63.0 万辆反超上汽，夺得年度销冠。重汽在产品线扩张和重卡出口大增的支撑下，实现销售 33.0 万辆，排名第五位。一汽抓住了北方燃气车热点，销售 24.5 万辆。表现一般的企业中，长安受江铃轻卡和长安微车拖累，叠加出口不佳，销售 51.6 万辆，同比仅增长 3.8%，市占率较上年下降 2.3 个百分点。上汽因集团对商用车重视度下降，轻卡、重卡均表现偏弱，跑输行业大盘。东风国内和出口表现均不佳，销售 51.0 万辆，市占率较上年下降 0.9 个百分点（见表20）。

表20   2022~2023 年 TOP 集团销量、市占率及变化

排名	集团	销量（万辆）				市占率（%）		
		2022 年	2023 年	同比增长（%）	增减变化	2022 年	2023 年	增减变化（百分点）
1	北汽	46.0	63.0	37.1	17.1	13.9	15.6	1.7
2	上汽	50.5	61.3	21.3	10.7	15.3	15.2	−0.1
3	长安	49.7	51.6	3.8	1.9	15.1	12.8	−2.3
4	东风	44.8	51.0	14.0	6.3	13.6	12.7	−0.9
5	重汽	24.0	33.0	37.9	9.1	7.3	8.2	0.9
6	一汽	18.2	24.5	34.8	6.3	5.5	6.1	0.6
7	江淮	19.8	23.5	18.7	3.7	6.0	5.8	−0.2
8	长城	18.7	20.2	8.4	1.6	5.7	5.0	−0.6
9	陕汽	11.4	15.9	39.4	4.5	3.5	3.9	0.5
10	吉利	6.7	10.6	58.6	3.9	2.0	2.6	0.6

资料来源：根据中国汽车工业协会数据整理。

（3）新能源汽车市场竞争情况

2023 年，新能源汽车市场继续保持高速增长态势，各车企加快在新能源市场的布局和争夺，多数企业实现了高增长。TOP10 中，比亚迪以 302.2 万辆再次夺冠，行业占比高达 31.8%，较上年提升 4.8 个百分点。上汽 2023 年销量仍维持在百万辆以上，达到 109.5 万辆，但增速仅有 3.4%，行业占比 11.5%，较上年下降 3.8 个百分点。特斯拉以 94.8 万辆排名第三，

其中 Model Y 实现销售 64.7 万辆，远超 Model 3 的 30.1 万辆。2023 年吉利投放 8 款新能源汽车，带来了 28.0 万辆的增量，实现了翻倍增长，全年销售新能源汽车 74.3 万辆，同比增长 118.8%，行业占比 7.8%，较上年提升 2.9 个百分点。广汽和东风处于 50 万辆级，其中广汽销售 55.1 万辆，同比增长 77.0%，行业占比提升 1.3 个百分点；东风销售 52.4 万辆，同比增长 4.3%，行业占比较上年下降 1.8 个百分点。长安在 Lumin、深蓝、启源等新能源车型的带动下，全年实现 47.6 万辆，同比增长 67.5%，行业占比 5.0%，较上年提升 0.9 个百分点。理想表现突出，全年销售 37.6 万辆，行业占比提升 2.0 个百分点。长城和一汽处于 20 万辆级，分别排名行业第九位和第十位（见表 21）。

表 21　2022~2023 年 TOP10 集团新能源车销量、市占率及变化

排名	集团	销量（万辆）				市占率（%）		
		2022 年	2023 年	同比增长（%）	增减变化	2022 年	2023 年	增减变化（百分点）
1	比亚迪	186.2	302.2	62.3	116.1	27.0	31.8	4.8
2	上汽	105.9	109.5	3.4	3.6	15.4	11.5	-3.8
3	特斯拉	71.1	94.8	33.3	23.7	10.3	10.0	-0.3
4	吉利	33.9	74.3	118.8	40.3	4.9	7.8	2.9
5	广汽	31.1	55.1	77.0	24.0	4.5	5.8	1.3
6	东风	50.2	52.4	4.3	2.1	7.3	5.5	-1.8
7	长安	28.4	47.6	67.5	19.2	4.1	5.0	0.9
8	理想	13.3	37.6	182.2	24.3	1.9	4.0	2.0
9	长城	13.2	26.2	98.4	13.0	1.9	2.8	0.8
10	一汽	17.2	24.0	39.6	6.8	2.5	2.5	0.0

资料来源：根据中国汽车工业协会数据整理。

（四）中国品牌市场表现

"十四五"以来，中国品牌凭借自身竞争力的持续提升，积极抢抓新能源汽车市场爆发机遇，加快海外市场拓展，取得良好的成效，产销规模和行

业占比均呈现快速上升态势。

1. 中国品牌市场需求

2023 年足以成为中国车企自主品牌发展史上的一个重要里程碑,全年中国品牌乘用车累计销售 1459.6 万辆,同比增长 24.1%,较上年净增 283.1 万辆,在乘用车总销量中占比再次超过 50%,达到 56.0%,较上年提升 4.4 个百分点(见图 2)。其中中国品牌乘用车中新能源产品市占率达到 49.9%。

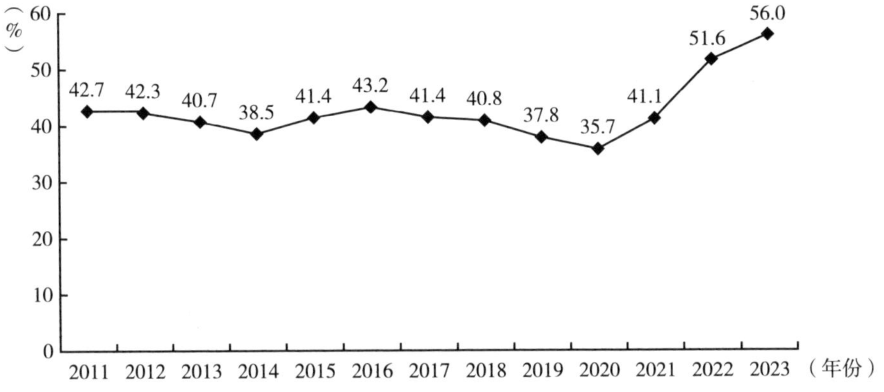

图 2 2011~2023 年中国品牌市占率变化

资料来源:根据中国汽车工业协会数据整理。

从月度走势来看,中国品牌借助在新能源汽车市场的先发优势,在乘用车总销量中占比持续攀升,全年所有月份占比均超过 50%,且都高于上年,尤其是四季度已接近 60%(见图 3)。

2023 年,中国品牌轿车累计销售 559.0 万辆,同比增长 20.9%,较上年净增 96.6 万辆,占轿车市场总体的 48.7%,较上年提升 7.0 个百分点。在轿车市场,中国品牌凭借新能源汽车优势,强势崛起,近三年占比年均提升超 9 个百分点。2023 年比亚迪海鸥、海豚、五菱缤果、名爵 MG4 4 个车型净增 82.8 万辆,占总净增量的 85.7%。

2023 年,中国品牌 SUV 累计销售 807.5 万辆,同比增长 29.2%,较上

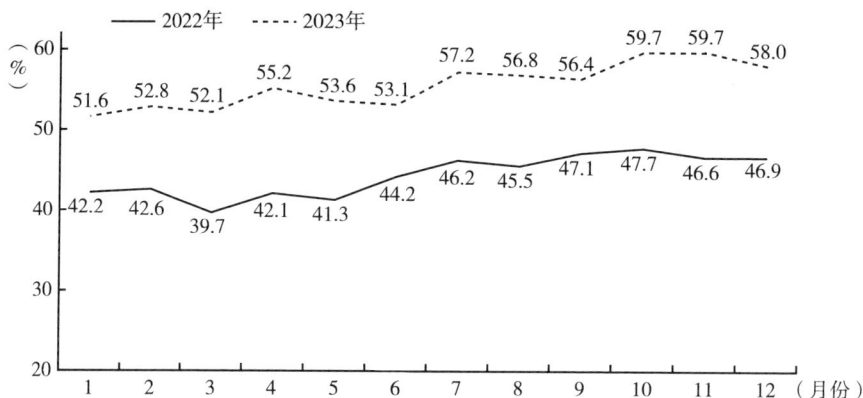

图3 2022~2023年中国品牌月度市占率变化

资料来源：根据中国汽车工业协会数据整理。

年净增182.5万辆，占SUV市场总体的61.1%，较上年提升5.3个百分点。其中比亚迪宋PLUS、元PLUS，理想L7、L8，传祺AION Y，吉利博越L，奇瑞欧萌达7个车型净增109.9万辆，占总净增量的60.2%。过去10年，随着中国用户消费偏好的变化，SUV市场保持高速增长，中国品牌抓住了这一难得的机遇期，推出大量适应市场需求的SUV产品，迅速占领市场，并带动整个中国品牌市占率的上升，但随着合资品牌SUV车型的不断推出，未来双方竞争将进入胶着状态。

2023年，中国品牌MPV累计销售66.6万辆，同比增长17.4%，较上年净增9.9万辆，占MPV市场总体的60.5%，较上年微降0.1个百分点。总体来看，随着微客型MPV销量的下滑，MPV市场整体开始下滑，且幅度较大，2020年之后在百万辆左右波动，2023年总销量已不足2016年的42.4%。中国品牌在MPV市场虽然整体处于优势，但受消费升级、用户需求转移、合资品牌不断推出家用MPV产品、占领家用MPV市场等因素的影响，中国品牌的优势快速下降，2023年占比较2016年降幅接近30个百分点。

交叉型乘用车一直以来是中国品牌的天下，以前仅有少量合资品牌产品，2015年之后随着昌河铃木浪迪退出，交叉型乘用车市场形成中国品牌一家独大的局面。但随着消费升级的加快，交叉型乘用车销量在2010年达到 248.6 万辆高峰之后开始一路下滑，2023 年延续这一趋势，仅销售 26.5 万辆，同比下降 18.1%，较上年减少 5.8 万辆，其中上汽通用五菱一家独大，市占率高达 63.0%。

2. 中国品牌市场竞争

2023 年，中国品牌汽车销售 1851.0 万辆，同比增长 23.9%，较上年增加 357.4 万辆，在汽车行业整体占比首次突破 60%，达到 61.5%，较上年提升 5.9 个百分点。

前十家集团合计销售 1616.2 万辆，同比增长 23.5%，较上年增加 307.5 万辆，占中国品牌总销量的 87.3%，较上年下降 0.3 个百分点，占行业总销量（3009.4 万辆）的 53.7%，较上年提升 5.0 个百分点。

2023 年，中国品牌销量 TOP10 集团中，有 8 家实现正增长。其中，比亚迪是增长最快的自主品牌，全年跃升至 300 万辆台阶。200 万辆规模的企业有 2 家，其中上汽自主销量略有下降，长安自主首次超过 200 万辆。销量超过百万辆的企业有 4 家，分别是吉利（185.4 万辆）、奇瑞（182.7 万辆）、长城（123.0 万辆）和东风（101.8 万辆），其中奇瑞表现不俗，实现了 55.0% 的高增长，而东风销量出现了 9.6% 的下降。年销量在 70 万~100 万辆的企业有 3 家，分别是广汽（90.7 万辆）、北汽（82.8 万辆）、一汽（71.3 万辆）。

从排名情况看，前十大集团中有一半排名发生变化，比亚迪表现亮眼，排名直接从上年的第三位跃升至第一位；上汽和长安分别由上年的第一位和第二位顺势下降 1 位；长城和东风分别为第六位、第七位；其他企业没有变化（见表 22）。

表 22　2022~2023 年中国品牌 TOP10 集团销量、市占率及变化

排名	集团	销量(万辆)				市占率(%)		
		2022 年	2023 年	同比增长（%）	增减变化	2022 年	2023 年	增减变化（百分点）
1	比亚迪	186.9	302.4	61.8	115.6	7.0	10.0	3.1
2	上汽	267.1	266.4	-0.3	-0.8	9.9	8.9	-1.1
3	长安	187.4	209.8	11.9	22.3	7.0	7.0	0.0

排名	集团	销量（万辆）				市占率（%）		
		2022年	2023年	同比增长（%）	增减变化	2022年	2023年	增减变化（百分点）
4	吉利	150.0	185.4	23.6	35.4	5.6	6.2	0.6
5	奇瑞	117.9	182.7	55.0	64.9	4.4	6.1	1.7
6	长城	106.8	123.0	15.2	16.2	4.0	4.1	0.1
7	东风	112.5	101.8	-9.6	-10.8	4.2	3.4	-0.8
8	广汽	65.7	90.7	38.0	25.0	2.4	3.0	0.6
9	北汽	57.8	82.8	43.1	24.9	2.2	2.7	0.6
10	一汽	56.6	71.3	26.1	14.8	2.1	2.4	0.3

资料来源：根据中国汽车工业协会数据整理。

2023年，中国品牌乘用车销量前十企业合计销售1353万辆，同比增长25.3%，较上年净增273.5万辆，占中国品牌乘用车总销量的92.7%，较上年提升0.9个百分点，占乘用车行业总销量的51.9%，较上年提升6.1个百分点。

2023年，销量前十的中国品牌乘用车企业中，仅有上汽和东风出现下滑，其他企业均实现正增长，过百万辆的有6家，其中超200万辆和300万辆各1家。比亚迪以300万辆规模的绝对优势反超上汽，跃升中国品牌乘用车行业第一位。上汽销量虽出现6.2%的下滑，但总销量仍处于200万辆以上规模，排名行业第二位。奇瑞、吉利、长安和长城四家2023年销量均超100万辆，排名第三至第六位，其中奇瑞表现最好，2倍于中国品牌乘用车增速，5倍于乘用车行业整体增速，市占率6.8%，较上年提升1.9个百分点。广汽自主品牌销量从2020年之后出现了快速增长，2023年在埃安的带动下，全年销量超过90万辆，市占率达3.5%，排名中国品牌乘用车行业第七位。东风自主品牌销量降至50.9万辆，同比大降24.0%，市占率为2.0%，较上年下降0.9个百分点；一汽和理想市占率均实现提升，但销量均不足50万辆，其中理想首次进入中国品牌乘用车行业前十（见表23）。

表 23　2022~2023 年中国品牌乘用车前十大集团销量、市占率及变化

排名	集团	销量（万辆）				市占率（%）		
		2022 年	2023 年	同比增长率（%）	增减变化	2022 年	2023 年	增减变化（百分点）
1	比亚迪	186.3	301.3	61.8	115.0	7.9	11.6	3.7
2	上汽	217.6	204.1	-6.2	-13.5	9.2	7.8	-1.4
3	奇瑞	116.1	178.4	53.7	62.3	4.9	6.8	1.9
4	吉利	143.3	168.7	17.7	25.4	6.1	6.5	0.4
5	长安	141.0	161.3	14.3	20.2	6.0	6.2	0.2
6	长城	88.1	102.8	16.7	14.7	3.7	3.9	0.2
7	广汽	65.7	90.6	38.0	25.0	2.8	3.5	0.7
8	东风	67.0	50.9	-24.0	-16.1	2.8	2.0	-0.9
9	一汽	38.6	47.1	22.2	8.6	1.6	1.8	0.2
10	理想	13.3	37.6	182.2	24.3	0.6	1.4	0.9

资料来源：根据中国汽车工业协会数据整理。

2023 年，中国品牌商用车销售 391.4 万辆，同比增长 23.4%，较上年增加 74.3 万辆，商用车行业占比为 97.1%，较上年提升 1.0 个百分点，中国品牌仍占据商用车的绝对主导地位。

TOP10 集团合计销售商用车 347.4 万辆，同比增长 23.3%，较上年增加 65.7 万辆，占中国品牌商用车总销量的 88.8%，与上年基本持平，占商用车行业总销量（403.0 万辆）的 86.2%，较上年提升 0.8 个百分点，行业集中度上升（见表 24）。

表 24　2022~2023 年中国品牌商用车 TOP10 集团销量、市占率及变化

排名	集团	销量（万辆）				市占率（%）		
		2022 年	2023 年	同比增长（%）	增减变化	2022 年	2023 年	增减变化（百分点）
1	北汽	46.0	63.0	37.0	17.0	13.9	15.6	1.7
2	上汽	47.6	58.1	22.1	10.5	14.4	14.4	0.0
3	东风	44.0	50.4	14.5	6.4	13.3	12.5	-0.8
4	长安	45.5	48.5	6.6	3.0	13.8	12.0	-1.8

续表

排名	集团	销量(万辆)				市占率(%)		
		2022 年	2023 年	同比增长(%)	增减变化	2022 年	2023 年	增减变化(百分点)
5	重汽	24.0	33.0	37.5	9.0	7.3	8.2	0.9
6	一汽	18.0	24.2	34.4	6.2	5.5	6.0	0.5
7	江淮	19.8	23.5	18.7	3.7	6.0	5.8	-0.2
8	长城	18.7	20.2	8.0	1.5	5.7	5.0	-0.7
9	陕汽	11.4	15.9	39.5	4.5	3.5	3.9	0.5
10	吉利	6.7	10.6	58.2	3.9	2.0	2.6	0.6

资料来源：根据中国汽车工业协会数据整理。

2023 年，销量前十的中国品牌商用车企业全线增长。北汽、上汽、东风三家销量在 50 万辆以上，排名前三位，其中上汽排名由上年第一位降至第二位；东风由上年第四位升至第三位。长安和重汽分别以 48.5 万辆和 33.0 万辆排名第四、五位；一汽、江淮、长城均为 20 多万辆，排名第六至八位；陕汽和吉利在 20 万辆以下，排名第九至第十位。

3. 中国品牌质量表现

（1）新车整体质量表现①

2023 年，行业整体新车质量问题数为 204 个 PP100，较 2022 减少了 9 个 PP100，新车整体质量水平有所改进。行业前 20 大问题的 PP100 占比从上年的 41% 下降到 33%，接近成熟的美国市场水平。

新车质量的提升主要源于设计缺陷类问题的改善，该类问题较上一年减少了 13 个 PP100，反映了车企已关注到设计缺陷带来的质量抱怨，并采取相应的措施，从而使该类问题得到有效改进。

混合动力车型（194 个 PP100）相较于燃油车型（205 个 PP100）质量表现更佳，且连续三年整体质量优于燃油车型。混合动力车型在车身外观、车身内装方面优势显著，但在智能化、驾乘舒适性和动力总成方面未与燃油

① 本部分数据来源于 J. D. Power：《2023 中国新车质量研究（IQS）》，2023 年 8 月 31 日。

车型拉开明显差距。

信息娱乐系统进步显著，座舱舒适性关注度提升。在 IQS 的九大类问题中，信息娱乐系统问题表现进步明显，较上年下降了 4.2 个 PP100，驾驶体验类问题抱怨增加了 1 个 PP100，连续第二年上升。同时，在行业前 20 大问题中，除了车内异味和胎噪这类长期抱怨项，空调和座椅类别各有 4 个问题上榜，反映出座舱舒适性正在成为消费者关注的重点。

燃油车与新能源车的头部质量问题高度重合。2023 年，燃油车与新能源车的前 20 大问题点中，近 80% 完全一致，两种能源类型的头部质量问题的重叠度进一步提高。其中，五成以上的问题连续三年同时上榜，包括车内异味、胎噪等，这些问题是汽车行业共同面临的头部抱怨，而冷风无法达到/保持理想的温度是连续三年燃油车独有的头部问题。

不同国别品牌的车主对质量问题的容忍程度不同。虽然所有国别品牌的车主净推荐值（NPS）都随着问题抱怨数的增长而下降，但韩系品牌和自主品牌的车主对质量的要求较为苛刻，这两个国别品牌有问题抱怨的车主较没有问题的车主 NPS 下降明显。而日系和德系品牌的车主对于质量问题有一定的容错空间，没有问题的车主和有问题的车主之间的 NPS 差异较小。

（2）新能源汽车质量表现[①]

2023 年新能源汽车行业整体质量问题数为 173 个 PP100，相较于 2022 年增加了 21 个 PP100。其中，设计缺陷问题和新能源汽车特有问题所占比重增加，反映出新能源汽车高速发展的同时，质量稳定性仍有待提升。

2023 年，新能源汽车行业整体质量水平不敌上年。其中，新车型的质量问题更为突出，高出延续车型 15 个 PP100，为 184 个 PP100，新车型在几乎所有问题类别上的质量表现都落后于延续车型，尤其是驾驶体验，落后延续车型 3.6 个 PP100。随着新能源汽车市场规模的快速扩大，购车人群结构正在发生转变，也带来了感知质量水平的变化。

---

① 本部分数据来源于 J. D. Power：《2023 中国新能源汽车新车质量研究报告（NEW-IQS）》，2023 年 6 月 1 日。

换购客户占比在新能源汽车市场中增速最快，且换购客户的平均成交单价高于首购和增购客户，是新能源汽车市场需要重点关注的群体。然而目前，换购客户对新能源汽车的整体质量满意度较低（180 个 PP100），质量抱怨分别高出首购和增购客户 6 个和 15 个 PP100。在主流纯电动与主流插电混动细分市场，换购客户的质量抱怨均高于细分市场平均，仅在豪华细分市场，换购客户质量抱怨较低。

新能源汽车市场竞争升级，各家车企不断推出新车型，完善产品矩阵，以抢占市场。新车型质量表现依旧不如延续车型稳定，其背后的因素是多重的，既有新车开发周期紧缩的压力，也有越来越复杂的科技配置所带来的品控和适配问题。新能源汽车未来竞争中决胜的关键将回归产品品质，车企加速推新的同时，仍需关注用户体验和质量管理。

车内有令人不愉快的气味以 9.3 个 PP100 位列抱怨之首，胎噪过大以 7.5 个 PP100 成为第二大抱怨项，两大问题已连续五年霸榜。同时，这两项问题在 2022 年也是质量抱怨的头部问题，反映出无论是新能源车还是燃油车，中国汽车消费者对车辆基本质量要求的一致性。

总体来看，整车质量的提升绝非一朝一夕，从产品设计之初，到质量管理体系的落实，生产工艺的优化，以及供应链上下游的协作，每一个环节都需要精益求精，才能实现最终的品质提升。随着智能化时代的到来以及消费趋势的变化，由设计类缺陷问题引发的质量抱怨占比不断上升，对于中国车企而言，提升新车质量，亟须在产品研发和设计阶段下功夫。

（五）合资品牌市场表现①

1. 合资品牌市场需求

2023 年，合资品牌乘用车累计销售 1146.7 万辆，同比下降 2.8%，较上年减少 33.1 万辆，占乘用车行业总量的 44.0%，较上年下降 6.1 个百分点，其中，轿车销售 590.0 万辆，同比下降 9.1%，较上年减少 59.1 万辆，占轿车

---

① 根据中国汽车工业协会数据整理。

总量的51.3%，较上年下降7.0个百分点；SUV销售513.1万辆，同比增长3.9%，较上年净增19.4万辆，占SUV总量的38.9%，较上年下降5.3个百分点；MPV销售43.6万辆，同比增长18.1%，较上年增加6.7万辆，占MPV总量的39.5%，与上年基本持平；交叉型乘用车没有合资品牌。

整体来看，近些年，合资品牌整体开始走下坡路，随着中国品牌在新能源汽车市场的快速崛起，合资品牌行业占比持续下滑，尤其是轿车市场三年时间下滑幅度接近30%。

2. 合资品牌市场竞争

2023年，合资品牌乘用车排名前十集团合计销售945.0万辆，同比下降3.1%，较上年减少30.3万辆，占合资品牌总销量的82.4%，较上年下降0.3个百分点，占乘用车行业总量的36.3%，较上年下降5.1个百分点。

排名前十企业中仅有一汽大众、特斯拉和华晨宝马三家实现了正增长，且只有特斯拉一家实现了市占率的提升。前三家企业一汽大众、上汽大众、上汽通用销量均超过百万辆，而广汽丰田跌出百万辆俱乐部，但仍排名第四位。特斯拉2020年国产化后，一路高歌猛进，2023年销量达到94.8万辆，同比增速高达33.3%，市占率3.6%，较上年提升0.6个百分点。一汽丰田和华晨宝马分别以80万辆和70多万辆销量排名第六和第七位；后三家东风日产、广汽本田和东风本田均在70万辆以下（见表25）。

表25　2022~2023年合资品牌乘用车TOP10集团销量、市占率及变化

排名	集团	销量（万辆）				市占率（%）		
		2022年	2023年	同比增长（%）	增减变化	2022年	2023年	增减变化（百分点）
1	一汽大众	180.2	185.0	2.7	4.8	7.6	7.1	-0.5
2	上汽大众	132.1	121.5	-8.0	-10.6	5.6	4.7	-0.9
3	上汽通用	117.0	104.3	-10.9	-12.8	5.0	4.0	-1.0
4	广汽丰田	100.4	95.0	-5.4	-5.4	4.3	3.6	-0.6
5	特斯拉	71.1	94.8	33.3	23.7	3.0	3.6	0.6
6	一汽丰田	83.5	80.0	-4.1	-3.5	3.5	3.1	-0.5
7	华晨宝马	69.5	74.4	7.0	4.9	2.9	2.9	-0.1

排名	集团	销量（万辆）				市占率（%）		
		2022 年	2023 年	同比增长（%）	增减变化	2022 年	2023 年	增减变化（百分点）
8	东风日产	81.6	65.6	-19.7	-16.1	3.5	2.5	-0.9
9	广汽本田	73.9	64.0	-13.3	-9.9	3.1	2.5	-0.7
10	东风本田	66.1	60.5	-8.5	-5.6	2.8	2.3	-0.5

资料来源：根据中国汽车工业协会数据整理。

五　中国汽车产业发展指数

（一）汽车产业景气指数

1.汽车产业景气指数指标介绍

景气指数指标体系由一致合成指数、先行合成指数、滞后合成指数三个指数构成。以下通过对三个指数的动态变化进行观察，分析汽车产业当前情况和下一步走势。为直观体现景气程度，将景气度界限划定为五个区间，分别为过热（红灯）、趋热（黄灯）、正常（绿灯）、趋冷（浅蓝灯）、过冷（蓝灯）。通过这五个区间的展示，更加直观地展现汽车产业的运行状态。

汽车产业景气指数（ACI）系统由以下指标构成：先行指标由固定资产、管理费用、社会商品零售总额、货币和准货币（M2）供应量构成；一致指标由主营业务收入、汽车产量、工业增加值、工业总产值、利润总额构成；滞后指标由流动资产、汽油柴油表观消费量构成。

一致合成指数代表了汽车产业目前的运行状况；先行合成指数的变动出现在汽车产业运行发生变动之前，通过分析其变化可提前预测汽车产业的变动情况；滞后合成指数的变动出现在汽车产业运行发生变动之后，其作用在于验证之前的汽车产业周期波动情况。

2. 2023年汽车产业景气指数

（1）一季度汽车产业景气指数

2023 年一季度，汽车产业景气指数为 34，处于趋冷区间，较 2022 年四季度降低 22 点（见图4）。

2023 年一季度，汽车产业一致合成指数为 83.75（2010 年 = 100），比 2022 年四季度降低 8.87 点；先行合成指数为 89.56（2010 年 = 100），较 2022 年四季度提高 4.66 点；滞后合成指数为 80.10（2010 年 = 100），比 2022 年四季度下降 4.22 点。

（2）二季度汽车产业景气指数

2023 年二季度，汽车产业景气指数为 69，较 2023 年一季度大幅提高 35 点，处于绿灯区（见图5）。

2023 年二季度，汽车产业一致合成指数为 93.49（2010 年 = 100），比 2023 年一季度提高 5.05 点；先行合成指数为 86.97（2010 年 = 100），较 2023 年一季度提高 2.26 点；滞后合成指数为 92.48（2010 年 = 100），比 2023 年一季度提高 12.38 点。

（3）三季度汽车产业景气指数

2023 年三季度，汽车产业景气指数为 60，较 2023 年二季度降低 9 点，处于绿灯区（见图6）。

2023 年三季度，汽车产业一致合成指数为 89.76（2010 年 = 100），比 2023 年二季度下降 3.73 点；先行合成指数为 87.07（2010 年 = 100），较 2023 年二季度提高 0.1 点；滞后合成指数为 92.84（2010 年 = 100），比 2023 年二季度提高 0.36 点。

（4）四季度汽车产业景气指数

2023 年四季度，汽车产业景气指数 ACI 为 61，较 2023 年三季度提高 1 点，处于绿灯区（见图7）。

2023 年四季度，汽车产业一致合成指数为 88.67（2010 年 = 100），比 2023 年三季度下降 1.09 点；先行合成指数为 87.52（2010 年 = 100），较 2023 年三季度提高 0.45 点；滞后合成指数为 91.79（2010 年 = 100），比 2023 年三

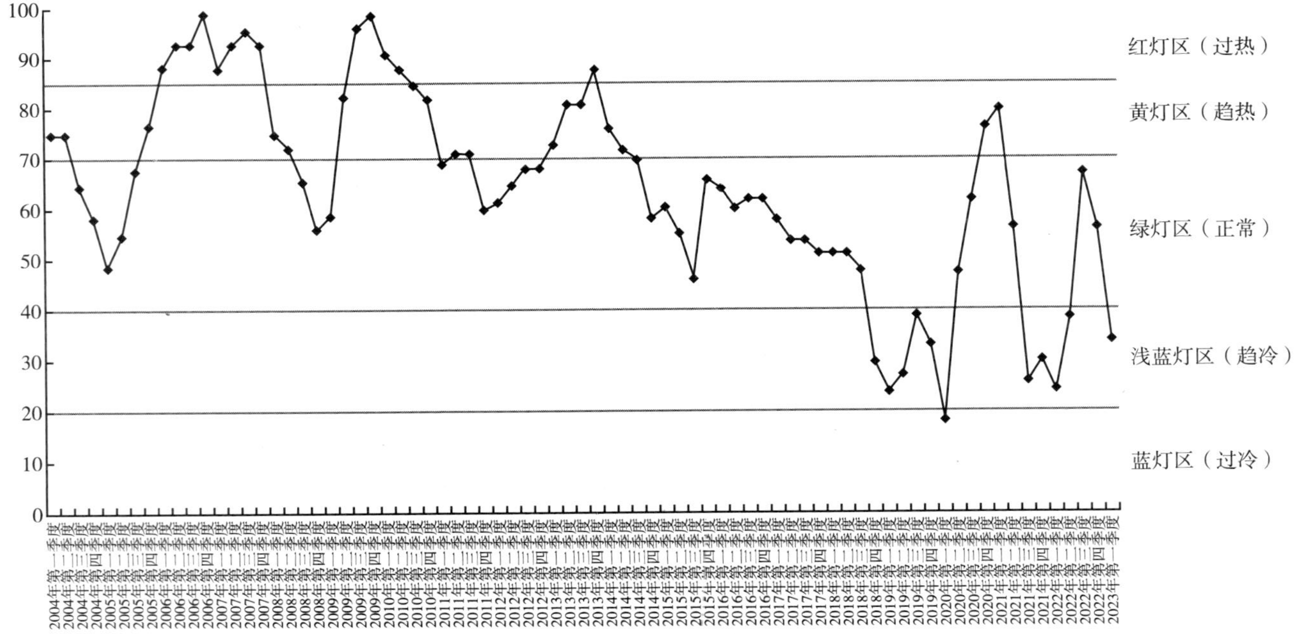

图 4 2023 年一季度汽车产业景气指数曲线

资料来源：根据中国汽车工业协会数据整理。

红灯区（过热）

黄灯区（趋热）

绿灯区（正常）

浅蓝灯区（趋冷）

蓝灯区（过冷）

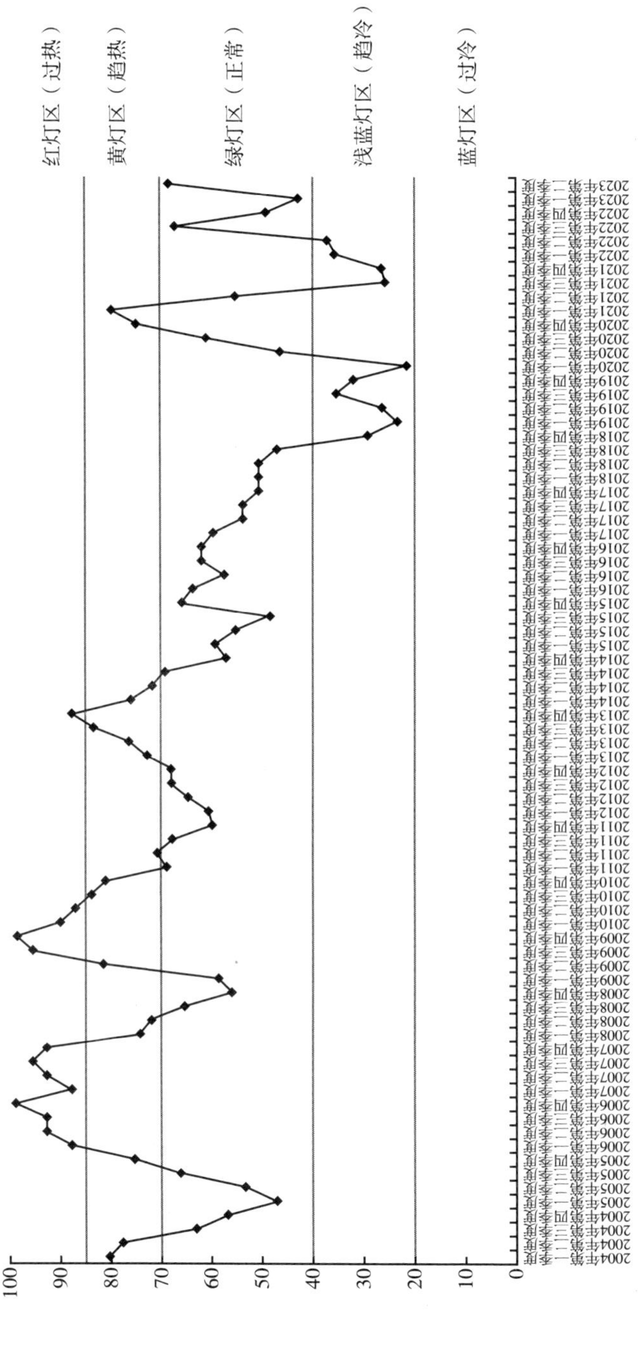

图 5 2023 年二季度汽车产业景气指数曲线

资料来源：根据中国汽车工业协会数据整理。

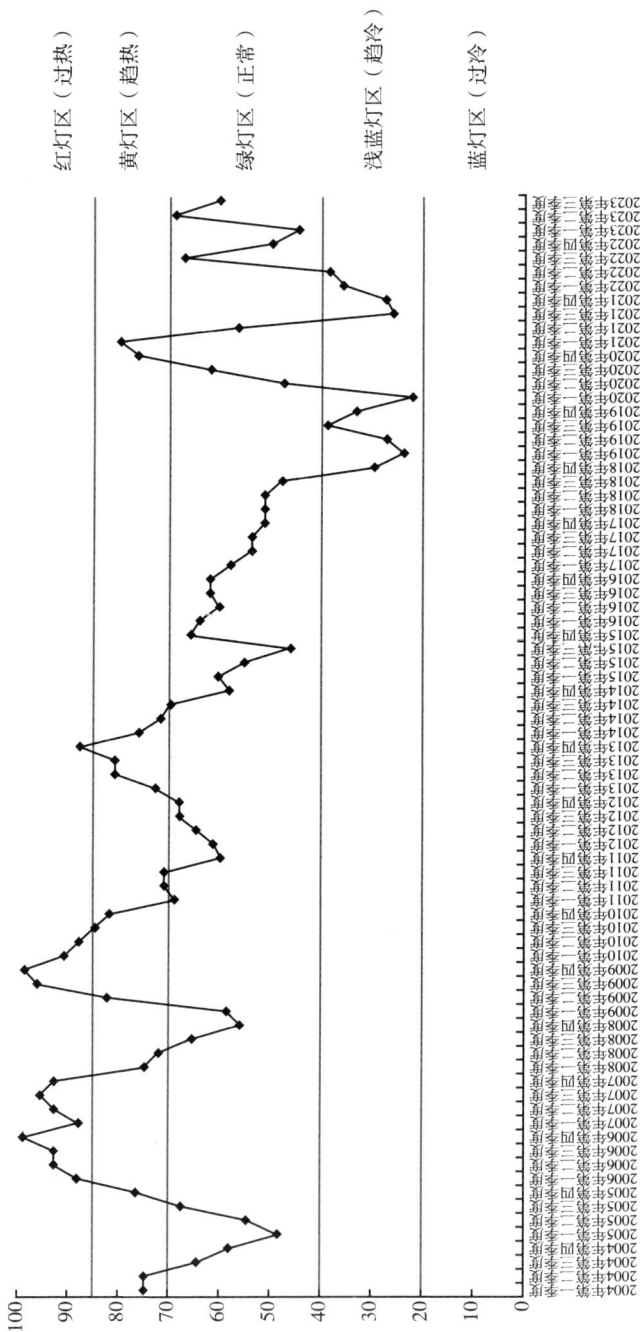

图 6 2023 年三季度汽车产业景气指数曲线

资料来源：根据中国汽车工业协会数据整理。

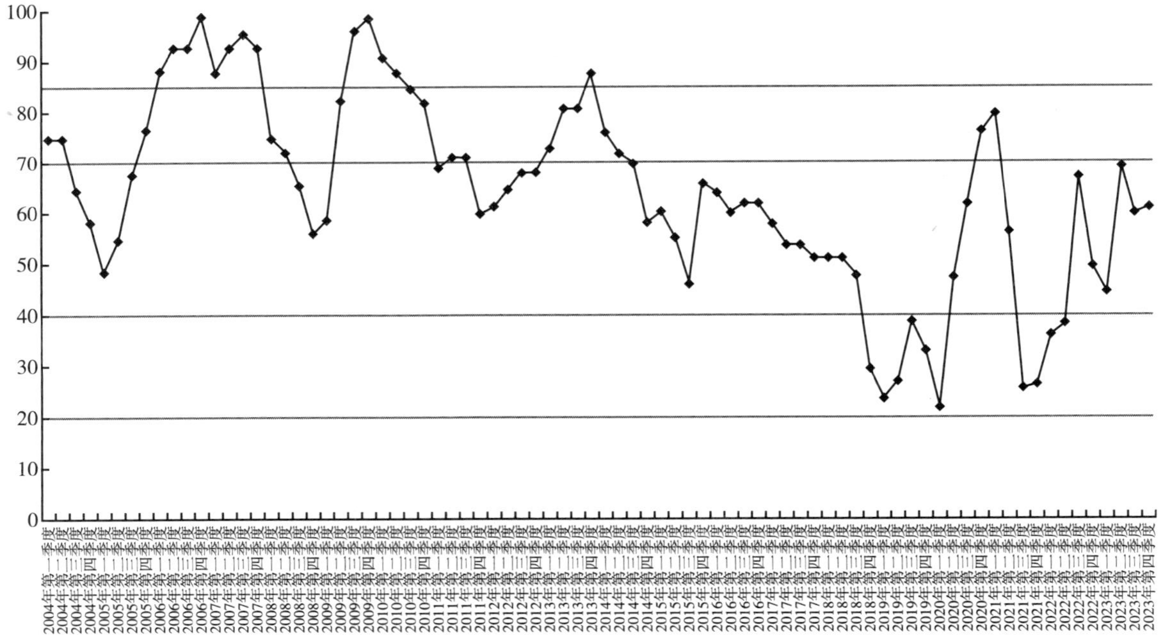

图 7 2023 年四季度汽车产业景气指数曲线

资料来源：根据中国汽车工业协会数据整理。

季度下降 1.05 点。

综观 2023 年第一至四季度，中国汽车产业景气指数分别为 34、69、60 和 61，第一季度处于浅蓝灯区，第二、三、四季度回暖至绿灯区。总体看来，中国汽车产业景气指数第一季度处于趋冷区间，表明汽车产业处于低位运行状态，第二、三、四季度处于正常区间，表明未来汽车产业运行趋势向好。

（二）汽车行业价格指数

汽车行业价格指数是反映一定时期内汽车产品价格变动的综合指数，分为指导价指数和成交价指数，价格指数 = 当月加权指导价 & 成交价/基期加权指导价 & 成交价，当月价格 =Σ 每个监测车型各款车的价格×对应的 MIX，一般将上一年 12 月作为基期（100%）。

为了能够抢占更大的市场，争夺市场话语权和地位，重塑汽车市场竞争格局，年初特斯拉开启新一轮的价格战搅动一池春水后，几乎所有的汽车品牌都卷入价格战，以价换量求生存贯穿整个 2023 年，导致所有的细分市场价格大幅下滑，创历年跌幅之最。通过对 91 个汽车企业 776 个车型的价格走势监测发现，乘用车行业整体及各细分市场价格均呈现下降趋势，但也出现一定分化。

传统燃油车市场，整体价格指数较年初大幅下降约 10 个百分点，在三大细分市场中，轿车和 MPV 降幅均在 10 个百分点左右，SUV 降幅相对较小（近 5 个百分点）（见表 26）。

表 26　2023 年乘用车行业整体及细分市场价格指数（不含进口与新能源车）

单位：%

市场	1 月	2 月	3 月	4 月	5 月	6 月	7 月	8 月	9 月	10 月	11 月	12 月
行业	100.6	99.8	97.7	96.6	95.7	94.3	94.0	93.9	92.9	92.4	91.0	90.0
轿车	100.2	99.6	97.7	96.7	95.9	95.1	94.8	94.1	93.1	92.6	91.3	90.7
SUV	99.9	99.6	98.7	98.0	97.4	97.0	96.8	96.8	96.7	96.4	95.5	95.0
MPV	100.6	99.8	97.7	96.6	95.7	94.3	94.0	93.9	92.9	92.4	91.0	90.0

资料来源：威尔森信息科技有限公司。

2023年，各类别价格指数（不含新能源汽车）均呈现下降趋势，但仍出现一定的分化，其中，自主品牌降幅相对最小，全年降幅7.2个百分点；合资品牌降幅最大，高达11.4个百分点；豪华品牌和进口车降幅基本相当，近9个百分点（见表27）。

表27 2023年乘用车行业分类别价格指数（不含新能源汽车）

单位：%

类别	1月	2月	3月	4月	5月	6月	7月	8月	9月	10月	11月	12月
行业合资	100.7	99.9	98.3	97.4	96.1	94.3	93.8	93.2	91.9	91.4	89.6	88.6
行业自主	99.9	99.4	97.1	96.0	95.4	95.3	95.4	95.4	94.8	94.3	93.4	92.8
行业豪华	99.9	99.6	97.6	96.3	96.1	95.6	95.0	94.3	93.5	93.2	92.1	91.3
行业进口	99.9	99.2	98.4	97.8	97.0	95.6	94.8	94.1	92.7	92.4	91.9	91.2

资料来源：威尔森信息科技有限公司。

从国别看，各品牌价格指数均出现明显下降，相对来说美系与自主品牌降幅较小，控制在7个百分点以内；日系降幅最大，达到13.6个百分点；德系和韩系分别下降8.6个和9.9个百分点（见表28）。

表28 2023年乘用车行业分国别价格指数（不含新能源汽车）

单位：%

国别	1月	2月	3月	4月	5月	6月	7月	8月	9月	10月	11月	12月
德系	100.5	99.8	98.2	97.2	96.7	95.6	95.1	94.1	93.1	92.8	91.9	91.4
日系	101.0	100.0	97.9	96.9	95.5	93.0	92.3	91.7	90.4	89.8	87.5	86.4
美系	98.2	97.3	95.9	94.2	94.4	93.8	93.2	93.3	92.7	92.3	92.7	93.6
韩系	100.3	98.7	98.5	97.3	95.1	93.4	93.0	92.3	92.3	91.6	91.0	90.1
自主	100.4	99.5	97.5	96.3	95.7	95.7	95.7	95.6	95.1	94.6	93.7	93.1

资料来源：威尔森信息科技有限公司。

新能源乘用车领域，价格指数降幅相对较小，整体、纯电动（BEV）、插混（PHEV）价格下降均在6~7个百分点；增程式混动（REEV）降幅最小，仅有4.2个百分点（见表29）。

表 29   2023 年新能源乘用车行业价格指数

单位：%

国别	1 月	2 月	3 月	4 月	5 月	6 月	7 月	8 月	9 月	10 月	11 月	12 月
整体	100.2	98.7	97.2	95.8	95.6	95.7	95.3	95.0	94.5	94.3	93.8	93.7
BEV	100.0	98.3	97.3	95.2	95.1	95.0	94.3	93.9	93.4	93.1	93.2	93.4
PHEV	100.7	99.2	96.9	96.6	96.2	96.1	96.6	96.9	97.2	96.5	94.7	93.5
REEV	99.8	99.2	99.2	99.1	98.2	99.7	98.4	97.0	95.9	96.1	95.7	95.8

资料来源：威尔森信息科技有限公司。

六　汽车新技术与新产品

2023 年是汽车技术尤其是新能源智能汽车技术大步向前的一年，不管是前瞻课题的技术研发还是实用体验的技术优化，均取得明显进步，虽说部分技术还处在萌芽阶段，在量产产品上应用量还达不到普及的标准，但其为汽车产品带来的进阶效果已经初显，在行业和资本的大力支持之下，这些新技术或许很快便会实现大规模的普及和应用。

（一）新能源技术与新产品

随着全球新能源汽车市场爆发式增长，各车企也加快了新能源汽车相关技术的突破与应用。2023 年行业在电池安全技术、底盘技术、能量密度、成本降低、充电桩、电池回收利用等方面均取得较大突破，并开始在新产品上推广应用。

1. 宁德时代滑板底盘实现技术突破

宁德时代旗下时代智能开发的滑板底盘（CIIC）已完成黑河冬季测试及吐鲁番夏季测试，实现 75% 的电池包成组效率，续航里程突破 1000km。宁德时代滑板底盘将电池、电动传动系统、悬架、刹车等部件提前整合，形成一个独立的功能区，通过预留的电气和车体接口，就能实现上下车体分离解耦，进而使上车体可以根据实际需求更换。CIIC 预计在 2024 年三季度实现量产，首款搭载 CIIC 的车型最快将于 2024 年底面世。

2. 日本理化学研究所开发出电池新材料

由日本理化学研究所 Genki Kobayashi 领导的研究团队已开发出可在室温下用于传输氢离子的固体电解质。该技术使用球磨工艺制备了材料的结晶样品并进行退火处理；室温下该样品能够以较高的速率传导氢负离子；由该材料和钛制成的固体燃料电池中，钛完全转化为钛氢化物。该研究成果为以氢负离子导电的固体电解质材料设计提供了指导方针，这一突破意味着氢基固态电池创新性和燃料电池取得切实可行的优势，安全性、效率和能量密度提高，对于推动氢能源经济发展至关重要。

3. 新型电解质技术提升锂离子电池低温性能

由湖南大学、四川大学、清华大学、国防科技大学、于默奥大学组成的研究团队揭示了通过分子电荷工程打破碳酸亚乙酯的溶剂化优势，实现了在更低温度下运行的锂离子电池。研究团队提出的改性电解质，在 -90℃ 下表现出高达 1.46mScm1 的离子电导率，并且在 -110℃ 下仍能保持液态。电池在 -70℃ 下仍能保留约 60% 的室温放电容量并且在 25°C 下完全充电后，甚至在约 -100℃ 的极低温度下仍能保持放电功能。这种通过分子电荷工程破坏碳酸乙烯酯溶剂化优势的策略，为先进电解质设计展现了新的可能性。

4. "三明治式"固态锂电池三分钟充满电

美国哈佛大学开发了一种新的固态电池，该电池能够循环 10000 次，有望实现 3 分钟内完全充电，可持续使用 20 年。这款固态电池使用的是纯金属形式的锂，使用固体电极和固体电解质，电池原型能成功完成 5000～10000 次充电循环。该款电池采用"三明治式"结构，先是一层锂金属阳极，然后是石墨涂层，接下来是第一种电解质和第二种电解质，最后是阴极。"三明治式"的多层结构可防止枝晶结构生成，该项技术的商业化可能还需要数年时间。

5. 美格纳量产新型30V MXT LV MOSFET

美格纳半导体公司宣布已开始全面量产其新型 MOSFET 以用于电动助力转向系统的电子控制单元。该新型 30V MXT LV MOSFET 可为 EPS 提供稳

定的电源并通过电动机辅助车辆的方向控制；产品遵循严格的 AEC-Q101
标准，并保证-55°C 至 175°C 的宽工作结温范围。采用高度坚固的沟槽
MOSFET 结构，可提供低电阻和出色的开关特性。该功能可降低应用中的开
关噪声，并通过高电源效率增强系统性能。

6. 纬湃科技在墨西哥为电动汽车开发无线充电

德国汽车开发公司纬湃科技在其墨西哥工厂开发新的电池管理系统
（BMS），允许电动汽车无线充电。BMS 允许电池监视器和电池管理器之间
进行无线连接从而消除了 100% 的电动汽车充电管理和电池状态监控电缆。
纬湃科技研发中心的基础设施可用于无线测试，该基础设施由隔离摄像头组
成，用于测试天线、辐射能量、验证是否正确通信以了解电池电压、健康状
况、负载、是否具有适当的功率以及辐射模式是否足够。BMS 更少的布线，
简化了制造和组装过程，为汽车制造商节约了成本，该技术正在研发中。

7. 三所大学联合开发出超强性能固态电池

中国科学技术大学、复旦大学、浙江工业大学研究团队联合开发出超强
性能固态电池。非晶态 Li-Ta-Cl 基氯化物 SE，其具有高锂离子电导率和低
杨氏模量，可实现优异的锂离子电导率表现和 ASSLB 中刚性部件之间的较
好的物理接触。通过机器学习模拟、固态 7Li 核磁共振和 X 射线吸收分析揭
示了非晶 Li-Ta-Cl 矩阵由 LiCl43-、LiCl54-、LiCl65-多面体和 TaCl6-八面
体组成。基于 A-LTC-LiCl 的 ASSLB 在极端和常规环境下均表现出高 CE、
出色的倍率性能和优异的循环稳定性，代表了基于卤化物和硫化物 SE 的
ASSLB 具有最先进的性能。

8. LG Innotek 研发新款无线电池管理系统

LG Innotek 宣布推出一款无线电池管理系统（BMS），可提升电动汽车
效率并减少故障事件。该系统可让电动汽车减轻重量，通过减少之前所需的
数十根电缆和连接器以减小普通电池组的体积，重量最多可减轻 90kg。该
款 BMS 还可在汽车引擎盖下方多腾出 15% 的空间，从而可利用该空间来提
升电池容量，从而延长汽车的最大续航里程。该项突破性产品可以让电动汽
车变得更轻，且可以增加电池容量实现更长的续航里程，该 BMS 系统可实

时监控电池电压、电流和温度，优化电池的性能和寿命，预计2024年开始量产。

9. South 8推出高性能锂离子电芯

South 8 Technologies 在地亚哥举行的先进汽车电池会议上推出 Arctic LiGas18650 电芯。该电芯采用 South 8 液化电解质，以取代传统有毒易燃液体电解质，是一种安全、多功能的高性能锂离子解决方案。该电芯实现业界最低的运行温度，可提供低至零下 60℃ 的能量，目前 South 8 正在向选定客户运送 Arctic LiGas 电芯。

（二）智能网联技术与新产品

新能源汽车智能化、网联化是汽车产业科技革命的下一个风口，中国汽车产业在政策+技术+产业链变革驱动下，市场空间大幅扩展，国内外众多科技公司加强了智能网联技术的研发和应用，并取得了众多成果，智能网联渗透率在 2025 年有望达到 75%。

1. 一径发布全新 SPAD 激光雷达

2024 年 1 月 2 日，一径科技正式发布面向 ADAS 前装量产的、基于新一代 SPAD 架构的高性价比长距激光雷达 ZVISION EZ6。该款雷达架构核心器件是应用在接收端的堆叠式单光子雪崩二极管（SPAD）深度传感器，结合了前端大规模的单光子像素阵列和后端高速信号处理芯片，可以直接高灵敏度地探测前方的多脉冲光子信号，并对其进行飞行时间测量，得到距离、信号强度等激光雷达关键信息。该款雷达具有 192 线垂直扫描线数，通过全新一代的 SPAD 激光雷达架构，保证产品满足高阶智驾所需性能的同时，实现了 LiDAR 成本的实质降低。

2. 恩智浦推出首款28nm 短程汽车雷达参考设计

2023 年 12 月 22 日，测试与测量设备供应商罗德与施瓦茨宣布其雷达目标模拟器已用于验证恩智浦半导体的下一代近程雷达传感器参考设计的性能。罗德与施瓦茨的 RTS 雷达测试系统结合了 AREG800 汽车雷达回波发生器和 QAT100 天线毫米波前端，具有独特的短距离目标仿真能力和卓越的射频性能。恩智浦的新一代雷达传感器参考设计基于行业首个 28nmRFCMOS 雷达单芯片 SoC 系列，并利用 RTS 雷达测试系统。两家公司的合作将使汽车行业在汽车雷达的发展上实现新的跨越。目前该技术处于在研阶段。

3. 奔驰获批在美国加州等使用自动驾驶指示灯

奔驰宣布已获批在美国加州和内华达州安装绿松石蓝指示灯以提示自动驾驶状态，成为全球首家获批的车企。加州将在自动驾驶测试车的前后车灯和两侧后视镜上安装绿松石蓝色指示灯；这些车灯的设计目的是让其他驾驶员和警察能够识别车辆是否处于自动驾驶状态，并确定驾驶员是否被授权执行驾驶以外的次要操作。奔驰正致力于将绿松石蓝色标准化作为使自动驾驶状态可视化的一种方式。

4. 马瑞利推出下一代驾驶舱 SDV 平台

马瑞利宣布将在拉斯维加斯举行的 CES 2024 上推出面向下一代驾驶舱的突破性软件定义汽车 SDV 平台。该软件平台基于微服务构建，可在透明的硬件和操作系统上实现应用的集成，特别是针对集中型架构的应用部署和车载计算进行了优化。由于采用了容器化方法，软件的无线更新更快、更精简且具有诊断性。该解决方案还允许终端用户根据个人喜好定制设置和驾驶体验。

5. 研究人员开发相干双光子激光雷达

韩国浦项科技大学团队与朴茨茅斯大学量子科学与技术中心合作，开创性地推出了双光子激光雷达，可以消除由相干时间带来的范围限制，以实现对远远超出相干时间（由光源光谱带宽决定）的远程物体的精确测距。对传统相干激光雷达来说，相干时间是一个限制因素。与之不同，相干双光子激光雷达中的二级干涉条纹不受光源的短相干时间的影响，这标志着激光雷达技术在适应挑战性环境方面实现了重大飞跃。

6. 理想汽车发布多模态大模型 Mind GPT

2023 年 12 月 11 日，理想汽车宣布在 OTA5.0 中带来了理想全自研的多模态认知大模型 Mind GPT。Mind GPT 是行业唯一不需要任何指令词就可以使用的大模型，支持方言自由说、指令自由说、简洁模式以及全时全车免唤醒。理想从 0 到 1 构建了 Mind GPT 原始基座模型，模型结构采用了自研的 Task Former 神经网络架构，基于用车、娱乐、出行等场景使用 SFT、RLHF 等技术进行了一系列的训练，目前已进入内测阶段。

7. 博世在制造业中试点应用生成式人工智能

博世正在试行生成式人工智能和基础模型，以加快人工智能在其制造工厂中的应用。博世工厂利用生成式人工智能创建合成图像，以开发和扩展用于光学检测的人工智能解决方案，可以识别制造过程中的异常和故障提高产品质量。博世工厂还使用人工智能对组件进行光学检测，有助于检测难以识别的特征，如表面的划痕和碎裂以及焊缝中的缺陷。目前处于试点应用，在成功后这项用于生成合成数据的服务将提供给所有博世工厂。

8. IBM 发布量子芯片

IBM 发布了全球首个模块化量子计算系统 IBM Quantum System2 以及下一代量子处理器芯片 IBM Condor 和 Heron。IBM Quantum System 2 是集大成的量子系统，用于兼容未来版本的量子处理器。IBM Condor 是迄今为止发布的最大的基于超导的量子处理器，具有 1121 个量子比特。IBM 宣布开源量子编程软件 Qiskit，计划于 2024 年 2 月发布 1.0 版本，目前已提供预览版。

（三）新材料技术与应用

电池材料、轻量化材料、智能材料等新材料的出现和应用对于提高新能源汽车的性能和降低制造成本具有重要意义。

1. LS Cable & System 开发出新型铜箔材料

韩国制造商 LS Cable & System 开发出可用于电动汽车高性能电池的新型铜箔材料 CuFlake。CuFlake 将溶解的铜屑中的杂质去除并制成片后，可以直接用来生产铜箔。与仅使用高档废铜的铜线不同，新材料可使用较低等级的废料制成，从而解决了铜供应有限的问题。铜箔在高性能电池中用作集流体和电极涂层，电池电芯的关键部分需将原铜材料压扁至约 $20\mu m$，比头发的平均直径还要细。未来，该材料可应用在铜箔制造、稀土元素和电动汽车铝部件等领域。

2. 北京化工研究院电池软包用流延聚丙烯薄膜专用料研发成功

中国石化北京化工研究院宣布电池软包用流延聚丙烯（CPP）薄膜专用料研发成功。软包锂离子电池专用封装材料起到保护内部电芯、隔绝外界环境的作用。软包铝塑膜主要由外租层（ON层，尼龙为主）、阻透层（AL层，压延铝箔）、热封层（CPP层）等通过胶黏剂复合而成。北京化工研究院通过分子结构设计和结构调控技术研究，开发出锂电池软包CPP系列专用料牌号。目前，北京化工研究院正与多家院校和企业联合攻关进行量产验证。

3. PNNL通过添加石墨烯来提高铜电导率

美国西北太平洋国家实验室（PNNL）研究人员发现，将一种常见的碳化合物与铜以适当比例混合，然后用来制造电线，可以明显提高其性能。向电工级铜中添加18%的石墨烯，结果电阻温度系数降低了11%，而室温电导率却没有降低，其中铜线绕组的电导率提高11%，电机效率提高1%。相比目前的电机设计只能在有限的温度范围内运行，新型铜—石墨烯复合材料电机可在更高的温度下运行而不会失去导电性。该新型铜—石墨烯复合导线可为工业应用提供极大的设计灵活性，未来可按照具体要求定制铜—石墨烯材料并测量其他基本性能，例如疲劳强度、腐蚀和耐磨性能等。

4. LyondellBasell推出再生海洋塑料

LyondellBasell与德国原始设备制造商以及一家塑料机械回收商合作推出由回收海洋塑料制成的新型再生树脂，这种聚丙烯共聚物回收材料可用于注塑成型的汽车应用。作为此次合作的一部分，工作人员先收集报废渔网并进行仔细分类，然后将它们加工成优质塑料回收材料，将这种回收材料与原始化合物混合，从而生产出新型材料，未来该成果将投入大规模生产。

5. 美国开发出新型锂基固态电解质材料

美国橡树岭国家实验室开发出一种新型锂基固态电解质材料 $Li_9N_2Cl_3$。该材料具有无序的晶格结构和空位，可有效促进锂离子传输，由于其固有的锂金属稳定性，可以在 $10mA/cm^2$ 的电流密度和面积容量下抵抗枝晶形成。

该材料结合到富镍 $LiNi_{0.83}Co_{0.11}Mn_{0.06}O_2$ 正极全固态电池中，实现了显著的循环稳定性，即 0.5C 下 1500 次循环后容量保持率为 90.35%、高面积容量为 $4.8mAh/cm^2$。

6. 中国科学院金属研究所等制备出超塑性钛合金

中国科学院金属研究所设计并制备了具有多相纳米网状结构的新型钛合金。新型钛合金利用基体中的纳米 β 网，促进微纳米晶 α 晶粒间的滑移与倾转，利用沿 $α/β$ 相界钉扎的纳米 Ti_2Cu 相提高该纳米网状结构的稳定性，全面提升材料的超塑性变形能力。该材料在 750℃ 和应变速率高达 $1s^{-1}$ 的条件下，可获得超过 900% 的延伸率，超塑性变形的应变速率较现有材料提高了 2~4 个数量级。

7. 成型保护涂层可延长高强度钢的使用寿命

香港 Formtech 公司开发了一款新型定制涂层材料，使用热喷涂作为涂层工艺，不仅可以应用涂层本身，还可以在成型过程中生产新型涂层材料。该技术可在涂层材料和涂层工艺方面大大降低成本，涂有所开发材料的钢板通过热板材成型并成功进行了测试。与现有技术相比，新型保护涂层的开裂现象较少，目前该技术在德国处于推广阶段。

8. 舒勒基于拉伸边缘监控提高钣金部件质量

舒勒基于拉伸边缘监控提高钣金部件质量，该技术基于一致的数据同步，成形模拟允许提前确定关键点的拉伸边缘，并与实际确定的值进行比较。相关数据与部件的唯一标识号一起存储在数据库中，根据以这种方式获得的知识，甚至在部件出现裂纹或折痕等可见质量缺陷之前，就可以对工艺进行修改，例如改变注油或模具缓冲力。目前，保时捷和舒勒在萨勒的合资企业智能冲压车间已经采用了这种应用形式。

七　汽车行业热点简述

（一）汽车产销突破3000万辆大关

2023 年是中国汽车行业实现历史转折的一年，也是中国汽车行业走向王者之巅的开元之年。2009年中国汽车产销规模首次突破1000万辆大关，超越美国成为世界汽车产销第一大国；2013年突破2000万辆，2017年以2888万辆达到阶段峰值；2021年结束"三连降"后开始回升。2023年汽车市场低开高走，逐步向好，政策效果持续显现、降价促销贯穿全年，加之企业年底收尾冲刺，共同推动行业产销规模跨上3000万量级新台阶，再创历史新高，其中乘用车市场延续良好增长态势，为稳住汽车消费基本盘发挥了重要作用；商用车市场企稳回升，产销回归400万辆；新能源汽车和海外出口持续冲高，实现了质的有效提升和量的合理增长。2023年中国汽车在全球销量占比达到33.9%，连续15年稳居全球第一，在中国汽车产业发展史上具有新的里程碑意义。

（二）新能源汽车产业继续领跑全球

"十四五"以来，在购置税减免政策延续、部分城市燃油车上牌和路权限制、基础设施的大力推广、车企加速新能源产品投放及私人市场的崛起等因素影响下，市场活力和消费潜能进一步被释放，新能源汽车市场超预期发展。一是产销规模领冠全球。2023年中国新能源汽车销售949.5万辆，行业整体占比超过30%；保有量2041万辆，占全国汽车保有量的6.1%；在全球新能源汽车销量占比超65%，连续9年位居全球第一，全球新能源汽车销量排名前十的企业中中国品牌占了4席。二是关键核心技术持续突破。量产动力电池单体能量密度达到300瓦时/公斤，处于国际领先水平，新型成组技术、高镍无钴电池等实现突破应用，半固态电池开始量产装车；驱动电机峰值功率密度超过4.8kW/kg，最高转速达到1.6万转/分钟，新型高速驱动电机峰值功率密度可达7kW/kg；纯电动乘用车百公里平均电耗下降到12.35千瓦时。三是配套设施环境日益优化。2023年我国充换电基础设施建设速度明显加快，全年新增充电桩338.6万个，累计建成充电桩859.6万个，桩车比达到1∶2.8；全国新增换电站1594座，累计达到3567座。其中，全国高速公路沿线具备充换电服务能力的服务区达到5978个，提供充电停车位3.0万个，补能设施建设基本满足了新能源汽车的快速发展需求。

（三）中国汽车海外出口跑出加速度

全球化发展是企业做大做强的必由之路，在构建双循环新发展格局战略指引下，中国车企加快推进全球化战略，并取得不俗战绩。近三年，中国汽车出口呈现跃迁增长之势，继2022年突破300万辆，反超德国（265万辆）居全球汽车出口第二位之后，2023年一鼓作气以491万辆的优势，再次超越日本（442万辆）成为全球第一大汽车出口国，而且不仅是数量第一，金额也是第一，全年汽车整车及零部件出口额高达1900亿美元，这一规模是绝对的世界领先水平。中国汽车海外出口规模连续三年实现高增长，一是得益于中国品牌过去几十年的培育及产品竞争力的持续提升；二是近几年疫情、芯片短缺导致全球产能降低，为我国提供了积极抢占海外市场的契机；三是我国汽车产业链的完整性也发挥了重要作用，继敲开了东南亚、非洲等发展中地区大门之后，也逐渐在欧、美、日、韩等发达国家和地区实现突破，在当地的口碑明显提升。

（四）中国品牌向上突破再上新台阶

实施品牌向上战略，是中国汽车产业在"十四五"期间的重点任务之一，也是为我国提升供给体系适配性，进而畅通国内大循环，推动形成强大国内市场，构建新发展格局的重要支撑。2023年汽车市场进入更加激烈的竞争环境，中国品牌在多方面加速向上，并取得了良好的效果。一是品牌价值提升。"2023年中国500最具价值品牌"排行榜中有25个汽车品牌榜上有名，其中5个品牌价值超过2000亿元，3个超过1000亿元，9个超过500亿元。二是品牌高端化突破。自主品牌抢滩登陆高端赛道，50万元的问界M9、60万元的理想MEGA、80万元的蔚来ET9以及百万元级的仰望U8等陆续推出，持续击破中国品牌价格"天花板"，不断冲击国内豪华车市场的竞争格局。三是市场份额持续扩大。近几年中国品牌逐渐掌握了市场竞争的主动权，2023年在乘用车市场占比达到56.0%，实现了与合资品牌的地位翻转，从弱势跟随到平分秋色、再到逐步领先的转变。四是引领新能源市场。在"新四化"大潮推动之下，以比亚迪为代表的中国品牌积极抢占新能源汽车新赛道，2023年中国品牌新能源汽车销售796.7万辆，全球新能源汽车占比达到56.2%，实现了"弯道超车"。

（五）合资品牌探索反向借力新模式

近些年，合资品牌在电动化和智能化转型上前瞻投入不足、行动迟缓，导致其市场份额持续被挤压。2023年合资品牌开始探索"反向借力"中国品牌，主要包括四种模式。一是外资车企入股自主车企，共同研发智电新产品，有利于外方快速在华落地有竞争力的智电产品，且为内部研发争取时间并获得外部技术支持，如大众与小鹏。二是外资车企战略入股自主车企，双方成立合资公司，利用自主车企的先发技术与本土化供应链体系，助力外方的智能化、电动化转型，并以轻资产模式保持对中国市场的关注，如丰田与小马。三是合资公司推出独立的新能源汽车品牌，导入自主车企的智电技术，可以直接借助中方的智电核心技术以及相应的本土供应商，支撑外方在智能新能源产品上的突破，如东风本田灵悉。四是合资公司反向出口成为新潮流，利用中国较低的生产成本和成熟的供应链谋求海外市场，如广汽本田。在这种新形势下，"新合资"模式既是外资品牌对电动化、智能化转型路径的再探索，也是其对"新本土化"战略的落地实施，即不仅要"在中国、为中国"，而且要"携中国、为全球"。

（六）插混异军突起成为增长主动能

2023年，插电式混合动力汽车（PHEV）呈现爆发式增长，全年累计销售280万辆，同比增速3倍于纯电动车（BEV），对新能源汽车增量贡献与BEV不相上下，已经成为新能源增长的主动能。各大车企纷纷将PHEV车型作为发展重点，不断加大技术投入，市场上涌现了柠檬混动DHT、蓝鲸iDD、雷神动力、DM-i超级混动、鲲鹏DHT混动等一系列新产品，为用户提供了电动化汽车的更多选择和更好的用车体验。PHEV市场的火爆，是用户综合产品特性、应用场景、使用成本后做出理性选择的结果。一方面，由于目前充电基础设施尚未完善、电池性能存在局限，PHEV 车型可有效解决当前纯电动汽车在续航、补能、耐低温性等方面的短板；另一方面，经过持续迭代优化，PHEV 不仅可以提供近似纯电车型的体验，而且其专属平台、系统及发动机等，也使其成本更低、能耗更少、性能更好，产品体验显著优化。预计 PHEV 车型将在 5 年左右继续保持较强的竞争力，但随着电池技术的突破，以及超充时代的到来，纯电汽车可能会有更广阔的空间。

（七）价格战促使汽车行业内卷加剧

在购车补贴全面退坡后，新能源汽车市场进入大浪淘沙的白热化竞争新阶段，行业内卷全面加剧。2023 年价格战贯穿全年，年初特斯拉率先降价，以提升订单量；湖北省推出为期 1 个月的政企购车补贴举措，联合多家车企推出"史上最强购车优惠季"，超常规降价引发连锁反应，导致车企大规模跟进，价格战全面爆发，直到下半年仍在持续，且影响更趋深入。价格战使燃油车的定价体系全面坍塌，新车型定价普遍下探，老车型则不得不以"降价增配"方式提升竞争力，而价格战又进一步加剧行业竞争，倒逼车企转向新赛道、打造新能力、探索新模式，围绕应用场景和用户体验，提升产品精准定义能力，强化成本控制，加快产品推新和技术迭代速度，以价值取胜，这样才能可持续发展。

（八）企业生态化发展渐成行业共识

2023 年，汽车市场竞争异常激烈，口水战、价格战蔓延全年，但为了企业长期可持续发展，企业之间也开始加快抱团取暖、合纵连横，以谋求共建生态来参与竞争。一是车企强强联合。小鹏与大众斥资 7 亿美元进行技术合作；吉利与长安达成战略合作；零跑成为 Stellantis 布局全球市场的重要技术输出者；吉利与雷诺合作专攻混合动力系统等。二是跨界联盟融合发展。华为通过 HI、智选、合资等模式与北汽、长安、奇瑞等企业展开合作，逐步构建并扩大"华为生态联盟"；福特携手宁德时代，开启动力电池合作新模式。三是合作共建后生态。充电领域，奔驰与宝马成立合资公司在华运营超充网络，极星、沃尔沃、路特斯、捷豹路虎 4 家豪华品牌共同组建中国充电联盟；换电领域，蔚来开放换电网络，目前已有长安、吉利等加入，换电联盟初现雏形。总体来看，在电动化与智能化发展的大趋势下，汽车产业边界持续向外拓展，任何企业都不可能掌握发展智能电动汽车所需的全部要素，单一企业参与竞争优势会被"稀释"，短板会愈发突出。车企需要通过深度战略合作弥补短板、放大长板，共建生态正成为汽车企业参与竞争的重要模式。

（九）城市 NOA 成为企业竞争新高地

2023 年，城区场景的领航辅助功能（城市 NOA）进入落地阶段，头部车企采用多模式组合策略，即在"基于高精地图的 NOA"的基础上，增加"不依赖高精地图的 NOA"与"通勤模式"，以此实现全场景的覆盖。技术层面，车企综合考虑了城市 NOA 落地的迫切需求与高精地图鲜度难以保障等难题，着力改进感知技术方案，增强"实时建图"能力，以有效应对城区复杂场景。其中，特斯拉、蔚小理等车企普遍使用 BEV＋Transformer 方式，解决不同种类传感器的融合问题，并保障精确性。成本层面，在规模落地的需求驱动下，车企也在持续寻求更低成本的 NOA 方案，包括以 4D 毫米波雷达替代低线束激光雷达、芯片国产化替代以及千元级别行泊一体域控等，不断降低成本，推动城市 NOA 从高端车型向中低端车型的应用普及。总体来看，城市 NOA 是实现全域 NOA 最难的一块"版图"，也是车企为用户营造连续场景体验、赢得竞争制高点的关键及智能驾驶领域的核心竞争力所在。

（十）智能驾驶开启市场竞争下半场

智能驾驶的浪潮让"电动化是上半场，智能化是下半场"成为业界共识。2023 年，智能驾驶技术在汽车行业迈出了更大的步伐。各大汽车制造商纷纷推出了搭载自动驾驶技术的新车型，从自动泊车到高级驾驶辅助系统，为驾驶者提供更高级的驾驶体验和更安全的路况感知，从高速场景逐步走向城市场景，并将各个场景"贯通"，形成流畅的体验。此外，人工智能在自动驾驶领域的应用也显著增加，车辆图像识别、语音交互和智能导航系统等技术的不断创新与完善，加速了智能驾驶技术的商业化进程。AI大模型也成为汽车智能化发展新抓手，以ChatGPT为代表的生成式人工智能成为全球科技热点，将人机交互体验提升到新高度，车企和科技公司纷纷投入其中。

八　2024年汽车产业发展趋势

从宏观环境看，世界经济复苏的动力依然不足，地缘政治风险上升，贸易和投资壁垒有升级趋势，全球产业链供应链呈现区域化、本地化、短链化特征，要素流动受阻，世界经济一体化挑战加大，外部环境的复杂性、严峻性、不确定性上升，预计2024年全球经济增速为3%左右。在以习近平同志为核心的党中央坚强领导下，中国经济回升向好、长期向好的基本趋势没有改变，预计在内需不断增强、外需温和回升、新质生产力加速形成等积极因素推动下，叠加财政、货币、产业等各类政策效应，2024年中国经济将继续稳健增长，预计增速在5%左右，依然是世界经济增长的"稳定器"和"动力源"。

从汽车产业看，世界主要汽车大国都将新能源智能汽车作为战略性产业，加强政策支持，加快市场培育，着力强化对新能源智能汽车产业链供应链的掌控力，跨国汽车集团正在加快转型节奏，全力争夺产业制高点，一批新型科技公司迅速崛起，产业生态加速重构。预计2024年，全球汽车市场规模将达到9240万辆，增速放缓至4%；其中，新能源汽车将超过2000万辆，增速达到35%左右。中国汽车产业的政策取向将更加鲜明，围绕落实"双碳"部署、推进新型工业化等，对新能源智能汽车的支持力度将进一步加大。中央经济工作会议强调，要逐步优化限购、提振新能源汽车消费、推进消费品以旧换新、扩大中等收入群体规模、优化消费环境等。预计国内汽车市场将继续保持增长，其中新能源汽车的增长仍旧是主旋律，海外出口延续增长态势；与此同时，传统燃油车承受的转型压力和新能源汽车承受的盈利压力空前巨大，都面临或持续增长或退出竞争的严峻挑战，随着新势力持续涌入和"反向合资"的出现，竞争格局更加复杂。

从需求趋势看，2024年车市主要影响因素保持稳定，需求基本面预计有缓慢的边际改善。一是经济在波动中修复。2024年中国经济仍处于疫后弱复苏状态，宏观政策取向偏积极宽松，有望推动国内经济继续恢复，但面临房地产转型、地方债务、外部风险大、政策效果下降等问题，市场信心不足和预期偏弱改善有限，对车市的支撑逐渐恢复，但无法支撑车市高速增长。二是强刺激政策不会出台。2023年汽车市场产销规模再创新高，而汽车行业是"以进促稳"的典范，政府评价积极，除非市场急转直下，否则看不到强刺激可能，对燃油车并不会有额外照顾政策；地方性政策将延续，力度主要聚焦于财力强的省份，会进一步体现向新能源倾斜。三是降价持续/降幅减小/效果减弱。2024年新赛道打压旧赛道、完成行业转型内在动力犹在，新能源汽车头部企业将继续引领价格下探，整体价格中枢下移趋势不变，但部分企业降价空间所剩无几，降幅有限，将被迫让出市场；消费者对降价敏感度下降，促销效果将会减弱。四是商用车继续艰难爬升。消费潜能释放为物流类商用车奠定基础，支撑物流需求继续低位小幅修复；扩大有效益的投资有助于工程类商用车走出谷底，但由于投资方向以技术攻关、新基建、节能减排降碳为主，货运弹性相对传统基建和房地产投资较低，对工程建设类车辆的带动作用也相对有限；天然气重卡的爆火方兴未艾，由此产生的替换需求将持续为2024年的商用车市场贡献增量。

综合考虑，预计2024年汽车市场规模将在3100万辆左右，同比增长3%，其中，乘用车2675万辆，同比增长2.6%，商用车425万辆，同比增长5.4%；新能源汽车将达到1170万辆，同比增长23.2%左右；出口550万辆左右，同比增长12%。

乘 用 车 篇

B.2

2023年乘用车发展报告

摘 要： 本报告分析了2023年中国汽车市场乘用车工业发展概况，总结了中国乘用车总体及各细分市场发展特点。乘用车市场发展情况重点从发展规模、发展特征、区域市场表现、进出口情况、中国品牌市场表现等方面进行了总结分析，预测了中国2024年总体经济形势下的乘用车市场发展形势，提出了发展乘用车工业的政策建议。针对轿车、越野车、多功能车、交叉型乘用车等四个细分市场较2022年的发展情况和变化趋势进行了分析。2023年乘用车市场整体保持快速增长，规模创历史新高，新能源市场保持高增长；全年出口首次突破400万辆，刷新历史纪录；中国品牌持续向好发展，市场份额再创新高。2024年乘用车市场在宏观经济环境保持稳定、消费政策积极支持、供给环境不断改善的大环境下，虽面临市场竞争加剧、淘汰加速，但乘用车市场仍将保持小幅增长。

关键词： 乘用车工业 轿车 越野车 多功能车 交叉型车

一　2023年乘用车发展概况

（一）乘用车市场整体产销情况

1. 乘用车市场产销两旺，规模创历史新高

2023 年，中国乘用车市场产销量分别为 2612 万辆和 2606 万辆，同比增长 9.58% 和 10.62%，均实现了快速增长。2023 年，国际形势继续快速演变，地缘政治冲突一波未平一波又起，俄乌冲突持续、巴以冲突再起、美日韩三边合作此起彼伏，使得全球贸易局势紧张，经济下行压力持续加大。中国经济虽然仍在后疫情时代 "V" 形恢复时期，消费信心不足，但在政府加强宏观调控，坚持稳中求进工作总基调，着力扩大内需、优化结构、提振信心、防范化解风险的方针下，我国经济回升向好，全年 GDP 超 126 万亿元、增速达 5.2%。2023 年我国经济顶住外部压力、克服内部困难，供需稳步改善，居民人均收入实现同比 6.3% 的增长，为汽车消费创造了良好经济环境。最终，在各地政府 "限购城市增发购车指标" "促消费购车补贴" "新能源下乡" 等各项政策共同拉动下，实现全年销售 2606 万辆的历史新高（见表 1）。

表 1　2009~2023 年乘用车产销量统计

单位：万辆，%

年份	产量	同比增长	销量	同比增长
2009	1038	54.11	1033	52.93
2010	1390	33.83	1376	33.17
2011	1449	4.23	1447	5.19
2012	1552	7.17	1550	7.07
2013	1808	16.49	1793	15.71
2014	1993	10.23	1971	9.93
2015	2108	5.77	2115	7.31
2016	2442	15.84	2438	15.27

年份	产量	同比增长	销量	同比增长
2017	2481	1.58	2472	1.40
2018	2353	−5.16	2371	−4.08
2019	2136	−9.22	2147	−9.44
2020	1999	−6.50	2018	−6.03
2021	2141	7.10	2148	6.46
2022	2384	11.35	2356	9.69
2023	2612	9.58	2606	10.62

注：表中和文中数据如无特殊说明均在参考中国汽车工业协会数据的基础上进行了适当整理，同时参考了同期上险数、公告数等数据，因而与中国汽车工业协会对外发布的数据略有出入；且同比增长数据均以原始精确数据计算，与以表中"万辆"为单位的数据计算结果有出入；下同。

2. 乘用车市场呈现"前低后高"趋势

2023年汽车市场在政策及供需的拉动下持续攀升，价格战贯穿全年，有效拉动市场增量。1月，受2022年购置税补贴政策退出的透支效应与春节影响，销量为147万辆，同比增速为−32.8%。2月，市场节奏恢复至正常，实现销量165万辆，同比增长11.1%。4月，受2022年低基数影响，叠加各地政府"增发汽车消费补贴"政策，车市实现销售181万辆，同比高增长87.7%的表现。5月，非RDE政策延期落地，允许相关车型销售至2023年底，确保汽车市场平稳运行，实现销售规模205万辆，同比增长26.4%。11～12月，各大车企加速冲刺全年目标，"以价换量"效果明显，12月销量达279万辆，同比增长23.2%，创单月销量最高纪录（见图1）。

3. 新能源市场维持高增长，新品牌相继涌现

新能源市场跨越式发展，在产品供给和用户接受度提升的情况下，成为拉动市场增长的核心动能，对乘用车销量贡献显著。2023年，新能源乘用车销量902万辆，同比增长39.41%，市场占比达34.62%，较2022年增加7.15个百分点。插电混动和纯电动双双大幅增长，其中比亚迪、理想、长安等各大车企加大对插电混动产品投放，产品实现销量279万辆，同比增长84.34%，占新能源总量的30.90%，较2022年增加7.53个百分点；纯电动呈现"百家争鸣"的局面，以比亚迪、特斯拉、广汽、五菱等为代表新能

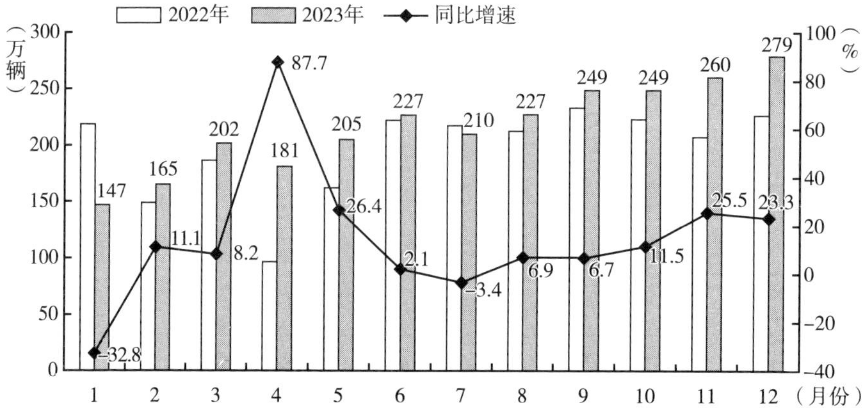

图 1　2022~2023 年乘用车月度销量走势

源品牌销量均实现了增长，实现销量 623 万辆，同比增长 25.71%，占比新能源总量 69.10%，较 2022 年下降 7.53 个百分点（见表 2）。

表 2　2023 年新能源乘用车市场销量统计

动力类型	销量（万辆）	同比增速（%）	占比（%）	占比变化（百分点）
传统燃料	1704	-0.30	65.38	-7.15
新能源	902	39.41	34.62	7.15
插电混动	279	84.34	30.90	7.53
纯电动	623	25.71	69.10	-7.53

新能源市场格局在各类新品牌快速涌入中逐步形成，竞争加剧，其中 2023 年新能源市场已有 105 个在售品牌，新增品牌数量达 17 个、占比为 16.19%（见表 3）。

表 3　2019~2023 年新能源市场品牌数量变化趋势

单位：个，%

项目	2019 年	2020 年	2021 年	2022 年	2023 年
在售品牌数量	65	80	92	97	105
新增品牌数量	15	16	15	11	17
新增品牌占比	23.08	20.00	16.30	11.34	16.19

新能源市场头部效应显著，比亚迪、特斯拉等重量级品牌吸引了市场近一半需求，2023年新能源市场TOP3品牌销量达433万辆，集中度达47.9%（见表4）。

表4　2019~2023年新能源市场TOP3品牌销量与集中度

单位：万辆，%

项目	2019年	2020年	2021年	2022年	2023年
TOP3品牌销量	41	45	152	312	433
TOP3品牌集中度	38.1	36.2	45.8	48.2	47.9

2023年，新能源TOP10品牌排名基本未变，"新旧"势力"同台竞技"，以特斯拉、理想、蔚来为代表的新势力，和以比亚迪、传祺、五菱、长安为代表的传统车企，均取得了不错的市场表现。比亚迪、特斯拉和传祺形成了新的"三足鼎立"局面。比亚迪连续多年坐稳新能源市场第一位置，在刀片电池、e平台3.0以及DM-i超级混动技术三大核心技术加持下，再添"云辇"系统、"璇玑"架构护航，秦PLUS、元、宋PLUS等全系车型热销，年销量保持高增长，达288万辆。特斯拉产品焕新，Model 3和Model Y产品竞争力提升、持续热销，新能源第二市场地位不变。传祺凭借AION Y、AION S两个爆款产品，跻身新能源市场第三位。五菱因微型轿车市场增长动能不足，销售39万辆，排名第四，增速为-30.41%，退出前三。名爵、零跑增加产品投放，品牌竞争力得以提升，成功挤进新能源品牌销量TOP10位置（见图2）。

具体来看，2023年新能源TOP10品牌排名依次为比亚迪、特斯拉、传祺、五菱、理想、名爵、长安、大众、蔚来和零跑，分别实现销量288万辆、95万辆、50万辆、39万辆、38万辆、23万辆、20万辆、19万辆、16万辆和14万辆，分别同比增长55.74%、33.32%、84.60%、-30.41%、182.21%、81.23%、-1.31%、2.01%、15.66%和29.67%。

4.燃油车市场竞争加剧，头部企业瓜分市场

传统燃油车在新能源市场的挤压下，市场份额逐年下滑，却仍有近两千

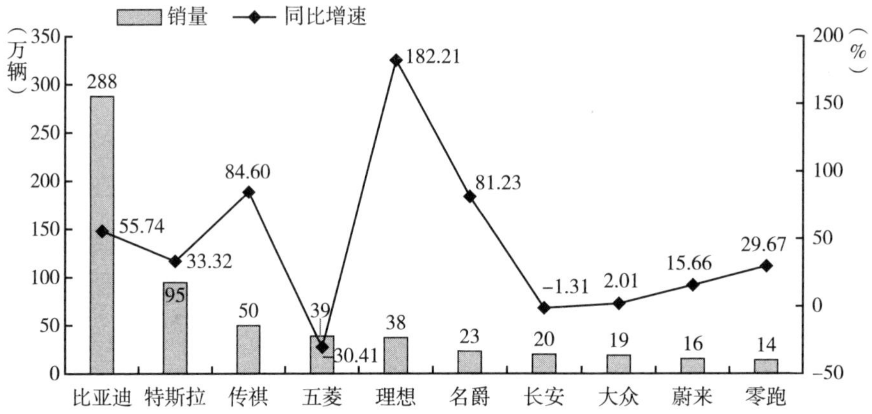

图2　2023年乘用车（新能源）销量TOP10品牌

万市场需求，是各大传统车企厮杀的核心"战地"。奇瑞、吉利、长安等自主品牌抓住机会，调整产品结构，抢夺市场份额，实现销量增长。本田、日产、别克等合资品牌，在内外环境压力下，市场同比下滑15%左右。相较于2022年，2023年乘用车（传统燃料）市场竞争格局基本未变，品牌排名依次为大众、丰田、本田、奇瑞、吉利、长安、日产、哈弗、奥迪、宝马，销量分别为203万辆、171万辆、117万辆、117万辆、103万辆、94万辆、64万辆、64万辆、64万辆和61万辆，同比增速分别为-5.44%、-6.11%、-14.37%、76.66%、8.47%、4.40%、-22.23%、5.20%、8.81%和1.32%（见图3）。其中奇瑞表现最为突出，排名由2022年的第七位上升到2023年的第三位，主要得益于瑞虎系列产品更新换代后产品力提升以及新品欧萌达发力，瑞虎7、瑞虎5X、瑞虎8、欧萌达等产品均实现了销量增长。

5. SUV、MPV联袂高增长，新能源"功不可没"

SUV和MPV快速增长，挤压轿车和交叉车型市场，其热销的动力源为新能源。2023年，SUV销量1345万辆，同比增长18.17%，占比增加3.30个百分点至51.62%，其中新能源对占比增长贡献了4.81个百分点；轿车销量1122万辆，同比增长2.92%，占比减少3.21个百分点至43.03%，主要是受传统燃料同比下滑6.95%的影响；MPV销量123万辆，同比增长

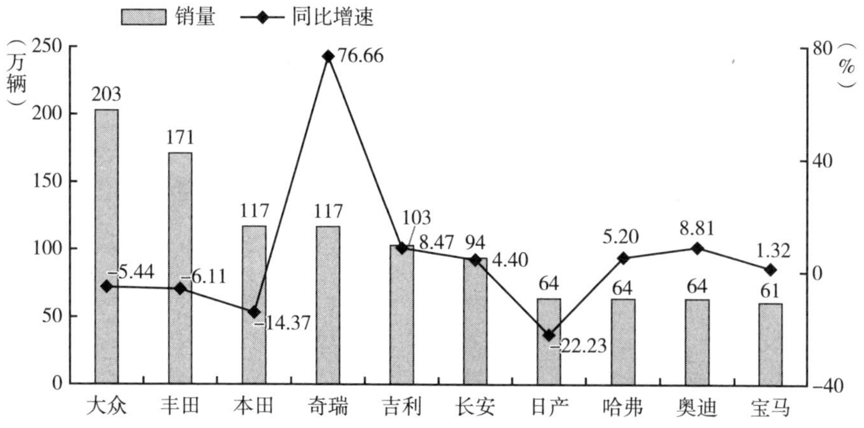

图3　2023年乘用车（传统燃料）销量TOP10品牌

14.75%，占比增长至4.71%，其中新能源对占比增长贡献了0.60个百分点；交叉车型销量和占比均下降（见表5）。

表5　2023年乘用车细分市场销量统计

车型类别	销量（万辆）	同比增速（%）	占比（%）	占比变化（百分点）
SUV	1345	18.17	51.62	3.30
传统燃料	904	5.99	34.70	−1.51
新能源	441	54.58	16.92	4.81
轿车	1122	2.92	43.03	−3.21
传统燃料	686	−6.95	26.33	−4.97
新能源	435	23.59	16.71	1.75
MPV	123	14.75	4.71	0.17
传统燃料	97	−0.73	3.74	−0.43
新能源	26	183.04	0.98	0.60
交叉车型	16	−21.74	0.63	−0.26

轿车市场新能源产品持续热销，但燃油车下滑幅度较大；SUV市场新能源与燃油车均实现热销，市场表现较好。整体市场轿车和SUV销量第一车型均为新能源车型，TOP20车型中新能源车型轿车有秦PLUS、海豚、Model 3、海鸥、缤果、汉、AION.S，SUV有Model Y、元、宋PLUS、AIONY、宋

PRO，单车规模均在 20 万辆及以上，秦 PLUS 近 50 万辆、Model Y 突破 60 万辆，明显领先同级别燃油车（见图 4）。

车型类别	轿车			SUV		
排名	车型	销量（万辆）	同比增速（%）	车型	销量（万辆）	同比增速（%）
1	秦PLUS	46	44.59	特斯拉ModelY	65	42.14
2	轩逸	37	-10.87	元	43	87.14
3	比亚迪海豚	37	78.86	宋PLUS	43	353.66
4	朗逸	35	-6.56	哈弗H6	27	-15.14
5	特斯拉Model3	30	17.64	MGZS	25	43.75
6	比亚迪海鸥	28		瑞虎7	24	53.81
7	速腾	28	18.58	传祺AIONY	23	90.95
8	五菱缤果	23		探岳	22	121.74
9	凯美瑞	23	-8.25	本田CR-V	22	-15.65
10	汉	23	-16.65	宋PRO	20	407.66
11	传祺AION.S	22	91.24	锋兰达	20	99.03
12	帕萨特	21	11.46	缤越	19	3.13
13	宝马3系	20	25.94	宝马X3	19	7.28
14	迈腾	19	28.57	长安CS75plus	19	0.70
15	帝豪	19	0.15	丰田RAV4	19	8.69
16	逸动	17	3.27	星越L	18	39.00
17	雅阁	17	-26.80	瑞虎5X	16	41.12
18	奔驰E级	17	11.40	奥迪Q5	16	10.89
19	奥迪A6L	17	51.48	威兰达	16	8.79
20	卡罗拉	17	-26.33	捷途X70	15	10.33

图 4　2023 年乘用车 TOP20 品牌销量统计

6. 自主品牌销量占比突破50%，再创新高

2023 年，自主、欧系、日系、美系、合资自主和韩系乘用车市场竞争格局未变（见表 6）。自主强势增长，挤压各合资市场份额，再创历史新高。

表 6　2023 年乘用车分国别类型销量统计

国别类型	销量（万辆）	同比增速（%）	占比（%）	占比变化（百分点）
自主	1334	29.08	51.17	7.32
欧系	494	1.41	18.94	-1.72
日系	376	-10.44	14.42	-3.39
美系	233	5.31	8.92	-0.45
合资自主	128	-18.69	4.92	-1.77
韩系	42	11.11	1.62	0.01

自主品牌持续领跑行业，年销量达 1334 万辆，再创历史新高，同比增长 29.08%，大幅领先市场及其他品牌，市场份额增加 7.32 个百分点至

51.17%。自主品牌的高速增长主要源于保存量、抢增量，传统燃料和新能源市场"两手抓"。一方面，奇瑞、吉利、长安等传统燃料企业稳住存量市场，燃油车销量再上台阶；另一方面，比亚迪、广汽、吉利以及各新势力等新能源企业发力，新能源产品持续热销。

欧系实现销量494万辆，同比增长1.41%，不及整体市场增速，市场份额下降1.72个百分点至18.94%。以BBA为代表的豪华品牌，凭借强悍的品牌实力与较高产品知名度，取得了不错的市场表现；但以大众为首的一线欧系品牌，和以雷诺、雪铁龙、斯柯达为代表的二线品牌，受到自主新能源和传统燃料产品的双面夹击，市占率及同比增速出现了双下滑。

日系品牌连续三年出现销量下滑，2023年全年销售376万辆，同比增速为-10.44%，市场份额下降3.39个百分点至14.42%。日系三巨头丰田、本田、日产品牌销量均出现负增长，其中本田、日产下滑幅度均较大，日产同比增长近-20%。同时，三菱、讴歌宣布退出中国市场，更是给日系品牌销量带来了较大影响。

美系凭借特斯拉维持住了市场份额。美系全年销量为233万辆，同比增速为5.31%，市场份额下降0.45个百分点至8.92%。而特斯拉凭借95万辆销量，对美系的贡献超过40%；其他美系品牌除福特、林肯基本维持，别克、雪佛兰和凯迪拉克均出现了大幅下滑。

合资自主因新能源产品结构由微型向小型的转变，市场出现下滑，实现销量128万辆，同比增长-18.69%，市场份额下降1.77个百分点至4.92%。五菱、宝骏占合资自主市场的74.84%，可谓"一家独大"，但随着微型新能源轿车市场的降温，市场销量均出现20%以上的下滑。腾势品牌凭借D9、N7新能源产品的热销，年销量实现指数级增长，突破10万辆，占合资自主市场的9.96%。

（二）乘用车区域市场表现

同批售市场一样，零售市场也保持向好趋势。2023年，全年零售增长至2110万辆，同比增长5.85%。四大区域均呈增长态势，其中东部地区作为全国经济中心，占乘用车市场的"半壁江山"，全年零售1066万辆，同比增长1.74%，占比下滑2.04个百分点至50.52%。西部地区在新疆、陕西、四川的主要拉动下，实现了11.22%的同比高增长，销量达475万辆，占比增长1.09个百分点至22.49%。中部及东北地区市场也呈增长趋势，销量分别为451万辆和118万辆，同比增速分别为7.12%和21.02%，市场占比分别为21.39%、5.60%（见表7）。

表7　2023年乘用车分地区销量统计

地区	销量（万辆）	同比增速（%）	占比（%）	占比变化（百分点）
东部	1066	1.74	50.52	−2.04
西部	475	11.22	22.49	1.09
中部	451	7.12	21.39	0.25
东北	118	21.02	5.60	0.70
总计	2110	5.85	—	—

注：东北地区为黑龙江、吉林和辽宁；东部地区为北京、天津、河北、上海、江苏、浙江、福建、山东、广东和海南；中部地区为山西、安徽、江西、河南、湖北、湖南；其他划归西部地区。
资料来源：根据狭义乘用车上险数据整理。

从具体省份看，2023年销量超过200万辆的省份只有广东，年销量在100万~200万辆的省份有东部的江苏、浙江、山东和河北，西部的四川，中部的河南。从市场增速看，仅广东、浙江、福建、云南、广西和湖南同比增速下滑，其余省份均实现正增长（见图5）。

从具体城市级别来看，所有市场均呈现增长趋势，且城市级别越高，市场表现越好。其中1~4级城市均实现了超5%的高增速，5~6级城市增速也突破了1%（见图6），这也与城市级别经济发展水平和人口数量强相关。

（三）乘用车进出口分析

2023年，乘用车出口市场继续保持增长态势，全年出口首次突破400万辆，达414万辆，同比增长63.56%，出口规模创历史新高（见表8）。中国汽车的完善供应链体系、新能源技术优势、产品竞争力优势等，助力中国汽车品牌走向世界。

四大区域	省份	2022年（万辆）	2023年（万辆）	同比增速（%）	占比（%）	占比变化（百分点）
东部	广东	242	229	-5.32	10.87	-1.28
	江苏	167	173	3.25	8.18	-0.21
	浙江	175	163	-6.77	7.75	-1.05
	山东	146	156	7.04	7.39	0.08
	河北	92	105	14.38	4.99	0.37
	上海	70	70	1.03	3.33	-0.16
	北京	52	60	16.43	2.84	0.26
	福建	56	54	-2.69	2.57	-0.23
	天津	33	37	14.26	1.78	0.13
	海南	16	17	10.87	0.82	0.04
西部	四川	99	108	8.79	5.12	0.14
	陕西	55	65	17.44	3.07	0.30
	云南	52	50	-3.60	2.37	-0.23
	广西	50	46	-7.90	2.17	-0.32
	重庆	39	43	11.40	2.05	0.10
	贵州	42	43	0.79	2.02	-0.10
	新疆	26	40	54.44	1.90	0.60
	内蒙古	26	33	25.00	1.54	0.24
	甘肃	22	26	18.54	1.22	0.13
	宁夏	8	10	29.15	0.49	0.09
	青海	5	7	50.97	0.34	0.10
	西藏	3	4	36.68	0.19	0.04
中部	河南	114	134	17.55	6.37	0.63
	湖北	73	78	6.49	3.69	0.02
	安徽	74	77	3.57	3.64	-0.08
	湖南	71	68	-4.60	3.21	-0.35
	江西	47	48	1.63	2.26	-0.09
	山西	42	47	12.13	2.21	0.12
东北	辽宁	46	53	16.45	2.52	0.23
	吉林	27	35	31.49	1.66	0.32
	黑龙江	25	30	18.27	1.42	0.15

图5　2023年乘用车四大区域各省份销量统计

资料来源：根据狭义乘用车上险数据整理。

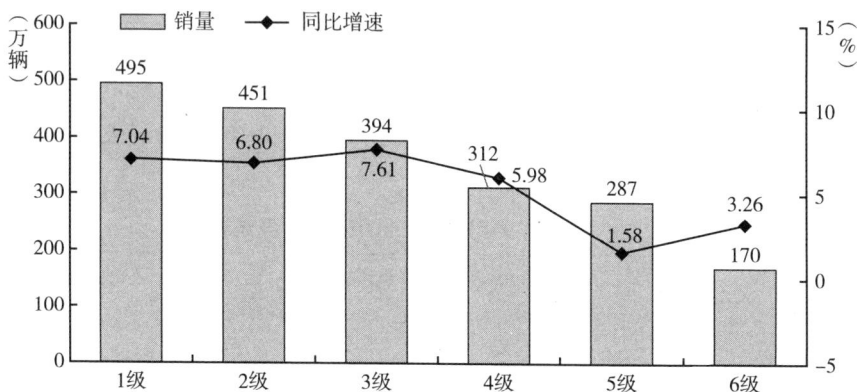

图6　2023年各城市级别乘用车销量统计

资料来源：根据乘用车上险数据整理。

表8　2009～2023年乘用车进出口情况

单位：万辆，%

年份	进口	同比增长	出口	同比增长
2009	41	3.46	14	-52.82
2010	78	90.24	26	85.71
2011	100	28.21	48	84.62
2012	108	8.00	66	37.50
2013	116	7.41	60	-9.09
2014	140	20.69	53	-11.67
2015	108	-22.86	43	-18.87
2016	104	-3.61	48	11.63
2017	120	15.30	64	34.00
2018	111	-9.16	76	18.52
2019	112	0.31	73	-4.30
2020	100	-10.61	76	4.80
2021	94	-6.10	161	114.67
2022	77	-18.20	253	56.71
2023	77	0.25	414	63.56

资料来源：根据中国汽车工业协会、公开信息整理。

从出口车身类型来看，2023年，轿车、SUV、MPV均实现高增长，新能源与传统燃料双热销。出口车型中SUV占比增长0.15个百分点至71.66%，销售297万辆，同比增长63.90%，其中传统燃料销量贡献59.77%，新能源贡献11.88%。出口车型中轿车占比增长1.22个百分点至25.83%，销售107万辆，同比增长71.70%，其中传统燃料销量贡献13.63%，新能源贡献12.21%。MPV及交叉车型出口占比均呈现下滑趋势，其中分别占比2.05%和0.46%，分别销售8万辆和2万辆，同比增速分别为27.84%和-40.44%（见表9）。

表9　2023年乘用车细分市场出口销量统计

车型类别	销量（万辆）	同比增速（%）	占比（%）	占比变化（百分点）
SUV	297	63.90	71.66	0.15
传统燃料	247	63.85	59.77	0.10
新能源	49	64.17	11.88	0.04
轿车	107	71.70	25.83	1.22

车型类别	销量(万辆)	同比增速(%)	占比(%)	占比变化(百分点)
传统燃料	56	29.43	13.63	-3.59
新能源	51	170.18	12.21	4.82
MPV	8	27.84	2.05	-0.57
交叉车型	2	-40.44	0.46	-0.80
总计	414	63.56	—	—
传统燃料	313	80.47	75.63	-4.84
新能源	101	19.53	24.37	4.84

几乎所有的出口品牌均实现销量增长，奇瑞、名爵、特斯拉"三巨头"局面不变，其中奇瑞销量翻倍增长，销量突破80万辆，一跃成为出口第一品牌（见图7）。同时，中国出口乘用车也新增了诸多品牌，如极星、塞力斯、小鹏、深蓝等知名新能源品牌。

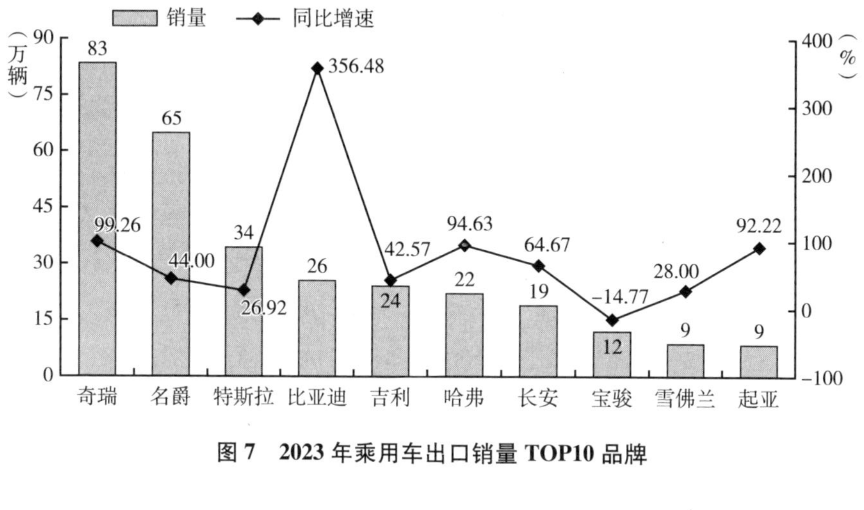

图7　2023年乘用车出口销量TOP10品牌

（四）中国品牌乘用车发展情况

1.中国品牌持续向好发展，市场份额再创新高

2023年，中国品牌实现连续3年两位数增长，销量达1462万辆，同比

增长 22.75%，市场份额增长 5.55 个百分点至 56.09%，再次创造历史，市场份额连续两年超过合资品牌（见图 8）。

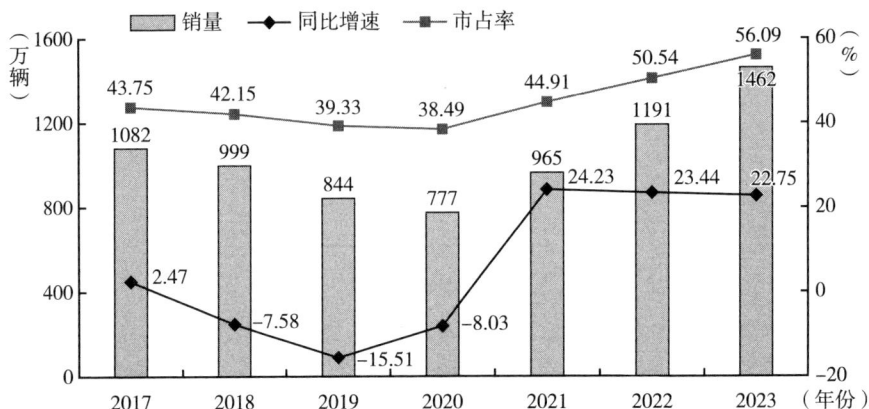

图 8　中国品牌汽车销量与市占率变化趋势

TOP10 中国品牌呈现"一超多强"市场格局，其中比亚迪一骑绝尘，销量突破 200 万辆，在中国品牌销量中占比达 19.68%；奇瑞、吉利、长安紧随其后成为百万级强势品牌；理想凭借大型 SUV 系列爆款产品成为唯一跻身销量 TOP10 的新势力品牌。具体 TOP10 中国品牌排名为比亚迪、奇瑞、吉利、长安、传祺、五菱、名爵、哈弗、理想、红旗，销量依次为 288 万辆、128 万辆、116 万辆、114 万辆、88 万辆、79 万辆、75 万辆、72 万辆、38 万辆、35 万辆，同比增速依次为 55.31%、45.40%、15.25%、3.34%、38.42%、−26.92%、35.58%、16.00%、182.21%、13.13%（见图 9）。

2. 中国品牌在各动力市场中优势逐步凸显

2023 年，中国品牌在各动力市场中均取得较好成绩。其中，传统燃料对中国品牌乘用车市场贡献作用再次提升，全年实现销量 740 万辆，市场份额增长 4.22 个百分点至 43.43%，对合资品牌主力市场形成较大冲击。中国品牌连续多年稳固占据新能源市场第一位置，2023 年新能源实现销量 722 万辆，占比维持在 80.00%（见表 10）。主要原因是中国品牌抓住了新能源发展机遇，打破传统燃油合资品牌先入为主的桎梏，抢先掌握核心三电等领先技术，获得用户认可。

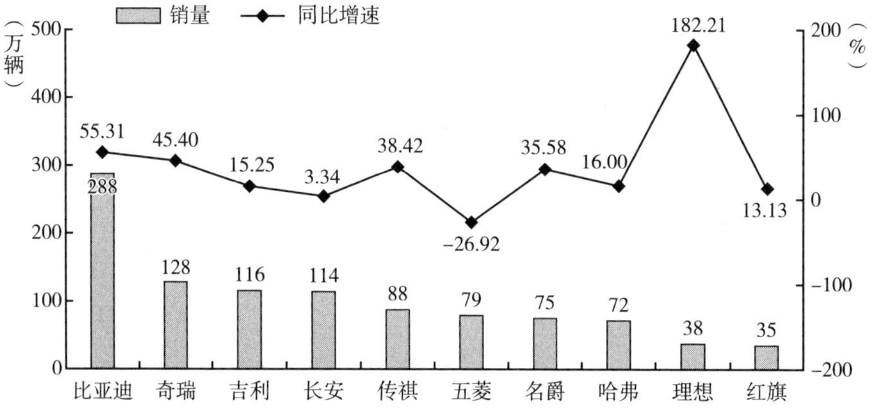

图9　2023年乘用车TOP10中国品牌销量情况统计

表10　中国品牌分动力销量及占比

单位：万辆，%

动力类型		2019年	2020年	2021年	2022年	2023年
传统燃料	销量	748	683	717	670	740
	占比	36.68	36.06	39.44	39.21	43.43
新能源	销量	95	92	248	521	722
	占比	87.79	74.32	74.98	80.48	80.00

3. 中国品牌向上发展取得新突破

经过多年的发展，中国汽车品牌厚积薄发，不断积累经验，完善产业链，抓住了产业转型的机遇。中国汽车品牌加快智能化、电动化转型，产品质量不断提升，得到了消费者认可。在中国品牌销量不断攀升的同时，价格结构也开始向上突破。新势力及传统中国品牌车企不断推出中高端产品序列，以新能源为主的智能高端产品获得消费者喜爱。2023年中国品牌分价格段销量占比中，20万元以上产品占比增长了4.29个百分点至18.81%，30万元以上产品占比增长4.03个百分点至8.41%，同时5万元以下产品占比减少了3.61个百分点至4.27%（见图10）。

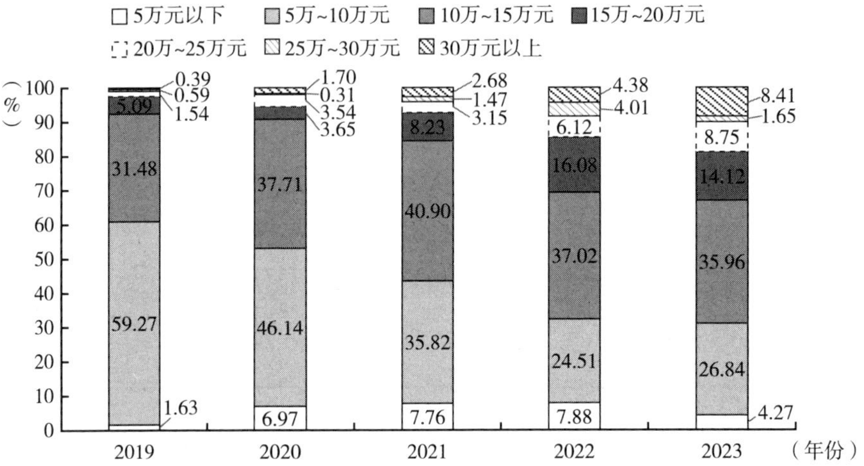

图10　2019～2023年中国品牌分价格段销量占比

资料来源：根据CAM、中汽中心数据整理。

（五）2024年乘用车发展趋势预测

1.2024年影响乘用车发展的因素分析

（1）国内外经济形势

地缘冲突不断，国际形势不明朗，一定程度上影响了中国经济的发展，但随着"一带一路"峰会召开，中美关系缓和、增强互通，2024年中国外部环境出现极端情况的可能性减少。2024年宏观经济面对的主要问题仍将是"需求不足"，但在中国经济"稳中求进、先立后破"的总基调指引下，预判全年经济保持复苏态势，GDP增速达4.8%（见图11）。

（2）汽车行业政策环境

汽车市场对经济发展的促进作用巨大，政府对汽车市场仍有较高期望，促消费政策仍将持续，助力汽车市场发展。主管部门在2023年发布的《汽车行业稳增长工作方案（2023—2024年）》等文件中提出2024年汽车行业运行保持在合理区间，产业发展质量效益进一步提升的要求。同时新能源购置税补贴延续政策公布，叠加双积分等政策，进一步促进新能源市场发展（见表11）。

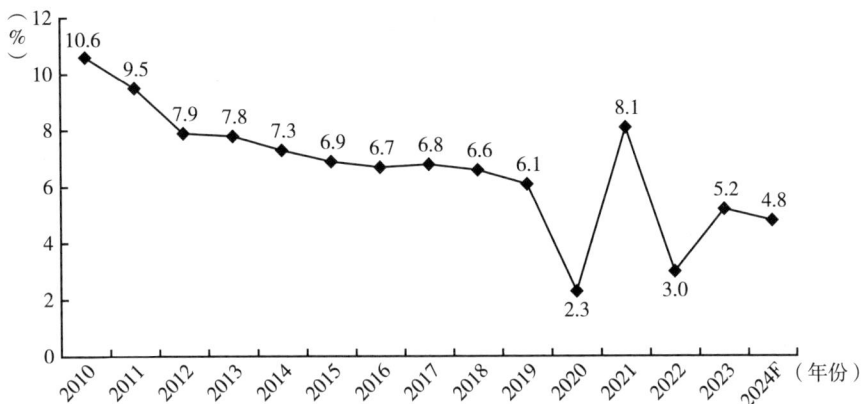

图 11 2010~2024 年我国 GDP 增速

资料来源：根据国家统计局数据整理。

表 11 新能源汽车购置税政策

2014~2025 年	2025~2027 年	2028 年及之后
购置税全免	购置税减半	全面征收购置税

资料来源：根据工业和信息化部数据整理。

（3）汽车供给环境

汽车市场产品供给呈现波动增长趋势，且快速向新能源动力转移。当前汽车市场处于变革期，传统燃料产品持续老化，需要更新换代保持产品竞争力；各大厂商加快新能源产品推出，完善产品布局，满足用户需求。预计到2024 年，全新产品数量将达到 173 款，其中新能源产品共计 155 款，占比达 89.60%（见表 12）。

表 12 2018~2024 年全新产品数量

单位：款，%

分动力	2018 年	2019 年	2020 年	2021 年	2022 年	2023 年	2024 年（预测）
EV	50	61	49	48	46	86	95
GAS	86	75	55	51	45	40	13
HEV	2	6	3	13	12	20	5

分动力	2018 年	2019 年	2020 年	2021 年	2022 年	2023 年	2024 年（预测）
PHEV	14	18	13	14	12	50	43
REEV		1	1	2	5	15	17
总计	152	161	122	128	120	211	173
新能源占比	42.11	49.69	51.64	50.00	52.50	71.56	89.60

资料来源：根据公开数据及 CAM 信息整理。

2. 2024年汽车市场消费趋势

（1）油电同价、电电同价，市场竞争加剧

价格战贯穿 2023 全年，合资与中国品牌、传统燃料与新能源产品均参与其中，主要有 3 轮大幅降价潮分别开始于 3 月、7 月及 12 月。到 2023 年底，比亚迪、大众 ID 系列、深蓝等新能源企业产品已经降至与同级别燃油车同价位区间直接竞争。如 ID.4CROZZ 官方售价 23.99 万元，降价 6 万余元至 17.7 万元，直接"杀"至合资主流燃油 SUV 价格段。

2024 年，电池原材料碳酸锂成本已跌破 10 万元/吨，比 2023 年初降幅超 80%（见图 12）。电池成本的下降，给新能源产品降价提供了空间。价格的持续下探，一方面促进了新能源市场的持续增长，另一方面也延缓了传统燃油市场的下滑速度。在新旧动能转换的关键时期，预判新能源乘用车将通过价格下探推动市场进入更加激烈的排位争夺赛。

（2）新合资模式带来市场新动能

随着中国汽车产业链的飞跃式进步，特别是在新能源产业链完善布局下，越来越多的国际品牌或者科技企业开始寻求与中国本土领先汽车企业进行合作，打破了原有的合资品牌技术输入的模式（见表 13）。"反向合资"整合了国际品牌的海外渠道与中国品牌的技术、成本优势，助力中国品牌走向国际，加强海外出口。"跨界联合"整合了科技企业的智能化、数字营销与车企的造车优势，为智能数字汽车转型提供支持。

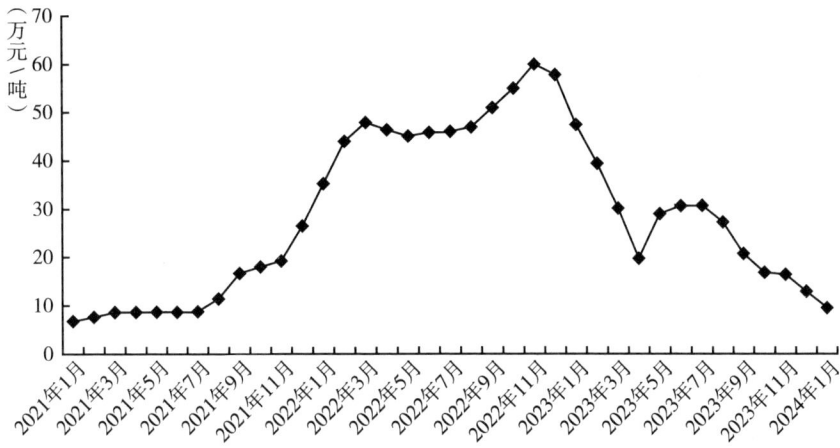

图 12　2021~2024 年碳酸锂电池成本

资料来源：根据公开数据整理。

表 13　车企新合作模式

合作方	合作内容
Stellantis+零跑	国际销售业务和对外出口业务
小鹏+大众	看重中国新势力新能源、智能化技术优势，共同开发大众汽车品牌电动车型
上汽+奥迪	上汽技术赋能奥迪品牌全新纯电车型
丰田—比亚迪	共同开发轿车和低底盘 SUV 的 BEV，以及动力电池
马自达—长安	2024 年底开始在中国扩大电动车产品线，与长安汽车共同开发
奥迪—上汽	将结合各自优势，加快上汽奥迪全新电动车型开发
华为+长安	华为与主机厂进一步绑定合作利益
吉利+百度	由车企牵头，百度成为技术的提供者
极星+魅族	星际魅族提供车机操作系统、车载应用、智能车辆软件等

资料来源：根据公开数据整理。

（3）市场竞争加剧，淘汰加速，行业面临大洗牌

随着市场渐趋饱和及新汽车时代到来，产业发展迎来重大变化，市场逐渐由"循环赛阶段"进入"淘汰赛"阶段；新能源渗透加速，尾部企业出清，头部企业份额进一步提升。参考手机市场，同样经历过品牌林立、产品

多样的时代，但在智能手机渗透率超过50%之后，用户的目标品牌开始大幅收窄，仅头部几个品牌的产品进入消费者的"购物车"。对此，众多机构预测，新能源汽车的"转折点"将在2024年或2025年开启。随着小米汽车产品和特斯拉入门级产品的上市，届时小米、华为、特斯拉三大玩家势必让车市的"竞争"变得更加激烈，淘汰加速。接下来的两年，是整个新能源车企竞争最激烈的两年，也是决定每一家车企成败的两年，对每一家车企都非常关键。

3. 2024年乘用车销量预测

预测2024年乘用车销量为2680万辆，同比增长2.84%。从细分市场看，预计轿车销售1146万辆，同比增长2.14%，市场份额达42.76%，份额减少0.27个百分点；SUV销量1391万辆，同比增长3.42%，市场份额达51.90%，份额增加0.28个百分点；MPV销量130万辆，同比增长5.69%，市场份额达4.85%，份额增长0.14个百分点；交叉车型销量13万辆，同比下降18.75%，市场份额达0.49%，份额下降0.14个百分点（见表14）。

表14 2024年乘用车分车型类别销量情况预测

车型类别	销量(万辆)	同比增速(%)	占比(%)	占比变化(百分点)
轿车	1146	2.14	42.76	-0.27
SUV	1391	3.42	51.90	0.28
MPV	130	5.69	4.85	0.14
交叉车型	13	-18.75	0.49	-0.14
总计	2680	2.84		

从动力结构看，传统燃料仍为第一大细分市场，预计2024年销量1530万辆，同比下降10.21%，市场份额达57.09%，份额下降8.29个百分点；新能源销量1150万辆，同比增长27.45%，市场份额42.91%，份额增加8.29个百分点，其中纯电动和插电混动均实现销量增长（见表15）。

表15　2024年乘用车分动力类型销量情况预测

车型类别	销量(万辆)	同比增速(%)	占比(%)	占比变化(百分点)
传统燃料	1530	−10.21	57.09	−8.29
新能源	1150	27.45	42.91	8.29
纯电动	707	13.40	26.38	−42.72
插电混动	443	58.89	16.53	−14.37

二　2023年轿车发展情况

（一）轿车市场销量分析

1.轿车整体市场情况

2023年，轿车实现销售1122万辆，同比增长2.9%，销量较2022年增加32万辆，轿车市场规模连续第3年回升（见图13）；轿车占狭义乘用车市场比重为43.3%，较2022年下降3.4个百分点（见图14），占比呈明显下降趋势，创历史新低。

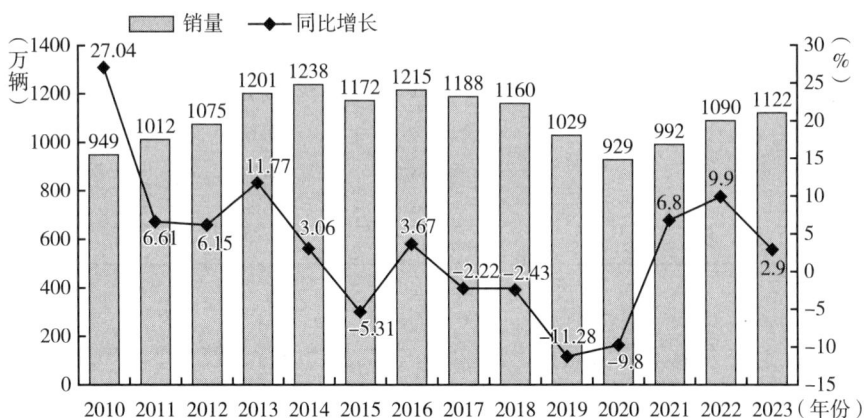

图13　2010~2023年轿车销量情况

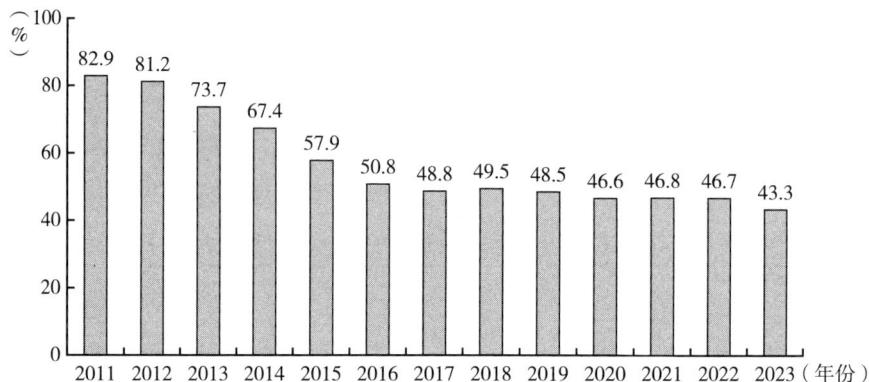

图 14 2011~2023 年轿车在狭义乘用车市场占比走势

从轿车动力细分市场来看，ICE 销量同比下降 6.78%，销量同比减少 48.23 万辆，EV 同比增长 18.08%，增量为 53.94 万辆，PHEV 同比增长 53.96%，增量为 29.15 万辆，HEV 同比下降 11.56%，销量同比减少 3.01 万辆（见表 16）。综合来看，2023 年轿车市场的增长依然还是由新能源产品拉动。

表 16 2023 年轿车动力细分市场销量增长情况

单位：万辆，%

轿车动力细分	2023 年	2022 年	同比增长	同比增量
ICE	663.09	711.31	-6.78	-48.23
EV	352.22	298.28	18.08	53.94
PHEV	83.17	54.02	53.96	29.15
HEV	23.05	26.06	-11.56	-3.01
总计	1121.53	1089.67	2.92	31.85

从轿车动力细分结构来看，新能源占比为 36.4%，较 2022 年的 29.9% 上升 6.5 个百分点（见图 15），新能源轿车产品继续呈快速扩张态势，但相对 2022 年有所放缓。

从轿车细分市场来看，微型轿车（下或简称微轿）市场和紧凑型轿车

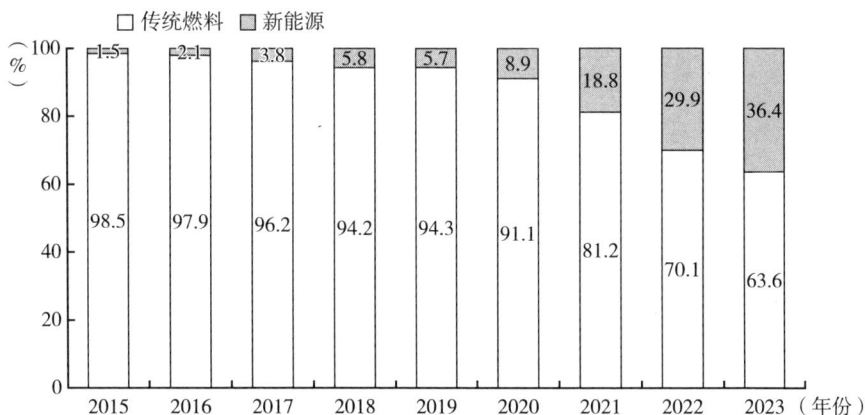

图 15 2015~2023 年轿车动力细分结构变化

资料来源：根据上险数据整理。

市场同比下滑，其他细分市场均增长。其中，微型轿车同比下降最明显，达到48.40%、销量同比下降57.95万辆；小型轿车表现突出，同比增长90.78%，增量为56.45万辆，同比增幅、增量均位居第一，实现了近翻番的增长，为轿车市场的一大亮点；紧凑型轿车，同比降幅为0.55%，销量下降2.98万辆；中型轿车同比增长4.41%，增量为9.65万辆；大型轿车同比增长37.19%，位居增幅排位第二；豪华轿车同比增长15.66%，增量为22.32万辆，位居增幅第三，增量排位第二，表现也相对较好（见表17）。

表 17 2023 年轿车细分市场销量增长情况

单位：万辆，%

细分市场	2023 年	2022 年	同比增长	同比增量
微型轿车	61.80	119.75	−48.40	−57.95
小型轿车	118.64	62.18	90.78	56.45
紧凑型轿车	534.20	537.18	−0.55	−2.98
中型轿车	228.50	218.85	4.41	9.65
大型轿车	12.61	9.19	37.19	3.42
豪华轿车	164.85	142.53	15.66	22.32
总计	1121.53	1089.67	2.92	31.85

从轿车细分市场结构来看，2023 年微型轿车、紧凑型轿车占比较上年下降，小型轿车、中型轿车、大型轿车、豪华轿车结构比重上升。其中，微轿市场从 11.0% 降至 5.5%，占比下降 5.5 个百分点，连续 3 年占比上升后又现大幅下降，规模从 120 万辆水平降至 62 万辆，几乎腰斩；小型轿车占比从 5.7% 上升为 10.6%，占比上升 4.9 个百分点，规模从 62 万辆升至 119 万辆，小型轿车的规模扩张与微轿市场的萎缩几乎相当；紧凑型轿车占比从 49.3% 降至 47.7%，占比下降 1.6 个百分点，占比连续 4 年下降，但第一大轿车细分市场地位依然稳固；中型轿车市场占比从 20.1% 上升为 20.4%，占比上升 0.3 个百分点，连续 8 年上升，占比继续创新高，稳居第二大细分市场；大型轿车市场占比从 0.8% 升至 1.1%，上升了 0.3 个百分点，依然维持在 10 万辆的规模；豪华轿车占比从 13.1% 上升至 14.7%，占比上升 1.6 个百分点，占比连续 2 年下降后止跌回升，规模达到了 165 万辆，创历史新高（见图 16）。

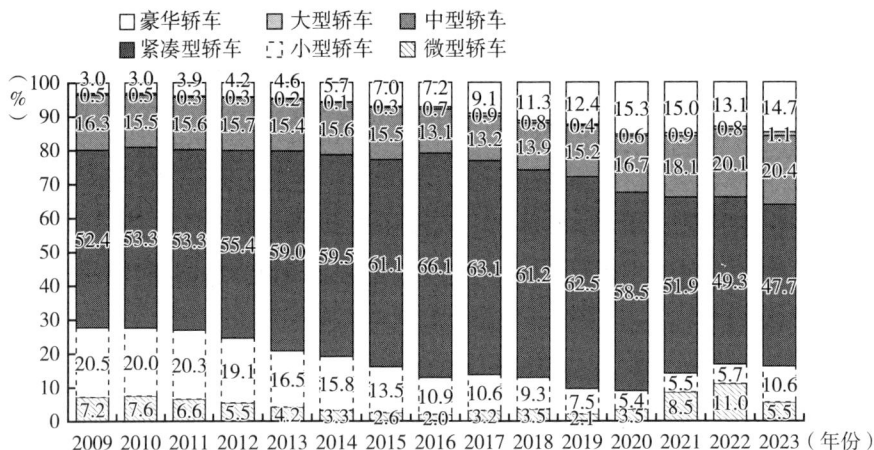

图 16　2009~2023 年轿车细分市场结构

从轿车市场企业销量排名来看，轿车市场销量排名前十位的企业依次为比亚迪汽车、一汽大众、上汽大众、长安汽车、吉利汽车、上汽通用、上汽乘用车、东风日产、上汽通用五菱、北京奔驰。其中，上汽乘用车和北京奔驰为新晋十强车企，广汽丰田和一汽丰田退出了前十。三甲车企中，比亚迪汽车超越一汽大众升至第一排位，一汽大众退居第二位，上汽大众保持了第三排位；长安汽车从上年的第九位升至第四位，排位上升相对明显，吉利汽车从第七位升至第五位，上汽通用从第四排位降至第六位，上汽乘用车重返前十排位跃居第七，东风日产下降 2 位来到第八位，上汽通用五菱从第五位降至第九位，北京奔驰新晋排位第十（见表 18）。

表 18　2023 年轿车企业销量排名

序号	企业名称	2023 年（万辆）	2022 年（万辆）	同比增长（%）	2023 年占比（%）	2022 年占比（%）	占比变化（百分点）
1	比亚迪汽车	159.94	97.30	64.37	14.27	8.93	5.34
2	一汽大众	109.00	104.26	4.55	9.73	9.57	0.16
3	上汽大众	82.89	86.76	-4.46	7.40	7.96	-0.57
4	长安汽车	70.03	53.95	29.79	6.25	4.95	1.30
5	吉利汽车	66.10	56.85	16.26	5.90	5.22	0.68
6	上汽通用	62.04	67.66	-8.31	5.54	6.21	-0.67
7	上汽乘用车	52.24	44.13	18.36	4.66	4.05	0.61
8	东风日产	47.74	61.29	-22.12	4.26	5.62	-1.36
9	上汽通用五菱	41.92	63.71	-34.20	3.74	5.85	-2.11
10	北京奔驰	38.61	34.56	11.72	3.45	3.17	0.27

从增速来看，销量前十车企中有 4 家下降、6 家增长。增速最高的是比亚迪汽车，增速高达 64.37%，销量净增 63 万辆，连续 2 年均呈高速增长；之后为长安汽车，增速高达 29.79%，销量净增 16 万辆；增速第三的是上汽乘用车，实现增速 18.36%，销量净增 8 万辆。销量降幅排名首位的是上汽通用五菱，下降 34.20%，销量下降 22 万辆；之后为东风日产，下降 22.12%，销量下滑 14 万辆；降幅第三的是上汽通用，销量下降 8.31%，销量下滑 6 万辆（见表 18）。

从占比变化来看，上升最明显的比亚迪汽车，较 2022 年上升了 5.34 个百分点，之后为长安汽车，占比上升了 1.30 个百分点，第三位的是吉利汽车上升了 0.68 个百分点。上汽通用五菱占比下降最明显，下降了 2.11 个百分点，之后为东风日产，占比下降 1.36 个百分点，降幅第三位的是上汽通用，下降了 0.67 个百分点。

从轿车产品销量排名来看，轿车市场车型销量排名前十的依次为秦PLUS、轩逸、比亚迪海豚、朗逸、特斯拉 Model 3、比亚迪海鸥、速腾、五菱缤果、凯美瑞、比亚迪汉（见图 17）。其中，比亚迪海豚、比亚迪海鸥、五菱缤果为新晋前十产品；宏光 MINI、雅阁、卡罗拉退出了前十排位。秦PLUS 同比增长 44.6%，呈快速增长，排位从上年第四跃居排位第一，呈强势表现；轩逸同比下降 10.9%，继续呈两位数下滑，但仍位居次席；比亚迪海豚以 78.9% 的高增速，首次进入前十排位、位居第三；朗逸同比下降6.6%，下滑 1 位、位居第四；特斯拉 Model 3 同比增长 17.6%，上升 1 位、升至第五；比亚迪海鸥为上市新品，第一年上市就跻身前十位居第六，可谓势头很猛；速腾同比增长 18.6%，从上年的第八排位升至第七，是唯一增长的燃油产品；五菱缤果也是新产品，上市第一年就排位第八，与比亚迪海鸥可谓轿车市场的两大爆款新品；凯美瑞同比下降 8.3%，从第七降至第九位；比亚迪汉同比下降 16.7%，从上年的第五排位降至第十，成为前十产品中增速下滑最明显的产品，也是唯一的新能源下降产品。

前十产品中，新能源产品从上年的 4 款上升为 6 款，超越了燃油产品，轿车市场中新能源产品的竞争优势开始显现，传统燃油产品面临较大的竞争压力。

从轿车市场系别来看，中国品牌与欧系品牌实现了增长，其他系别均同比下降。中国品牌由于比亚迪与长安汽车在轿车市场产品继续表现强势，实现了 27.03% 的同比增长，销量净增 103.68 万辆，占比上升 8.24 个百分点，达到了 43.45%，稳居系别排位第一；欧系品牌同比增长 3.12%，净增8.70 万辆，占比上升 0.05 个百分点，达到 25.63%，继续位居系别第二；排位第三的是日系品牌，同比下降 22.04%，销量下降 51.75 万辆，占比减少 5.23 个百分点，仍为销量、占比下降最大的系别，日系品牌轿车产品竞争力继续呈明显下滑趋势；美系品牌排位第四，同比下降 3.16%，占比为 8.51%，下滑 0.53 个百分点，销量下降 3.11 万辆；合资自主品牌继

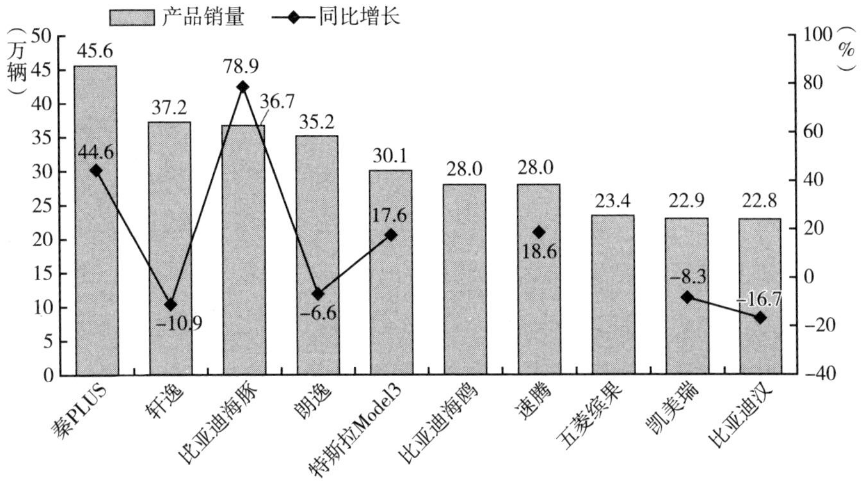

图17　2023年轿车畅销车型TOP10

续排位第五，销量同比下降 34.85%，为销量下滑幅度最大的系列，销量下滑 25.42 万辆，占比为 4.24%，占比下降 2.46 个百分点；韩系品牌继续垫底，销量同比下降 1.17%，销量下滑 0.25 万辆，占比为 1.86%，下降 0.08 个百分点（见表19）。

总体来看，2023 年轿车市场，中国品牌继续表现突出；欧系品牌微弱反弹，日系品牌继续大幅走低，美系品牌略有下滑，合资自主下滑明显，韩系品牌维持低位徘徊。

表19　2023年轿车分国别品牌销量情况统计

系列品牌	2023 年销量（万辆）	2022 年销量（万辆）	同比增长（%）	2023 年占比（%）	2022 年占比（%）	占比变化（百分点）
自主	487.30	383.62	27.03	43.45	35.21	8.24
欧系	287.44	278.74	3.12	25.63	25.58	0.05
日系	183.02	234.77	-22.04	16.32	21.55	-5.23
美系	95.39	98.50	-3.16	8.51	9.04	-0.53
合资自主	47.51	72.93	-34.85	4.24	6.69	-2.46
韩系	20.86	21.11	-1.17	1.86	1.94	-0.08

2023 年，全国 31 个省级市场中，轿车销量同比增长的有 21 个，下降的为 10 个。轿车销量排名前十位的省级市场分别是广东、江苏、山东、浙江、河南、河北、四川、安徽、湖北、湖南，与上年基本一致，排位略有差异，山东超越浙江，升至第三，浙江下降 1 位来到第四；河北升 1 位位居第六，四川降 1 位位居第七；湖北与湖南也交换座次，湖北跃居第九，湖南退居第十。广东排名继续领跑，仍为唯一的 100 万级规模轿车市场，但销量呈现了两位数下降。前十省级市场中，6 大市场同比增长，4 大市场下降。河南呈两位数增长，表现相对强势，广东、浙江呈两位数下降，降幅相对明显。增速排位前三的分别为青海、新疆、吉林。浙江、广东、广西位居降速前三（见表 20）。

表 20　2023 年轿车各省级市场实销情况

单位：万辆，%

销量排序	市场	2023 年	2022 年	同比增长	销量排序	市场	2023 年	2022 年	同比增长
1	广东	107.92	123.47	-12.60	17	贵州	22.80	22.84	-0.15
2	江苏	88.01	90.31	-2.55	18	辽宁	22.29	20.86	6.86
3	山东	80.68	76.84	4.99	19	云南	21.61	22.48	-3.87
4	浙江	78.45	89.82	-12.66	20	山西	20.34	19.13	6.34
5	河南	73.81	61.98	19.08	21	重庆	18.29	17.63	3.73
6	河北	51.32	46.83	9.60	22	天津	17.87	17.30	3.27
7	四川	48.99	47.17	3.87	23	吉林	17.07	12.65	34.91
8	安徽	40.05	39.94	0.28	24	新疆	11.83	7.72	53.26
9	湖北	33.97	33.33	1.91	25	黑龙江	11.05	10.13	9.05
10	湖南	33.25	35.90	-7.38	26	内蒙古	10.95	9.76	12.22
11	上海	30.36	30.47	-0.35	27	甘肃	7.76	7.04	10.25
12	广西	27.62	30.90	-10.62	28	海南	6.25	6.29	-0.59
13	福建	26.51	29.08	-8.83	29	宁夏	3.20	2.74	16.84
14	江西	26.41	25.91	1.92	30	青海	2.11	1.35	56.33
15	北京	26.35	23.25	13.31	31	西藏	0.62	0.47	31.41
16	陕西	26.00	23.43	10.97	总计		987.03	993.74	-0.68

资料来源：根据上险数据整理。

2. 轿车各细分市场情况

(1) 微型轿车市场

2023 年，微型轿车销量达 61.80 万辆，同比下降 48.40%，销量较 2022 年减少 57.95 万辆，规模呈腰斩式下降（见图 18）。

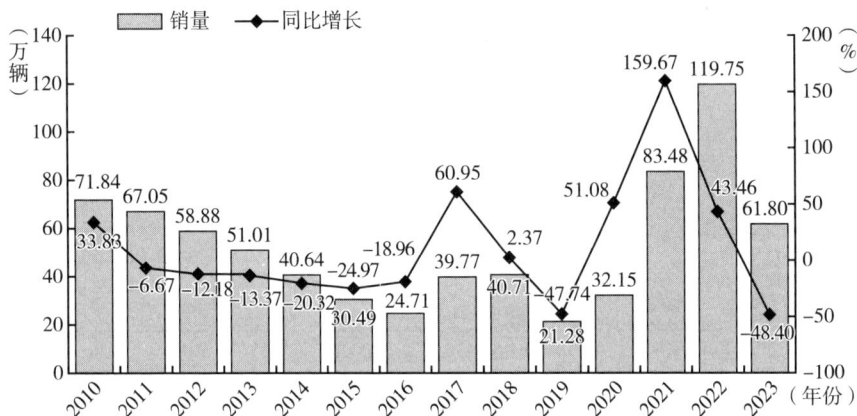

图 18　2010~2023 年微型轿车销量情况

从市场占比来看，微型轿车在轿车市场占比降至 5.51%（见图 19），较上年下降了 5.48 个百分点，占比大幅回落。

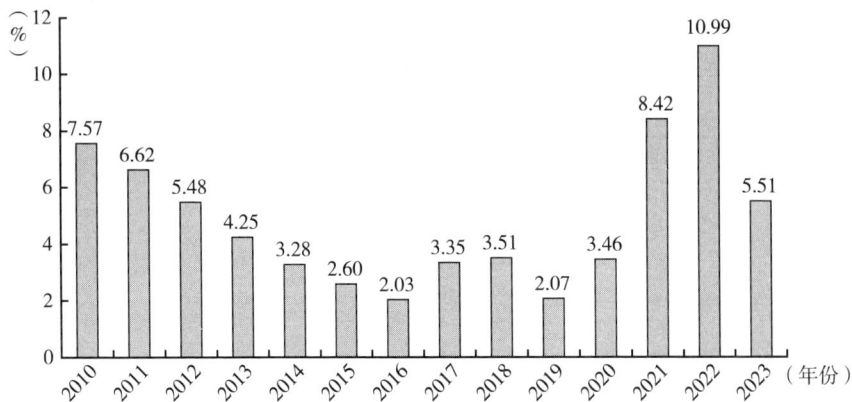

图 19　2010~2023 年微型轿车占轿车比重情况

从能源结构占比来看，2023 年纯电动微型轿车占据 99.82%，较 2022
年 99.86% 下降了 0.04 个百分点（见图 20），微型轿车产品基本实现了新能
源全覆盖。

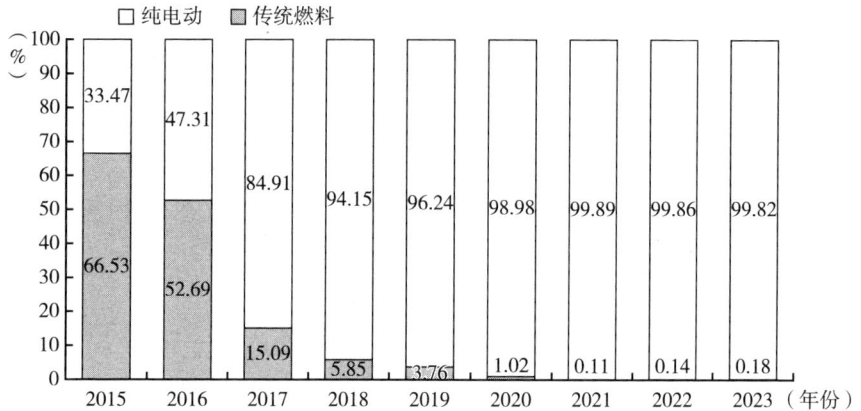

图 20　2015~2023 年微型轿车动力细分结构变化

资料来源：根据上险数据整理。

从微型轿车市场车企销量排名来看，前十排位分别为长安汽车、上汽通
用五菱、吉利汽车、奇瑞汽车、零跑汽车、易捷特新能源、上汽乘用车、吉
麦新能源、江铃汽车、昌河汽车（见表 21）。

表 21　2023 年微型轿车市场各企业销量增长情况

单位：万辆，%

序号	企业名称	2023 年	2022 年	同比增长
1	长安汽车	16.06	16.89	-4.92
2	上汽通用五菱	14.06	58.12	-75.80
3	吉利汽车	10.96	0.00	—
4	奇瑞汽车	10.38	19.45	-46.63
5	零跑汽车	3.85	6.19	-37.90
6	易捷特新能源	2.04	3.57	-42.88
7	上汽乘用车	2.00	4.52	-55.70
8	吉麦新能源	0.91	3.02	-69.99
9	江铃汽车	0.65	0.56	15.03
10	昌河汽车	0.38	0.15	154.40

其中，吉利汽车、江铃汽车、昌河汽车为新晋前十车企，上年前十的长城汽车、东风小康、河北御捷退出前十排位。前三车企中，长安汽车微轿销量同比下降4.9%，销量下滑0.83万辆，排位从上年第三跃居第一；上汽通用五菱微轿销量同比下降75.80%，销量下滑44.05万辆，大幅下滑，排位降至第二；吉利汽车凭借新品熊猫实现销量10.96万辆，切入微轿市场就获得三甲排位，也算微轿市场的一个亮点。奇瑞汽车微轿销量同比下降46.63%，销量萎缩9.07万辆，排位下降两位，位居第四；零跑汽车从第四排位降至第五；易捷特新能源继续排位第六；上汽乘用车微型轿车销量也现大幅下降，从第五排位降至第七；吉麦新能源下降1位排位第八；江铃汽车、昌河汽车分列第九、第十排位。

从微型轿车前十大车企来看，除新进3家车企外，其余7家均同比下降。

从微型轿车市场产品销量排位来看，排名前十位的车型依次为长安Lumin、宏光mini、熊猫mini、QQ冰淇淋、零跑T03、小蚂蚁、五菱晴空、风神EX1、科莱威、新奔奔（见表22）。其中，熊猫mini、五菱晴空为新晋前十产品，两款产品均为新品。2022年排位前十的欧拉R1（黑猫）、凌宝BOX退出前十。

表22　2023年微型轿车市场各车型产品销量增长情况

单位：万辆，%

序号	车型名称	2023年	2022年	同比增长
1	长安Lumin	14.45	7.03	105.62
2	宏光mini	11.88	55.41	−78.55
3	熊猫mini	10.96	0.00	—
4	QQ冰淇淋	6.86	9.65	−28.90
5	零跑T03	3.85	6.19	−37.90
6	小蚂蚁	2.97	9.57	−68.91
7	五菱晴空	2.18	0.00	—
8	风神EX1	2.04	3.57	−42.88
9	科莱威	2.00	4.52	−55.70
10	新奔奔	1.61	9.86	−83.68

前十产品中除熊猫 mini、五菱晴空为新产品外，老产品仅长安 Lumin 实现增长，其余产品均呈大幅下降。长安 Lumin 销量达到 14.45 万辆，同比增长 105.62%，销量翻番，从上年的第五位跃居首位，表现相对突出；宏光 mini 销量 11.88 万辆，同比下降 78.55%，呈断崖式下滑，退居第二；吉利切入微轿市场，推出熊猫 mini 新品，熊猫 mini 上市第一年就实现销售 10.96 万辆，排位第三，位居三甲之列；QQ 冰淇淋销量同比下降 28.90%，从第三位降至第四；零跑 T03 销量同比下降 37.90%，升 1 位排位第五；小蚂蚁下降 2 位位居第六；五菱晴空为五菱新品，位居第七；风神 EX1 保持了第八位；科莱威从第七位降至第九；长安新奔奔从第二位降至第十。

总体来看，2023 年主要微型轿车产品排位波动较大，产品竞争力持续性不高，新旧更替明显。

（2）小型轿车市场

2023 年小型轿车市场销量 118.64 万辆，同比增长 90.8%，销量同比增加 56.45 万辆（见图 21），销量翻番，呈现爆发式增长，在轿车市场占比为 10.6%，较上年上升 4.9 个百分点，市场占比 5 年后重回两位数，达到 2017 年水平，呈现强势反弹（见图 22）。

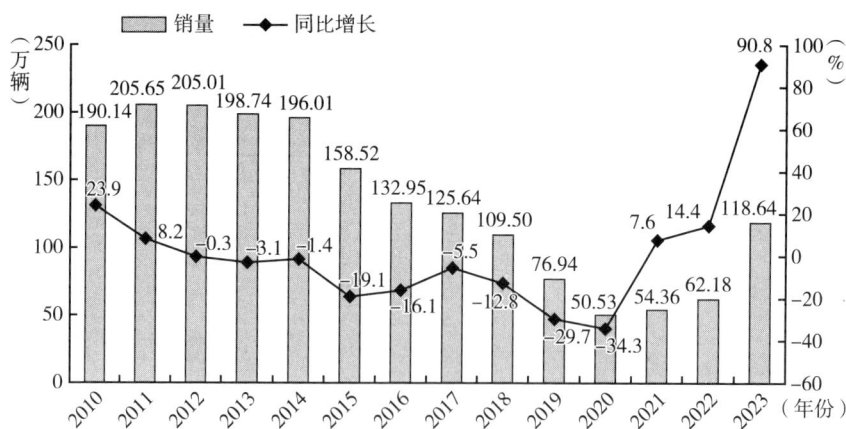

图 21　2010~2023 年小型轿车销量情况

图22　2010~2023年小型轿车占轿车比重情况

从能源结构来看，2023年小型轿车新能源占比达到了81.8%，较2022年（42.7%）上升了39.1个百分点（见图23），新能源在小型轿车市场实现了颠覆性突破，小型轿车的强势反弹是新能源产品在小型轿车市场超强突破的结果。

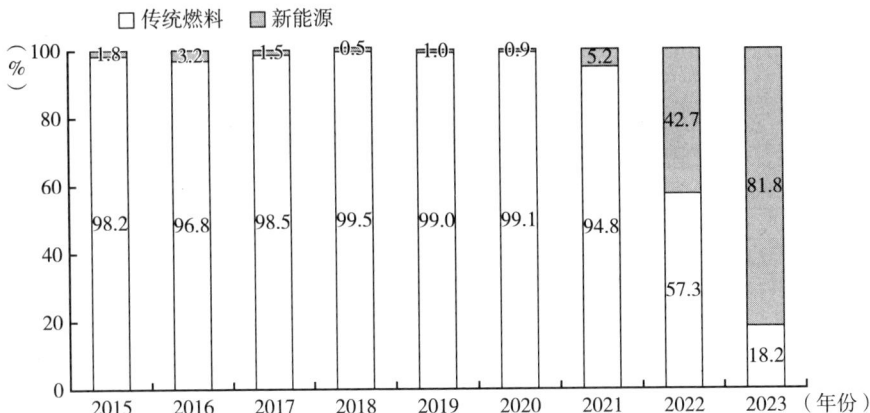

图23　2015~2023年小型轿车动力细分结构变化

资料来源：根据上险数据整理。

从小型轿车市场车企销量来看，排名前十位车企分别为比亚迪汽车、上汽通用五菱、上汽通用、江苏悦达（原东风悦达）、广汽本田、上汽大众、长安汽车、广汽丰田、上汽乘用车、一汽丰田。前十车企没变但位次有相对明显的变化。

在小型轿车市场，比亚迪汽车实现销量 64.76 万辆，同比增长 215.28%，为上年 3 倍，稳居第一排位，在小型轿车占比高达 54.6%，占据半壁江山有余，继续表现抢眼；上汽通用五菱实现销量 23.37 万辆，同比增长 971.15%，从上年的第十位跃居次席，在该市场的表现仅次于比亚迪汽车；上汽通用同比增长 38.67%，从上年的第五位升至第三；江苏悦达（原东风悦达）同比增长 27.67%，从第六位升至第四位；广汽本田同比下降 24.69%，从第三位降至第五位，市场地位进一步下滑；上汽大众同比增长 8.92%，上升 1 位位居第六；长安汽车同比增长 42.72%，从第九位升至第七位；广汽丰田同比下滑 73.17%，是下滑幅度最大的车企，从第二位降至第八位；上汽乘用车同比下降 40.14%，从第八位降至第九位；一汽丰田同比下降 67.89%，从第四位降至第十位（见表 23）。

前十车企中有 4 家同比下滑，其中，主要合资车企继续明显下滑，广汽本田、广汽丰田、一汽丰田在小型轿车市场的主导地位已经彻底动摇，甚至面临退出该市场的风险。

表 23　2023 年小型轿车市场各企业销量增长情况

单位：万辆，%

序号	企业名称	2023 年	2022 年	同比增长
1	比亚迪汽车	64.76	20.54	215.28
2	上汽通用五菱	23.37	2.18	971.15
3	上汽通用	5.73	4.13	38.67
4	江苏悦达	5.17	4.05	27.67
5	广汽本田	4.94	6.55	-24.69
6	上汽大众	3.51	3.22	8.92
7	长安汽车	3.19	2.24	42.72
8	广汽丰田	2.26	8.42	-73.17
9	上汽乘用车	1.91	3.19	-40.14
10	一汽丰田	1.85	5.77	-67.89

从小型轿车市场各车型产品销量来看，前十产品排位分别是比亚迪海豚、比亚迪海鸥、五菱缤果、焕驰、飞度、爱唯欧、POLO、第三代悦翔、致炫、MG3。其中，比亚迪海鸥、五菱缤果、爱唯欧3款产品为新晋前十产品，威驰、赛欧、宝骏310退出了前十排位。

排名第一的比亚迪海豚实现销量36.74万辆，同比增长78.86%，爆款产品实至名归；比亚迪海鸥实现销量28.02万辆，为比亚迪上市新品，上市就排位第二，比亚迪在该市场打造了又一爆款产品；五菱缤果销量23.37万辆，位居第三，为上汽通用五菱在该市场打造的一款爆款新品；焕驰同比增长27.67%，从上年的第六位升至第四位，也是在小型轿车市场燃油产品排名第一的产品；飞度同比下降24.69%，连续两年大幅下滑，排位从上年的第三降至第五；爱唯欧为上汽通用次新品，新晋前十、排位第六；POLO保持了第七位；第三代悦翔上升1位位居第八；致炫同比下降72.21%，为前十降幅最大的产品，从第二位降至第九位；MG3同比下降40.14%，从第八位降至第十位（见表24）。

总体来看，小型轿车市场自主品牌产品已经占据绝对主导地位，该市场新能源产品对燃油产品的替代是大势所趋。

表24 2023年小型轿车市场各车型产品销量增长情况

单位：万辆，%

序号	车型名称	2023年	2022年	同比增长
1	比亚迪海豚	36.74	20.54	78.86
2	比亚迪海鸥	28.02	—	—
3	五菱缤果	23.37	—	—
4	焕驰	5.17	4.05	27.67
5	飞度	4.94	6.55	-24.69
6	爱唯欧	4.20	0.04	11425.55
7	POLO	3.51	3.22	8.92
8	第三代悦翔	3.19	2.24	42.72
9	致炫	2.26	8.13	-72.21
10	MG3	1.91	3.19	-40.14

（3）紧凑型轿车市场

2023 年紧凑型轿车销量 534.20 万辆，同比下降 0.6%，销量下降 2.98 万辆（见图 24），略有下滑。

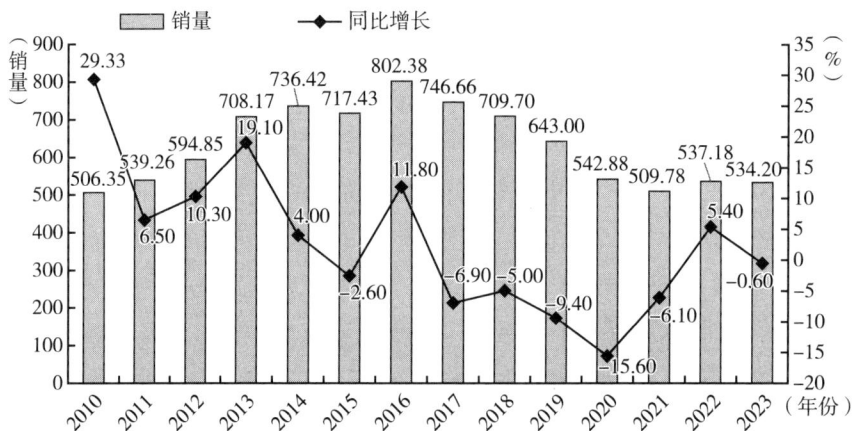

图 24　2010~2023 年紧凑型轿车销量情况

从市场占比来看，2023 年紧凑型轿车在轿车市场的占比为 47.6%，较 2022 年下降 1.7 个百分点，占比连续 4 年下降，继续创新低（见图 25）。

图 25　2010~2023 年紧凑型轿车占轿车比重情况

从能源结构来看，2023 年紧凑型轿车新能源占比达到了 25.3%，较 2022 年（16.1%）上升了 9.3 个百分点，新能源产品加快在紧凑型轿车市场的渗透步伐，传统燃料产品依然占据绝对主导地位（见图 26）。

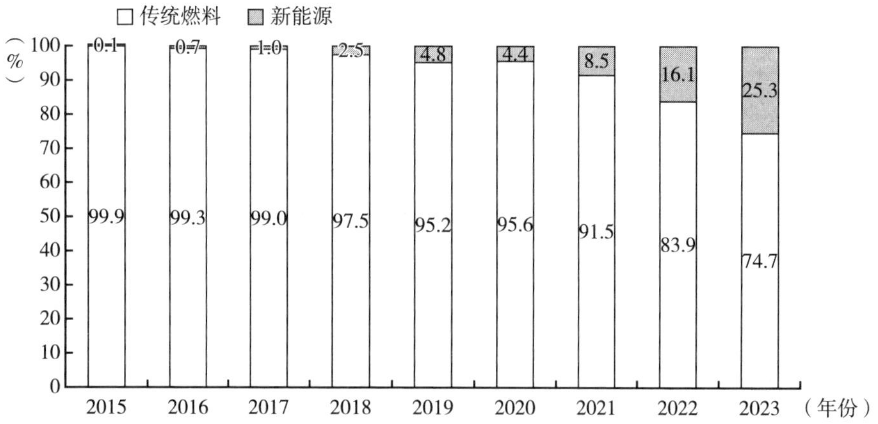

图 26 2015～2023 年紧凑型轿车动力细分结构变化

资料来源：根据上险数据整理。

从紧凑型轿车市场各车企销量来看，排名前十位的分别为比亚迪汽车、上汽大众、一汽大众、上汽乘用车、长安汽车、东风日产、吉利汽车、上汽通用、广汽乘用车、奇瑞汽车。广汽乘用车和奇瑞汽车为新晋前十车企，一汽丰田、广汽丰田退出了前十排位。

比亚迪汽车在紧凑型轿车市场实现销量 59.33 万辆，同比增长 35.94%，从上年的第四位跃居榜首，打破了两个大众及东风日产长期占据前三的竞争格局；上汽大众实现销量 55.56 万辆，同比下降 12.31%，将第一位置让位于比亚迪，位居第二；一汽大众实现销量 53.62 万辆，同比下降 7.78%，从第二位降至第三；上汽乘用车同比增长 14.88%，排位从上年的第七升至第四，进步相对较快；长安汽车同比增长 36.91%，从第八位升至第五，也表现较为突出；东风日产同比下降 16.05%，从第三位降至第六，成为前十车企中排位下降最明显车企之一；吉利汽车下滑 8.88%，名次下降 1 位，来到第七位；上汽通用同比下降 12.08%，从第五位降至第八，排位也明显下滑；广汽乘用车、奇瑞汽车分别以 65.25%、79.50% 的高速增长挤进前十，分别排位第九和第十（见表 25）。

总体来看，合资车企长期霸榜紧凑型轿车市场的状况已经受到严峻挑战，前十位从上年的 6 家降至 4 家，自主车企增至 6 家，自主车企在该市场的上升势头较快。

表 25　2023 年紧凑型轿车市场各企业销量增长情况

单位：万辆，%

序号	企业名称	2023 年	2022 年	同比增长
1	比亚迪汽车	59.33	43.64	35.94
2	上汽大众	55.56	63.36	-12.31
3	一汽大众	53.62	58.15	-7.78
4	上汽乘用车	41.29	35.94	14.88
5	长安汽车	40.42	29.52	36.91
6	东风日产	39.11	46.59	-16.05
7	吉利汽车	34.80	38.19	-8.88
8	上汽通用	34.08	38.76	-12.08
9	广汽乘用车	26.73	16.17	65.25
10	奇瑞汽车	24.77	13.80	79.50

从紧凑型轿车市场各车型产品销量来看，2023 年排位前十的产品分别为秦 PLUS、轩逸、朗逸、速腾、传祺 AION. S、帝豪、逸动、卡罗拉、思域、长安 UNI-V。其中，传祺 AION. S、长安 UNI-V 两款产品为新晋前十产品，上年排位第六位的雷凌、第七位的宝来退出了前十名。

秦 PLUS 实现销量 45.59 万辆，同比增长 44.59%，净增销量 14.06 万辆，超越长期霸榜的轩逸、朗逸，跃居第一位；轩逸实现销量 37.25 万辆，同比下降 10.87%，退居次席位；朗逸销量 35.19 万辆，同比下滑 6.56%，从上年的第二位降至第三；速腾同比增长 18.58%，维持了第四排位，成为合资产品表现相对较好的产品之一；传祺 AION. S 同比增长 91.24%，成为前十产品中增速最快产品，销量几乎翻番，增量达到 10.55 万辆，仅低于秦

PLUS，新晋前十就排位第五；吉利帝豪同比增长0.15%，基本维持了上年销量，排名上升2位，来到第六位；长安逸动同比增长3.27%，排位从第九升至第七；卡罗拉同比下降26.33%，为前十降幅最大的产品，排位从第五降至第八，下滑相对明显；思域同比增长4.72%，排位第九，上涨1位；长安 UNI-V 同比增长44.0%，新晋排第十（见表26）。

总体来看，紧凑型轿车前十产品有3款产品销量下滑，全为合资品牌产品。合资品牌产品从7款降至5款，自主品牌产品在该市场的竞争地位呈上升趋势；排位前十的产品中有2款新能源产品、8款燃油产品；目前来看，燃油产品仍具备集团优势，但秦 PLUS 销量跃居第一、传祺 AION. S 新晋排位就跻身第五，未来新能源产品对该市场燃油产品的冲击将会更加剧烈。

表26 2023年紧凑型轿车市场各车型产品销量增长情况

单位：万辆，%

序号	车型名称	2023年	2022年	同比增长
1	秦 PLUS	45.59	31.53	44.59
2	轩逸	37.25	41.79	−10.87
3	朗逸	35.19	37.66	−6.56
4	速腾	28.00	23.61	18.58
5	传祺 AION. S	22.12	11.57	91.24
6	帝豪	18.83	18.80	0.15
7	逸动	17.48	16.93	3.27
8	卡罗拉	16.64	22.59	−26.33
9	思域	16.37	15.63	4.72
10	长安 UNI-V	15.67	10.88	44.00

（4）中型轿车市场

2023年中型轿车销量228.50万辆，同比增长4.4%，增速连续2年两位数上升后降至个位数，较2022年增加9.65万辆（见图27），在轿车市场占比达到20.4%，较2022年上升0.3个百分点，市占率继续创新高（见图28）。

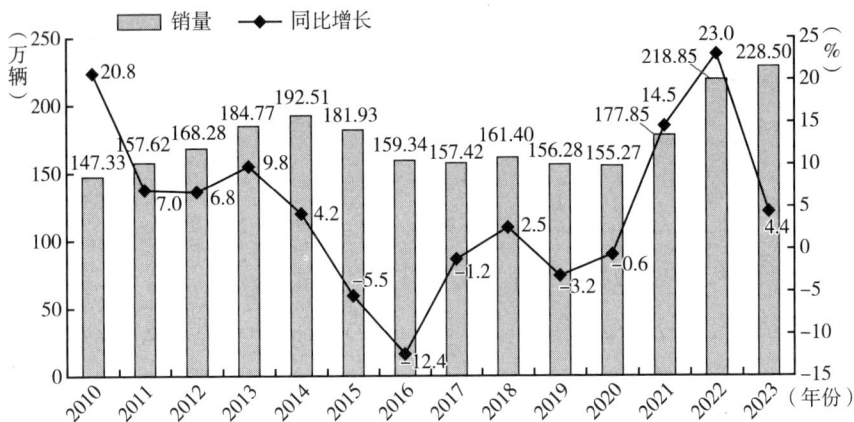

图 27　2010~2023 年中型轿车销量情况

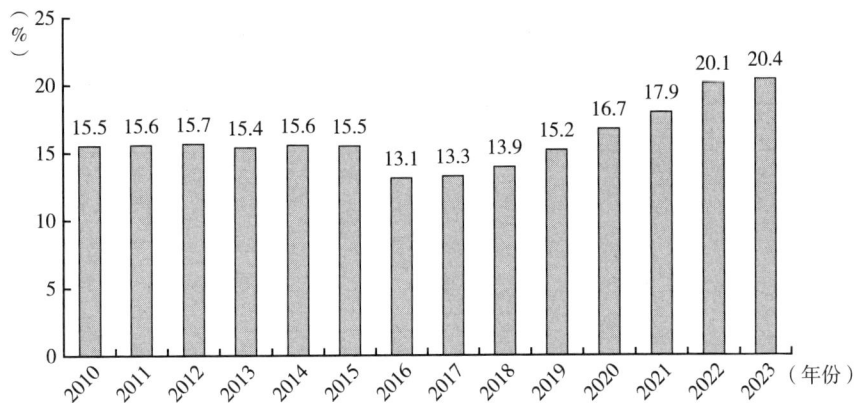

图 28　2010~2023 年中型轿车占轿车比重情况

从能源结构来看，2023 年中型轿车新能源占比达到了 32.8%，较 2022 年（23.9%）上升了 8.9 个百分点（见图 29），新能源在中型轿车市场的渗透率较紧凑型更快。

从中型轿车市场各车企销量来看，排位前十分别为比亚迪汽车、一汽大众、广汽丰田、上汽大众、吉利汽车、广汽本田、一汽丰田、一汽集团、上汽通用、长安汽车（见表 27）。其中，长安汽车为新晋前十车企，东风日产退出了前十排位。

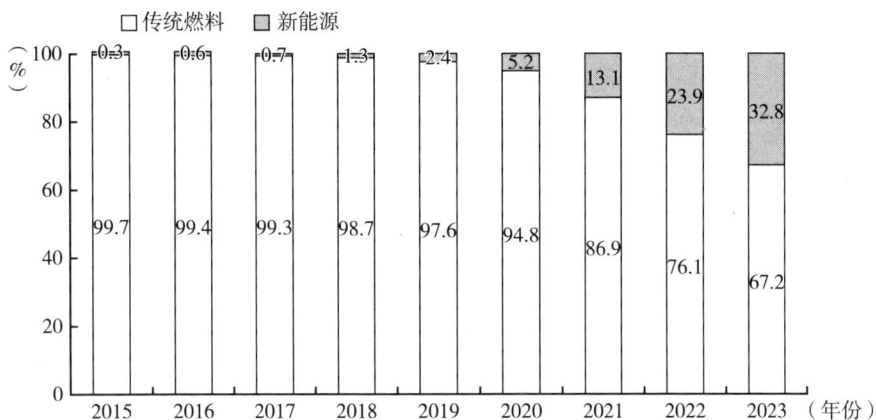

图 29　2015～2023 年中型轿车动力细分结构变化

资料来源：根据上险数据整理。

表 27　2023 年中型轿车市场各企业销量增长情况

单位：万辆，%

序号	企业名称	2023 年	2022 年	同比增长
1	比亚迪汽车	35.84	33.12	8.24
2	一汽大众	24.09	19.55	23.22
3	广汽丰田	22.92	24.98	-8.25
4	上汽大众	21.50	19.35	11.13
5	吉利汽车	20.34	18.66	8.98
6	广汽本田	17.12	23.39	-26.80
7	一汽丰田	12.68	11.20	13.21
8	一汽集团	12.13	9.72	24.80
9	上汽通用	10.84	14.70	-26.25
10	长安汽车	9.85	5.31	85.70

在中型轿车市场，比亚迪汽车实现销量 35.84 万辆，同比增长 8.24% 继续稳居榜首位置，但比亚迪汽车在该市场的扩张步伐明显放缓；一汽大众实现销量 24.09 万辆，同比增长 23.22%，呈现较快增长，排位从上年的第四升至第二，表现相对突出；广汽丰田实现销量 22.92 万辆，同比下降 8.25%，从上年排位次席降至第三；上汽大众同比增长 11.13%，从第五位

升至第四位，两家大众合资车企均实现了两位数增长；吉利汽车同比增长8.98%，排位从上年的第六升至第五；广汽本田同比下滑26.80%，为前十车企降幅最大车企，排位从第三降至第六；一汽丰田同比增长13.21%，排位上升两位，来到第七位；一汽集团同比增长24.80%，从第十位升至第八位；上汽通用同比下降26.25%，快速下滑，从第八位降至第九位；长安汽车同比增长85.70%，同比增速为前十车企最高，凭借较高的成长速度跻身前十行列，排位第十。

总体来看，同比下降的3家车企均为合资车企，上年位居第七的东风日产退出了前十行列，长安汽车的进入使自主车企增至4家，在中型轿车市场合资车企的传统地位面临自主车企的冲击。

从中型轿车市场各车型产品销量来看（见表28），前十位的车型依次为凯美瑞、比亚迪汉、帕萨特、迈腾、雅阁、比亚迪海豹、星瑞、红旗H5、亚洲龙、天籁。其中，比亚迪海豹为新晋前十产品，别克君威退出了前十行列。

表28　2023年中型轿车市场各车型产品销量增长情况

单位：万辆，%

序号	车型名称	2023年	2022年	同比增长
1	凯美瑞	22.92	24.98	-8.25
2	比亚迪汉	22.84	27.40	-16.65
3	帕萨特	21.25	19.06	11.46
4	迈腾	19.27	14.99	28.57
5	雅阁	17.12	23.39	-26.80
6	比亚迪海豹	12.73	5.12	148.68
7	星瑞	12.63	11.07	14.02
8	红旗H5	11.04	9.72	13.64
9	亚洲龙	9.78	11.20	-12.74
10	天籁	8.62	14.70	-41.35

凯美瑞实现销量22.92万辆，同比下降8.25%，以小幅下滑从第二位重回第一位；比亚迪汉实现销量22.84万辆，同比下降16.65%，因降幅

较大退居次席，新能源爆款产品同样面临较大的竞争压力；帕萨特实现销量 21.25 万辆，同比增长 11.46%，从上年第四位进入三甲之列；迈腾实现销量 19.27 万辆，同比增长 28.57%，从上年的第五位升至第四位；雅阁同比下降 26.8%，排位从上年的第三降至第五；比亚迪海豹同比增长 148.68%，销量翻番，新晋前十就位居第六，在位居前十产品中增速第一；星瑞从上年的第八位升至第七位；红旗 H5 升 1 位来到第八位；亚洲龙从上年的第七位降至第九位；天籁同比大幅下降 41.35%，从第六位降至第十位，为前十产品降幅最大的产品。

总体来看，凯美瑞、帕萨特、迈腾等合资品牌传统强势产品依然表现稳定；从成长性来看，比亚迪海豹表现相对亮眼，切入前十，前十产品中新能源有两款，助力新能源在中型轿车市场进一步突破；另外，比亚迪海豹进入前十，前十产品中自主品牌就有 4 款，在中型轿车市场自主品牌正通过新能源产品向合资品牌发出挑战。

（5）大型轿车市场

2023 年大型轿车销量达 12.61 万辆，同比增长 37.2%，实现大幅增长，增量为 3.42 万辆（见图 30），在轿车市场占比 1.1%，较上年上升 0.3 个百分点（见图 31）。

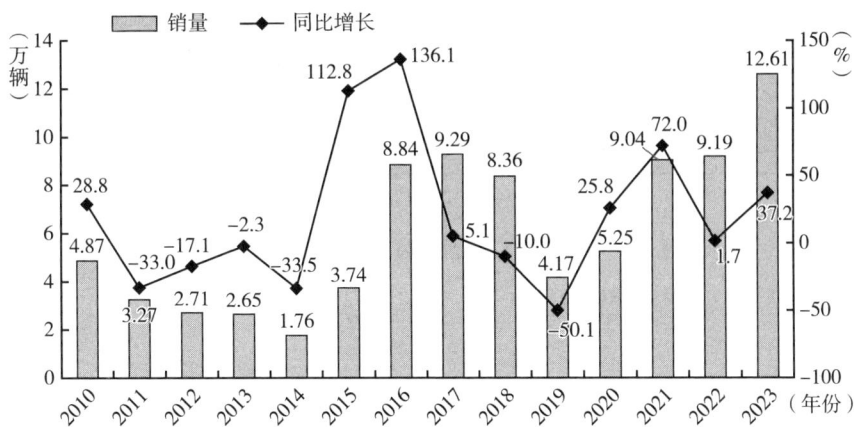

图 30　2010~2023 年大型轿车销量情况

图 31　2010~2023 年大型轿车占轿车比重情况

从能源结构来看，2023 年大型轿车新能源占比达到了 82.3%，较 2022
年的 65.6% 上升了 16.7 个百分点（见图 32），在该市场新能源产品的主导
地位进一步巩固。

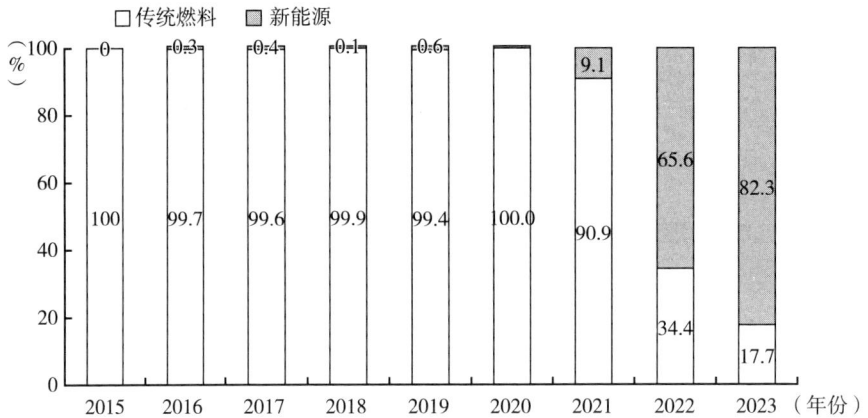

图 32　2015~2023 年大型轿车动力细分结构变化

资料来源：根据上险数据整理。

从大型轿车市场各车企销量来看，排位依次为一汽集团、上汽乘用车、
长安汽车、岚图汽车、江淮汽车、上汽大众、广汽乘用车（共 7 家车企）
（见表 29）。长安汽车为新晋该市场车企，长安福特退出了该市场。

表29　2023年大型轿车市场各企业销量增长情况

单位：万辆，%

序号	企业名称	2023 年	2022 年	同比增长
1	一汽集团	9.23	5.27	75.21
2	上汽乘用车	1.55	0.48	222.97
3	长安汽车	0.50	—	—
4	岚图汽车	0.50	0.00	22468.18
5	江淮汽车	0.49	2.65	−81.65
6	上汽大众	0.30	0.45	−34.11
7	广汽乘用车	0.04	0.04	—

　　一汽集团实现销量9.23万辆，同比增长75.21%，占该市场比重76.4%，进一步巩固了在该市场第一的位置；上汽乘用车新导入新能源飞凡品牌，由于上年基数低，同比实现了222.97%的增速，从上年的第三位跃居第二位；长安汽车凭借阿维塔12新产品导入，位居第三；岚图汽车凭借次新品岚图追光升至第四位；江淮汽车大幅下滑，从第二降至第五；上汽大众从第四位降至第六位，广汽乘用车从第六位降至最后一位，排位第七。由于该市场容量较小，车企销量都不大，一款新品的推出或者产品表现都可能对车企排位影响较大，从而影响该市场的竞争格局。

　　从大型轿车市场各车型产品销量来看，目前该市场有销量的产品共计10款，车型依次为红旗E-QM5、飞凡F7、红旗H9、阿维塔12、岚图追光、蔚来ET7、辉昂、红旗H7、智己L7、传祺GA8（见表30）。红旗E-QM5产品实现销量7.65万辆，同比增长148.95%，占该市场比重为63.4%，稳居第一；飞凡F7实现销量1.42万辆，占该市场比重为11.8%，上市就位居第二，在该市场也算表现不错；红旗H9实现销量1.29万辆，同比下降22.97%，占比10.7%，继续位居第三；阿维塔12以新品身份进入该市场占据第四排位；次新品岚图追光从上年第九位升至第五位；蔚来ET7大幅下滑81.65%，从第二位降至第六位；辉昂同比下降34.11%，从上年第六位降至第七位；红旗H7同比下降45.36%，从上年第四位降至第八排位；智己L7同比下降72.87%，从第五位降至第九位；传祺GA8从第八位降至第十位。

表30　2023年大型轿车市场各车型产品销量增长情况

单位：万辆，%

序号	车型名称	2023年	2022年	同比增长
1	红旗 E-QM5	7.65	3.07	148.95
2	飞凡 F7	1.42	—	—
3	红旗 H9	1.29	1.67	-22.97
4	阿维塔 12	0.50	—	—
5	岚图追光	0.50	—	—
6	蔚来 ET7	0.49	2.65	-81.65
7	辉昂	0.30	0.45	-34.11
8	红旗 H7	0.28	0.52	-45.36
9	智己 L7	0.1	0.48	-72.87
10	传祺 GA8	0.045	0.041	9.05

大型轿车市场10款产品中有6款新能源、4款燃油车，新能源产品销量已经占据绝对主导地位。从目前市场走势来看，新能源产品在该市场优势进一步扩大，有加速替代燃油产品的趋势。

（6）豪华轿车市场

2023年豪华轿车销量为164.85万辆，同比增长15.7%，销量较2022年增加22.32万辆（见图33），市场规模创新高。在轿车市场中占比为14.7%，较2022年上升1.6个百分点，占比连续两年下跌后回升（见图34）。

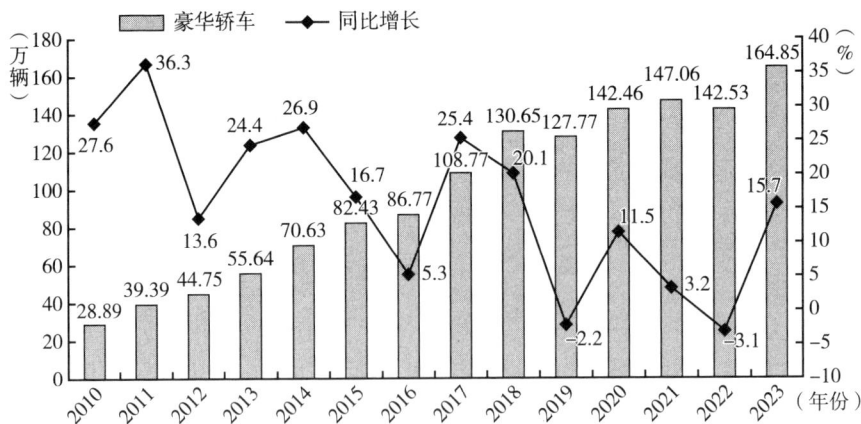

图33　2010~2023年豪华轿车销量情况

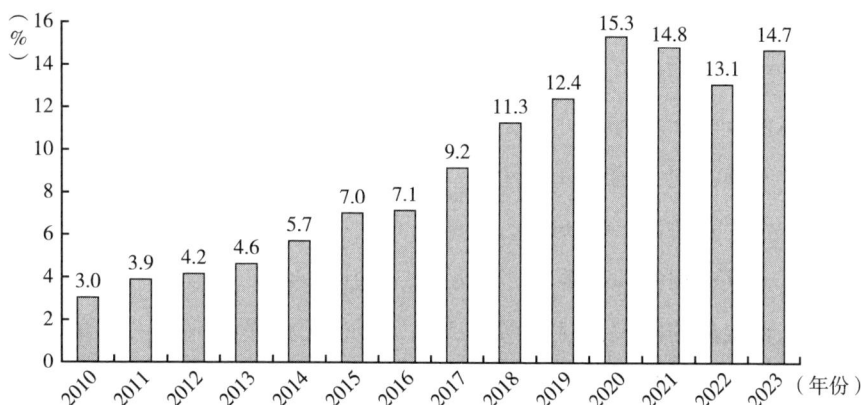

图34 2010~2023年豪华轿车占轿车比重情况

从能源结构来看，2023年豪华轿车市场新能源占比为16.1%，较2022年14.1%上升了2.0个百分点（见图35），豪华轿车在新能源市场的发展有所提速，但总体来看，在轿车细分市场中新能源渗透率仍相对缓慢。

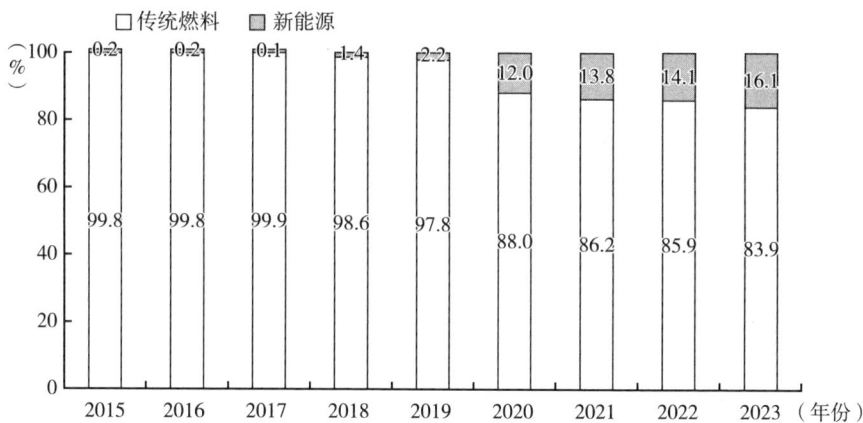

图35 2015~2023年豪华轿车动力细分结构变化

资料来源：根据上险数据整理。

从豪华轿车市场车企销量来看，共10家车企排位，分别是北京奔驰、华晨宝马、一汽大众、特斯拉、大庆沃尔沃、上汽通用、奇瑞捷豹路虎、上汽大众、英菲尼迪、深圳PSA。

北京奔驰实现销量 38.61 万辆，同比增长 11.72%，超越华晨宝马跃居第一；华晨宝马实现销量 36.07 万辆，同比增长 0.22%，退居次席；一汽大众实现销量 31.29 万辆，同比增长 17.79%，保住了第三位；特斯拉实现销量 30.09 万辆，同比增长 17.64%，继续居第四位；大庆沃尔沃实现销量 13.02 万辆，同比增长 85.69%，为前十车企中增速最高的，从第六位升至第五位；上汽通用实现销量 11.39 万辆，同比增长 13.16%，下降 1 位，排位第六；奇瑞捷豹路虎同比下滑 1.24%，维持第七排位；上汽大众引进奥迪品牌产品，新晋豪华轿车市场，位居第八；英菲尼迪与深圳 PSA 交换排位，分别位于第九、第十。

总体来看，拥有豪华轿车品牌 BBA 产品的三车企仍占据前三位置，豪华品牌车企仅奇瑞捷豹路虎、深圳 PSA 同比下滑，其他车企均实现增长，仅华晨宝马为个位数增长，其余车企均实现两位数增长，特斯拉继续冲击前三位置（见表 31）。

表 31　2023 豪华轿车市场各企业销量增长情况

单位：万辆，%

序号	企业名称	2023 年	2022 年	同比增长
1	北京奔驰	38.61	34.56	11.72
2	华晨宝马	36.07	35.99	0.22
3	一汽大众	31.29	26.56	17.79
4	特斯拉	30.09	25.58	17.64
5	大庆沃尔沃	13.02	7.01	85.69
6	上汽通用	11.39	10.06	13.16
7	奇瑞捷豹路虎	2.05	2.08	-1.24
8	上汽大众	2.02	—	—
9	英菲尼迪	0.21	0.13	58.91
10	深圳 PSA	0.10	0.18	-42.16

从豪华轿车市场各车型产品销量来看，前十位的车型依次为特斯拉Model 3、宝马 3 系、奔驰 E 级、奥迪 A6L、奔驰 C 级、宝马 5 系、奥迪

A4、凯迪拉克 CT5、Polestar2、奔驰 A 级。其中，Polestar2 为新晋前十产品，沃尔沃 S90 退出了前十排位。

特斯拉 Model 3 实现销量 30.09 万辆，同比增长 17.64%，继续稳居第一；宝马 3 系实现销量 20.37 万辆，同比增长 25.94%，上升 1 位跃居第二位；奔驰 E 级实现销量 16.90 万辆，同比增长 11.40%，从上年第四位升至第三位，进入三甲之列；奥迪 A6L 实现销量 16.86 万辆，同比增长 51.48%，为前十增速最高产品，从上年排位第七跃升至第四，表现相对亮眼；奔驰 C 级实现销量 16.51 万辆，同比增长 14.72%，保持了第五的占位；宝马 5 系实现销量 14.24 万辆，同比下降 18.18%，为前十产品中唯一一下降产品，从上年第二位大幅降至第六位；奥迪 A4 同比增长 1.98%，下降 1 位位居第七；凯迪拉克 CT5 同比增长 20.82%，保持第八排位；Polestar2 实现销量 5.91 万辆，新晋排位第九；奔驰 A 级同比增长 4.01%，下降 1 位，位居第十（见表 32）。

总体来看，新能源产品特斯拉 Model 3 继续领跑豪华轿车市场，但传统 BBA 豪华轿车产品仍具备整体优势。

表 32　2023 年豪华轿车市场各车型产品销量增长情况

单位：万辆，%

序号	车型名称	2023 年	2022 年	同比增长
1	特斯拉 Model 3	30.09	25.58	17.64
2	宝马 3 系	20.37	16.17	25.94
3	奔驰 E 级	16.90	15.17	11.40
4	奥迪 A6L	16.86	11.13	51.48
5	奔驰 C 级	16.51	14.39	14.72
6	宝马 5 系	14.24	17.40	-18.18
7	奥迪 A4	13.87	13.60	1.98
8	凯迪拉克 CT5	9.07	7.51	20.82
9	Polestar2	5.91	——	——
10	奔驰 A 级	5.20	5.00	4.01

3. 轿车市场销量特点及趋势

从狭义乘用车车型类别来看，轿车市场占狭义乘用车比重 2020 年被

SUV 超越后，2023 年占比呈现明显下滑，与 SUV 占比拉大到 8.6 个百分点，轿车产品竞争力较 SUV 有明显下降。

从轿车动力结构来看，主要是燃油轿车产品（含 HEV）同比下滑，新能源产品均有明显增长，尤其插电混动产品，增速高达 53.96%。目前来看，主要还是燃油产品竞争力偏弱。

从轿车细分市场来看，轿车市场中微型轿车市场大幅下滑，紧凑型轿车微降，其余细分市场均实现了增长。微轿市场的大幅下滑与小型轿车的大幅增长是 2023 年轿车市场的一大特点，将 2023 年微轿与小型轿车销量相加基本与 2022 年两个细分市场之和相当，也就是说微轿规模下降基本等同小型轿车规模的扩张，基本可以判断，小型轿车产品抢占了微轿产品市场。整体来看，中型轿车、大型轿车、豪华轿车占比在进一步提升，紧凑型及以下产品占比在下滑，轿车依然呈升级趋势。

轿车各细分市场新能源渗透率基本呈提升趋势，其中，微轿基本实现了新能源全覆盖，小型轿车渗透率达到了 81.8%、大型轿车渗透率达到了 82.3%，新能源渗透率上升非常明显，两个细分市场的新能源产品基本占据了主导地位，紧凑型轿车、中型轿车市场新能源渗透率也有较快提升，豪华轿车新能源渗透相对缓慢。新能源产品已经成为改变轿车细分市场竞争格局的重要力量。

微轿市场规模呈现明显萎缩，以宏光 mini 为代表的强势产品出现断崖式下滑，大部分老产品均呈现大幅下滑，只有次新品长安 Lumin、新品吉利熊猫 mini 成为微轿市场大幅下滑中的产品亮点，主要原因还是微轿产品在满足用户需求方面存在明显的痛点，追求低价格导致产品在安全、续航、空间上的短板，没能满足相当部分用户的需求，小型轿车新品海鸥、五菱缤果充分满足了这部分用户需求，用性价比强势抢夺了这部分用户，导致了微轿市场的断崖式下滑。2023 年国家出台了《关于调整减免车辆购置税新能源汽车产品技术要求的公告》，明确了 2024 年 6 月 1 日后新能源汽车减免车辆购置税政策适用的技术条件和执行要求，纯电续航里程最小不能低于 200km，微轿是该政策的主要冲击市场，微轿产品升级续航享受购置税减免却面临成本的上升，维持低续航，则不能享受购置税减免，变相提升了车价。目前微轿市场面临小型轿车产品的竞争压力以及政策带来的冲击，2024年微轿市场将面临进一步萎缩风险。

小型轿车市场，比亚迪海豚继续呈强势表现，新品比亚迪海鸥、五菱缤果的强势导入助力小型轿车市场呈几乎倍数扩张，呈现了超预期表现。从3款爆款产品的表现来看，比亚迪海豚主要冲击了小型轿车燃油市场产品，比亚迪海鸥、五菱缤果完成了对微轿市场的争夺，从而实现了小型轿车市场规模的强势扩张。考虑比亚迪海鸥、五菱缤果属于次新品，其仍将处于扩张上升期，购置税减免政策相对利好小型轿车产品，有利于小型轿车产品对微轿市场的抢夺。预计2024年小型轿车市场有进一步的扩容空间。

紧凑型轿车市场，2023年紧凑型轿车市场规模略小于2022年，仍稳居轿车市场第一地位；占比连续四年下滑，消费升级趋势依然明显；虽然新能源渗透率较2022年上升了9.3个百分点，但燃油产品占比仍高达74.7%，仍占据绝对主导地位；广汽乘用车、奇瑞汽车进入前十排位，比亚迪升至领头羊地位，长安汽车在该市场排位也有明显提升，在紧凑型轿车市场自主车企与合资车企的竞争将更趋激烈；秦PLUS已经取代朗逸、轩逸多年的领头羊地位，位居销量第一，自主品牌产品对合资车企产品冲击将进一步显现。预计2024年合资车企将面临自主车企更严峻的挑战，新能源产品对该市场的冲击将进一步提速，从目前紧凑型轿车占比趋势变化来看，在消费升级的大趋势下，预计紧凑型轿车占比仍有下降空间。

中型轿车市场呈个位数增长，规模继续创新高，占比有所提升，总体来看，继续呈扩张态势，但势头有所减弱；新能源渗透率达到了32.8%，高于紧凑型轿车，但燃油产品仍占据主导；长安汽车进入了该市场前十排位，自主车企从2家增至3家，自主车企在该市场的竞争地位有所提升；比亚迪海豚进入该市场前十排位，新能源产品有两款产品占位；上年排位第一的比亚迪汉呈两位数下滑态势，新能源产品在该市场的渗透也面临挑战。从目前来看，该市场新能源产品进一步增多，爆款产品有待挖掘，在消费升级的大前提下，中型轿车市场有进一步扩张空间。

大型轿车市场虽然实现了 37.2% 的增长，但由于基数较小，销量仅扩张了 3.42 万辆，规模仍在 10 万辆水平。2022 年上市的新能源产品蔚来 ET7、智己 L7 均大幅下滑，新能源产品的投放并没有带来大型轿车市场规模的突破。2023 年飞凡 F7、阿维塔 12 等两款新能源产品投入市场，从目前销量来看，有相对不错的表现，预计会给 2024 年大型轿车市场带来一定增量，但该市场仍属于小众市场，规模有限。

豪华轿车市场实现两位数增长，规模创了历史新高，达到了 164.85 万辆，表现相对强势，其中，传统燃油产品与新能源均实现了增长；新能源渗透率达到了 16.1%，豪华轿车新能源渗透相对缓慢，但也呈稳步上升态势；豪华轿车在 2023 年表现相对强势，但在整体市场持续全年降价情况下，豪华轿车也不能独善其身，以价换量在豪华轿车上也体现得淋漓尽致。在消费升级的大背景下，豪华轿车价格调整对市场扩容影响也相对较大。行业一致认为价格战仍将是 2024 年行业的主旋律之一，豪华车品牌的价格调整空间相对较大，预计 2024 年豪华轿车市场仍面临扩张机遇。另外，能源转型是趋势，豪华轿车新能源渗透率偏低，转型相对缓慢，或将对豪华轿车的扩容带来一定影响。

（二）轿车市场新产品情况

2023 年轿车全新产品投放总计 36 款，较 2022 年的 42 款下降了 6 款。其中微轿 3 款、小型轿车 3 款、紧凑型轿车 16 款、中型轿车 9 款、大型轿车 2 款、豪华轿车 3 款，紧凑型轿车和中型轿车市场新品投放相对较多。

2024 年，预计轿车市场将有 57 款新品投放，其中微轿 3 款（2 款纯电、1 款增程）、小型轿车 5 款（4 款纯电、1 款增程）、紧凑型轿车 15 款（9 款纯电、3 款插电、3 款增程）、中型轿车 26 款（19 款纯电、3 款插电、4 款增程）、大型轿车 5 款（5 款纯电）、豪华轿车 3 款（3 款纯电）（见表 33）。总体来看，2024 年轿车市场新品投放量相对较多，新品基本是新能源，增程技术产品也明显增多，中型轿车市场新品投放超越紧凑型轿车市场。

表33 2020～2024年轿车市场（预计）上市新品

细分市场	2020年	2021年	2022年	2023年	2024年预测	备注
微轿	8	11	8	3	3	2款纯电、1款增程
小型轿车	2	1	1	3	5	4款纯电、1款增程
紧凑型轿车	17	27	13	16	15	9款纯电、3款插电、3款增程
中型轿车	8	6	11	9	26	19款纯电、3款插电、4款增程
大型轿车	1	2	3	2	5	5款纯电
豪华轿车	2	2	6	3	3	3款纯电
合计	38	49	42	36	57	

注：同一产品不同动力算不同新品。

（三）轿车市场进出口情况

1. 轿车进口

2023年轿车进口35.6万辆，同比增长1.4%，较2022年略有增长（见图36）。

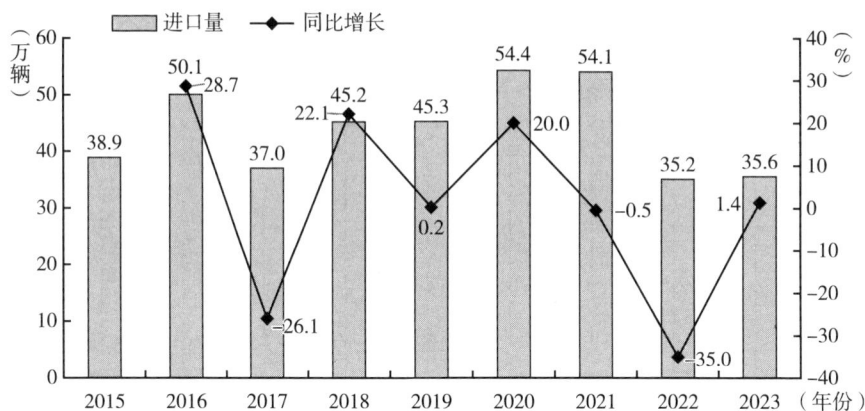

图36 2015～2023年轿车进口情况

资料来源：中汽中心。

2. 轿车出口

2023 年轿车出口 106.96 万辆，同比增长 71.7%，规模增加 44.66 万辆，轿车出口量继续强势增长（见图 37）。

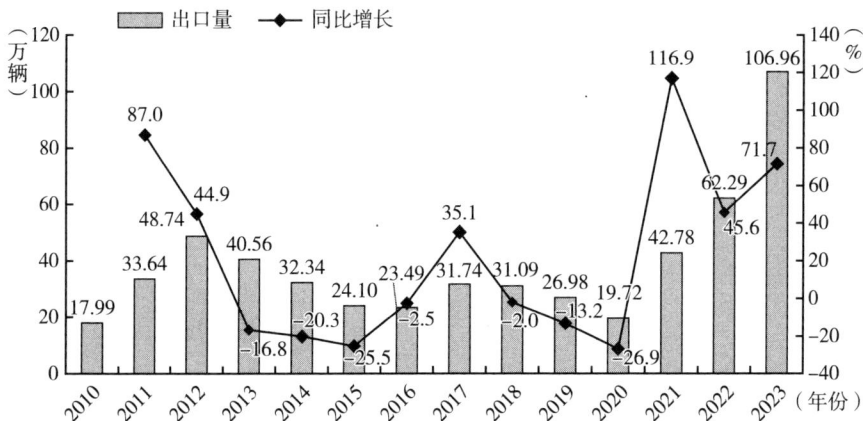

图 37 2010～2023 年轿车出口情况

从出口产品能源结构来看，2023 年轿车出口新能源占比为 47.3%，较 2022 年（30.0%）上升了 17.3 个百分点（见图 38），新能源轿车出口增速高达 170.2%，实现增量 31.83 万辆，成为拉动轿车出口的重要力量。

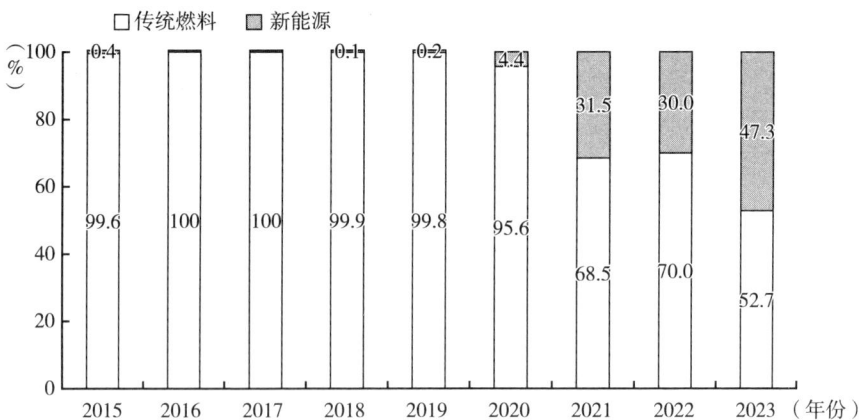

图 38 2015～2023 年轿车出口动力细分结构变化

资料来源：根据上险数据整理。

从细分市场看，紧凑型轿车、小型轿车、豪华中型轿车产品位居出口量的前三，占比分别为 47.4%、22.4%、14.6%，三大细分市场出口产品合计占比 84.4%。中型轿车出口实现增长 263.3%，成为轿车出口市场增速最大的细分市场（见图 39）。

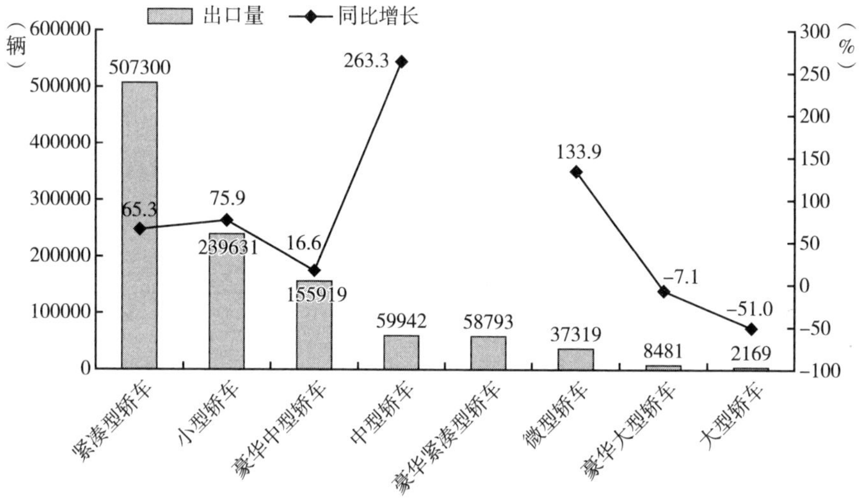

图 39　2023 年轿车细分市场出口情况

轿车出口排名前十企业分别是上汽乘用车、特斯拉、比亚迪汽车、奇瑞汽车、上汽通用、大庆沃尔沃、长安汽车、东风悦达、吉利汽车、江淮汽车。其中，比亚迪汽车、大庆沃尔沃、吉利汽车为新晋前十轿车出口车企，神龙汽车、上汽通用五菱、长安福特退出了前十排位。

上汽乘用车实现轿车出口 28.31 万辆，同比增长 43.1%，继续稳居轿车出口第一位；特斯拉实现轿车出口 15.36 万辆，同比增长 17.0%，也保持了第二的位置；比亚迪汽车实现轿车出口 10.93 万辆，同比增长 3032.5%，进入前十就位居三甲之列，势头非常迅猛；奇瑞汽车继续保持第四位；上汽通用从第三位降至第五位；大庆沃尔沃新晋前十排位第六；长安汽车下降 1 位，排位第七；东风悦达从第五位降至第八位；吉利汽车新晋前十排位第九；江淮汽车依然为最后一名。总体来看，前十车企均实现了较快或者高速增长（见表 34）。

表 34 2023 年轿车出口 TOP10 车企

单位：辆，%

排序	企业	2023 年	2022 年	同比增长
1	上汽乘用车	283118	197817	43.1
2	特斯拉	153627	131318	17.0
3	比亚迪汽车	109325	3490	3032.5
4	奇瑞汽车	92705	41651	122.6
5	上汽通用	87217	71693	21.7
6	大庆沃尔沃	68607	10084	580.4
7	长安汽车	54634	32777	66.7
8	东风悦达	50221	39315	27.7
9	吉利汽车	39862	13656	191.9
10	江淮汽车	28970	15275	89.7

（四）部分重点企业

1. 比亚迪

2023 年比亚迪实现轿车销量 159.94 万辆，同比增长 64.4%，销量同比增加 62.63 万辆（见图 40），继续呈超强表现。从产品表现来看，比亚迪秦PLUS、海豚继续呈高速增长，新品比亚迪海鸥推出就成为爆款，目前比亚迪轿车就有 4 款产品年销量在 20 万辆以上（见图 41），前十款产品占比高达 83.28%，可以说比亚迪在轿车市场持续推出的爆款为比亚迪轿车快速上量做出了重大贡献。

从比亚迪产品结构变化来看，2023 年轿车产品占比达到了 53.1%，较2022 年上升了 0.8 个百分点，SUV 产品占比下降 3.5 个百分点，MPV 产品占比上升了 2.6 个百分点（见图 42），比亚迪轿车第一的地位得到进一步巩固。

2. 上汽大众

2023 年上汽大众实现轿车销量 82.89 万辆，同比下降 4.5%，较上年减少 3.87 万辆（见图 43），呈现小幅下降。排位第一的拳头产品朗逸实现销

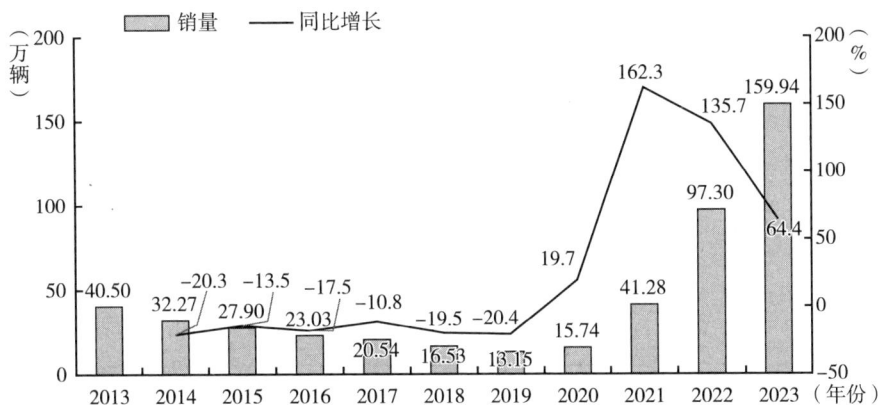

图 40   2013~2023 年比亚迪轿车销量情况

图 41   2023 年比亚迪轿车产品销量情况

量 35.19 万辆，同比下降 6.6%；位居第二的帕萨特实现销量 21.25 万辆，同比增长 11.5%，表现相对较好；凌渡同比增长 3.2%，保住了第三排位；新能源产品大众 ID3 通过降价，凸显了其产品的高性价比，实现销量 8.27 万辆，同比增长 210.8%，实现了两倍销量的增长。从绝对量来看，月均不到 1 万辆的销量，放在自主品牌新能源产品中，产品表现只能用一般来形

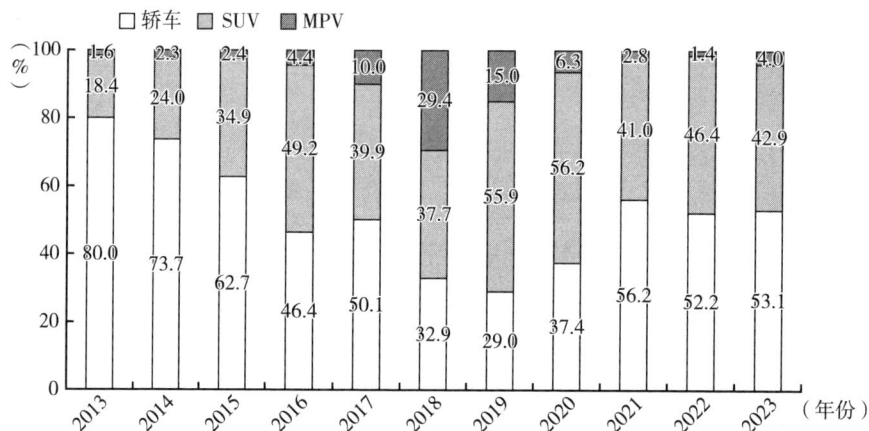

图 42　2013~2023 年比亚迪乘用车结构变化

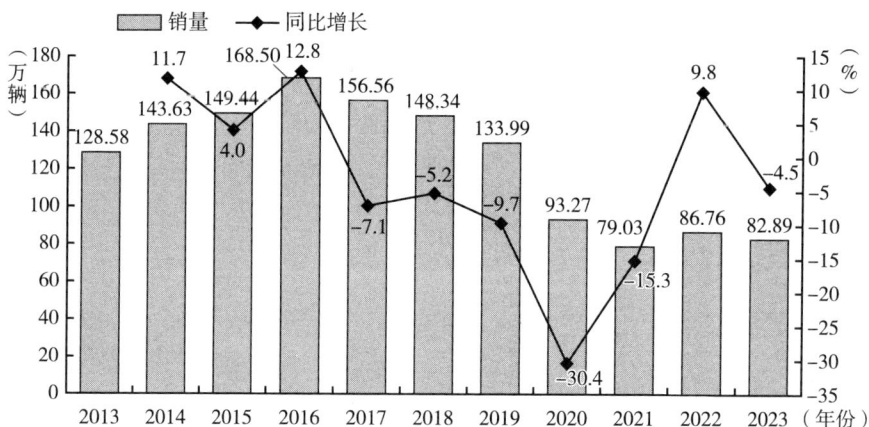

图 43　2013~2023 年上汽大众轿车销量情况

容，但对于传统合资品牌来说，该产品的表现可以用实现突破来形容，这也是上汽大众轿车产品的一大亮点。桑塔纳实现销量 1.22 万辆，同比下降89.1%，从 10 万规模降至 1 万辆水平，辉煌历史基本宣告落幕。豪华品牌奥迪 A7L 产品实现 432.5% 的增长，但基数较低，销量仅为 2.02 万辆。总体来看，上汽大众 11 款轿车产品中有 6 款销量下降、5 款增长，下降的产品中有 3 款销量下降幅度较大（见图 44），基本处于淘汰边缘，上汽大众轿车产品面临较大的竞争压力，产品销量将面临进一步萎缩风险。

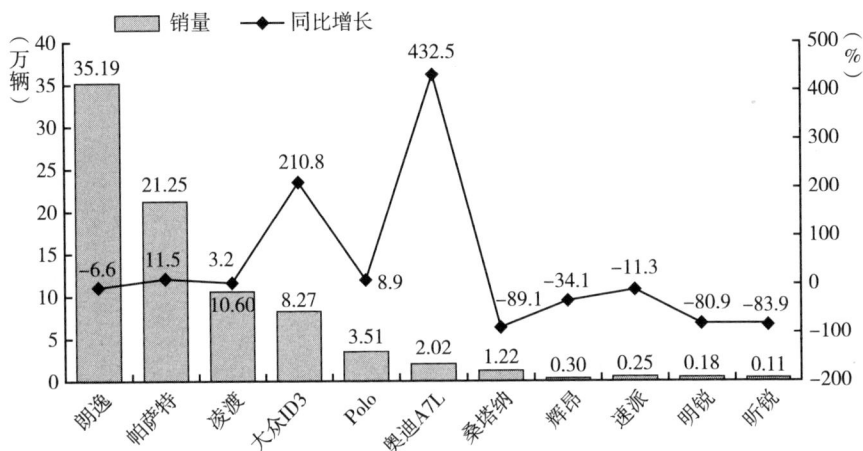

图 44　2023 年上汽大众轿车主要产品销量情况

从上汽大众乘用车产品结构变化来看，2023 年，轿车产品占比同比上升 2.5 个百分点，SUV 产品占比下降 2.1 个百分点，MPV 下降 0.5 个百分点（见图 45），轿车比重连续 3 年回升，轿车依然是上汽大众的主力市场。

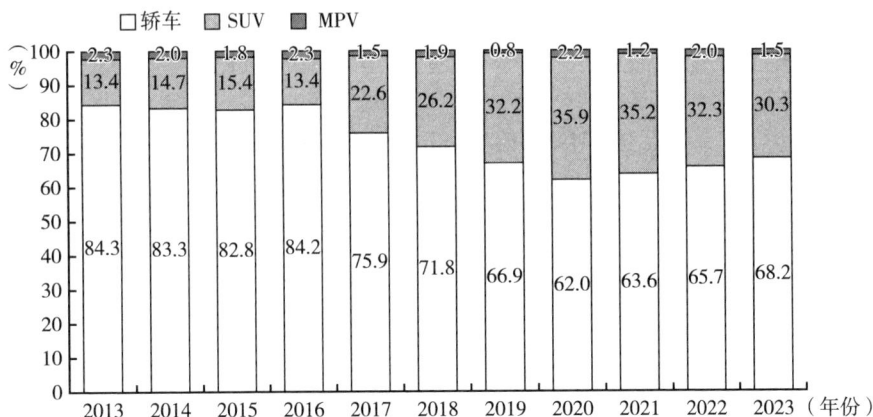

图 45　2013~2023 年上汽大众乘用车结构变化

上汽大众轿车销量的再次下跌，从产品来看，主要还是因为产品老化，具备悠久历史底蕴的桑塔纳产品终将退出。不破不立，桑塔纳的退出或将是上汽大众的机遇，大众 ID3 的表现为上汽大众打开了通向新能源的发展之路。总体来看，上汽大众在轿车市场如何提升传统燃油产品竞争力、快速切入新能源产品仍将是其亟须解决的问题。

3. 东风日产

2023 年东风日产实现轿车销量 47.74 万辆，同比下降 22.1%，销量减少 13.56 万辆（见图 46），继续呈 10 万辆级别下降。主力产品轩逸实现销量 37.25 万辆，同比下降 10.9%，销量减少 4.54 万辆，新轩逸 e-Power 混动产品的导入也没能避免轩逸产品的下滑，传统强势产品面临严峻挑战；天籁实现销量 8.62 万辆，同比下降 41.4%，销量下滑 6.08 万辆，接近腰斩（见图 47）。

图 46　2013～2023 年东风日产轿车销量情况

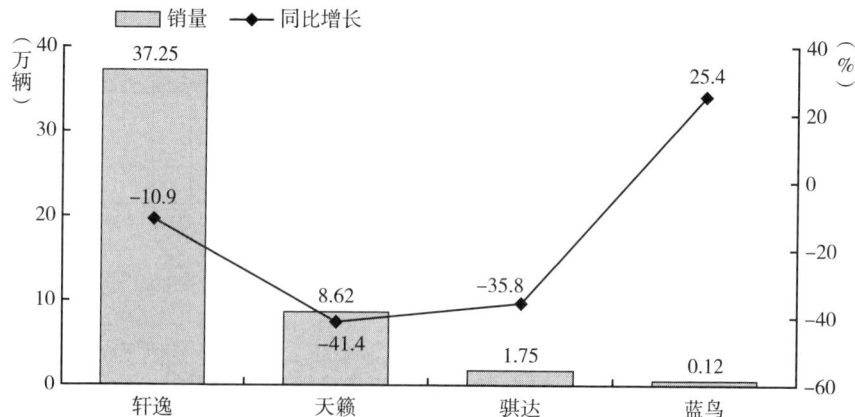

图 47　2023 年东风日产轿车主要产品销量情况

从东风日产乘用车产品结构变化来看，2023年轿车产品占比为72.8%，同比下降2.3个百分点，虽然占比有所下滑，但轿车依然是东风日产的主力产品（见图48）。东风日产轿车产品销量连续3年下滑，且有加剧下滑态势，如果不能有效抑制这种下滑，东风日产将面临较大的竞争危机。

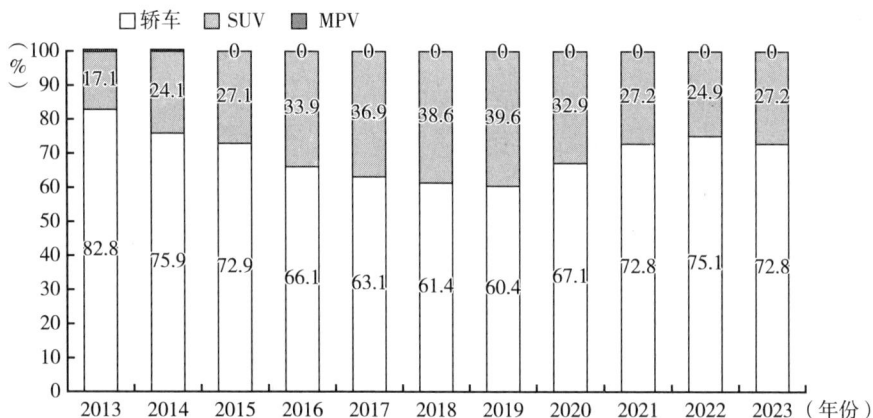

图48　2013~2023年东风日产乘用车结构变化

总体来看，东风日产轿车产品相对单一，上量产品仍只有轩逸和天籁，一旦上量产品受到较强的竞争冲击，对其整体轿车市场销量影响就相对较大。目前，东风日产在新能源产品推进方面相对缓慢，仅轩逸产品有纯电动和混合动力产品，但轩逸轿车产品中燃油占比高达92.7%，纯电和混动产品均未实现突破。天籁竞争力下降非常明显，除面对传统燃油强势产品的冲击外，也面临比亚迪汉、海豹等新能源产品的冲击。如果东风日产在轿车产品上不能推出更多的有竞争力的新品，而只有目前的两款产品参与竞争，其颓势将不可逆转。

4. 吉利汽车

2023年吉利汽车轿车销售66.10万辆，同比增长16.3%，销量净增9.25万辆，吉利轿车销量连续3年回升，年销量创历史新高（见图49）。吉利轿车有销量的产品共计12款，销量前五的轿车产品分别是帝豪、星

瑞、熊猫mini、极氪001、领克03（见图50）。销量第一的帝豪实现销量
18.83万辆，同比增长0.2%，拳头产品止住了下跌之势；销量第二的星
瑞实现销量12.63万辆，同比增长14.0%，大幅下跌后快速回升，在中型
轿车市场，自主燃油产品能取得这样的销量，实属不易；排位第三的熊猫
mini，实现销量10.96万辆，在规模大幅萎缩的微轿市场，进入该市场就
能取得10万辆规模销量，可见其产品自身的竞争力还是较强的；极氪
001实现销量7.62万辆，同比增长6.0%，自主品牌纯电产品在中型轿车
市场能获得这样的销量，也算成功。此外，2023年吉利除了推出新品除
熊猫mini外，近期还上市了银河L6、极氪007等新品，将对2024年的销
量做出贡献。

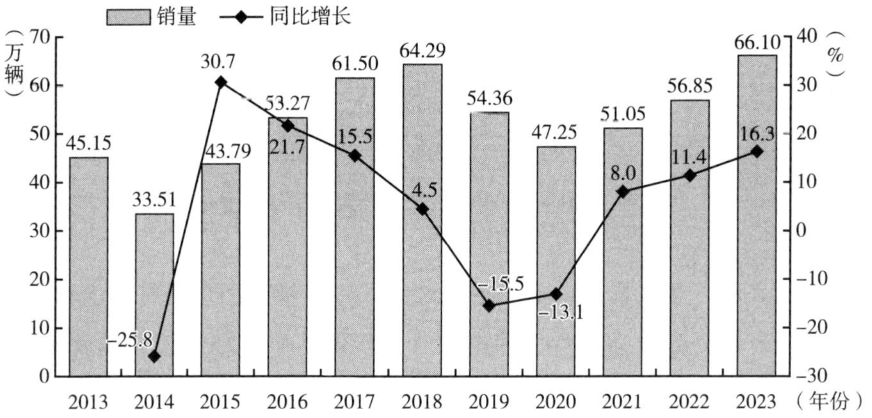

图49　2013~2023年吉利汽车轿车销量情况

　　总体来看，2023年吉利轿车销量连续3年增长，且呈提速趋势，与
吉利不断推新产品关系较大，同时，巩固老产品的竞争优势方面，尤其
传统燃油车市场，吉利也做得不错，吉利轿车在新能源产品的突破也是
其快速增长的动力，预计2024年吉利轿车依然会取得一个不错的成绩。

　　从吉利汽车动力细分轿车产品销量情况来看，2023年吉利汽车轿车的
增长主要是由纯电产品所贡献（见表35）。

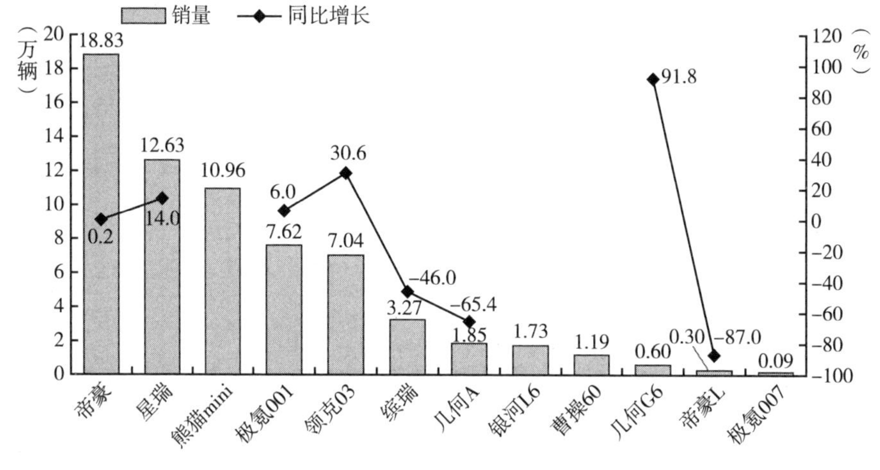

图 50　2020 年吉利汽车轿车产品销量情况

表 35　2023 年吉利汽车动力细分轿车产品销量情况

单位：辆，%

动力细分	2023 年	2022 年	同比增长
ICE	405541	387588	4.6
EV	234649	156542	49.9
PHEV	20236	23498	−13.9
HEV	556	890	−37.5
总计	660982	568518	16.3

从吉利汽车乘用车产品结构变化来看，2023 年轿车产品占比同比下降 1.5 个百分点，有所下滑（见图 51），轿车在两位数增长情况下，占比还在下降，可见吉利在 SUV 和 MPV 市场的进步更快。

5. 长安汽车

2023 年长安汽车轿车销售 70.03 万辆，同比增长 29.8%，销量同比增加 16.07 万辆，连续 4 年快速增长，长安汽车轿车销量再创历史新高（见图 52）。目前有销量的产品共 12 款，销量前五款产品分别是逸动、长安 UNI-V、长安 Lumin、深蓝 SL03、逸达（见图 53）。销量排位第一的逸动实

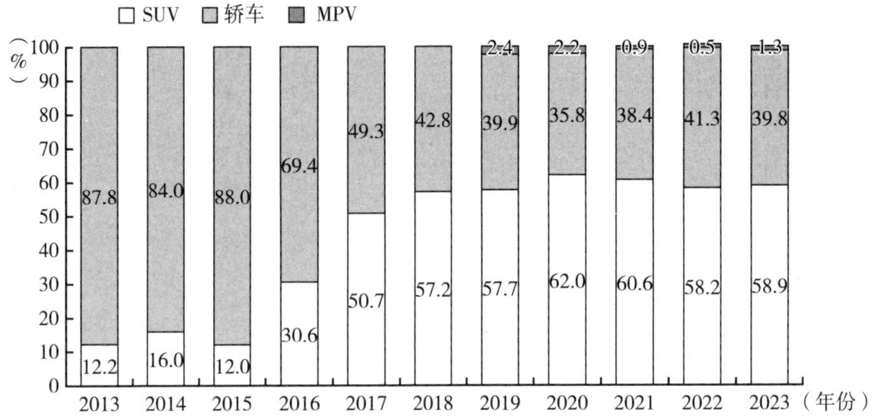

图 51　2013~2023 年吉利汽车乘用车结构情况

现销量 17.48 万辆，同比增长 3.27%，随着产品不断的更新换代，逸动销量呈稳步上升态势；销量排位第二的长安 UNI-V 实现销量 15.67 万辆，同比增长 44.0%，2022 年以时尚、犀利的外观造型切入紧凑型轿车市场，成为长安轿车在紧凑型轿车市场的双子星，也是长安轿车持续稳步发展的中坚力量之一；排位第三的长安 Lumin 实现销量 14.45 万辆，同比增长 105.62%，在微轿市场规模大幅萎缩的情况下，销量翻番，其产品竞争力的确较强；深蓝 SL03 实现销量 6.81 万辆，同比增长 104.08%，也实现了倍数增长，长安汽车在中型轿车市场实现了一定的突破，新品逸达实现销量 5.47 万辆。另外，长安汽车在 2023 年推出了启源品牌，下半年快速推出了启源 A07、启源 A06、启源 A05 三款轿车新品，长安汽车新能源产品开启深度切入主流轿车市场，预计将对 2024 年长安汽车在轿车市场的发展做出积极贡献。

总体来看，长安汽车轿车能取得快速扩张的成绩，与其丰富的产品线相关，同时，长安汽车在全力推进新能源产品发展的同时，高度重视燃油产品的更新换代，确保产品的竞争力，在燃油产品市场也有所突破。

从长安汽车动力细分轿车产品销量情况来看，2022 年长安汽车轿车的增长主要是由燃油产品和新能源插电混动产品所驱动，新能源产品表现相对更抢眼（见表 36）。

图52 2013~2023年长安汽车轿车销量情况

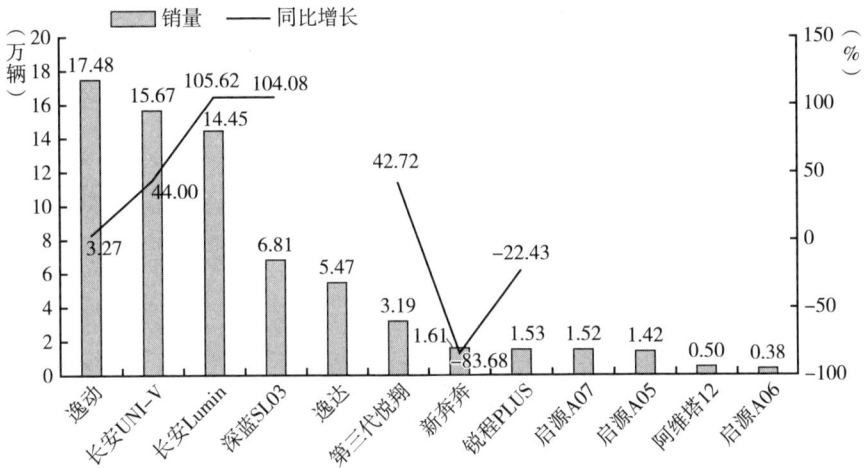

图53 2023年长安汽车轿车产品销量情况

表36 2023年长安汽车动力细分轿车产品销量增长情况

单位：辆，%

动力细分	2023年	2022年	同比增长
GAS	398756	315258	26.5
EV	191170	202374	-5.5
PHEV	110336	21910	403.6
总计	700262	539542	29.8

从长安汽车产品结构变化来看，2023 年轿车产品结构占比同比下降了
4.4 个百分点，SUV 产品结构比重上升了 4.9 个百分点，MPV 产品结构比重
下降 0.6 个百分点（见图 54）。

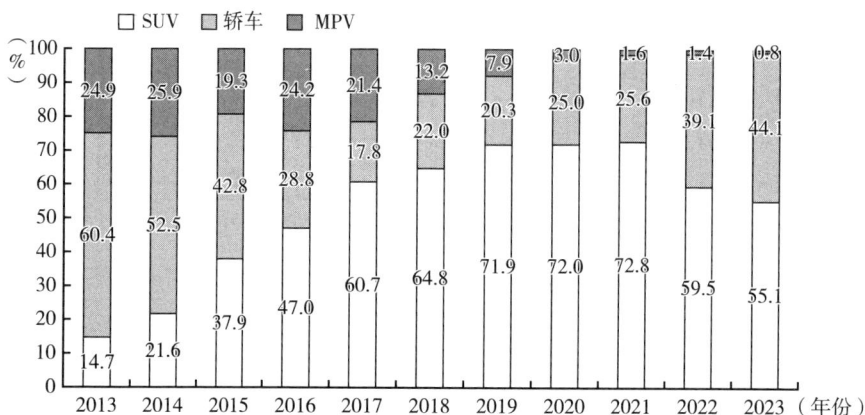

图 54　2013~2023 年长安乘用车结构情况

总体来看，2023 年长安汽车轿车产品呈现快速发展态势，仍然得益于
老产品与新品的齐头并进，主流新能源产品的快速切入或将进一步促进长安
汽车在轿车市场的快速发展。

（五）轿车发展存在的问题和建议

2023 年，轿车市场虽然连续 3 年增长，但在狭义乘用车市场比重呈明
显下滑趋势，轿车市场增速明显低于 SUV 和 MPV 市场；从动力结构来看，
主要还是燃油产品表现较差，新能源产品对轿车市场的拉动作用明显。合资
品牌轿车销量同比下降 7.3%，自主品牌轿车同比增长 17.1%，合资品牌轿
车销量下滑导致轿车市场表现相对较差。从合资品牌轿车动力结构来看，合
资品牌轿车仅纯电动产品实现了增长，燃油、混动、插电混动均同比下滑，
下降规模最大的是燃油产品；从自主品牌轿车动力结构来看，燃油、纯电、
插电、混动四类产品销量均实现了两位数增长。总体来看，轿车市场表现相
对较差主要是由合资品牌轿车下滑导致，合资品牌轿车面临燃油产品老化、

更新换代缓慢，新能源产品竞争力不强，混合动力产品未得到有效突破等，从而导致整体产品竞争力明显下降，这已经严重影响到合资车企的竞争力。吉利、长安汽车等自主品牌稳固传统燃油产品、发力新能源产品的做法值得借鉴。

2023年新能源市场将继续快速发展，新能源产品对传统燃油产品的冲击将进一步加剧，尤其在紧凑型轿车和中型轿车市场，车企新能源产品发展速度，不仅影响行业竞争格局，而且影响车企的生存与发展。在轿车市场上，车企应当积极布局新能源产品，提升新能源产品竞争力，尤其是合资车企。当然，未来一段时期，紧凑型、中型轿车两大市场，燃油轿车产品依然占据主导，如何强化燃油产品竞争力也是车企面临的课题，稳固燃油市场、拓展新能源市场是车企做好平衡的重要考量。

三　2023年SUV发展情况

（一）SUV市场销量分析

1. SUV整体市场销量情况

2023年SUV市场占比仍呈增长趋势，成为主要的增量市场，首次占据狭义乘用车市场半壁江山。2023年SUV销售1345.44万辆，同比增长18.17%，增速超2022年的12.67%，为狭义乘用车三大类中增幅最高的市场（轿车市场同比增长2.92%，MPV市场同比增长14.75%）。在狭义乘用车中的占比仍持续增长，且增幅最高，占狭义乘用车比重由2022年的48.75%上升到51.95%，上升3.20个百分点。

轿车具有重心低、整备质量小、风阻系数小的先天优势，新能源市场前期以轿车产品投放为主，其在新能源市场中呈垄断地位；随着新能源技术的不断进步，SUV成为不少车企新能源战略的重要发力点，实现"轿车+SUV"双线平衡发展，2023年SUV新能源渗透率快速提升至32.8%，但仍不及轿车，预计2024年可能超越轿车（见图55）。

从新能源内部结构看，SUV市场以EV为主，但占比呈下滑趋势，2023

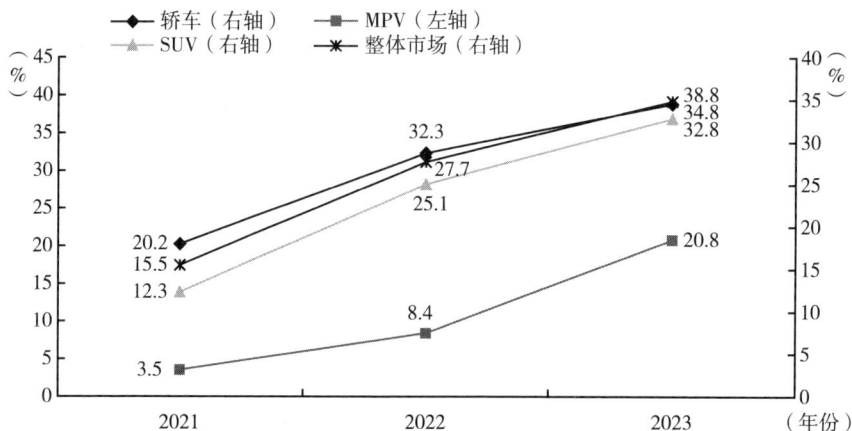

图 55 SUV 新能源渗透率变化

年 SUV 新能源市场 EV 占比为 59.30%，较 2022 年下滑 7.63 个百分点；SUV 市场 PHEV 占比高于轿车，占比增幅也高于轿车，2023 年 SUV 市场 PHEV 占比为 40.70%，比轿车市场 PHEV 占比高 21.60 个百分点（轿车市场 PHEV 占比为 19.10%），增幅较轿车市场高 3.86 个百分点（见表 37）。

表 37 SUV 新能源市场内部动力结构

单位：%

车身类型	动力	2021 年	2022 年	2023 年
SUV	EV	71.65	66.93	59.30
	PHEV	28.35	33.07	40.70
CAR	EV	88.06	84.67	80.90
	PHEV	11.94	15.33	19.10

从各排量细分国内销量来看，1.0L<排量≤1.6L 仍为主力，占比达 47.00%，但占比呈下滑趋势，2023 年较 2022 年占比下滑 0.43 个百分点，主要是由新能源快速增长带来的，2023 年 1.0L<排量≤1.6L 排量增速在燃油车中最高，增量贡献度最大，为 42.99%；1.6L<排量≤2.0L 为规模第二大市场，2023 年销售 308.71 万辆，占比为 31.01%，同比增长 1.04%，增

144

量贡献度仅为 3.28%；新能源已成为第三大市场，也是占比唯一增长的市场，2023 年占比为 19.25%，占比提升 3.93 个百分点，增量贡献度最大、为 55.60%；2.0L<排量≤2.5L 为唯一销量下滑的市场，2023 年销售 21.80万辆，同比下滑 9.29%。2.5L<排量≤3.0L 和排量>3.0L 以上两个市场基盘较小，基本保持稳定（见表 38）。

表 38 2022~2023 年 SUV 分排量国内销量情况

排量细分	2023 年销量（万辆）	2022 年销量（万辆）	同比增长（%）	增量（万辆）	增量贡献度（%）	2023 年占比（%）	2022 年占比（%）	占比差（百分点）
0.0L(新能源)	191.68	137.67	39.23	54.008	55.60	19.25	15.32	3.93
1.0L<排量≤1.6L	467.98	426.22	9.80	41.75	42.99	47.00	47.44	-0.43
1.6L<排量≤2.0L	308.71	305.53	1.04	3.18	3.28	31.01	34.01	-3.00
2.0L<排量≤2.5L	21.80	24.03	-9.29	-2.23	-2.30	2.19	2.67	-0.49
2.5L<排量≤3.0L	5.22	4.99	4.72	0.24	0.24	0.52	0.56	-0.03
3.0L 以上	0.21	0.02	753.53	0.18	0.19	0.02	0.00	0.02
SUV 总量	995.60	898.47	10.81	97.13	100.00	100.00	100.00	0.00

资料来源：根据乘用车上险数据整理。

从各系别表现来看，除欧系、合资自主外，其余系别均同比增长。自主品牌 SUV 靠不断完善产品谱系，多元化产品布局，新能源加速渗透，销量同比增长 31.51%，增量为 190.22 万辆，遥遥领先 SUV 中其他系别，增量贡献度高达 91.95%，即 2023 年 SUV 市场增量基本全由自主品牌带来，2023 年市占率为 59.01%，较 2022 年增加 5.99 个百分点；欧系 ABB 豪华品牌 SUV 产品相对坚挺，大众品牌虽有大众 ID3 降价后带来的一波增量，但仍难逃整体下滑局面，2023 年销售 200.96 万辆，同比下滑 0.50%，市场占比为 14.94%，占比较 2022 年下滑 2.80 个百分点，成为市占率下滑幅度最大的合资品牌；美系在特斯拉的带动下，成为 2023 年第二大增量市场，2023 年销售 122.72 万辆，同比增长 12.62%，增量为 13.75 万辆，贡献度为 6.65%，但市占率仍呈下滑趋势，2023 年市占率为 9.12%，较 2022 年下滑 0.45 个百分点（见表 39）。

表39 2023年SUV各车系市场表现

车系	2023年销量（万辆）	2022年销量（万辆）	同比增长（%）	增量（万辆）	贡献度（%）	2023年占比（%）	2022年占比（%）	占比差（百分点）
自主	793.93	603.71	31.51	190.22	91.95	59.01	53.02	5.99
欧系	200.96	201.97	-0.50	-1.01	-0.49	14.94	17.74	-2.80
日系	171.86	168.97	1.72	2.90	1.40	12.77	14.84	-2.07
美系	122.72	108.97	12.62	13.75	6.65	9.12	9.57	-0.45
合资自主	37.47	39.56	-5.27	-2.09	-1.01	2.79	3.47	-0.69
韩系	18.49	15.39	20.11	3.10	1.50	1.37	1.35	0.02
SVU总量	1345.44	1138.56	18.17	206.87	100.00	100.00	100.00	0.00

中国品牌中，奇瑞汽车国内靠燃油车增长、国外靠遥遥领先的出口份额，2023年超越比亚迪位居中国品牌销量榜首，2023年销售143.02万辆，同比增长高达75.29%，成为仅次于理想的第二高增长企业。2023年市占率为17.20%，较2022年增加4.52个百分点，成为市占率增长最大企业；比亚迪顺应市场趋势，靠宋、元等新能源产品优势在新能源市场全面领先，2023年销量规模达129.24万辆，同比增长49.68%，在TOP10企业中增速居第三，2023年市占率为15.54%，占比较2022年提升2.12个百分点；理想为2023年市场增长最快的企业并首次进入自主品牌企业TOP10行列，2023年理想销售37.60万辆，排名第八位，同比增长高达182.21%，市占率较2022年提升2.45个百分点至4.52%；除奇瑞汽车、比亚迪汽车、理想外，其余TOP10自主品牌企业占比均下滑（见表40）。

表40 2023年中国品牌SUV TOP10企业表现

车企	2023年销量（万辆）	2022年销量（万辆）	同比增长（%）	2023年占有率（%）	2022年占有率（%）	占比差（百分点）
奇瑞汽车	143.02	81.59	75.29	17.20	12.68	4.52
比亚迪汽车	129.24	86.35	49.68	15.54	13.42	2.12
长城汽车	101.19	84.51	19.74	12.17	13.14	-0.97
吉利汽车	97.83	80.14	22.07	11.77	12.46	-0.69

续表

车企	2023年销量（万辆）	2022年销量（万辆）	同比增长（%）	2023年占有率(%)	2022年占有率(%)	占比差（百分点）
长安汽车	87.67	82.33	6.49	10.54	12.80	-2.25
上汽乘用车	49.45	39.51	25.14	5.95	6.14	-0.20
广汽乘用车	44.86	36.45	23.08	5.40	5.67	-0.27
理想	37.60	13.32	182.21	4.52	2.07	2.45
上汽通用五菱	22.70	22.19	2.30	2.73	3.45	-0.72
一汽集团	17.36	18.26	-4.95	2.09	2.84	-0.75
SUV总计	831.41	643.27	29.25	100.00	100.00	0.00

从企业销量排名来看，2023年SUV销量排名前十企业中，自主品牌有7家，TOP5均为自主品牌，分别为奇瑞汽车、比亚迪汽车、长城汽车、吉利汽车、长安汽车，市场份额分别为10.63%、9.61%、7.52%、7.27%、6.52%，奇瑞汽车、比亚迪汽车、长城汽车、吉利汽车市占率分别增长3.46个百分点、2.02个百分点、0.10个百分点、0.23个百分点，长安汽车市占率下滑0.71个百分点；另外两家自主品牌为上汽乘用车、广汽乘用车，2023排名分别为第八和第十，销量分别为49.45万辆、44.86万辆，同比增长25.14%、23.08%，市占率分别为3.68%、3.33%，分别增长0.20个和0.13个百分点。

3家进入TOP10的合资品牌为一汽大众、广汽丰田、特斯拉，广汽大众退出前十，其中一汽大众市占率下滑。2023年一汽大众销售76.00万辆，同比微增0.14%，市占率下滑1.02个百分点只有5.65%，位居第六；特斯拉2023年销售64.68万辆，同比增长42.14%，市占率提升0.81个百分点至4.81%，排名第七位；广汽丰田2023年销售48.36万辆，同比增长26.68%，市占率提升0.24个百分点至3.59%，排名第九位（见表41）。

表 41　2023 年 SUV 销量排位前十车企销售情况

车企	2023 年销量（万辆）	2022 年销量（万辆）	同比增长（%）	2023 年占有率(%)	2022 年占有率(%)	占比差（百分点）
奇瑞汽车	143.02	81.59	75.29	10.63	7.17	3.46
比亚迪汽车	129.24	86.35	49.68	9.61	7.58	2.02
长城汽车	101.19	84.51	19.74	7.52	7.42	0.10
吉利汽车	97.83	80.14	22.07	7.27	7.04	0.23
长安汽车	87.67	82.33	6.49	6.52	7.23	-0.71
一汽大众	76.00	75.90	0.14	5.65	6.67	-1.02
特斯拉	64.68	45.51	42.14	4.81	4.00	0.81
上汽乘用车	49.45	39.51	25.14	3.68	3.47	0.20
广汽丰田	48.36	38.17	26.68	3.59	3.35	0.24
广汽乘用车	44.86	36.45	23.08	3.33	3.20	0.13
SUV 总计	1345.44	1138.56	18.17	100.00	100.00	0.00

从 SUV 产品销量来看，2023 年 SUV 产品销量排名前 15 位的产品中，中国品牌产品数量增加至 9 款。TOP15 产品中，昂科威、长安 CS55PLUS、途观 L 退出了 TOP15 的排位，元靠超高性价比从 2022 年排名第五增长至 2023 年第二，瑞虎 7 从十三位提升至第六位；探岳、宋 PRO、锋兰达三款产品为 2023 年新进入 TOP15 产品行列（见图 56）。

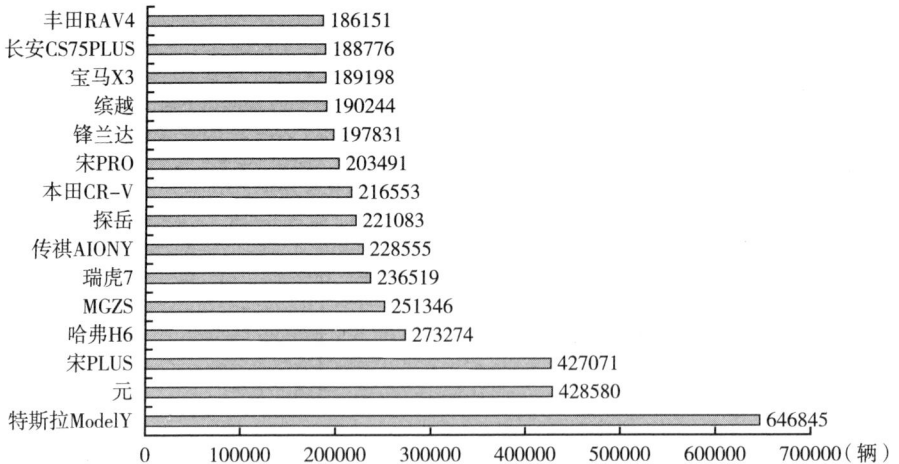

图 56　2023 年 SUV 产品销量排名

从 2023 年上险数据来看，有 12 个省级市场的 SUV 上险增速低于全国 SUV 平均增速，其中 4 个省份市场销量同比下滑。SUV 上险量前九位不变，广东仍居第一，但 2023 年同比增幅仅为 1.38%，远低于 SUV 市场平均增幅 10.81%；第二名为浙江，2023 年市场下滑，同比下滑 0.73%；第三名为江苏，同比增长 11.30%，第四名为山东，同比增幅低于 SUV 市场平均值，增速为 8.29%；TOP5~TOP7 分别为四川、河南、河北，增幅均高于 SUV 市场平均值，第八位为湖北，增速为 10.63%，基本与整体 SUV 市场增幅持平；第九位为上海，同比增速仅为 1.47%；第十位为陕西，由 2022 年的第十二名提升至第十名，同比增长 21.62%（见表 42）。

表 42 SUV 区域市场上户情况

单位：万辆，%

省份	2023 年	2022 年	同比增长	省份	2023 年	2022 年	同比增长
广东	108.61	107.13	1.38	云南	25.13	26.10	-3.74
浙江	75.46	76.01	-0.73	山西	23.40	20.01	16.93
江苏	74.46	66.90	11.30	重庆	23.08	19.37	19.16
山东	64.34	59.41	8.29	内蒙古	19.68	15.04	30.89
四川	54.22	47.93	13.12	江西	19.42	19.24	0.93
河南	52.66	45.81	14.95	贵州	18.03	17.11	5.40
河北	46.66	39.23	18.96	天津	17.30	13.50	28.12
湖北	40.44	36.55	10.63	甘肃	16.95	13.80	22.82
上海	36.06	35.53	1.47	黑龙江	16.86	13.69	23.10
陕西	35.19	28.93	21.62	广西	16.16	16.57	-2.48
安徽	32.51	29.99	8.38	吉林	15.96	12.56	27.10
湖南	31.61	32.15	-1.67	海南	9.84	8.13	21.01
北京	28.31	24.36	16.24	宁夏	6.83	5.05	35.29
辽宁	27.07	22.06	22.71	青海	4.92	3.29	49.81
新疆	25.89	16.56	56.32	西藏	3.25	2.36	37.81
福建	25.32	24.10	5.06	合计	995.60	898.47	10.81

资料来源：根据上险数据整理。

2. SUV 各细分市场销量情况

（1）小型 SUV 市场

2023 年，小型 SUV 销售 181.16 万辆，同比下滑 0.92%，销量较 2022 年下滑 1.68 万辆，规模创历年新低（见图 57）。

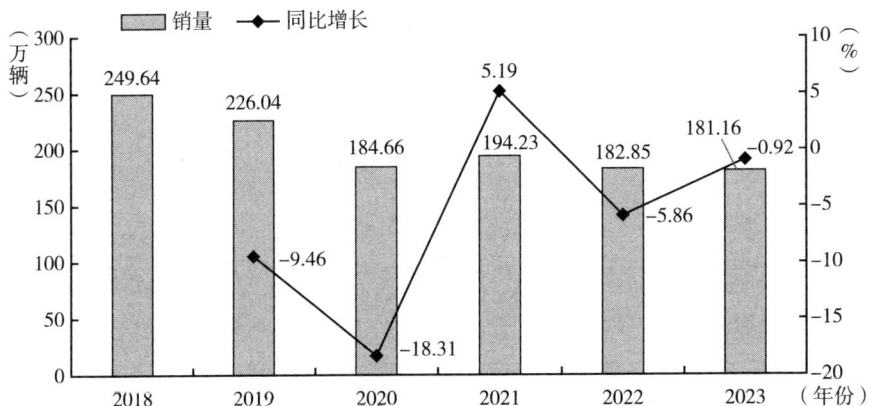

图 57　2018~2023 年小型 SUV 销量情况

从市场占比来看，小型 SUV 在 SUV 市场占比下滑至 13.47%，较上年下降了 2.59 个百分点，占比也创历年新低（见图 58）。

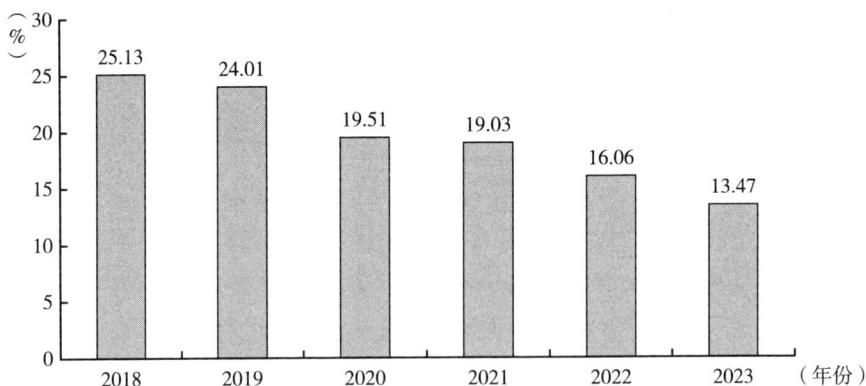

图 58　2018~2023 年小型 SUV 占 SUV 比重情况

从能源结构来看，2023 年新能源占比 24.90%，较 2022 年的 24.24% 又上升了 0.66 个百分点（见图 59），新能源快速扩张。

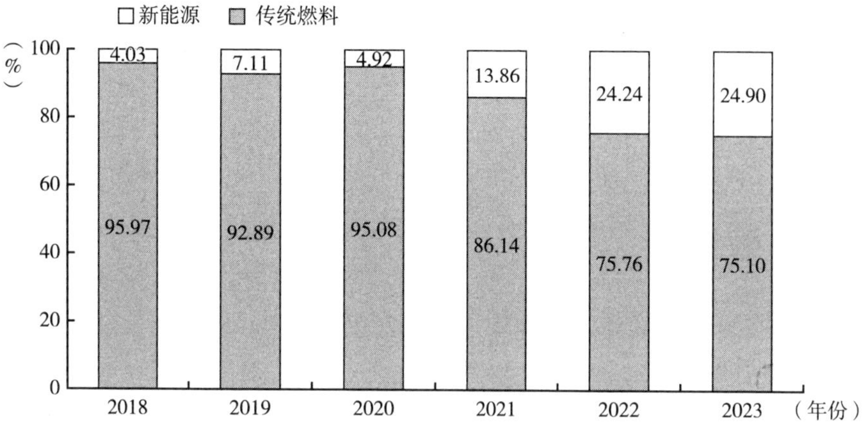

图 59　2018~2023 年小型 SUV 动力细分结构变化

从小型 SUV 市场车企销量排名来看（见表 43），前十排位分别为吉利汽车、奇瑞汽车、上汽乘用车、东风日产、上汽通用五菱、长城汽车、东风本田、长安汽车、一汽大众、广汽乘用车。排名第一的吉利汽车主要靠燃油车缤越稳定市场份额，靠领克 06 拉动增长，2023 年销售 29.36 万辆，同比增长 5.80%，较排名第二的奇瑞汽车高 3.53 万辆。奇瑞汽车、上汽乘用车增量最大，分别排名第二、第三。合资下滑幅度较大，东风日产 2023 年销售 11.44 万辆，同比下滑达 29.92%；东风本田 2023 年销售 7.81 万辆，同比下滑达 30.03%，市场排名由第五位下滑至第七位；一汽大众 2023 年销售 7.22 万辆，同比下滑达 34.88%，市场排名由第六位下滑至第九位。

表 43　2023 年小型 SUV 市场 TOP10 企业销量增长情况

单位：万辆，%

序号	企业名称	2023 年	2022 年	同比增长
1	吉利汽车	29.36	27.75	5.80
2	奇瑞汽车	25.83	19.54	32.19
3	上汽乘用车	25.14	18.06	39.21

续表

序号	企业名称	2023 年	2022 年	同比增长
4	东风日产	11.44	16.33	-29.92
5	上汽通用五菱	10.42	4.51	131.25
6	长城汽车	9.39	6.83	37.51
7	东风本田	7.81	11.16	-30.03
8	长安汽车	7.78	8.80	-11.58
9	一汽大众	7.22	11.09	-34.88
10	广汽乘用车	6.77	3.16	114.17

从小型 SUV 市场产品车型销量来看（见表 44），排名前十位的车型依次为 MGZS、缤越、瑞虎 5X、逍客、瑞虎 3X、欧拉好猫、长安 CS35PLUS、领克 06、精灵#1、传祺 GS3 影速。MGZS 超越缤越成为 TOP1，2023 年销售 25.13 万辆，同比增长达 43.75%，老产品中增幅最高；吉利瑞虎 5X 和瑞虎 3X 靠出口销量大幅增长，排名提升，2023 年销量分别为 16.22 万辆、9.41 万辆，同比分别增长 41.12%、27.85%，排名分别由第四升至第三、第十升至第五。欧拉好猫为 EV 动力销量最高产品，2023 年销售 9.39 万辆，同比增长 37.51%，其后为次新品精灵#1，2023 年销售 6.70 万辆，同比增幅高达 524.88%，进入 TOP10 行列；传祺 GS3 影速为 TOP10 产品中唯一的新品，2023 年销售 6.18 万辆，排名第 10。2022 年排名前十的缤智、哪吒 V、本田 XR-V、探歌退出前十。

表 44　2023 年小型 SUV 市场 TOP10 车型产品销量增长情况

单位：万辆，%

序号	车型名称	2023 年	2022 年	同比增长
1	MGZS	25.13	17.49	43.75
2	缤越	19.02	18.45	3.13
3	瑞虎 5X	16.22	11.49	41.12
4	逍客	10.35	15.45	-32.99
5	瑞虎 3X	9.41	7.36	27.85
6	欧拉好猫	9.39	6.83	37.51

序号	车型名称	2023 年	2022 年	同比增长
7	长安 CS35PLUS	7.17	7.70	-6.79
8	领克 06	7.02	4.78	46.92
9	精灵#1	6.70	1.07	524.88
10	传祺 GS3 影速	6.18	0.00	——

（2）紧凑型 SUV 市场

2023 年紧凑型 SUV 市场销量 691.51 万辆，同比增长 19.25%，销量同比增加 111.64 万辆（见图 60），成为 SUV 市场中增量最大的市场，在 SUV 市场占比为 51.40%，较上年提升 0.47 个百分点（见图 61）。

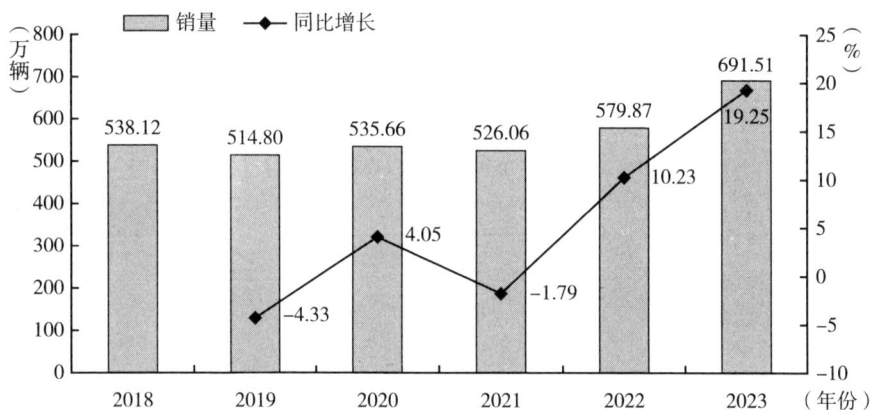

图 60　2018~2023 年紧凑型 SUV 销量情况

从紧凑型 SUV 市场各车企销量来看，前十位车企分别为比亚迪汽车、奇瑞汽车、长城汽车、长安汽车、吉利汽车、广汽丰田、一汽丰田、广汽乘用车、一汽大众、东风本田。TOP10 企业较上年未变化，排名出现细微调整。比亚迪汽车凭借规模、供应链、技术优势，迅速占领用户心智，成为性价比高、技术先进的新能源头部品牌，其市场规模快速扩张，2023 年销售104.28 万辆，独占鳌头，成为规模、增速均领先的企业；奇瑞汽车国内燃油车快速上新，出口快速扩张，成为增速最高企业，销量规模仅落后于比亚

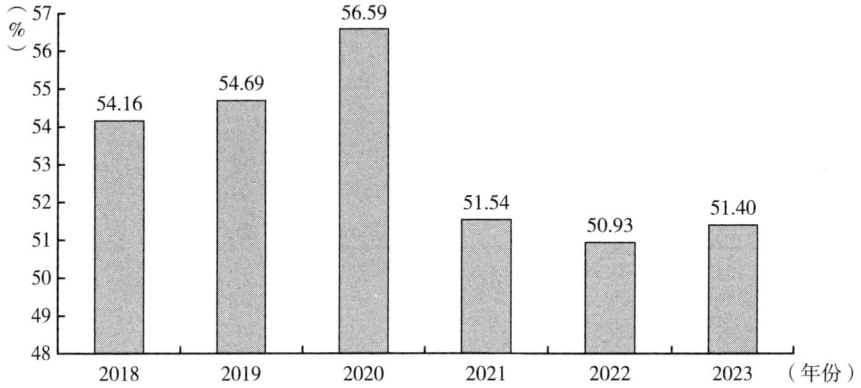

图 61　2018~2023 年紧凑型 SUV 占 SUV 比重情况

迪汽车，2023 年销售 98.07 万辆，同比增长 77.35%，销量排名由第四位提升至第二位；长城汽车 2023 年排名第三，但销量规模远落后于比亚迪汽车和奇瑞汽车，2023 年销售 67.87 万辆，同比增长 17.81%（见表 45）。

表 45　2023 年紧凑型 SUV TOP10 企业销量情况

单位：万辆，%

序号	企业名称	2023 年	2022 年	同比增长
1	比亚迪汽车	104.28	68.37	52.52
2	奇瑞汽车	98.07	55.30	77.35
3	长城汽车	67.87	57.61	17.81
4	长安汽车	66.94	68.35	-2.06
5	吉利汽车	40.82	33.42	22.14
6	广汽丰田	38.77	27.25	42.28
7	一汽丰田	36.55	30.59	19.46
8	广汽乘用车	32.71	27.14	20.51
9	一汽大众	28.73	25.96	10.69
10	东风本田	25.36	22.95	10.49

从紧凑型 SUV 市场各车型产品销量来看，排位前十产品分别是宋 PLUS、元、哈弗 H6、瑞虎 7、传祺 AION Y、探岳、本田 CR-V、宋 PRO、锋兰达、长安 CS75PLUS。其中，传祺 AION Y、元、探岳、宋 PRO、锋兰达为新晋前

十产品。宋 PLUS 通过推出冠军版降低价格，销量大幅提升，一跃成为销量 TOP1 产品，2023 年销售 42.71 万辆，同比增幅达 353.66%，成为销量、增幅均为 TOP1 产品；元为 EV 产品，靠超高性价比取胜，2023 年销售 41.22 万辆，同比增长 104.00%，由排名第四提升至第二；在长安、吉利燃油车产品强势竞争，以及比亚迪新能源产品挤压下，哈弗 H6 已跌下神坛，2023 年销售 27.33 万辆，远低于排名第一的宋 PLUS 和元，同比下滑 5.14%，市场排名由第二位下降至第三位；瑞虎 7 市场排名由第八位提升至第四位，2023 年销售 23.65 万辆，同比增长 53.81%；传祺 AION Y 和宋 PRO 为新进入 TOP10 的两款新能源产品，2023 年销量分别为 22.86 万辆、20.35 万辆，同比增幅分别为 90.95%、407.66%；探岳、锋兰达为新进入 TOP10 的两款燃油车产品，2023 年销量分别为 22.11 万辆、19.78 万辆，同比增幅分别为 121.74%、99.03%；昂科威、丰田 RAV-4、长安 CS55plus、威兰达退出前十（见表46）。

表46　2023 年紧凑型 SUV 各车型产品销量情况

单位：万辆，%

序号	车型名称	2023 年	2022 年	同比增长
1	宋 PLUS	42.71	9.41	353.66
2	元	41.22	20.21	104.00
3	哈弗 H6	27.33	28.81	−5.14
4	瑞虎 7	23.65	15.38	53.81
5	传祺 AION Y	22.86	11.97	90.95
6	探岳	22.11	9.97	121.74
7	本田 CR-V	21.66	22.95	−5.65
8	宋 PRO	20.35	4.01	407.66
9	锋兰达	19.78	9.94	99.03
10	长安 CS75PLUS	18.88	18.75	0.70

（3）中型 SUV 市场

2023 年中型 SUV 销量 200.86 万辆，同比增长 27.57%，销量增长 43.41 万辆（见图62），实现连续 4 年增长，规模处于历史最高水平。

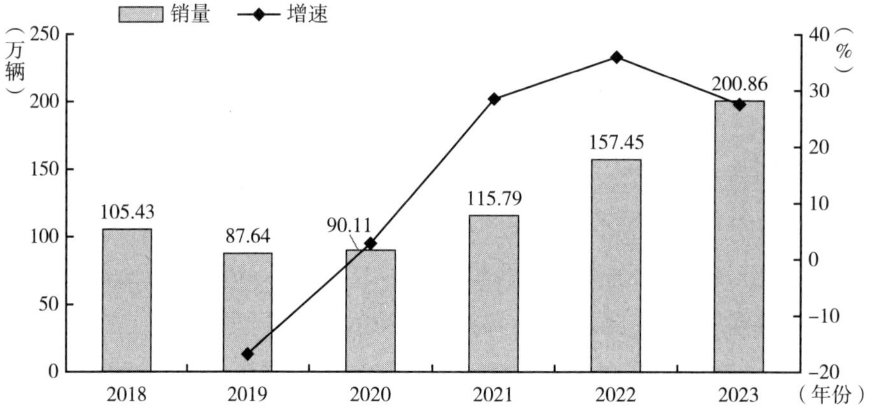

图62　2018～2023年中型SUV销量增长情况

从市场占比来看，2023年中型SUV在SUV市场的占比为14.93%，较2022年增长1.10个百分点（见图63），增幅仅次于大型SUV市场。

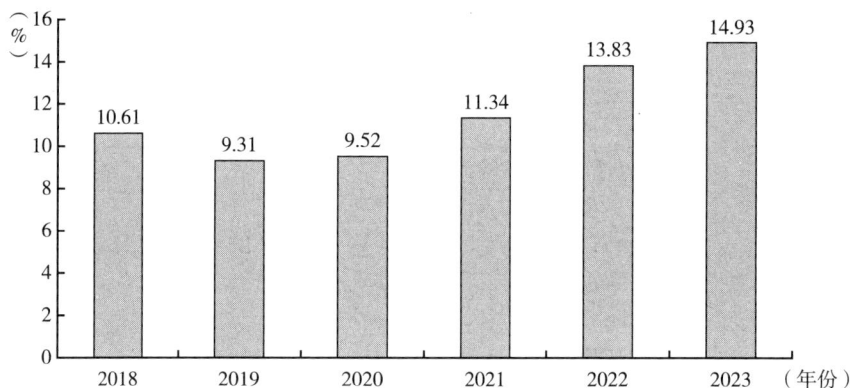

图63　2018～2023年中型SUV占SUV比重情况

从中型SUV市场各车企销量来看，排名前十位分别为吉利汽车、比亚迪汽车、奇瑞汽车、上汽大众、长安汽车、金康新能源汽车、一汽集团、江淮汽车、长安福特、广汽丰田。吉利汽车靠星越L、豪越、领克08三款车销量超越上汽大众，成为企业排名TOP1，共销售26.15万辆，同比增长57.97%。其中星越L销量占据大头，占比达69.83%，领克08为新品纯增量，销量为 3.21 万辆；比亚迪汽车由上年的第三位提升至第二位，主要靠产品唐保持市场地位，其销量占比为 60.82%，另外护卫舰 07、宋 L 等多款新品拉动销量增长；奇瑞汽车以多款燃油产品为主力，同时加速新能源产品布局，市场排名由第九位提升至第三位，2023 年销售 18.97 万辆，同比增幅高达 181.08%；上汽大众市场排名由第一位下滑至第四位，2023 年销售 14.44 万辆，同比下滑 16.43%，其三款产品均呈下滑趋势；长安汽车靠两款新能源产品深蓝 S7 和阿维塔 11，进入 TOP10 企业行列，排名第五。2023 年共销售 12.95 万辆，同比增幅达 149.97%（见表 47）。

表 47　2023 年中型 SUV TOP10 企业销量情况

单位：万辆，%

序号	企业名称	2023 年	2022 年	同比增长
1	吉利汽车	26.15	16.56	57.97
2	比亚迪汽车	22.55	15.28	47.59
3	奇瑞汽车	18.97	6.75	181.08
4	上汽大众	14.44	17.27	−16.43
5	长安汽车	12.95	5.18	149.97
6	金康新能源汽车	10.69	7.81	36.81
7	一汽集团	10.15	14.38	−29.44
8	江淮汽车	8.78	7.98	10.04
9	长安福特	8.74	9.34	−6.41
10	广汽丰田	8.14	8.75	−6.98

从中型 SUV 市场各车型产品销量来看，2023 年排位前十产品分别为星越 L、唐、途观 L、红旗 HS5、汉兰达、思皓 X8PLUS、零跑 C11、护卫舰 07、问界 M7、深蓝 S7。近两年 TOP5 产品相对稳定，6~10 位每年更迭。TOP5 产品中星越 L 由第四位提升至第一位，2023 年销售 18.26 万辆，同比增长 39.00%；唐销量出现下滑，但仍维持第二位，2023 年销售 13.72 万辆，同比下滑 9.05%；途观 L 由排名第一下滑至第三，2023 年销售 13.44 万辆，同比下滑 12.23%；思皓 X8PLUS、零跑 C11、护卫舰 07、问界 M7、

深蓝 S7 分别代替福特 EVOS、传祺 GS8、问界 M5、皇冠陆放、哈弗神兽进入 TOP10 行列（见表 48）。

表 48　2023 年中型 SUV TOP10 车型产品销量情况

单位：万辆，%

序号	车型名称	2023 年	2022 年	同比增长
1	星越 L	18.26	13.14	39.00
2	唐	13.72	15.08	-9.05
3	途观 L	13.44	15.32	-12.23
4	红旗 HS5	9.77	14.01	-30.22
5	汉兰达	8.09	8.75	-7.53
6	思皓 X8PLUS	8.08	1.23	557.54
7	零跑 C11	8.06	4.44	81.69
8	护卫舰 07	6.97	0.18	3761.33
9	问界 M7	6.85	2.12	222.55
10	深蓝 S7	6.08	0.00	—

（4）大型 SUV 市场

2023 年大型 SUV 销量 60.56 万辆，同比增长 94.18%（见图 64），市场规模连续 4 年增长。SUV 市场占比 4.50%，同比上升 1.76 个百分点（见图 65），成为市场占比增长最大的市场。

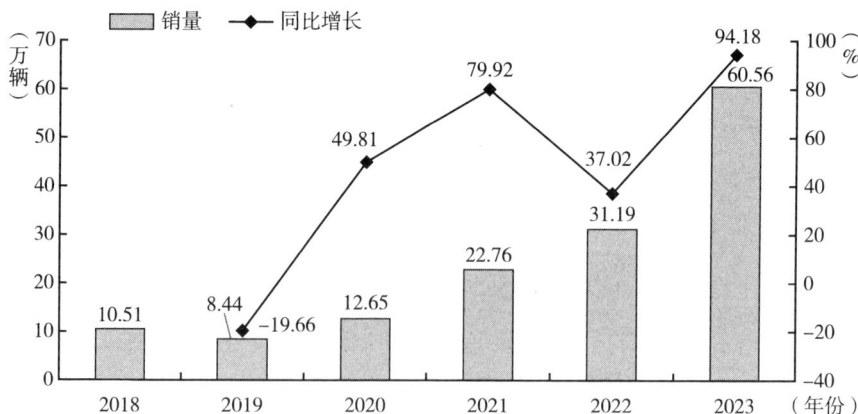

图 64　2018~2023 年大型 SUV 销量情况

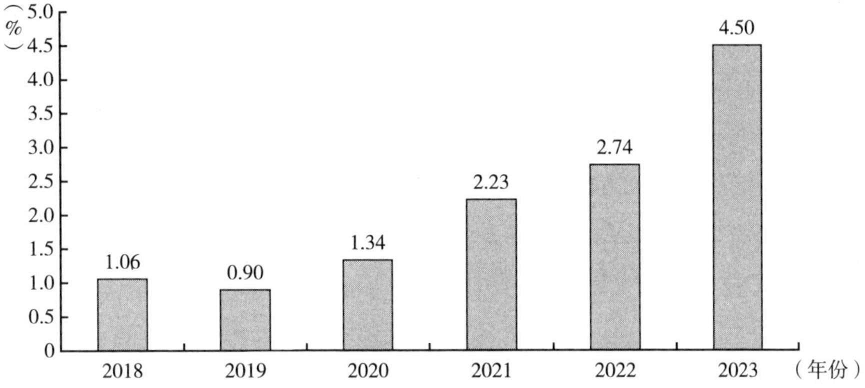

图 65 2018~2023 年大型 SUV 占 SUV 比重情况

大型 SUV 市场参与竞争企业增多,由 2022 年的 10 家增加至 16 家,增加的企业分别为长城汽车、比亚迪汽车、郑州日产、北汽制造、东风汽车、东风日产。排名前十的企业分别为理想、上汽大众、一汽大众、长城汽车、长安福特、小鹏汽车、吉利汽车、上汽乘用车、江淮汽车、一汽集团。理想靠 L 系列增程产品,销量遥遥领先,2023 年销售 37.60 万辆,同比增幅高达 182.21%;上汽大众虽销量下滑,但排名仍稳定在第二,2023 年销售 4.58 万辆,同比下滑 28.19%;一汽大众稳居第三,2023 年销售 3.14 万辆,同比增长 16.47%;长城汽车蓝山上市,长城进入大型 SUV 市场,且进入 TOP4 行列,2023 年销售 3.09 万辆(见表 49)。

表 49 2023 年大型 SUV TOP10 企业销量增长情况

单位:万辆,%

序号	企业名称	2023 年	2022 年	同比增长
1	理想	37.60	13.32	182.21
2	上汽大众	4.58	6.38	-28.19
3	一汽大众	3.14	2.69	16.47
4	长城汽车	3.09	0.00	—
5	长安福特	2.76	1.90	45.04
6	小鹏汽车	2.64	0.64	314.83

序号	企业名称	2023年	2022年	同比增长
7	吉利汽车	1.49	2.41	-38.15
8	上汽乘用车	1.41	0.02	7341.80
9	江淮汽车	1.29	1.58	-17.95
10	一汽集团	1.09	1.45	-24.89

资料来源：根据中国汽车工业协会数据整理。

从大型SUV市场各车型产品销量来看（见表50），前十位的车型依次为理想ONE、途昂、理想L9、揽境、领克09、探险者、蔚来ES8、理想L8、途昂X、红旗HS7。其中理想L8、理想L9、红旗HS7为新晋十强产品，理想ONE停产并由理想L8和理想L9代替，因此市场出现下滑，2022年销售7.85万辆，同比下滑13.25%；除理想外其余产品表现均一般。

表50 2023年大型SUV TOP10车型产品销量增长情况

单位：万辆，%

序号	车型名称	2023年	2022年	同比增长
1	理想L7	13.41	0.00	—
2	理想L8	11.80	1.55	662.11
3	理想L9	11.44	3.93	191.32
4	揽境	3.14	2.69	16.47
5	途昂	3.13	4.86	-35.68
6	蓝山	3.09	0.00	—
7	探险者	2.76	1.90	45.04
8	小鹏G9	2.64	0.64	314.83
9	领克09	1.49	2.41	-38.15
10	途昂X	1.46	1.52	-4.25

（5）豪华SUV市场

2023年豪华SUV销量185.45万辆，同比增长9.94%，销量同比增加16.77万辆（见图66）。在SUV市场中占比为13.78%，同比下降1.03个百分点（见图67）。

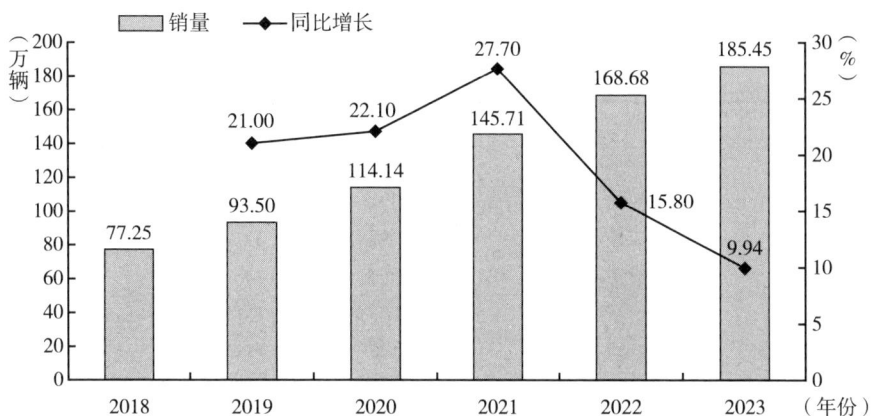

图 66　2018~2023 年豪华 SUV 销量情况

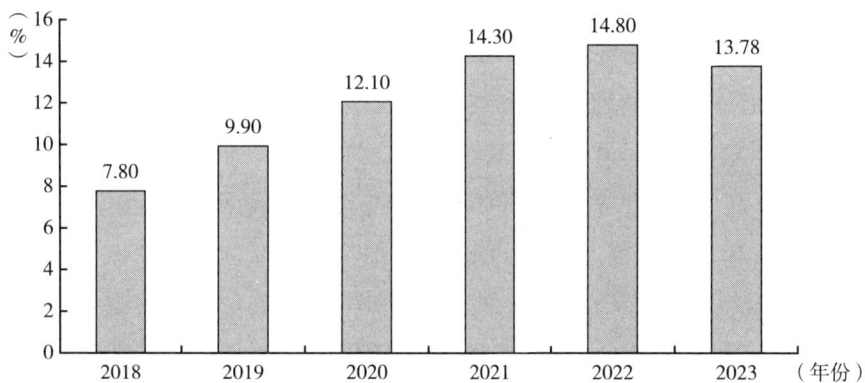

图 67　2018~2023 年豪华 SUV 占 SUV 比重情况

从豪华 SUV 市场车企销量来看，排名前十位的分别为特斯拉、华晨宝马、一汽大众、北京奔驰、大庆沃尔沃、上汽通用、长安福特、奇瑞捷豹路虎、上汽大众、英菲尼迪。前十企业未发生变化，排名存在细微调整。特斯拉靠一款产品一骑绝尘，稳居销量排名 TOP1，2023 年销售 64.68 万辆，同比增长 42.14%；华晨宝马仍稳居 TOP2，2023 年销售 38.32 万辆，同比增长 14.37%；一汽大众、北京奔驰、上汽通用均下滑，分别下滑 0.61%、16.91%、43.70%（见表51）。

161

表51　2023年豪华SUV TOP10企业销量情况

单位：辆，%

序号	企业名称	2023年	2022年	同比增长
1	特斯拉	646845	455091	42.14
2	华晨宝马	383172	335023	14.37
3	一汽大众	325393	327392	-0.61
4	北京奔驰	204490	246110	-16.91
5	大庆沃尔沃	122348	111607	9.62
6	上汽通用	64548	114656	-43.70
7	长安福特	64017	59564	7.48
8	奇瑞捷豹路虎	30495	29957	1.80
9	上汽大众	9768	2479	294.03
10	英菲尼迪	3310	2947	12.32

从豪华SUV市场各车型产品销量来看，前十位的车型依次为特斯拉Model Y、宝马X3、奥迪Q5、奥迪Q3、沃尔沃XC60、奔驰GLC级、宝马X5、宝马X1、奔驰GLB、航海家。特斯拉MODEL Y表现强劲，2023年销售64.68万辆，同比增幅达42.14%，较第二名销量高26.37万辆。宝马X3排名第二，2023年销售18.92万辆，同比增长7.28%；奥迪Q3、奔驰GLC级在新势力新能源产品挤压下，市场出现下滑，分别下滑14.81%、32.88%；航海家代替凯迪拉克XT5进入TOP10行列，2023年销售3.16万辆，同比增长103.69%（见表52）。

表52　2023年豪华SUV各车型产品销量增长情况

单位：万辆，%

序号	车型名称	2023年	2022年	同比增长
1	特斯拉 ModelY	64.68	45.51	42.14
2	宝马X3	18.92	17.64	7.28
3	奥迪Q5	15.70	14.16	10.89
4	奥迪Q3	12.56	14.74	-14.81
5	沃尔沃XC60	10.82	9.42	14.89
6	奔驰GLC级	10.07	15.00	-32.88

序号	车型名称	2023 年	2022 年	同比增长
7	宝马 X5	9.37	5.82	60.92
8	宝马 X1	8.30	8.19	1.35
9	奔驰 GLB	6.84	5.88	16.27
10	航海家	3.16	1.55	103.69

（二）SUV 市场新产品分析

随着电气化的渗透，用户对新能源产品的品质要求逐渐提升，新品上市降速提质。2023 年 SUV 市场上市 70 款新品，较 2022 年的 60 款增加了 10 款。其中合资品牌投放了 12 款，较 2022 年减少 8 款，中国品牌 SUV 产品投放 58 款，较 2022 年的 40 款增加了 18 款（见表 53）。新品共实现销售 130 万辆，较 2022 年新品销售 91 万辆增加了 39 万辆，新品单品销量提升明显。

表 53　2022~2023 年 SUV 系别新品投放数量

单位：款

品牌	2023 年	2022 年
合资品牌	12	20
中国品牌(含合资自主)	58	40
合计	70	60

2023 年 SUV 新品销量排名前五位的分别是理想的理想 L7，实现销售 134089 辆，位居新品销量第一；奇瑞汽车的捷途大圣，实现销售 86460 辆，位居第二名；其后为吉利的卡银河 L7，销量为 66247 辆；广汽乘用车的传祺 GS3 影速，销量为 61806 辆，长安汽车的深蓝 S7，销量达到 60796 辆，分别列第四、第五位。

2023 年，车长在 4.40 米及以下的小型 SUV 新品有 6 款，4.40~4.70 米之间的紧凑型 SUV 新品有 27 款，4.70~5.00 米的中型 SUV 新品有 27 款，

5.00 米以上的大型 SUV 新品有 7 款，豪华品牌有 1 款，越野 SUV 有 7 款，新品投放主要集中在紧凑型 SUV 和中型 SUV 市场，特别是紧凑型 SUV 市场新品投入最多。

从目前市场情况来看，预计 2024 年 SUV 新品投放数量较 2023 年多，新品（包含新能源）投放数量将高达 148 款左右。

（三）SUV 进出口情况

1. SUV 进口情况

2023 年，越野及运动型 SUV 进口 39.01 万辆，同比微增 0.2%（见图 68）。在进口车产品减少、消费能力减弱、消费理念逐渐成熟、国内造车水平提升等因素影响下，2023 年 SUV 产品进口市场表现一般。

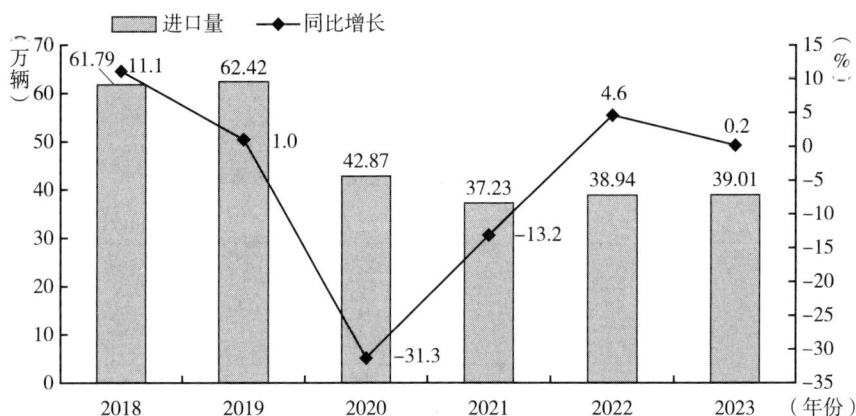

图 68　2018~2023 年 SUV 进口及增长情况

资料来源：根据上险数据整理。

2. SUV 出口情况

2023 年 SUV 产品出口 2966829 辆，在国内外疫情影响下，出口市场保持高增长，同比增速高达 63.90%。出口量排名前 10 企业中，奇瑞汽车 2023 年 SUV 出口量为 830125 辆，同比增长 103.88%，排名仍稳居首位，销量为排名第二企业的两倍多。其中瑞虎 7 为出口量最大产品，2023 年出口 178731 辆，同比增长 76.85%，占奇瑞汽车 SUV 出口总量的 21.53%；上汽乘用车仍位居第二名，2023 年出口量为 401901 辆，同比增长 43.06%，主要是 MG ZS 和 MG 领航两款产品带来的增长——2023 年出口量分别为 251292、58277 辆，同比增量分别为 8.31 万辆、5.83 万辆；长城汽车由第六名跃居至第三名，2023 年长城汽车 SUV 出口 267636 辆，同比增长高达 119.16%，主销产品为哈弗初恋、哈弗 H6——2023 年出口量分别为 98269、52181 辆，同比增长 89.73%、37.45%，占吉利汽车 SUV 出口总量的 56.21%；比亚迪汽车为增幅最大企业，销量排名由第十位提升至第六位，2023 年销售 143225 辆，同比增幅高达213.29%，主要为元 PLUS、宋 PLUS DMI 和比亚迪 S7 三款产品带来——2023年销量分别为 100020、26065、12480 辆，同比增量分别为 60006、25496、12480 辆；江铃股份、江淮汽车为新进入 TOP10 行列企业，2023 年出口量分别为 71206、56569 辆，同比增幅分别为 69.88%、64.30%（见表 54）。

表 54　SUV 出口 TOP10 企业

单位：辆，%

企业	2023 年	2022 年	同比增长
奇瑞汽车	830125	407167	103.88
上汽乘用车	401901	280935	43.06
长城汽车	267636	122117	119.16
吉利汽车	234243	184586	26.90
特斯拉	190451	139777	36.25
比亚迪汽车	143225	45716	213.29
长安汽车	136369	79017	72.58
上汽通用五菱	118888	134723	-11.75
江铃股份	71206	41915	69.88
江淮汽车	56569	34431	64.30
SUV 总出口	2966829	1810105	63.90

（四）部分重点企业

1. 奇瑞

2023 年奇瑞 SUV 实现销量 143.02 万辆，同比增长 75.29%，呈快速增长态势，创 2013 年以来 SUV 销量新高（见图 69）。从产品来看，燃油车表现非常出色，EV 和 PHEV 市场表现相对不够理想，新能源渗透率仅为1.05%。2023 年 SUV 市场燃油车销售 1415152 辆，同比增长 75.56%，其中瑞虎 7 销量最高，2023 年销售 236519 辆，同比增长 53.81%；欧萌达对增量贡献最大，2023 年销售 129190 辆，同比增长 369.36%，同比增量高达101665 辆；捷途大圣、瑞虎 9 两款新品净增量分别为 84804 辆、43606 辆。2023 年 PHEV 仅销售 4652 辆，同比增长 1.77%，有捷途大圣、捷途山海L9、星途 LX、瑞虎 8PLUS 共 4 款产品，但销量表现均不佳。2023 年 EV 市场仅销售 10394 辆，同比增长 97.72%，有大蚂蚁、炫界 Pro、ICAR03、开瑞 K60、捷途 X70 共 5 款产品，销量表现均不佳（见表 55）。

图 69　2013~2023 年奇瑞 SUV 市场销量情况

表 55　2023 年奇瑞 SUV 产品销量增长情况

单位：辆，%

产品	2023 年	2022 年	同比增长
GAS	1415152	806079	75.56
瑞虎 7	236519	153777	53.81
瑞虎 5X	162188	114927	41.12
捷途 X70	151232	136974	10.41
瑞虎 8	144968	103145	40.55
欧萌达	129190	27525	369.36

续表

产品	2023 年	2022 年	同比增长
瑞虎 3X	94096	73596	27. 85
瑞虎 8PLUS	88010	74189	18. 63
捷途大圣	84804	0	—
瑞虎 9	43606	0	—
捷途 X90	38324	27515	39. 28
PHEV	4652	4571	1. 77
捷途大圣	1656	0	—
捷途山海 L9	1322	0	—
星途 LX	1160	1009	14. 97
瑞虎 8PLUS	514	3562	−85. 57
EV	10394	5257	97. 72
大蚂蚁	6548	300	2082. 67
炫界 Pro	1505	4256	−64. 64
ICAR03	1446	0	—
开瑞 K60	804	520	54. 62
捷途 X70	91	178	−48. 88

从奇瑞产品结构变化来看，2023 年 SUV 产品占比为 78.27%，同比增加了 9.05 个百分点，轿车产品占比为 19.33%，下降了 8.88 个百分点，MPV 产品占比为 0%（见图 70）。

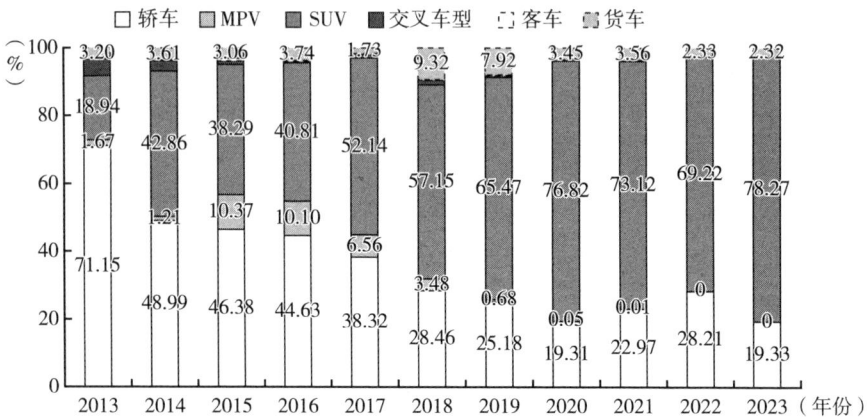

图 70　2013～2023 年奇瑞车型结构变化情况

伴随着新能源汽车的快速渗透，各个企业主要靠新能源产品维持增长势头，但在此背景下，奇瑞燃油车反而越发坚挺，逆势而上。一方面，奇瑞在产品、品牌方面全面开花，迅速抢占核心价格段，在国内市场实现突破，另一方面，紧抓海外市场，靠向俄罗斯、拉美以及中东等不成熟地区出口，成为出口市场佼佼者，其 SUV 出口 83.01 万辆，占 SUV 总销量的比重为 58.04%。

2. 比亚迪

2023 年比亚迪 SUV 实现销量 129.24 万辆，同比增长 49.68%，呈快速增长态势，创 2013 年以来 SUV 销量新高（见图 71）。从产品来看，燃油车已完成清库，EV 和 PHEV 市场表现均比较出色，PHEV 市场销售 740381 辆，同比增长 37.44%，其中宋 PLUS 贡献 45.01% 的销量，销售 333249 辆，同比增长 323.17%，宋 PRO 贡献 27.48% 的销量，销售 203491 辆，同比增长 407.66%，其后分别为唐和护卫舰 07，四款产品共贡献 98.66% 的销量；EV 市场销售 552016 辆，同比增长 71.83%，其中元贡献 77.64% 的销量，销售 428580 辆，同比增长 87.14%，其后为宋 PLUS，贡献 17.00% 的销量，销售 93822 辆，同比增长 509.63%（见表 56）。

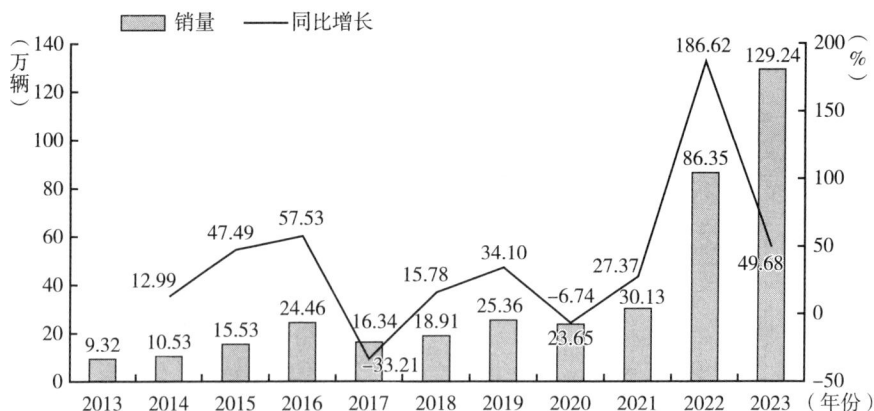

图 71　2013~2023 年比亚迪 SUV 市场销量情况

表56　2023年比亚迪SUV产品销量增长情况

单位：辆，%

产品	2023年	2022年	同比增长
GAS	0	3505	-100.00
宋	0	3505	-100.00
PHEV	740381	538693	37.44
宋PLUS	333249	78750	323.17
宋PRO	203491	40084	407.66
唐	124010	125687	-1.33
护卫舰07	69697	1805	3761.33
豹5	5712		
腾势N8	2221		
仰望U8	2001		
腾势X	0	175	-100.00
宋	0	292192	-100.00
EV	552016	321259	71.83
元	428580	229020	87.14
宋PLUS	93822	15390	509.63
唐	13174	25145	-47.61
宋L	10003		
腾势N7	6437		
宋	0	51704	-100.00

从比亚迪产品结构变化来看，2023年SUV产品占比为42.90%，同比下降了3.46个百分点，轿车产品占比为53.08%，同比增长了0.84个百分点，MPV产品占比为4.02%，同比增长了2.62个百分点（见图72）。

伴随着新能源汽车市场的蓬勃发展，比亚迪成为其中的佼佼者。比亚迪拥有大多数新能源汽车都不具备的生态优势，不论是动力电池还是整个电动机，包括整个市场的发展和生产，比亚迪都远超其他企业。另外，比亚迪靠其先进入优势，产品布局较完善，无论是什么样需求的消费者都可以在比亚迪找到适合自己的产品。再加上比亚迪当前在全球市场实现了多点开花，整个海外的销售也非常好，最终的结果就是比亚迪整体的市场优势帮助其实现了快速的增长。

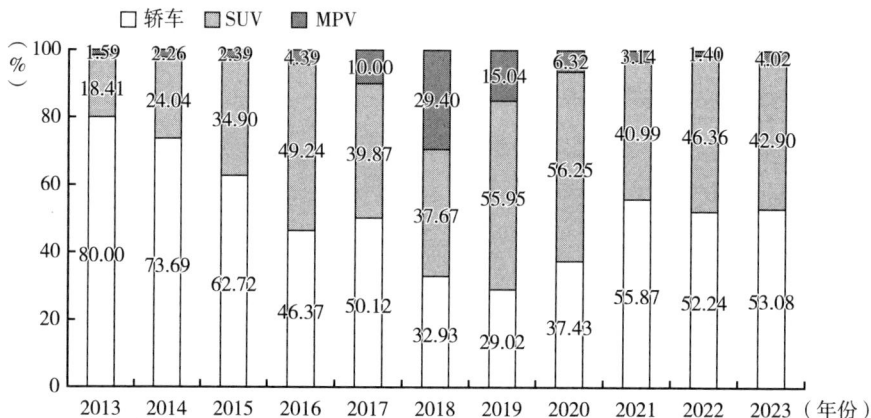

图72 2013~2023年比亚迪车型结构变化情况

3. 长城汽车

2023年长城汽车实现汽车销售1230177辆，同比增长15.24%。其中，SUV销售1011947辆，同比增长19.743%。轿车市场除了闪电猫次新品外，其余产品全线下滑，轿车市场2023年仅销售14575辆，同比下滑59.15%。SUV产品占比82.26%，较2022年的79.17%增长3.09个百分点（见图73）。

图73 长城产品品牌结构

从产品来看，燃油车、EV市场表现不够理想，PHEV市场表现突出，新能源渗透率为24.27%。2023年SUV市场燃油车销售766301辆，同比微

增 2.31%，哈弗 H6 仍为拳头产品，但已现下滑趋势，2023 年销售 266832
辆，同比下滑 3.93%；市场增量主要来自哈弗大狗和哈弗初恋，哈弗大狗
2023 年销售 144395 辆，同比增长 47.55%，贡献 46532 辆增量，哈弗初恋
2023 年销售 98269 辆，同比增长 89.73%，贡献 46475 辆增量；市场减量主
要来自哈弗神兽，2023 年仅销售 6432 辆，同比下滑 86.48%，带来 41150
辆减量。2023 年 PHEV 新品密集上市，实现销售 151703 辆，同比增幅高达
444.95%，蓝山、哈弗枭龙、哈弗二代大狗、坦克 500、猛龙、坦克 400 共
6 款新品，带来 135950 辆销量，销量占比高达 89.62%；老产品哈弗 H6、
摩卡、拿铁销量均下滑。2023 年 EV 市场仅欧拉好猫一款产品，销售 93943
辆，同比增长 37.51%（见表 57）。

表 57　2023 年长城 SUV 产品销量增长情况

单位：辆，%

产品	2023 年	2022 年	同比增长
GAS	766301	748974	2.31
哈弗 H6	266832	277735	-3.93
哈弗大狗	144395	97863	47.55
坦克 300	107700	101787	5.81
哈弗初恋	98269	51794	89.73
哈弗 M6	68588	69954	-1.95
哈弗 F7	29731	15151	96.23
坦克 500	20846	22094	-5.65
哈弗 H9	9737	15838	-38.52
哈弗 H5	7166	0	
哈弗神兽	6432	47582	-86.48
哈弗赤兔	4991	21318	-76.59
哈弗酷狗	1586	8967	-82.31
拿铁	28	10402	-99.73
PHEV	151703	27838	444.95
蓝山	30938	0	
哈弗枭龙	30526	0	
哈弗二代大狗	23286	0	

续表

产品	2023 年	2022 年	同比增长
坦克 500	22753	0	
猛龙	17207	0	
坦克 400	11240	0	
哈弗 H6	6442	10348	−37.75
摩卡	5307	5968	−11.08
拿铁	4004	9654	−58.52
EV	93943	68317	37.51
欧拉好猫	93943	68317	37.51

　　SUV 仍为长城汽车聚焦战略市场，哈弗 H6 仍为其 TOP1 产品，但仍未终止下滑趋势，燃油车市场目前主要靠哈弗大狗、坦克等硬派产品支撑量价提升。长城汽车已看到 PHEV 市场大势，2023 年推出 Hi4 混动解决方案，6 款产品陆续上市，在 PIIEV 市场占据一定的市场份额，但仍未出现爆款产品。EV 市场长城无竞争优势，仅欧拉闪电猫一款产品。

　　4. 一汽大众

　　2023 年一汽大众实现销售 1850017 辆，同比增长 2.69%，其中，SUV 销售 760012 辆，同比微增 0.14%，SUV 产品占比由 2013 年的 9.32% 增长至 2023 年的 41.08%，增长 31.76 个百分点（见图 74）。

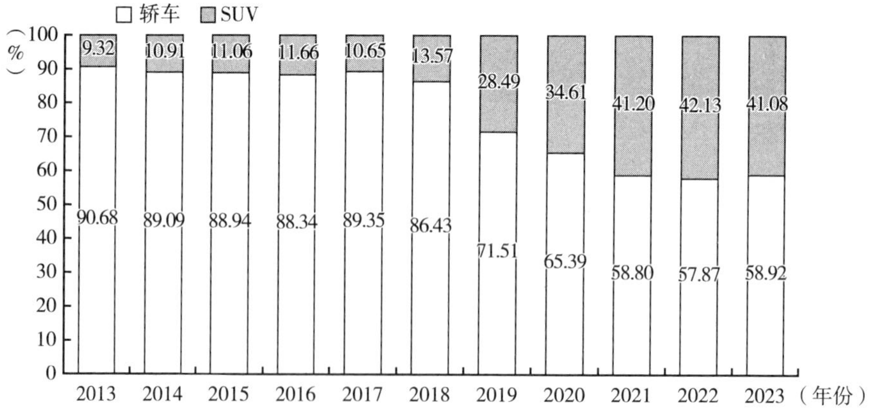

图 74　一汽大众产品品牌结构

从动力来看，燃油车市场微增、PHEV 和 EV 市场下滑，新能源渗透率为 10.16%。2023 年 SUV 市场燃油车销售 682820 辆，同比微增 1.8%，主要由探岳和揽巡带来增量，2023 年探岳销售 128373 辆，同比增长 39.0%，同比增量为 35996 辆，揽巡销售 32681 辆，同比增长 303.4%，带来 24580 辆增量；奥迪 Q5 仍为销量第一产品，2023 年销售 156999 辆，同比增长 10.9%，带来 12044 辆增量。PHEV 市场仅探岳一款产品，2023 年销售 2873 辆，同比下滑 60.8%。EV 市场 4 款产品，除奥迪 Q4e-tron 外，其余三个产品均呈下滑趋势，2023 年 EV 市场共销售 74319 辆，同比下滑 8.1%（见表 58）。

表 58   2023 年一汽大众 SUV 产品销量增长情况

单位：辆，%

产品	2023 年	2022 年	同比增长
GAS	682820	670776	1.8
奥迪 Q5	156999	141582	10.9
探岳	128373	92377	39.0
奥迪 Q3	125573	147399	-14.8
捷达 VS5	78075	71846	8.7
探歌	59414	86499	-31.3
揽巡	32681	8101	303.4
捷达 VS7	32010	28395	12.7
揽境	31377	26939	16.5
奥迪 Q2	16935	29122	-41.8
探影	12814	24408	-47.5
探岳 X	8569	14108	-39.3
PHEV	2873	7327	-60.8
探岳	2873	7327	-60.8
EV	74319	80857	-8.1
大众 ID.4CROZZ	37430	45528	-17.8
奥迪 Q4e-tron	23715	6626	257.9
大众 ID.6CROZZ	11003	26040	-57.7
奥迪 Q2L	2171	2663	-18.5

（五）SUV 发展存在的问题和建议

SUV 市场的发展经历了三个阶段。第一个阶段是爆发期。2001 ~ 2002 年，那时候 SUV 刚进入中国，这期间以专业 SUV 为主，车型较少，市场容量也较低，大街小巷跑的都是小轿车，而且最好是三厢车。2004 年，随着东风本田的 CRV 上市，SUV 开始正式走入中国人的生活，中国的 SUV 市场就此起步，并且迅速爆发式增长，成为增长最快且最有发展潜力的最大的细分市场。第二个阶段是多元化时期。随着合资品牌的进入和消费的升级，消费者更加理性，小型 SUV 市场开始下滑，低质低价产品开始被市场迅速淘汰，SUV 市场也迎来了其结构调整的关键时期。中国品牌也看到了这种调整趋势，近年来各汽车企业紧跟汽车技术变革和用户需求变化的新趋势，通过尺寸、风格、动力、定价等产品特征的变化，拓展已有细分市场，形成多样化产品矩阵。市场进一步细分，精细化运营将成为制胜关键。目前已进入第三个阶段——动力转型期。轿车具有重心低、整备质量小、风阻系数小的先天优势，新能源市场前期以轿车产品投放为主，轿车在新能源市场中占垄断地位。2023 年轿车市场新能源渗透率为 38.82%，SUV 市场渗透率仅为 32.78%。随着新能源技术的不断进步，SUV 成为不少车企新能源战略的重要发力点——实现"轿车+SUV"双线平衡发展。2024 年 SUV 新能源产品投放数量已远超轿车。

伴随着价格竞争、产品差异化，电动化、智能化、共享等新模式也将共同催生 SUV 市场发生巨大变化。自主品牌通过近几年的沉淀，在电动化、智能化等方面具有先天优势，同时也不断摸索，通过差异化的产品来满足消费升级及多元化需求，取得了一定的成功。未来，自主品牌在中国市场的地位将持续提升，但同时也需要认清自身的不足，要注重技术创新。技术为汽车企业发展的核心竞争力，从本质层面来看，各个汽车企业之间所进行的竞争主要在于技术与资源方面的竞争，而在资源方面的竞争，各个企业存在的差距是在短期内难以弥补的。这就需要自主品牌立足 SUV 技术领域的研发创新，通过技术创新来进一步提升 SUV 市场占有率。同时，围绕电动化、智能化趋势，针对 SUV 车型的使用特点，重点培育产品新的优势，通过不断提升节能技术水平消除 SUV 车型高油耗的用户痛点，通过信息化、智能化技术提升，满足 SUV 用户对更高安全性以及人性化的需求。

四 2023年 MPV 发展情况

（一）MPV 市场销量分析

1. MPV 整体市场销量

2023 年，MPV 市场销售 122.9 万辆，同比增长 14.7%（见图 75），销量增加 15.79 万辆，占狭义乘用车市场比重为 4.7%，占比上升 0.1 个百分点（见图 76），MPV 市场规模止跌回升。

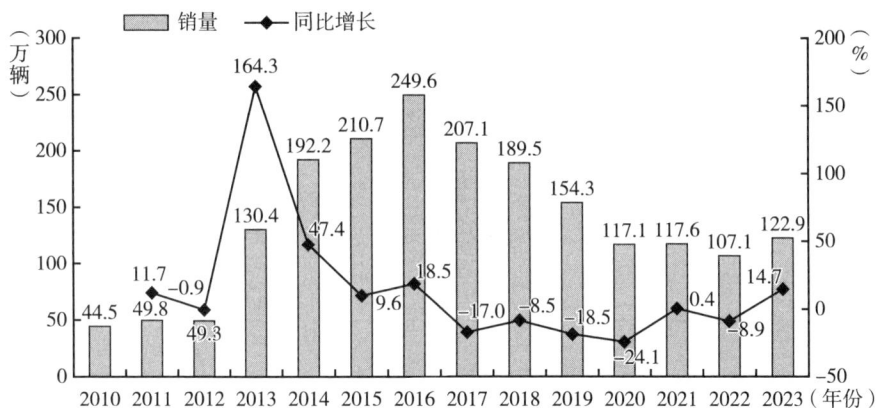

图 75　2010~2023 年 MPV 市场销售规模及增速

从 MPV 动力细分市场销量增长来看，仅燃油（ICE）下滑，EV、PHEV、HEV 继续快速增长（见表59），其中，PHEV 产品实现了数倍增长；ICE 占比 63.7%，较上年的 79.9%下降 16.2 个百分点；HEV 占比 15.6%，上升 3.8 个百分点；EV 占比 7.6%，上升 1.9 个百分点；PHEV 占比

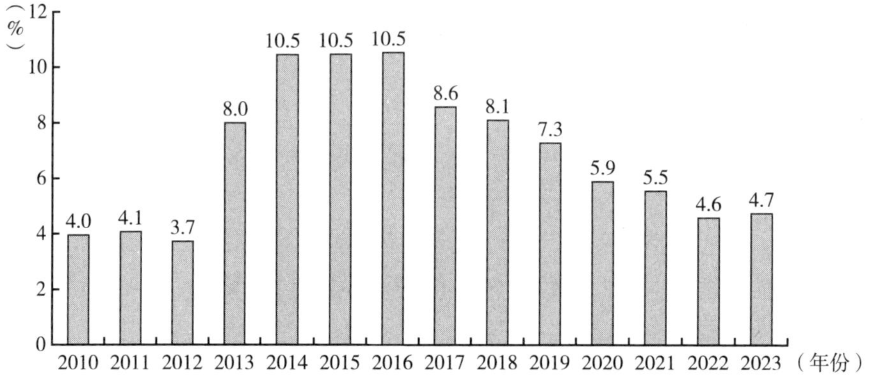

图76　2010~2023年MPV在狭义乘用车市场占比走势

13.1%，上升10.5个百分点。ICE虽然仍占据主导地位，但占比下降非常明显。插电混动产品表现突出，是MPV市场增量的主要贡献。

表59　2023年MPV动力细分市场销量增长情况

单位：万辆，%

MPV动力细分	2023年	2022年	同比增长	同比增量
ICE	78.23	85.53	-8.53	-7.30
EV	9.36	6.13	52.59	3.22
PHEV	16.14	2.87	462.84	13.27
HEV	19.12	12.54	52.46	6.58
FCV	0.03	0.02	0.00	0.01
总计	122.88	107.09	14.75	15.79

从MPV各细分市场销量增长来看，小型MPV销售21.74万辆，同比下降26.20%，规模缩小7.72万辆，小型MPV市场继续大幅萎缩；中型MPV销售24.50万辆，同比下降15.69%，规模缩小4.56万辆，中型MPV市场也呈萎缩态势；大型MPV销售73.36万辆，同比增长62.04%，规模扩大28.09万辆，MPV市场的止跌回升主要得益于大型MPV市场的突破，近年来，大型MPV市场规模基本在40万辆以上；豪华MPV销售3.28万辆，同比下降0.67%，规模缩小0.02万辆，豪华MPV市场基本稳定在3万辆水

平。小型 MPV 市场、中型 MPV 市场继续萎缩，尤其小型 MPV 下滑明显。大型 MPV 实现突破式增长，是 MPV 市场的一大亮点（见表60）。

表60　2023年 MPV 细分市场销量增长情况

单位：万辆，%

细分市场	2023 年	2022 年	同比增长	增量
小型 MPV	21.74	29.45	-26.20	-7.72
中型 MPV	24.50	29.06	-15.69	-4.56
大型 MPV	73.36	45.27	62.04	28.09
豪华 MPV	3.28	3.30	-0.67	-0.02
总计	122.88	107.09	14.75	15.79

从 MPV 细分市场占比走势来看，小型 MPV 市场占比较 2022 年下降 9.8 个百分点，降幅最大，市场规模低于中型 MPV，排位第三；中型 MPV 市场占比下降 7.2 个百分点，也有较大幅度下滑，由于降幅相对小型 MPV 市场较小，规模排位升至第二；大型 MPV 市场比重上升 17.4 个百分点，基本实现了一个小型 MPV 市场规模的扩张，占比达到了 59.7%，已占据 MPV 市场主导地位，大型 MPV 已经稳居 MPV 第一大市场；豪华 MPV 市场比重下降 0.4 个百分点，规模仍维持在 3 万~4 万辆（见图77）。

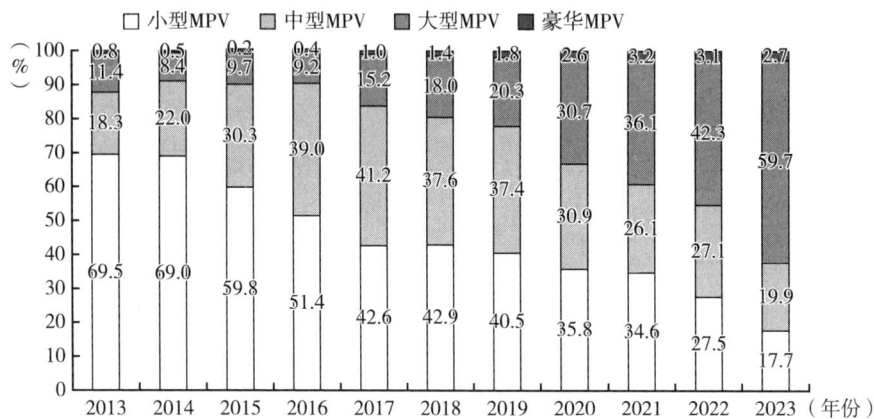

图77　2023年 MPV 市场结构

从MPV市场各车企销量来看，前十位的企业依次为上汽通用五菱、广汽乘用车、上汽通用、比亚迪汽车、广汽丰田、一汽丰田、上汽大通、广汽本田、东风柳汽、一汽集团（见表61）。其中，比亚迪汽车、一汽丰田、一汽集团为新晋前十车企，东风本田、福建奔驰、上汽大众退出前十。

表61　2023年MPV市场销量前十企业

单位：万辆，%

排名	生产厂商	2023年销量	2022年销量	同比增长	2023年占比	2022年占比
1	上汽通用五菱	24.76	35.21	-29.66	23.13	29.94
2	广汽乘用车	16.42	10.33	58.86	15.33	8.79
3	上汽通用	14.23	13.28	7.10	13.28	11.29
4	比亚迪汽车	12.11	2.61	363.76	11.31	2.22
5	广汽丰田	8.44	7.45	13.25	7.88	6.34
6	一汽丰田	5.61	0.07	7639.45	5.24	0.06
7	上汽大通	4.51	3.62	24.65	4.21	3.08
8	广汽本田	4.08	4.46	-8.46	3.81	3.79
9	东风柳汽	3.81	4.81	-20.77	3.56	4.09
10	一汽集团	3.43	2.60	32.16	3.20	2.21

上汽通用五菱实现销量24.76万辆，同比下降29.66%，继续大幅下滑，占比为23.13%，下降6.81个百分点，继续为前十车企中销量下降最快，占比降幅最大车企，但仍保住了第一排位；广汽乘用车实现销量16.42万辆，同比增长58.86%，快速增长，占比为15.33%，上升6.54个百分点，排位超越上汽通用，从第三升至第二；上汽通用实现销量14.23万辆，同比增长7.10%，占比为13.28%，较上年上升1.99个百分点，排位跌至第三；比亚迪汽车实现销量12.11万辆，同比增长363.76%，实现数倍增长，占比11.31%，上升9.09个百分点，成为占比上升最快车企，新晋前十就位居第四；广汽丰田实现销量8.44万辆，同比增长13.25%，排位下降1位位居第五；一汽丰田实现销量5.61万辆，属于刚进入MPV市场车企，排位第六；上汽大通实现销量4.51万辆，同比增长24.64%，排位较上年上升1位，位

居第七；广汽本田下降 1 位位居第八；东风柳汽从第五位降至第九位，成为前十排位中位次下降最大车企；一汽集团新晋排位第十。

总体来看，前十车企中 3 家下降、7 家增长，比亚迪汽车上升势头相对较猛，上汽通用五菱下滑态势较明显。

从 MPV 市场车型销量来看，前十的产品依次为别克 GL8、腾势 D9、五菱宏光、传祺 M8、赛那、格瑞维亚、传祺 M6、五菱佳辰、奥德赛、艾力绅。其中，腾势 D9、格瑞维亚为新晋产品，菱智、大众 Viloran 两款产品退出了前十排位。

别克 GL8 实现销量 12.13 万辆，同比增长 4.36%，占比 11.33%，占比上升 1.44 个百分点，排位从第二升至第一；腾势 D9 实现销量 11.92 万辆，同比增长 1115.77%，占比为 11.13，上升 10.30 个百分点，为占比上升幅度最大的产品，与第一名别克 GL8 的销量差距仅为 0.21 万辆，新晋前十就排位第二，在 MPV 市场表现相对亮眼；五菱宏光实现销量 9.31 万辆，同比下降 37.99%，占比 8.69%，下降 4.07 个百分点，为前十产品中增速、占比下降幅度最大产品，排位从第一降至第三，五菱宏光从前十年最大规模 75 万辆降至目前不到 10 万辆，一代爆款产品基本完成了其历史使命；传祺 M8 实现销量 8.67 万辆，同比增长 32.67%，占比 8.10%，占比上升 2.54 个百分点，继续位居第四；赛那实现销量 8.44 万辆，同比增长 13.25%，占比为 7.88%，上升 1.54 个百分点，排位从第三降至第五，典型的慢进则退；格瑞维亚基本上可算新品上市，头年就排位第六；传祺 M6 实现增长 41.47%，排位从上年的第九升至第七；五菱佳辰同比下降 7.43%，排位从第五降至第八；奥德赛同比下降 8.46%，从第六降至第九；艾力绅同比下滑 28.22%，排位第十（见表 62）。

总体来看，MPV 市场排位第一的产品仅 10 万辆规模，排位前十产品销量差距不明显，在 MPV 市场已经难以看见几十万辆的爆款产品，前十产品中，大型 MPV 产品有 7 款，占据绝对优势，腾势 D9 以新能源产品占据第二排位，新能源产品开始改变 MPV 产品的竞争格局。

表 62　2023 年 MPV 市场销量前十产品

单位：万辆，%

排名	产品名称	2023 年销量	2022 年销量	同比增长	2023 年占比	2022 年占比
1	别克 GL8	12.13	11.63	4.36	11.33	9.89
2	腾势 D9	11.92	0.98	1115.77	11.13	0.83
3	五菱宏光	9.31	15.01	-37.99	8.69	12.77
4	传祺 M8	8.67	6.53	32.67	8.10	5.56
5	赛那	8.44	7.45	13.25	7.88	6.34
6	格瑞维亚	5.61	0.07	7639.45	5.24	0.06
7	传祺 M6	5.37	3.80	41.47	5.02	3.23
8	五菱佳辰	4.64	5.02	-7.43	4.34	4.27
9	奥德赛	4.08	4.46	-8.46	3.81	3.79
10	艾力绅	2.87	4.00	-28.22	2.68	3.40

从 MPV 动力细分市场来看，2023 年新能源占比达到了 20.8%，较 2022 年上升 12.4 个百分点，2023 年新能源产品在 MPV 市场扩张也相对明显，但传统燃油产品仍占据主导（见图 78）。

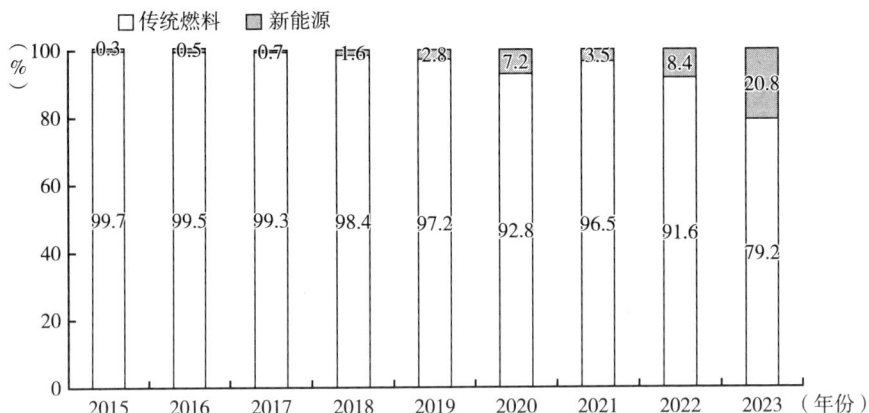

图 78　2015～2023 年 MPV 动力细分结构变化

资料来源：根据上险数据整理。

从 MPV 排量细分市场来看，2023 年 1.6L 及以下的 MPV 市场占比为 50.4%，同比下降 2.6 个百分点，销量增加 4.53 万辆，占比降幅最大，目前仍保持了半壁江山的地位；1.6L＜排量≤2.0L 的 MPV 市场占比为 38.1%，较 2022 年下降 0.94 个百分点，销量增加了 4.47 万辆，稳居第二大市场；2.0L＜排量≤2.5L 的 MPV 市场占比为 11.5%，上升了 3.62 个百分点，销量增加了 5.07 万辆，主要是塞那、格瑞维亚产品的贡献（排量为 2.5L）（见图 79）。

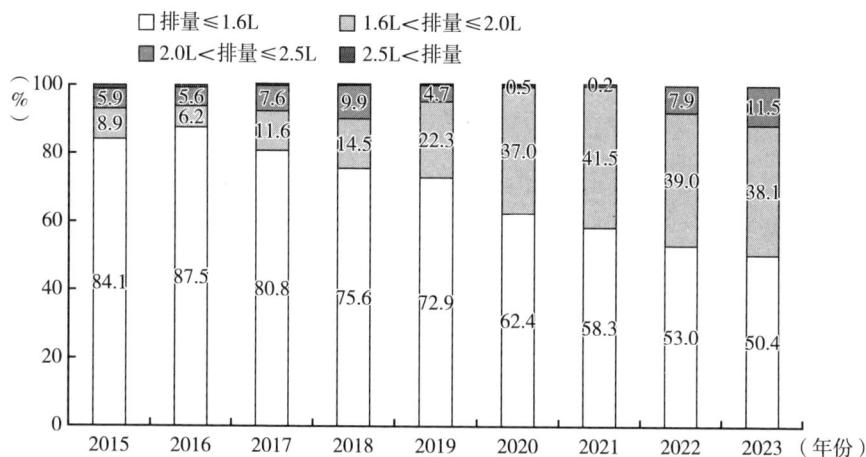

图 79　2015～2023 年 MPV 市场排量分布

资料来源：根据上险数据整理。

从系别品牌来看，2023 年，MPV 市场，中国品牌实现销量 42.59 万辆，同比增长 25.36%，占比达到 34.66%，上升 2.93 个百分点，占比上升幅度最大，超越合资自主品牌，排位升至第一；合资自主品牌实现销量 36.68 万辆，同比增长 1.36%，占比为 29.85%，继续萎缩 3.94 个百分点，占比下滑最明显，排位降至第二；日系品牌实现销量 21.00 万辆，同比增长 31.40%，占比 17.09%，上升 2.17 个百分点，排位稳居第三；美系品牌实现销量 14.48 万辆，同比增长 8.17%，占比 11.79%，下降 0.72 个百分点，维持第四排位；欧系品牌实现销量 5.12 万辆，同比下降 13.79%，为唯一下降系别品牌，占比 4.17%，下滑 1.38 个百分点，保持第五排位；韩系品牌实现销量 3.00 万辆，同比增长 86.12%，为增速最高的系别品牌，占比为2.44%，上升0.94个百分点，由于基数较低，继续垫底排位处于第六（见表63）。总体来看，2023年MPV市场中国品牌与日系品牌表现相对不错。

表63 2022~2023年MPV市场各系别销量情况

单位：万辆，%

系别	2023年	2022年	同比增长	2023年占比	2022年占比
中国品牌	42.59	33.98	25.36	34.66	31.73
合资自主	36.68	36.19	1.36	29.85	33.79
日系	21.00	15.98	31.40	17.09	14.93
美系	14.48	13.39	8.17	11.79	12.50
欧系	5.12	5.94	-13.79	4.17	5.55
韩系	3.00	1.61	86.12	2.44	1.50
合计	122.88	107.09	14.75	100.00	100.00

2023年，MPV区域销量排名前十位的分别是广东、山东、江苏、浙江、河南、河北、北京、四川、安徽、上海。与2022年比较，销量前十区域没变，前七位置均未发生变化，上年排位第十的四川上升2位，位居第八，安徽、上海依次下降1位。前十区域均实现同比增长，增速最高的是北京、增速最低的是安徽。整体来看，全国33个区域仅5个区域同比下降，按照降幅大小依次为贵州、广西、福建、湖南、重庆（见表64）。

表64 2023年MPV各省份销量情况

单位：万辆，%

销量排名	省份	2023年	2022年	同比增长	销量排名	省份	2023年	2022年	同比增长
1	广东	11.59	10.22	13.37	7	北京	5.20	3.80	36.76
2	山东	10.36	8.69	19.14	8	四川	3.81	3.28	16.05
3	江苏	8.99	8.55	5.18	9	安徽	3.79	3.71	2.06
4	浙江	8.32	7.87	5.74	10	上海	3.71	3.40	9.36
5	河南	7.45	6.01	23.88	11	辽宁	3.71	2.62	41.47
6	河北	6.87	5.54	24.08	12	陕西	3.43	2.60	31.77

续表

销量排名	省份	2023年	2022年	同比增长	销量排名	省份	2023年	2022年	同比增长
13	湖北	3.09	2.72	13.52	23	广西	1.77	2.03	-12.57
14	山西	2.70	2.21	22.16	24	江西	1.72	1.61	6.82
15	云南	2.68	2.66	0.66	25	贵州	1.48	2.01	-26.26
16	湖南	2.52	2.54	-0.45	26	重庆	1.37	1.37	-0.20
17	天津	2.21	1.87	17.99	27	海南	1.20	1.17	2.58
18	福建	2.13	2.22	-4.08	28	甘肃	0.94	0.80	17.69
19	新疆	2.03	1.44	41.53	29	宁夏	0.38	0.27	40.67
20	吉林	1.87	1.31	42.60	30	青海	0.21	0.16	33.73
21	黑龙江	1.86	1.32	40.38	31	西藏	0.09	0.07	36.39
22	内蒙古	1.78	1.12	58.30		总计	109.26	95.20	14.77

资料来源：根据上险数据整理。

2. MPV 市场销量特点及趋势

总体来看，2023年，MPV市场实现了两位数增长，增速表现仅低于 SUV，远高于轿车；占比企稳回升；规模有所放大。

从细分市场来看，2023年小型MPV市场规模继续大幅下滑至21.74万辆，已经从2014年最高的133万辆规模降至目前的20万辆规模，该市场已经大幅萎缩；目前，该市场有销量产品11款，该市场主力产品五菱宏光销量继续大幅下降，已经从最高的75万辆降至目前的不足10万辆，目前，该市场已经没有销量超过10万辆产品。从动力结构来看，燃油车大幅下降，小型MPV市场新能源产品销量仅占3.7%的比重；总体来看，小型MPV市场继续呈现燃油产品竞争力大幅下降，新能源产品也没有得到有效突破的状况。预计2024年小型MPV市场依然存在下滑风险。

中型MPV市场也出现两位数下滑，2023年规模仅为24.50万辆，市场规模已经从2016年最高的95万辆降至2023年的20万辆规模，市场也大幅萎缩，目前有销量产品24款，销量最大的产品传祺M6实销量为5.37万辆，7款产品销量在1万辆以上，17款产品销量均低于1万辆，中型MPV

市场销量最大产品不足 6 万辆，新能源产品也表现不佳；从动力结构产品表现来看，2023 年燃油、纯电、插电、混动产品销量均呈两位数下降，目前，该市场燃油占比为 80.7%，纯电为 15.2%，插电混动为 3.3%，混合动力为 0.8%，燃油产品仍占据主导地位。总体来看，中型 MPV 市场相对小型 MPV 市场有更多的产品，但每款产品销量都不高，也基本无新品投放。该市场依然呈产品多、无强势产品，产品竞争力普遍不强的尴尬局面。预计 2024 年，中型 MPV 市场规模也将继续萎缩。

2023 年，大型 MPV 市场实现了快速增长，实现增速 62.0%，呈强势增长态势，实现销量 73.36 万辆，创历史新高。目前，该市场有销量产品共计 30 款，销量 10 万以上产品有 2 款，1 万销量以上 10 万销量以内产品共计 12 款，16 款销量在 1 万以内。从动力结构产品来看，燃油产品实现销量 34.26 万辆，同比增长 11.5%，占比为 46.7%（上年占比为 67.9%）；混合动力产品实现销量 18.91 万辆，同比增长 56.0%，占比为 25.8%（上年占比为 26.8%）；插电混动产品实现销量 15.30 万辆，同比增长 845.7%，占比为 20.9%（上年占比为 3.6%）；纯电产品实现销量 4.86 万辆，同比增长 518.2%，占比为 6.6%（上年占比为 1.7%）。从动力结构产品变化来看，2023 年大型 MPV 销量的大幅扩张，主要是插电混动和纯电动产品的爆发式增长带来的。该市场传统燃油产品已经低于 50%，电气化产品已经占据半壁江山，预计 2024 年，该市场新能源产品有望继续扩张，但增速不会像 2023 年这样迅猛，大型 MPV 市场规模仍有扩张空间。

总体来看，MPV 市场仍将呈现高端化、大型化、电气化趋势。

（二）MPV 市场新产品发展情况

2023 年 MPV 上市新车共计 12 款，其中，小型 MPV 市场有 2 款、中型 MPV 市场 3 款、大型 MPV 市场 7 款。大型 MPV 市场、中型 MPV 市场为 MPV 市场新品投放重点市场，尤其大型 MPV 市场已经成为车企重点投放市场。

2024 年，初步预计 MPV 市场将有 13 款全新产品投放市场，其中，中型 MPV 市场 4 款（3 款纯电、1 款增程）、大型 MPV 市场 9 款（4 款纯电、5 款插电）（见表 65）。

表 65　2018~2024 年 MPV（预计）上市新品

细分市场	2018 年	2019 年	2020 年	2021 年	2022 年	2023 年	2024 年预测	备注
小型 MPV	2	1	3	0	1	2	0	
中型 MPV	10	5	6	1	8	3	4	3 款纯电、1 款增程
大型 MPV	2	2	2	6	10	7	9	4 款纯电、5 款插电、
豪华 MPV	0	0	0	0	0	0	0	
合计	14	8	11	7	19	12	13	

（三）MPV 进出口分析

1. MPV 进口分析

2023 年 MPV 进口 24374 辆，同比下降 15.8%，呈两位数下降（见图 80）。

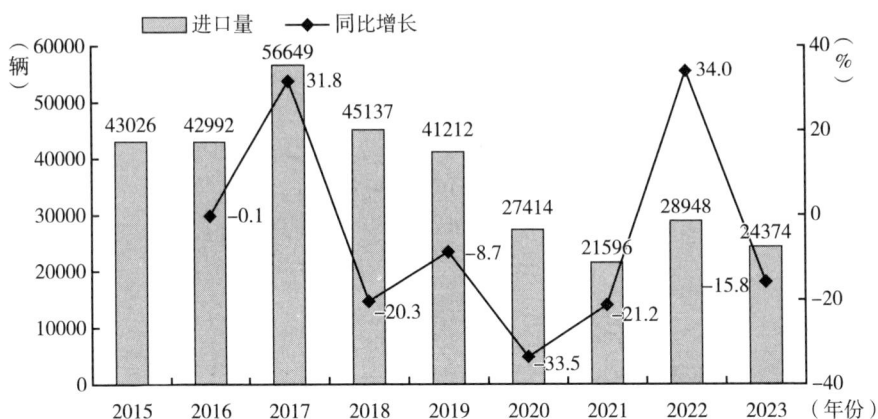

图 80　2015~2023 年 MPV 进口情况

资料来源：中汽中心。

2. MPV 出口分析

2023 年，MPV 市场出口 59696 辆，同比增长 51.3%（见图 81），MPV 出口市场有所突破，出口创新高，其中，小型 MPV 产品出口同比大幅下降、大型 MPV、中型 MPV 出口均实现倍数增长，大型 MPV 出口表现更加出色（见图 82）。

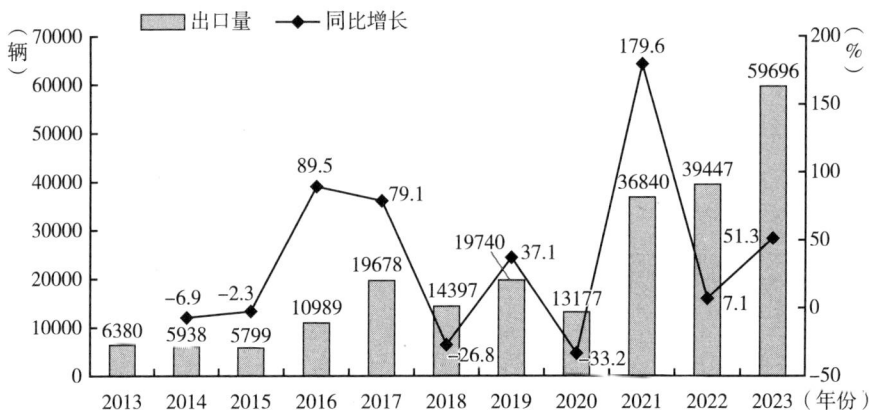

图 81　2013~2023 年 MPV 出口情况

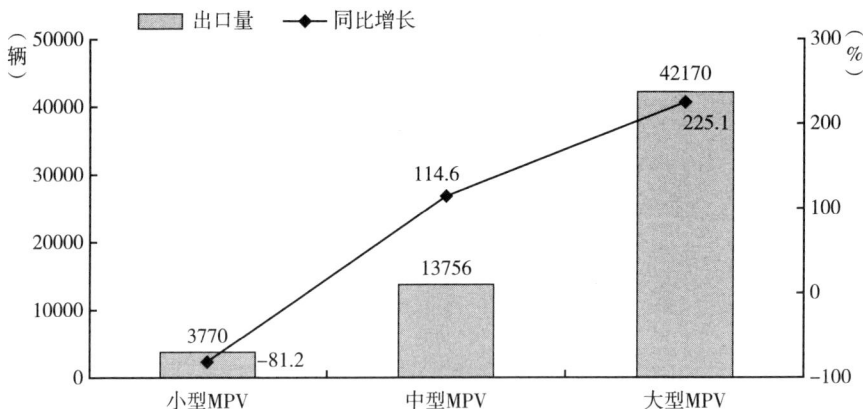

图 82　2023 年 MPV 细分市场出口情况

　　从产品来看，2023 年出口前三产品分别是库斯途、上汽大通 D90、上汽大通 G10。北京现代产品库斯途位居出口第一，上汽大通 D90、上汽大通 G10 继续排位第二、第三，2022 年出口排位第一的五菱宏光已经没有出口数据，退出了排位。海马 7X、奥德赛为新出口产品，位居第四、第五（见表 66）。

表 66　2023 年 MPV 产品出口增长情况

单位：辆，%

产品	2023 年	2022 年	同比增长
库斯途	15202	1	1520100.00
上汽大通 D90	8152	7046	15.70
上汽大通 G10	5875	4352	35.00
海马 7X	4080	—	—
奥德赛	3960	—	—
上汽大通 MIFA 9	3534	70	4948.57
比亚迪 E6	2504	2437	2.75
游艇	2130	253	741.90
风光	2110	2374	-11.12
岚图梦想家（BEV）	1996	69	2792.75

　　MPV 出口前十企业分别是上汽大通、北京现代、海马汽车、广汽本田、东风柳汽、江淮汽车、比亚迪汽车、东风小康、岚图汽车、长安汽车。其中，北京现代、海马汽车、广汽本田、岚图汽车为新晋出口车企，上汽通用五菱、广汽乘用车、福建新马龙、昌河汽车四家车企退出了前十排位。上汽大通继续排位第一，北京现代、海马汽车、广汽本田新晋排位，分别居第 2~4 位，东风柳汽居第五，较上年下降 1 位，江淮汽车排位继续保持第六，比亚迪汽车排位从第三降至第七，下降相对明显，东风小康从第五位降至第八位，岚图汽车新晋前十、位居第九，长安汽车排位从第七降至第十（见表 67）。

187

汽车工业蓝皮书

表67 2022~2023年MPV企业出口情况

单位：辆，%

企业	2023年	2022年	同比增长	2023年占比	2022年占比
上汽大通	19059	12260	55.46	48.32	33.28
北京现代	15202	1	1520100.00	38.54	0.00
海马汽车	4080	—	—	10.34	0.00
广汽本田	3960	—	—	10.04	0.00
东风柳汽	3529	2536	39.16	8.95	6.88
江淮汽车	3480	1276	172.73	8.82	3.46
比亚迪汽车	2695	6710	-59.84	6.83	18.21
东风小康	2115	2374	-10.91	5.36	6.44
岚图汽车	1996	69	2792.75	5.06	0.19
长安汽车	1405	1195	17.57	3.56	3.24

（四）部分重点企业

1. 上汽通用五菱

2023年上汽通用五菱MPV实现销售14.7万辆，同比下降38.4%，销量较2022年下降9.18万辆（见图83），连续2年大幅下滑，规模已经从最高的100万辆水平降至目前10万辆水平。主力产品五菱宏光销量下降38.0%，销量减少5.7万辆，年销量已经降至10万以内；另外，五菱佳辰、五菱凯捷、五菱征程均下滑（见图84），曾经的爆款产品宝骏730已经退市。

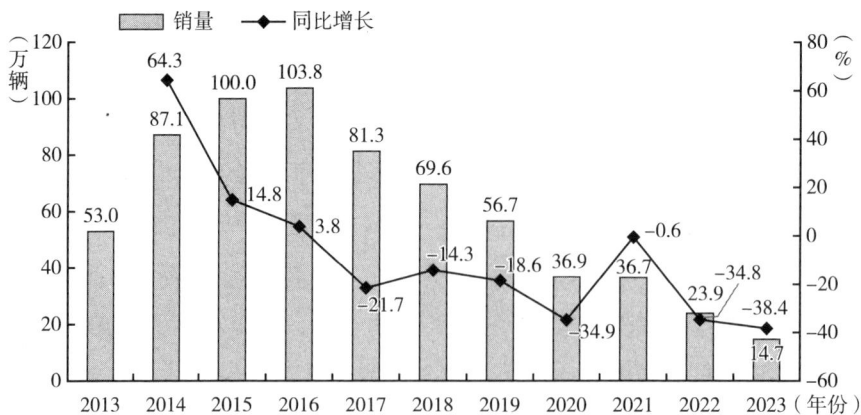

图83 2013~2023年上汽通用五菱MPV销量情况

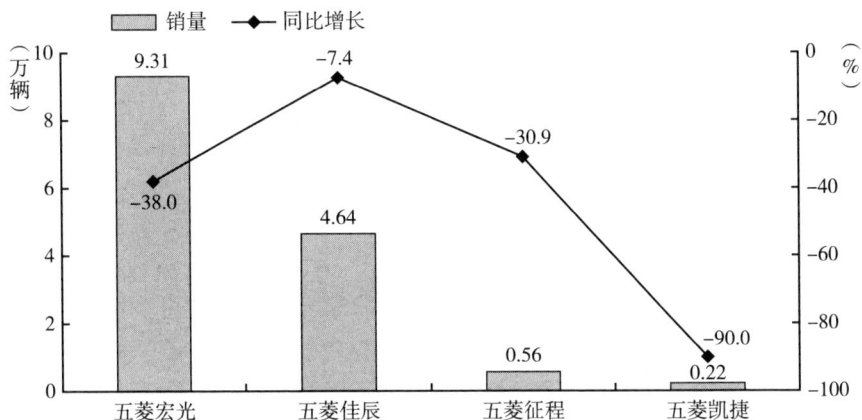

图 84　2023 年上汽通用五菱 MPV 产品销量情况

从上汽通用五菱狭义乘用车产品结构变化来看，MPV 产品占比降至18.6%，较 2022 年下降 3.2 个百分点，已经低于轿车，居三大细分市场最后。上汽通用五菱乘用车市场产品结构已经发生了根本变化，MPV 产品的主导地位已经彻底改变（见图 85）。

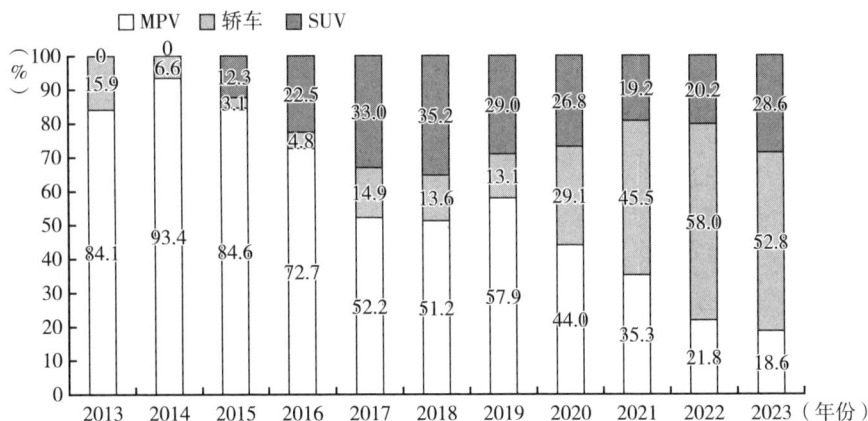

图 85　2013~2023 年上汽通用五菱狭义乘用车结构情况

2. 上汽通用

2023 年上汽通用 MPV 实现销量 14.23 万辆，同比增长 7.1%，连续 3 年下跌后，止跌回升（见图 86）。

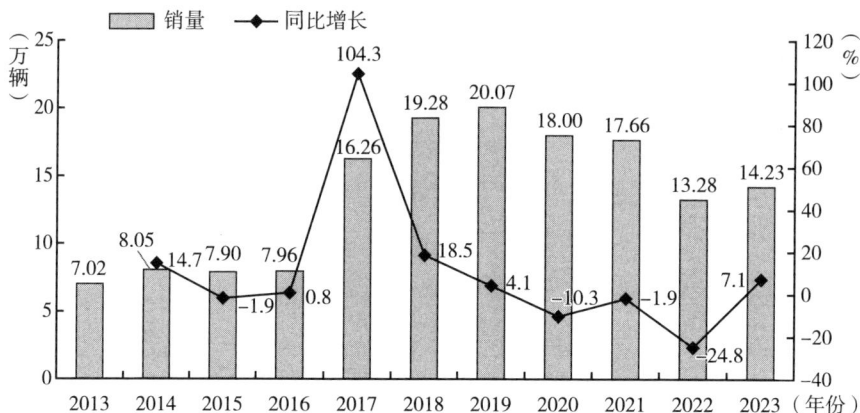

图86　2013~2023年上汽通用MPV销量情况

从其产品表现来看，主力产品别克GL8销量同比增长4.4%，销量略有回升，该产品面对新能源产品的冲击，实现企稳态势，实属不易；世纪产品实现数倍增长，但基数太低，沃兰多、别克GL6基本退市（见图87）。

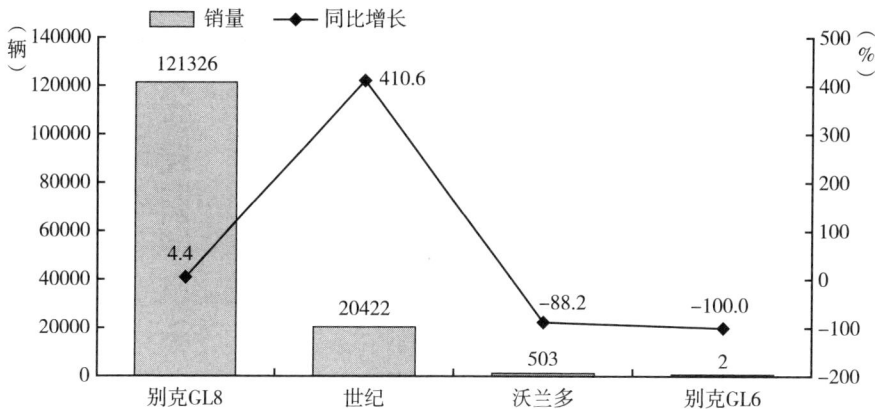

图87　2023年上汽通用MPV产品销量增长情况

从上汽通用乘用车产品结构变化来看，2023年MPV产品占比较2022年上升了2.3个百分点，SUV占比下降4.0个百分点，轿车占比上升1.7个百分点（见图88）。2023年，上汽通用的MPV市场表现相对较好。

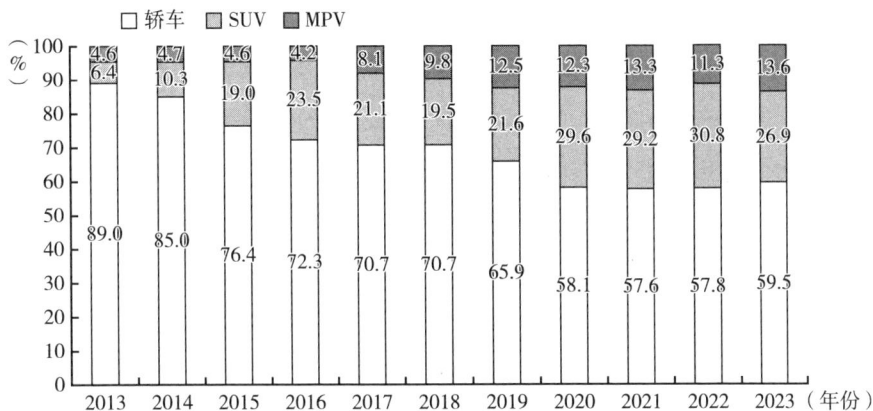

图88 2013~2023年上汽通用狭义乘用车结构情况

3. 广汽乘用车

2023年广汽乘用车MPV实现销量16.42万辆，同比增长58.9%（见图89），销量较2022年的增加了6.08万辆，实现了快速回升走势。主力产品传祺M8、M6均大幅增长，传祺E9、传祺E8为两款大型MPV插电混动新品，贡献了2.37万辆的增量，也有不错表现（见图90）。

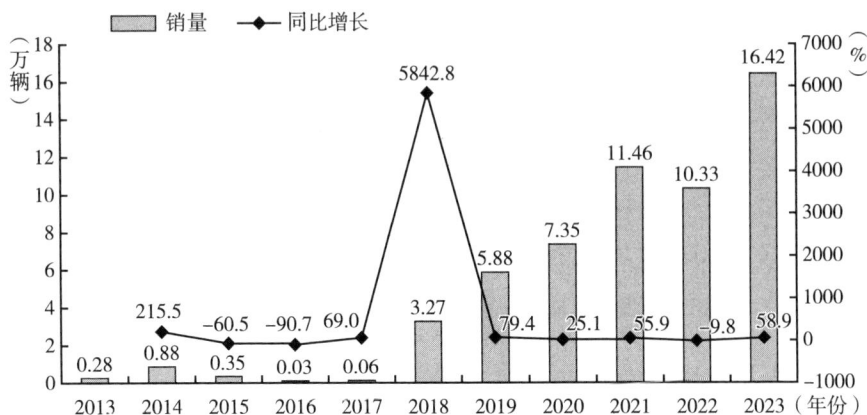

图89 2013~2023年广汽乘用车MPV销量情况

图90　2023年广汽乘用车MPV产品销量情况

从广汽乘用车产品结构变化来看，MPV产品占比较2022年上升了2.2个百分点，SUV产品占比下降了6.9个百分点，轿车占比上升了4.7个百分点（见图91）。2023年广汽乘用车MPV产品市场表现相对较好。

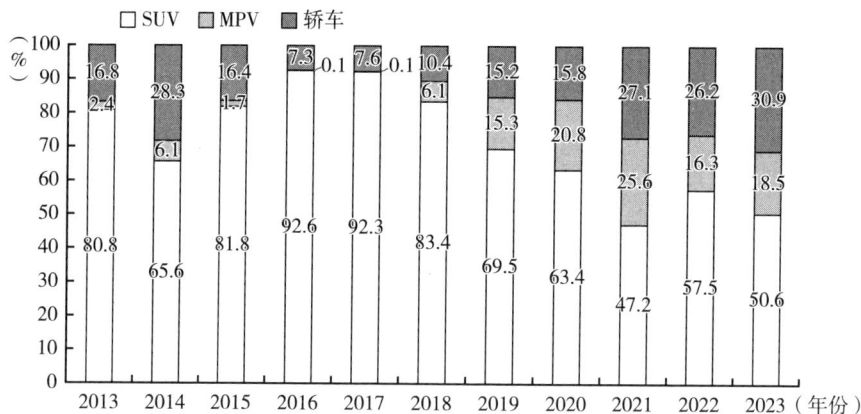

图91　2013~2023年广汽乘用车狭义乘用车结构情况

（五）MPV发展存在的问题和建议

2023年MPV市场止跌回升。从动力结构来看，燃油产品下滑，混合动力、纯电产品同比大幅增长、插电混动呈数倍增长。从车型细分市场来看，主要是大型 MPV 市场实现了突破式增长，小型 MPV 市场、中型 MPV 市场继续呈现快速下滑态势。大型 MPV 市场的突破主要是新能源产品及混合动力产品的超高速发展，小型 MPV 市场继续大幅下降主要是燃油产品继续大幅下降，新能源产品占比很低，仅占 3% 的比重，竞争力非常弱；中型 MPV 燃油产品也继续大幅下滑，新能源产品虽占据 20% 的比重，但产品表现也不理想。从近几年新品投放来看，小型 MPV 几乎很少有新品上市，中型 MPV 市场有一定产品，但基本是非主流车企投放的产品，产品竞争力不强。总体来看，MPV 市场依然存在新品投放相对缓慢、燃油产品老化、新能源产品投放相对滞后的特点。从 2023 年大型 MPV 的突破式发展来看，快速发展新能源产品或许是方向。

多胎政策已经放开，车辆多人口搭载是趋势，MPV 产品多载人特点决定 MPV 市场依然有存在的空间。近年来，大型 MPV 产品市场强势扩张，主要还是随着消费升级，大型 MPV 的高品质及高性能较好满足了私人消费需求，同时，新能源动力的搭载，提升了 MPV 产品的使用经济性与性价比。小型 MPV、中型 MPV 市场要抑制下滑趋势，除在家用需求上下功夫，开发出高品质、高性能、高性价比产品外，加快新能源产品的投放或将能抑制小型 MPV、中型 MPV 的继续下滑，从而为 MPV 市场带来机会。

五 交叉型乘用车发展情况

（一）2023年交叉型乘用车市场分析

1. 交叉型乘用车市场情况

2023 年，交叉型乘用车共销售 26.50 万辆，同比下降 18.06%，与 2022 年 17.44% 的降幅相近。前置动力的荣光 V 销售 10.03 万辆，同比下降 11.23%，较上年 3.50% 的增幅明显下滑。若扣除荣光 V，则中置后驱的传统微客共销售 16.44 万辆，跌下 20 万辆台阶，同比大幅下降 21.74%，而上年降幅为 25.54%，连续两年下降。传统微客的大幅下降也导致了交叉车型的明显下降，背后是平台经济发展，推动微客有向性价比更高的新能源轻客发展的趋势。

2023 年交叉型乘用车主要车企上汽通用五菱、长安汽车、东风小康等都出现大幅负增长，仅鑫源汽车微增长 0.56%，另有山西成功、福建新龙马、航天成功、北汽福田、昌河汽车等车企销量过小甚至为零，基本上退出市场（见表 68）。

从企业表现来看，2023 年销量排名前五的企业分别是上汽通用五菱、鑫源汽车、长安汽车、东风小康和奇瑞汽车，分别销售 16.67 万辆、7.06 万辆、1.53 万辆、1.06 万辆和 0.11 万辆，除鑫源汽车增长 0.56% 外，其他分别同比下降 18.37%、38.83%、44.10% 和 8.78%。2023 年，上述五家企业共销售 26.43 万辆，行业集中度为 99.85%，较上年的 99.39% 有微弱提升。

另外，2023 年有销量的企业为 8 家，比上年减少 2 家，从 12 月月度数据看，仅有 7 家有月度销量（山西成功仅 2 辆），这反映出有一定销量的企业越来越少。

表 68　2022~2023 年国内交叉型乘用车企业销量情况

单位：辆，%

序号	企业简称	2023 年	2022 年	同比增长	2023 年占比
1	上汽通用五菱	166675	204174	−18.37	62.97
2	鑫源汽车	70614	70220	0.56	26.68
3	长安汽车	15342	25081	−38.83	5.80
4	东风小康	10571	18912	−44.10	3.99
5	奇瑞汽车	1101	1207	−8.78	0.42
6	山西成功	315	167	88.62	0.12
7	福建新龙马	80	2692	−97.03	0.03
8	航天成功	1	57	−98.25	0.00
9	北汽福田	0	2	−100.00	0.00
10	昌河汽车	0	540	−100.00	0.00
总计		264699	323052	−18.06	100.00

资料来源：汽车工业协会。

2023 年，从交叉型乘用车各产品销量来看，共有 18 款车型，比上年少 1 款。销量过万辆车型有 7 款（2022 年 7 款），其中上汽通用五菱和鑫源汽

车各 3 款，长安有 1 款。销量最大是五菱荣光 V 为 10.03 万辆，下降
11.23%；五菱荣光、之光分别以 3.91 万辆、2.43 万辆排名第二、四位；鑫
源汽车的金杯 X30、金杯 X30L 和 SRMX30L 分别以 3.12 万辆、2.27 万辆、
1.40 万辆排名第三、五、六位；新长安之星以 1.21 万辆排名第七。

表 69　2023 年国内交叉型乘用车销量增长情况

单位：辆，%

序号	产品名称	2023 年	2022 年	同比增长
1	五菱荣光 V	100300	112990	-11.23
2	五菱荣光	39130	59337	-34.05
3	金杯 X30	31152	23435	32.93
4	五菱之光	24257	31847	-23.83
5	金杯 X30L	22654	18226	24.29
6	SRMX30L	13919	25420	-45.24
7	新长安之星	12103	17345	-30.22
8	东风小康 C 系	4129	5874	-29.71
9	东风小康 K 系	3600	7330	-50.89
10	长安星光	3239	7736	-58.13
11	五菱扬光	2988		—
12	SRMX30	2889	3139	-7.96
13	小康 EC36	2319	4230	-45.18
14	开瑞优优	1101	1207	-8.78
15	小康 EC35	523	1478	-64.61
16	太行成功	315	167	88.62
17	启腾 M70	80	2692	-97.03
18	航天新星	1	57	-98.25
19	伽途	0	2	-100.00
20	福瑞达	0	540	-100.00
	总计	264699	323052	-18.06

资料来源：汽车工业协会。

2. 交叉型乘用车市场发展特点及趋势

2023 年，受小轻客市场产品的竞争替代影响，交叉车型出现了明显下
滑。从行业占比地位看，交叉车型在 2023 年占比为 0.88%，较 2022 年的
1.20% 下滑，也是首次低于 1%。2023 年交叉车型出现下滑，主要是由中置

后驱的传统微客出现了明显下降导致。

结合终端零售数据，从排量结构看，交叉车型以 1.5L 为主，占比超过 77%，较上年 61% 明显提升；其后为 1.2L，占比 5% 多点，较上年接近 25% 的占比大幅下降；另外，1.6L 动力有所增加，占比接近 5%。交叉车型持续大型化，商用性质体现明显。

从燃料结构看，动力以汽油机为主，占比稳定；纯电动占比超过 8%，与 2022 年相近，各厂家都较重视新能源车型发展。从排放标准看，2023 年交叉车型基本为国 VI 排放。

从城市分级别市场看，一、二线城市占比近 47%，一至三线占比近 70%，占比均与上年相近。交叉车型目前基本属性为城市物流车，说明用户区域表现与经济发展状况强相关。

从交叉型乘用车增换购流向看，2023 年换购选择自主品牌的比重约为 61%，与 2022 年相近，其中交叉型乘用车用户流向的自主品牌主要为五菱、长安、比亚迪、吉利、奇瑞、哈弗和传祺等品牌。

（二）交叉型乘用车市场新产品发展情况

2023 年，市场产品基本以年度款维持为主，市场也是大浪淘沙后的稳定态势，集中度高，厂家在尽力稳定燃油车的同时，积极拓展新能源车型销售，如计划年底开始推出的纯电新品五菱扬光会有一定规模量。

另外，政策对三轮车管理趋严，催生企业推出新能源 Mini 客车替代部分电动三轮车市场。

（三）交叉型乘用车进出口分析

2023 年交叉型乘用车出口总量为 44219 辆（含荣光 V），同比下降 24.81%。其中，上汽通用五菱出口 25783 辆，排名第一，其后为长安汽车 6661 辆，鑫源汽车 5813 辆，东风小康 4501 辆，奇瑞汽车 1101 辆，前五合计出口 43859 辆，集中度为 99.19%，相对 2022 年（98.68%）略提升（见表 70）。

表70　2023年交叉型乘用车出口增长情况

单位：辆，%

序号	企业	2023 年	2022 年	同比增长
1	上汽通用五菱	25783	30075	−14.27
2	长安汽车	6661	13351	−50.11
3	鑫源汽车	5813	6627	−12.28
4	东风小康	4501	6864	−34.43
5	奇瑞汽车	1101	1117	−1.43
6	山西成功	315	167	88.62
7	福建新龙马	44	547	−91.96
8	航天圆通	1	57	−98.25
9	东风汽车	0	1	−100.00
10	北汽福田	0	2	−100.00
合计		44219	58808	−24.81

（四）重点企业情况

1. 上汽通用五菱

2023年交叉车型销量为16.67万辆，同比下滑18.37%。前置动力的五菱荣光V销售10.03万辆，同比下降11.23%；传统微客五菱荣光约3.91万辆，同比下降34.05%；五菱之光2.43万辆，同比下降23.83%。

2. 长安汽车

2023年交叉车型销售1.53万辆，同比下降38.83%。主力车型新长安之星和长安星光均出现大幅下降。

3. 东风小康

2023年，东风小康交叉车型实现销售1.06万辆，同比下滑44.10%，其主力产品东风小康K系和C系下滑幅度较大。

4. 鑫源汽车

2023年，交叉车型实现销售7.06万辆，同比增长0.56%，继续排名第二，也是销售前列车企中唯一实现同比增长的。主力车型金杯X30表现较好，销量 3.12 万辆，同比增长 32.93%。进入交叉车型领域较晚的鑫源汽车持续加强 X30 系列车型的市场拓展，市场地位逐渐稳固。同时，华晨鑫源积极发展 X30 系列纯电车型，取得了一定的市场表现。

（五）交叉型乘用车行业运行存在的问题和发展建议

因市场趋势的变化，目前传统微车企业的重心已向狭义乘用车转移，产品转型迫在眉睫，由于受车型结构、用途、价格、用户特征等因素影响，之前小型 MPV 市场成为各厂家转型的首选，后以 MPV+SUV 的产品组合拓展乘用车市场，现在又向新能源领域进行大力度调整拓展。无论是五菱的宏光 mini、缤果、星光，赛力斯的问界 M5、M7、M9，还是长安的 Lumin、深蓝 S7、阿维塔 12 等车型，都在新能源市场表现抢眼，可以说，主要微车企业根据自身战略和实力向狭义乘用车转型的战略推进各有特色和差异，不断成长，并走在中国新能源市场发展的前列，当然，其在交叉车型市场的效果也有差异。结合近几年的市场趋势和竞争态势，提出建议如下。

第一，重视新能源市场。当前，汽车产业正处于深刻的重大变革时期，2023 年，狭义乘用车市场新能源渗透率达到 34.96%，较上年的 27.82% 大幅提升，未来新能源市场将颠覆传统汽车产业。

在交叉型乘用车领域，含五菱扬光，目前新能源渗透率仅 2.32%，需要指出，国家"双碳"战略引领，将推动微客向新能源快速发展。目前大多省份均在申报创建绿色货运配送城市示范推广，交叉车型作为生产资料用车，作为城市物流用车，新能源车型还有很大的发展空间，有广阔应用前景。故各车企必须高度重视新能源市场，跟上变革期节奏，并建立起相应的全套体系。

第二，重视平台化开发差异化产品。目前随着平台经济发展，个体户自备车意愿降低，倾向使用平台运货；货运平台用户更加关注 TCO，推动微客有向性价比更高的新能源轻客发展的趋势。但目前产品同质化严重，整车尺寸空间、动力、配置、价格相当，市场竞争严重。为此，重视平台化开发差异化产品，如平台化开发纯电物流专属平台产品，通过差异化产品和更低成本、更优组合实现新突破。

第三，关注政策及市场变化，打造特色产品。随着民生服务行业对三轮车管理加严，如深圳出台《特殊行业电动三轮车过渡期管理方案》，要求所有快递配送、环卫作业电动三轮车将被取缔，鼓励更换为新能源厢式物流车，为此，类似政策催生新能源 mini 客车替代部分电动三轮车。

平台化运营推动微客有向新能源轻客发展的趋势；但对三轮车管理的加严，又催生新能源 mini 客车，可见，无论是往轻客化和 mini 化发展，都要密切关注政策及市场变化，精准产品定义，打造特色产品才能抓住机会。另外，主力车企还应关注民生物流领域"最后一公里"市场机会，开拓新兴 B 端市场。

第四，紧抓海外市场机会。这两年中国海外出口快速发展，交叉型车同样也存在海外机会，可关注欧洲、美洲、中东/非洲等海外市场机会。

第五，要确保交叉车型领域必要的资源投入。

目前对交叉车型客货兼用的刚需始终存在，加上以后新能源车型大有前景，预计后续销量或有一定下滑，但仍会保持相当的市场容量。在 2023 年 8 家有销量的企业中，年销量过万的企业仅 4 家，其实，从 2023 年 12 月零售数据看，有销量的企业基本就只有上汽通用五菱、长安汽车、鑫源汽车和东风小康四家，其他车企基本停产，因此该市场相对垄断特征进一步明显。

当下狭义乘用车领域新能源要大力拓展，燃油车要维持份额，价格竞争越演越烈，导致燃油车利润下滑，新能源大面积亏损，陷入"增量不增收"怪圈，而微车领域，竞争相对稳定，为此，确保必要的资源投入，就能取得较好效果。

企业要持续重视研发，加大软件投入，并高度重视客户经营，关注存量市场竞争，研究客户置换升级、产品和营销等方面变化调整，打造前后关联的生态链，利用长期的市场沉淀，抓住大量微客用户换购机会，在存量市场竞争的大势下壮大。

商用车篇

B.3
2023年载货车行业发展报告

摘　要： 本报告简要概述了2023年我国载货车类商用车的产销情况及市场影响因素。基于2023年载货车销量数据，分析了重型、中型、轻型、微型载货车和皮卡车等五个细分市场的发展情况，同时结合宏观环境和政策导向，预计2024年我国载货车市场将延续增长态势，但受总体公路货运份额下降、单车运能提升等因素影响，市场改善程度有限。

关键词： 载货车　市场趋势　牵引车　皮卡车

一　2023年载货车发展情况

（一）载货车市场情况

2023年，随着宏观经济的复苏和物流环境的明显改善，载货车市场迎来恢复性增长。2023年,我国共生产载货车353.9万辆,比同期增加76.1万辆,同比增长27.41%;销售353.9万辆,增加64.7万辆,同比增长22.4%(见图1)。载货车仍是商用车的主要销售车型,销量占比为87.8%,与2022年基本持平。

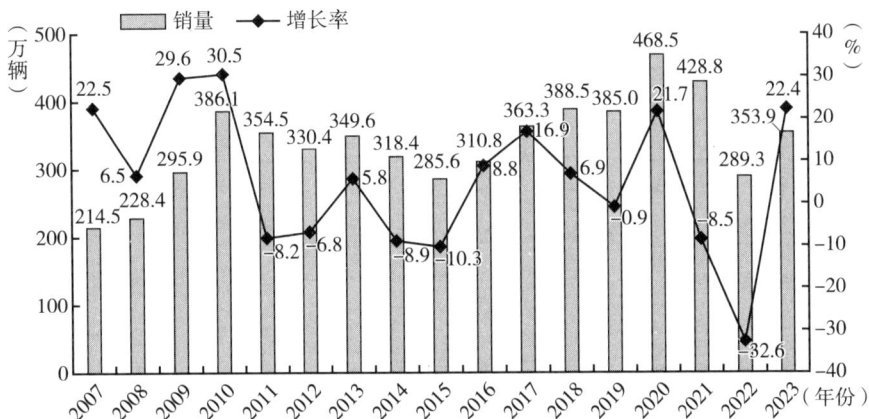

图1 2007~2023年载货车销量走势

注:本文图表中增长率数据均以原始精确数据计算,与以图表"万辆"为单位数据计算的结果有出入。

资料来源:根据中国汽车工业协会数据整理。

从月度走势看,载货车市场2023年整体表现优于2022年,除1月外均实现同比正增长(见图2)。

1. 2023年载货车市场发展的主要影响因素

载货车需求主要受宏观经济、经营活动、物流效率等多种因素影响。2023年我国经济复苏,居民消费信心增强带动社会流动性增强,拉动了载货车销量;此外,政府的宏观政策调控对恢复和促进载货车市场产生了积极影响;同时,天然气市场爆发,海外出口及新能源市场持续向好,共同带动2023年载货车市场销量的提升。

(1)宏观经济恢复性增长

2023年我国GDP同比增长5.2%,消费对经济增长的贡献率达83.2%。居民消费的持续复苏带动了社会物流的流动,公路货运量呈增长态势,带动

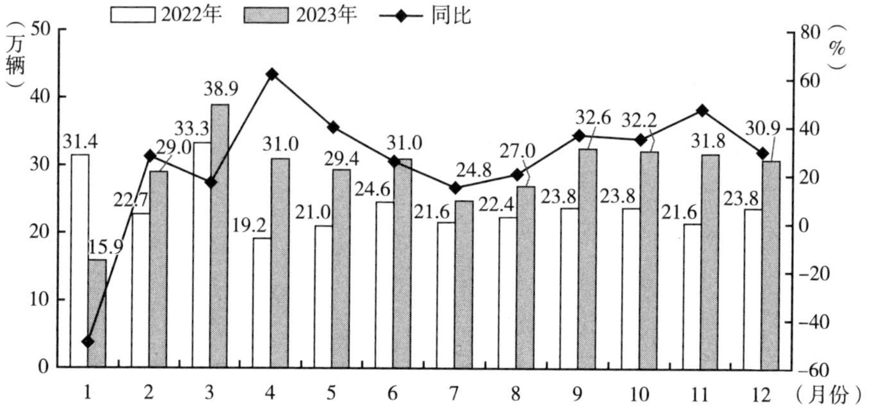

图2 2022~2023年载货车各月销量走势

资料来源：根据中国汽车工业协会数据整理。

了整体货运周转量增长，利好物流行业，拉动了载货车销量的提升。

（2）政策利好物流行业

2023年2月中旬，中国人民银行、交通运输部、中国银行保险监督管理委员会联合印发《关于进一步做好交通物流领域金融支持与服务的通知》，加大对交通物流运输领域的金融支持力度，具体措施包括适当降低物流运输货车的首付比例和贷款利率，并将交通物流专项再贷款延续实施至6月底，带动2023年上半年载货车销量的提升。

（3）天然气市场爆发

得益于天然气的价格优势，天然气载货车相对于柴油载货车的成本优势逐步显现，加之产品供应充足，2023年迎来天然气市场爆发。终端零售数据显示，我国2023年天然气载货车销量超过22万辆，同比增长196.1%，有力拉动了整体销量。

（4）海外及新能源市场增长态势良好

2023年我国载货车出口总量累计超66万辆，同比增长27.3%，再度刷新历史数据。一方面，随着"一带一路"政策持续深入，同时沿线国家经济逐步企稳，工程基建和消费活动明显增加，直接带动对载货车的需求；另一方面，国产车品质日益提高，国内企业海外营销和服务网络不断完善，优质低价的产品与欧美产品相比具备较强竞争力，在全球经济弱复苏情况下更具竞争优势。

随着"双碳"战略逐步落地、新能源产品性能逐步提升，2023年新能源载货车市场同样表现优异，全年销量32.8万辆，同比增长61.4%，市场渗透率提升至9%。

2.2023年载货车市场分车型产销情况

2023年，载货车各车型销量均呈现同比增长。其中，重型载货车增加23.9万辆，是增幅最大的细分领域；微型载货车次之，增长23.6%；轻型载货车增幅排第三位，中型载货车增幅最小。各车型具体产销情况如下。

重型载货车（GVW>14T，包含重型货车整车、重型货车非完整车辆和半挂牵引车）产销量在各品类中增长幅度最大。全年生产91.7万辆，同比增长45.1%（见图3）；销售91.1万辆，同比增长35.6%（见图4）。

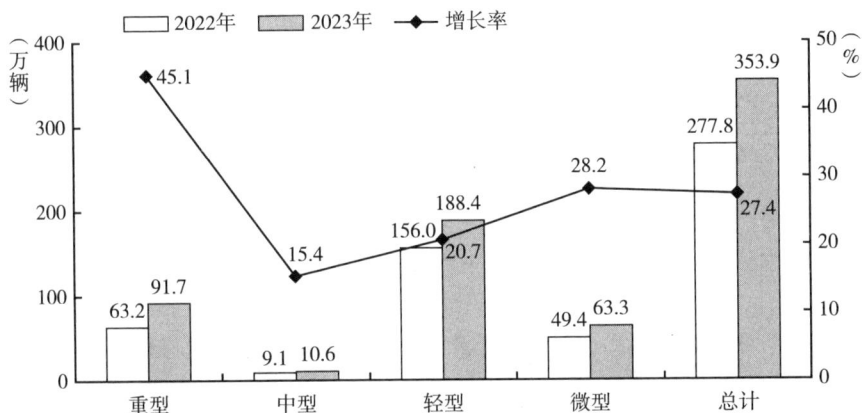

图3 2022~2023年载货车各车型产量及增长率

资料来源：根据中国汽车工业协会数据整理。

中型载货车（6T<GVW≤14T，包含中型货车整车、中型货车非完整车辆）生产10.6万辆，同比增长15.4%；销售10.7万辆，同比微增12%。

轻型载货车（1.8T<GVW≤6T，包含轻型货车整车、轻型货车非完整车辆）全年生产188.4万辆，同比增长20.7%；销售189.5万辆，同比增长17.1%。

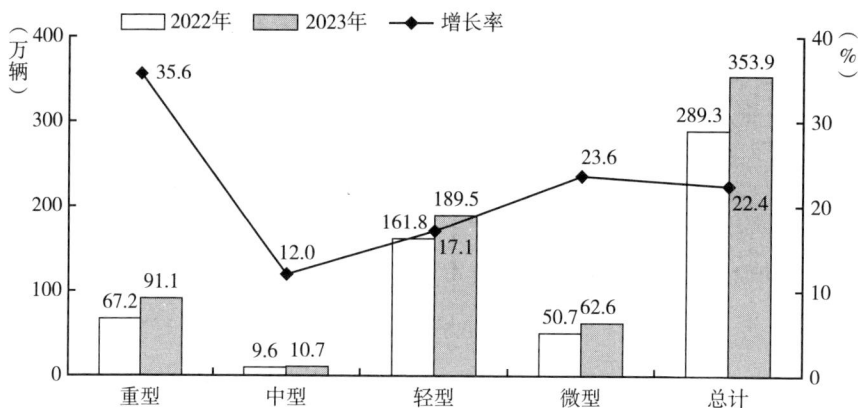

图4 2022~2023年载货车各车型销量及增长率

资料来源：根据中国汽车工业协会数据整理。

微型载货车（GVW≤1.8T，包含微型货车、微型货车非完整车辆）增幅仅次于重型车，全年生产63.3万辆，同比增长28.2%；销售62.6万辆，同比增长23.6%。

2010~2023年载货车各车型销量占比结构，如图5所示。其中，2023年，从载货车各车型销量占比结构看，轻型货车销量占比虽略有下降，但仍然是载货车销量的主体；重型货车销量占比同比提升2.5个百分点，占比达25.7%；中型货车和微型货车销量占比与2022年基本持平。

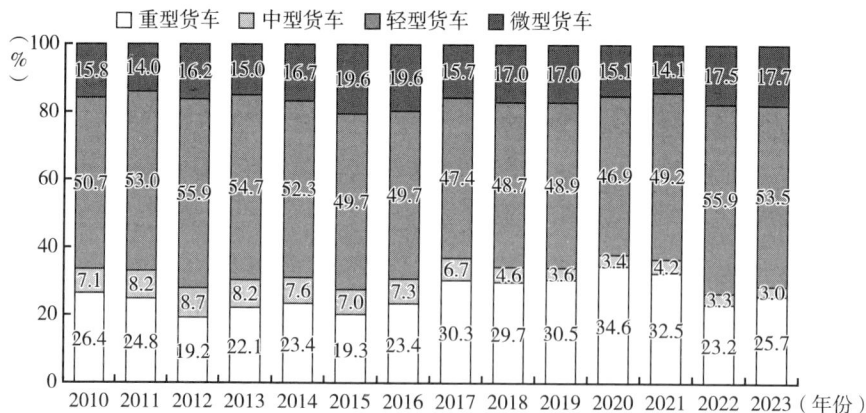

图5 2010~2023年载货车各车型销量占比结构

资料来源：根据中国汽车工业协会数据整理。

3.2023年载货车市场分企业销量情况

2021~2023 年主要载货车企业销量及市占率变化，如表 1 所示。其中，2023 年 TOP10 企业全年市占率总体稳定，集中度趋势没有变化，较 2022 年下降 0.3 个百分点，合计仍超过 80%。

北汽福田汽车股份有限公司（以下简称"北汽福田"）凭借丰富的产品布局，在各细分领域均有较好的市场表现，继续稳固行业第一的位置，且其市占率持续提升，进一步拉大了与后方竞争对手的差距。由于重型载货车总体销量的大幅增长，以重型货车为主销产品的中国重型汽车集团有限公司（以下简称"重汽"）和中国第一汽车集团有限公司（以下简称"一汽"）份额均有一定提升。上汽通用五菱汽车股份有限公司（以下简称"五菱"）得益于轻型货车销量的增加，市占率也明显增长。

表 1　2021~2023 年主要载货车企业销量及市占率变化

排名	企业名称	2023 年			2022 年		2021 年
		销量（万辆）	市占率（%）	市占率同比变化（百分点）	销量（万辆）	市占率（%）	市占率（%）
1	北汽福田汽车股份有限公司	57.0	16.1	1.8	41.3	14.3	13.9
2	东风汽车集团有限公司	41.8	11.8	−1.3	38.1	13.2	14.0
3	上汽通用五菱汽车股份有限公司	40.1	11.3	1.0	29.7	10.3	9.2
4	中国重型汽车集团有限公司	32.3	9.1	1.1	23.2	8.0	9.3
5	中国第一汽车集团有限公司	24.1	6.8	0.6	18.0	6.2	10.5
6	重庆长安汽车股份有限公司	22.7	6.4	−1.9	24.0	8.3	5.5
7	安徽江淮汽车集团股份有限公司	20.8	5.9	−0.5	18.3	6.3	6.0
8	长城汽车股份有限公司	20.2	5.7	−0.7	18.7	6.5	5.4
9	陕西汽车控股集团有限公司	15.9	4.5	0.5	11.4	3.9	4.7
10	江铃汽车股份有限公司	12.2	3.5	−1.0	12.8	4.4	4.3
	其他	66.8	18.9	0.3	53.8	18.6	17.1
	总计	353.9	100	—	289.3	100	100

资料来源：根据中国汽车工业协会数据整理。

（二）载货车市场发展趋势

随着宏观经济的恢复性增长，物流环境明显改善，载货车市场经过

2022 年的低谷期后，在 2023 年迎来了复苏，为各整车企业稳健经营提供了一定的市场基础。2024 年，宏观环境将进一步改善，政策导向将更加有利于行业发展，预计载货车市场将延续增长态势，但受总体公路货运份额下降、单车运能提升等因素影响，市场改善程度有限。

我国已将 2024 年全年 GDP 增速目标设定在 5% 左右，消费的持续复苏以及制造业投资的温和回升将是经济增长的主要动力。随着居民消费信心的增加和收入增长，整体社会流动性将加强，促进了公路货运量及公路货运周转量的提升，利好物流行业，将直接带动载货车销量增长。

然而，随着"双碳"战略的不断推进，交通运输领域的低碳化将通过运输结构调整来实现。《"十四五"现代物流发展规划》等文件明确提出了"公转铁""公转水"的发展方向，公路运输占比将持续下降。从数据上看，虽然我国公路运输量仍占全国货运总量的 70% 以上，但整体占比已呈下降趋势。随着"公转铁""公转水"和多式联运的不断推进，公路货运份额将进一步被挤压，对载货车市场增长带来负面影响。

此外，2024 年物流行业供给仍将处于过剩状态，车多货少局面虽有缓解，但改善程度有限。提质增效将作为物流行业的主要发力方向，重点提升单车运能。组织用户增多，对车辆智能化网联化的需求增加，智能化水平的提升也在一定程度上有利于提高运输效率。同时，网络货运平台规范化运营不断深入，车辆空跑减少，整体来看，单车运能有望进一步提升，导致新增需求减少。

二 2023 年中重型载货车发展情况

（一）中型载货车市场发展情况

1. 总体情况

近 10 年，中型载货车市场整体呈现下降趋势，市场规模收缩明显。2007~2023 年中型载货车销量走势，如图 6 所示。其中，2022 年，受到市场透支、经济增长放缓等不利因素影响，中型载货车全年销量同比大幅下降，降幅达 46.5%，2023 年，经济有所恢复，中型载货车全年实现 10.7 万辆的销量，同比增长 11.5%，恢复情况不及中重型载货车整体，是近 10 年来除 2022 年外销量最低的一年。

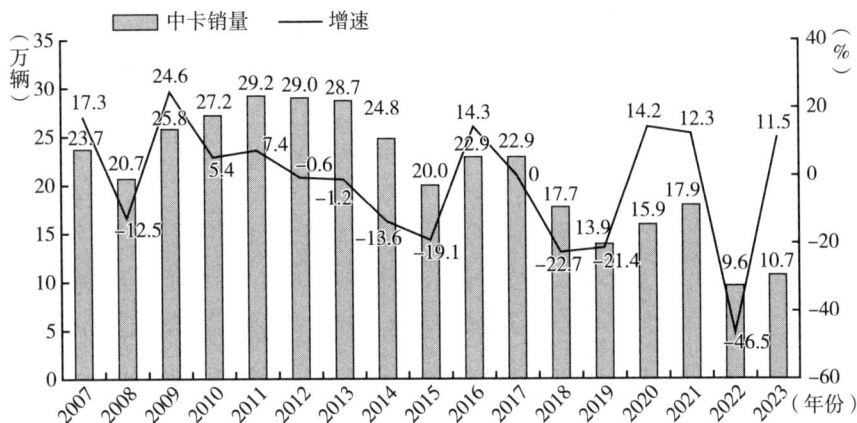

图 6　2007~2023 年中型载货车销量走势

资料来源：根据中国汽车工业协会数据整理。

2. 月度走势

2023 年，中型载货车销量全年呈现"前低后高"的月度走势，1~3 月同比下降，4~12 月均同比增长（见图 7）。

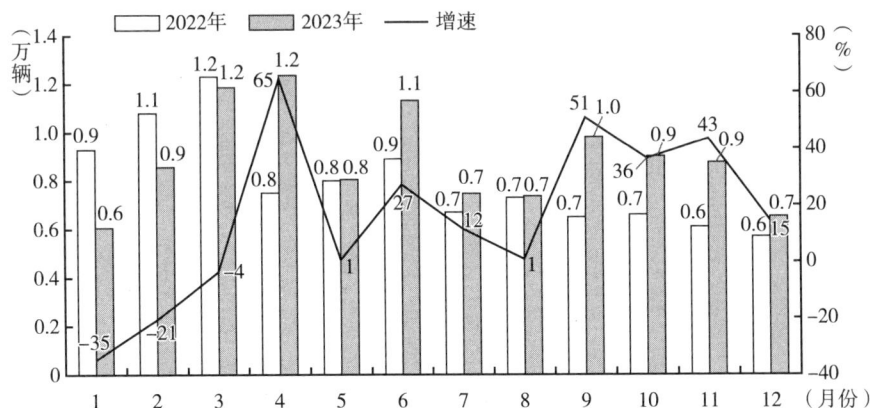

图 7　2022~2023 年中型载货车月度销量走势

资料来源：根据中国汽车工业协会数据整理。

3. 竞争格局

2023 年中型载货车销量 TOP5 企业集中度较 2022 年有所下降，市占率由 88.6% 降低至 83.6%（见表 2）。TOP5 企业中，一汽同比增幅较大，达 40.2%，市占率提升 3.9 个百分点，排名提升 1 位；北汽福田、东风汽车集团有限公司（以下简称"东风"）销量同比下降，但北汽福田仍居第一位。

表 2　2023 年中型载货车企业销量排名

排名	企业名称	2023 年				2022 年	
		销量（辆）	同比增长（%）	市占率（%）	市占率变化（百分点）	销量（辆）	市占率（%）
1	北汽福田汽车股份有限公司	27895	−18.3	26.0	−9.6	34125	35.7
2	中国第一汽车集团有限公司	20775	40.2	19.4	3.9	14813	15.5
3	安徽江淮汽车集团股份有限公司	18433	15.9	17.2	0.6	15908	16.6
4	成都大运汽车集团有限公司	14611	27.5	13.6	1.7	11464	12.0
5	东风汽车集团有限公司	7907	−6.8	7.4	−1.5	8488	8.9
	其他	17528	60.8	16.4	5.0	10901	11.4
	总计	107149	12.0	100	—	95699	100

资料来源：根据中国汽车工业协会数据整理。

（二）重型载货车市场发展情况

1. 总体情况

2007~2023 年重型载货市场销量走势，如图 8 所示。其中，2023 年重型载货车市场迎来恢复性增长，全年实现销量 91.1 万辆，同比增长 35.6%。

从重型载货车总体市场销量来看，2023 年，随着宏观经济恢复性增长，物流环境明显改善，带动公路货运量回升，叠加更新需求影响，重型载货车销量回升明显，但受 2019~2021 年上半年国三和国四提前淘汰及疫情防控期间再就业等因素的影响，市场需求严重透支，到 2023 年此影响未消，市场销量仍未超过 100 万辆，仅恢复至 2017 年以前水平。

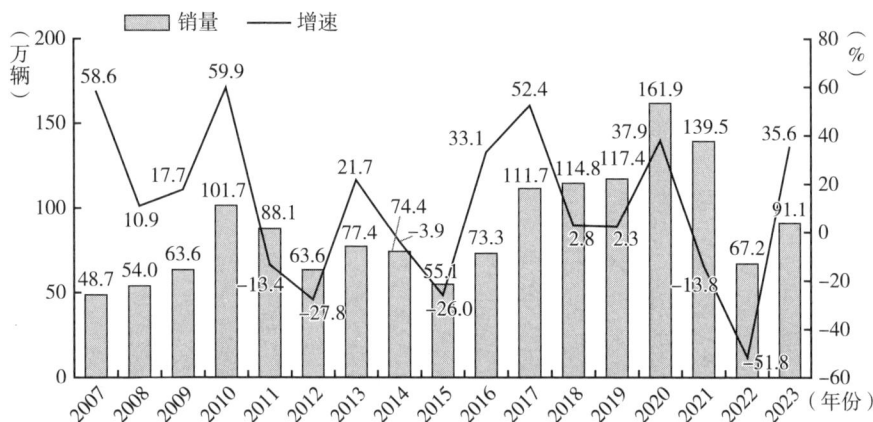

图8　2007~2023年重型载货车市场销量走势

资料来源：根据中国汽车工业协会数据整理。

从重型载货车车型结构看，2023年牵引车占比进一步扩大，全年销售50.4万辆，占比为55.4%，较2022年提升11个百分点，成为重型载货车的绝对主力；非完整车辆销售17.3万辆，同比下降14.3%，占比下降至19%；整车销售23.3万辆，同比增长35.5%，占比为25.6%，同比基本持平。2009~2023年重型载货细分市场历年结构占比变化，如图9所示。

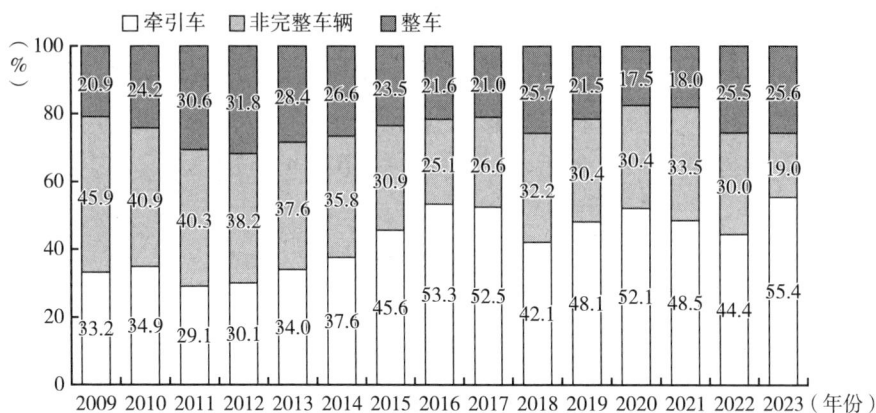

图9　2009~2023年重型载货车细分市场历年结构占比变化

资料来源：根据中国汽车工业协会数据整理。

2. 月度走势

除 1 月和 12 月外，2023 年重型载货车月度销量同比增速均高于 2022 年，且增速均大于 30%（见图 10）。

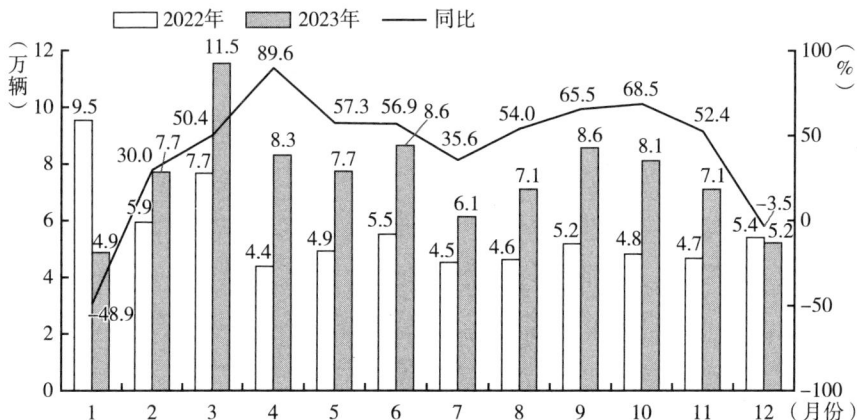

图 10　2022~2023 年重型载货车月度销量走势

资料来源：根据中国汽车工业协会数据整理。

3. 竞争格局

2023 年，重型载货车行业销量 TOP5 企业保持稳定，但名次排序较 2022 年有所变化，陕西汽车控股集团有限公司（以下简称"陕汽"）超过东风位居第三；重汽、一汽、陕汽、北汽福田同比增长较快，增幅均超过 30%；重汽、一汽市场份额提升超过 1 个百分点。行业集中度再次提升，TOP5 企业市占率由 2022 年的 87.3% 提升至 2023 年的 87.8%（见表 3）。

表 3　2023 年重型载货车竞争格局变化情况

排名	企业名称	2023 年				2022 年	
		销量（辆）	同比增长（%）	市占率（%）	市占率变化（百分点）	销量（辆）	市占率（%）
1	中国重型汽车集团有限公司	234229	47.5	25.7	2.1	158829	23.6
2	中国第一汽车集团有限公司	184387	46.8	20.2	1.6	125571	18.7
3	陕西汽车控股集团有限公司	149470	38.5	16.4	0.3	107943	16.1

续表

排名	企业名称	2023 年				2022 年	
		销量（辆）	同比增长（%）	市占率（%）	市占率变化（百分点）	销量（辆）	市占率（%）
4	东风汽车集团有限公司	143405	13.1	15.7	−3.1	126768	18.9
5	北汽福田汽车股份有限公司	88866	31.5	9.8	−0.3	67582	10.1
	其他	85249	−57.3	12.7	−1.6	199450	14.3
	合计	110728	29.9	12.2	−0.5	85249	12.7

资料来源：根据中国汽车工业协会数据整理。

（三）重型载货车细分市场发展情况

1. 牵引车市场

2023 年牵引车市场是拉动重型载货车销量增长的重要力量，全年销量 50.4 万辆，同比增长 68.6%，增速跑赢重型载货车大盘，反映出物流市场的积极变化，2007~2023 年牵引车年度走势变化情况，如图 11 所示。

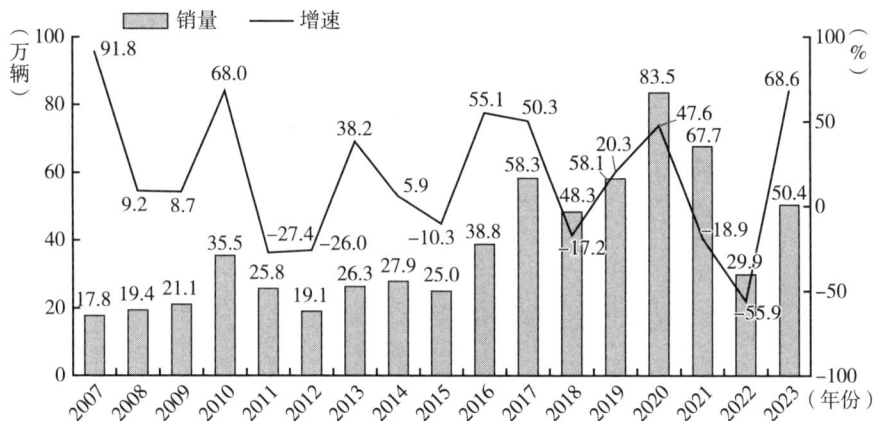

图 11　2007~2023 年牵引车年度走势变化情况

资料来源：根据中国汽车工业协会数据整理。

2023 年牵引车市场销量 TOP5 企业排名未发生变化，且均实现同比增长，一汽、重汽增速快于整体牵引车市场，市占率分别提升 2.9 个和 3.2 个

百分点；TOP5 企业集中度进一步提升，合计市占率达 88.5%，同比增长 1
个百分点（见表4）。

表4　2023 年半挂牵引车市场主要企业销量及市占率

排名	企业名称	2023 年				2022 年	
		销量（辆）	同比增长（%）	市占率（%）	市占率变化（百分点）	销量（辆）	市占率（%）
1	中国第一汽车集团有限公司	123341	91.2	24.5	2.9	64522	21.6
2	中国重型汽车集团有限公司	120412	95.0	23.9	3.2	61739	20.7
3	陕西汽车集团股份有限公司	82860	60.8	16.4	−0.9	51522	17.3
4	东风汽车集团有限公司	60179	44.0	11.9	−2.1	41793	14.0
5	北汽福田汽车股份有限公司	59685	43.5	11.8	−2.1	41606	13.9
	其他	57980	54.8	11.5	−1.0	37458	12.5
	合计	504457	68.9	100	—	298640	100

资料来源：根据中国汽车工业协会数据整理。

2. 重型载货整车市场

重型载货整车市场 2023 年销量为 23.3 万辆，同比提升 35.5%，增速与
重型载货车整体市场基本持平，2007~2023 年重型载货整车销量年度走势，
如图 12 所示。

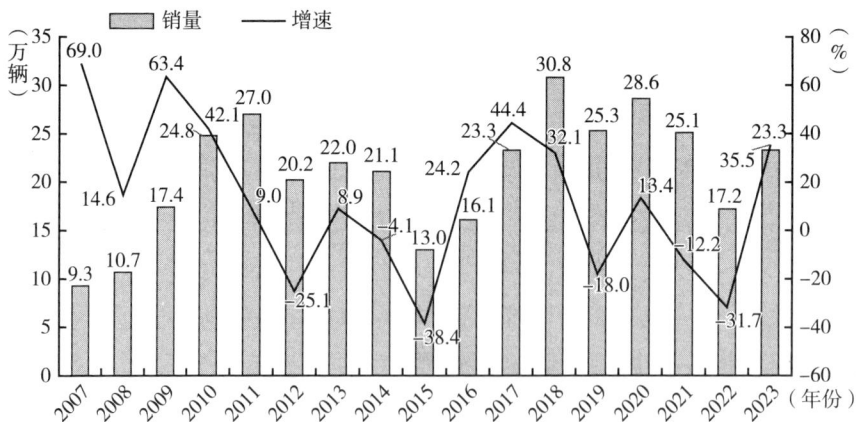

图 12　2007~2023 年重型载货整车销量年度走势

资料来源：根据中国汽车工业协会数据整理。

从市场竞争形势来看，重型载货整车市场销量TOP5企业排名未发生变化，且均实现同比增长；重汽仍排名第一，处于绝对领先地位；重汽、一汽同比增长较快，超过重型载货整车整体水平；重型载货整车市场TOP5企业集中度明显提升，市占率从2022年的77.4%提升至2023年的81.3%（见表5）。

表5　2023年重型载货整车市场主要企业销量及市占率

排名	企业名称	2023年				2022年	
		销量（辆）	同比增长（%）	市占率（%）	市占率变化（百分点）	销量（辆）	市占率（%）
1	中国重型汽车集团有限公司	108215	62.4	46.4	7.5	66636	38.9
2	北汽福田汽车股份有限公司	25081	15.7	10.8	-1.8	21669	12.6
3	东风汽车集团有限公司	22898	25.2	9.8	-0.9	18291	10.7
4	中国第一汽车集团有限公司	19248	44.2	8.3	0.5	13348	7.8
5	安徽江淮汽车集团股份有限公司	14212	12.3	6.1	-1.3	12655	7.4
	其他	43512	11.8	18.7	-3.9	38913	22.6
	合计	233166	35.9	100.0	—	171512	100

资料来源：根据中国汽车工业协会数据整理。

3. 非完整车辆（底盘）市场

由于房地产及基础设施建设投资趋弱，环卫、搅拌等专用车市场需求下滑严重，在整体市场回暖的环境下，2023年非完整车辆（底盘）却同比下降14.4%，销量仅为17.3万辆，是重型载货车市场表现最差的领域。图13所示为2007~2023年非完整车辆（底盘）销量年度走势。

非完整车辆（底盘）的市场集中度依然是重型载货车行业最高的细分市场，2023年TOP5企业市占率高达98.7%（见表6），同比基本持平。TOP5企业中，东风市场地位稳固，市占率超30%；从增速来看，仅陕汽实现同比增长，增速17.7%，市占率提升9.2个百分点。

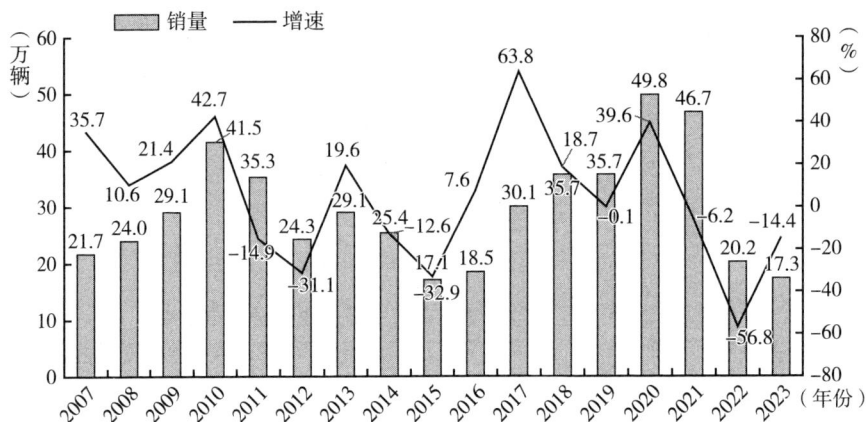

图 13 2007~2023 年非完整车辆（底盘）销量年度走势

资料来源：根据中国汽车工业协会数据整理。

表 6 2023 年非完整车辆（底盘）市场主要企业销量及市占率

排名	企业名称	2023 年				2022 年	
		销量（辆）	同比增长（%）	市占率（%）	市占率变化（百分点）	销量（辆）	市占率（%）
1	东风汽车集团有限公司	60328	-9.5	34.8	1.8	66684	33.0
2	陕西汽车集团股份有限公司	59310	17.7	34.2	9.2	50379	25.0
3	中国第一汽车集团有限公司	41798	-12.4	24.1	0.5	47701	23.6
4	中国重型汽车集团有限公司	5602	-81.6	3.2	-11.9	30454	15.1
5	北汽福田汽车股份有限公司	4100	-4.8	2.4	0.3	4307	2.1
	其他	2324	2.6	1.3	0.2	2265	1.1
	合计	173462	-14.0	100	—	201790	100

资料来源：根据中国汽车工业协会数据整理。

（四）重型载货车发展趋势

1. 市场进入低位调整期

未来几年，全球局势仍复杂多变，面临地缘冲突、贸易保护、逆全球化等诸多挑战，外部环境充满不确定性，对产业发展产生一定的负面冲击。从国内看，我国经济向高质量发展，增速放缓，而根据经济增长与货运需求增长的关系，以及先导国家货运强度变化规律判断，后工业化阶段，经济增长带动的货运需求逐渐下降，重型载货车作为生产资料，新增需求收缩，将以置换需求为主。2017~2021年的高增长时期难以再现，重型载货车正式进入低位调整期。

2. 市场结构发生较大变化

重型载货车产品结构面临较大调整，新能源、智能网联产品和解决方案需求上升；大马力、AMT产品已成为显著趋势；天然气产品伴随"油气比"波动，短期优势仍大于燃油车，销量将维持高位；配置简约的低端产品比例有所增长；出口需求增势放缓，但仍存潜力；基于特定场景的定制化需求也在不断衍生。总体来看，市场结构性变化凸显，为行业带来新的发展机遇。

3. 行业竞争呈现多元化

一是多股力量参与竞争。重型载货车短期内存量竞争是主基调，国内传统主机厂地位之争将更加激烈，外资股比放开后，国际高端品牌加速投放国产化产品，发力高端车市场，新势力企业借助资本力量在新能源、智能车赛道探索新的商业模式，带来新的挑战。

二是行业竞争国际化。近年来，我国重型载货车出口已初具规模，未来随着海外出口环境的持续利好叠加我国重型载货车的品牌力、产品力不断提升，预计出口规模将进一步扩大。国内重型载货车企业加快海外市场拓展，完善海外布局，竞争的重心逐渐向海外倾斜。

三是竞争向后市场延伸。我国重型载货车企业在面临产品差异化突破困难、利润增长不足的情况下，均在备品、服务、智能网联、网络平台、二手车、驾驶培训等后市场领域进行发力，这部分业务板块的规模和利润率较大，导致目前产业链后端竞争愈加激烈，随着后市场产业逐渐成熟，参与竞争的企业也将越来越多。

4. 客户需求逐渐多极化

随着交通运输行业的发展，以及"90后"司机比例增加，客户已不局限于高可靠、高舒适、高效率、低成本的"三高一低"的产品传统需求，智能化、个性化、定制化的产品需求提升。同时，在面对"车多货少"的生存压力下，客户对稳定货源的需求也愈加强烈，催生出方便快捷、低成本、带货源的一体化解决方案需求。

三　2023年轻型载货车发展情况

（一）轻型载货车市场情况

2006~2023年轻型载货车销量及增长情况，如图14所示。其中，2023年，中国轻型载货车销售188.4万辆，同比增长16.4%，受益于物流行业发展和电商快递需求的不断增加，预计2024年，轻型载货车市场将持续增长，同时，新能源轻卡市场稳健发展，智能化水平或将得到进一步提升。但受原材料成本波动、国际形势复杂多变以及出口市场需求持续增长等因素影响，行业需加强创新驱动，提升产品竞争力，以应对市场变化。

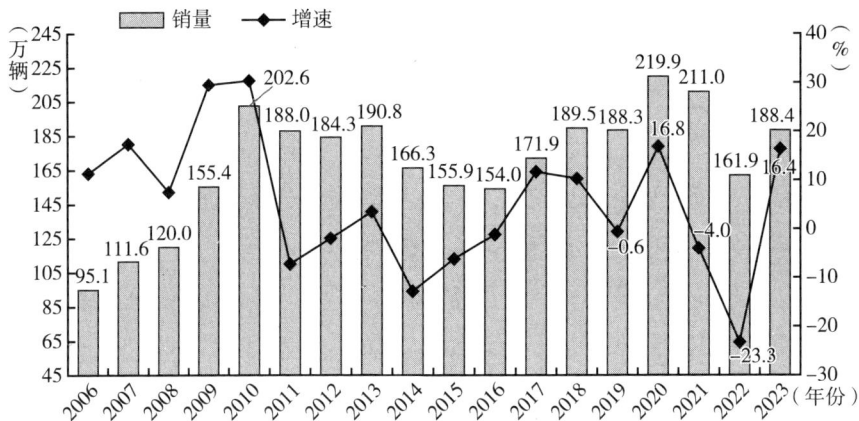

图14　2006~2023年轻型载货车销量及增长情况

资料来源：根据中国汽车工业协会数据整理。

2023年，政策推动了我国新能源轻卡市场份额进一步扩大，同时，排放标准升级和治超治限政策也加强了行业进一步规范发展。自蓝牌新规政策实施后，各地车管所加大对车型上牌、年检的审查力度，多省市车管所加严蓝牌轻卡上牌审查流程，开始从排量、挡位数、轮胎尺寸、货箱宽度等方面逐一审核。

伴随着我国物流行业和快递电商的快速发展，2023年，我国轻型载货车市场呈现高速正增长。从全年累计销量来看，TOP5企业只有重庆长安汽车股份有限公司（以下简称"重庆长安"）一家企业出现了负增长。但从竞争格局来看，各企业之间的竞争格局日趋激烈，TOP5企业集中度达62.5%，较上年同期集中度进一步提升（见表7）。

表7　2023年轻型载货车主要企业销量情况

单位：辆，%

排名	企业名称	12月	1~12月	同比增长	同比累计增长
1	北汽福田汽车股份有限公司	53217	451732	108.60	45.39
2	长城汽车股份有限公司	16032	202330	16.28	8.36
3	东风汽车集团有限公司	13163	194264	-9.46	10.86
4	安徽江淮汽车集团股份有限公司	10960	170052	71.79	11.22
5	重庆长安汽车股份有限公司	11820	165709	-29.06	-3.60
6	江铃汽车股份有限公司	16168	122478	35.81	-4.01
7	上汽大通汽车有限公司	9480	88724	-25.42	-15.16
8	中国重型汽车集团有限公司	6825	83240	39.83	17.91
9	鑫源汽车有限公司	6270	64520	78.84	71.28
10	吉利四川商用车有限公司	3825	51525	15.45	78.74

资料来源：根据中国汽车工业协会数据整理。

（二）轻型载货车新技术和新产品发展情况

1. 新能源化发展

近年来，我国陆续出台了一系列新能源轻卡车发展的利好政策，2023年国家进一步提出公共领域电动化试点工作，以市场需求为驱动，加快物流行业转型升级。未来轻型载货车技术路线将围绕纯电、混动、燃料电池三条路线共同发展；新能源汽车经过10年的发展，电池、电机、电控等三电技术都取得了重大突破，技术的进步也使三电的成本在逐步下降，动力性、经济性、可靠性等也逐步得到了用户的认可。

2. 智能化发展

伴随着国家陆续出台众多智能网联汽车相关政策，我国已逐渐将汽车智能化、网联化纳入国家顶层规划的关注点。智能驾驶分为 L0~L5，目前，我国在 L0、L1 和 L2 领域已呈现快速发展趋势，L3 尚处于初步导入阶段，未来智能网联化将通过无线通信技术对商用车的车辆运营和使用提供服务，实现与其他车辆、云平台、路面基础设施之间的相互"沟通"，从而提升车辆整体运行效率，降低管理成本。商用车车联网技术可分为环境感知、数据处理、网络通信、地图导航、人机交互、终端设备等方面，智能化发展对核心算法、芯片、操作系统、云平台、通信板块等提出更高的要求。在不远的将来，随着安全法规的逐步升级，轻卡司机对安全、舒适驾驶等要求不断提高，轻卡智能化成趋势，将推动轻卡技术壁垒的提升。

3. 高端化发展

经过多年的发展与沉淀，我国轻型载货车行业从低端发展引进国外先进轻卡技术与生产线，到自主研发生产国内高端轻卡产品，经过近两年来连续的高速增长，高端轻卡市场现已呈现蓬勃发展的趋势。现阶段国产中高端技术与进口高端轻卡相比，差距在逐渐变小，表现在经济、节能、环保、可靠性、舒适性、操控性等性能越来越好。从 2023 年轻卡产品看出，产品高端化趋势明显，安全气囊、电动座椅、AMT、中控触摸大屏、液晶仪表盘、定速巡航、碰撞预警、电子后视镜、车用蓝牙技术、倒车雷达等功能配置已普遍运用。

（三）轻型载货车发展存在的问题与趋势

1. 快速充电与长续航发展趋势

目前，纯电轻卡的续航能力仍然是制约新能源轻卡爆发的一大瓶颈，未来判断混动轻卡在续航、充电焦虑、承载运输、经济性上有更大的潜力，并有望实现突破式的发展。同时随着电池不断升级、能量密度的提升、新型材料的推出，纯电车型的电池安全性、充电速度、续航里程将进一步提升，与混动车型双路线并行发展。未来三年将建立高电压 800V 平台，开通快速充电、长续航里程的必由之路，相应地，对包括三电系统及充电基础设备都提出了新的要求。

2. 用户需求升级趋势

首先，随着用户主体第三方化、平台化发展，轻型载货车产品使用强度大幅提升，对于产品的可靠性、网联化要求均大幅度提升，同时对于购买价格的关注度则将进一步下降，转而更加关注 TCO 成本（全生命周期成本）。其次，随着年轻一代驾驶员群体占比的提升，新科技、新技术的吸引力将会显现，未来科技化配置也将伴随国家数字化战略的推进而进入普通购车用户的选择范围。尤其是在未来 3~5 年，随着更多年轻用户加入物流行业，驾驶员对车辆需求产生较大变化，且更注重车辆品质和体验，以便利化、人性化为特征的"车辆品质"诉求成为普遍需求，而以舒适、操纵简易等为特征的良好驾乘体验的产品需求将越来越强烈。伴随购车与用车群体的年轻化，用户对于新技术与智能化配置的接受度较之前也有明显提升，特别是伴随着"90 后"成为主要的购车与用车群体，智能化、舒适化配置逐步成为各大整车企业和行业厂商技术储备和产品力提升的主要方向。

3. 车辆差异化使用场景趋势

近年来，随着货主和购车用户对物流效率的追求，不同细分市场在车辆使用和车辆需求等方面均具有专业化特征，应用场景差异更加明显，例如，高端城市物流客户需要更加智能化、安全可靠的产品；仓库配送物流客户需要更高效、高性价比的产品；城乡物流客户需要更加低成本、性价比高的产品；等等。因此，车辆的专业化将是未来的重点发展方向。城市配送业务的快速发展，将促进厢式车产品取代栏板车。治超持续加严，仓栅车持续向中重卡转化。轻卡自卸车与投资密切相关，呈现周期性变化，其次受大吨小标治理影响，市场向中重卡转移。消费升级趋势持续，冷链产品市场持续增长。各主流车企纷纷聚焦细分场景，随着各细分市场需求的不断变化调整，各车企不断调整产品策略，在变局中求发展，将满足用户差异化需求作为提升竞争力的基本出发点，强调人、车、货、场的精准识别和匹配，基于用户思维应用场景下的产品开发和推广将成为各车企构建核心竞争力的重要手段之一。

四　2023年微型载货车发展情况

（一）微型载货车市场发展分析

2023年，我国微型载货车市场销量约为62.65万辆，同比增长24%，其中，2023年12月，我国微型载货车销售约为6.29万辆，环比增长8.22%，同比增长47.11%，跑赢且领涨货车四大细分市场，据分析，主要是2022年同期微卡受疫情影响比较严重，导致销量基数低，从而给2023年12月跑赢且领涨货车大盘提供了有力支撑（见图15）。

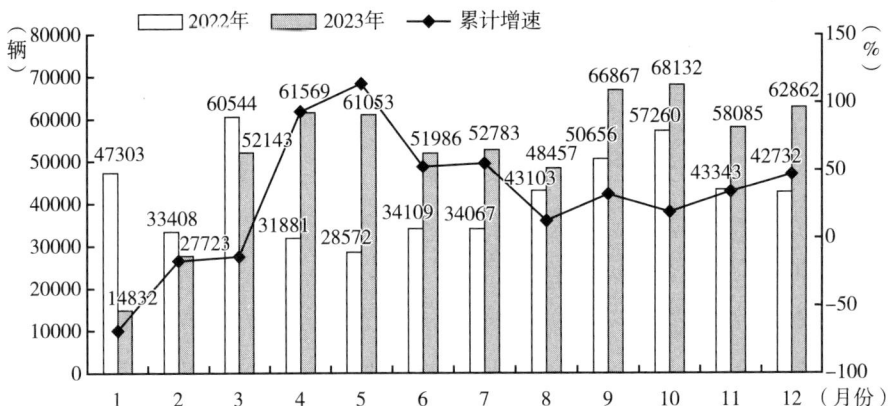

图15　2022~2023年微型载货车各月销售情况

资料来源：根据中国汽车工业协会数据整理。

从主要企业销量来看，五菱仍旧稳坐微卡销量排行榜冠军宝座，也是累计销量唯一超过30万辆（36.84万辆）的汽车企业，同比增长26.97%，跑赢大盘，市场占比达58.8%，且占比同比增加1.56个百分点，是份额同比增加位居第二的车企；东风累计销量7.25万辆，位居第二，同比增长4%，市场占比11.58%；山东凯马汽车制造有限公司（以下简称"山东凯马汽车")累计销售 6.75 万辆,位居第三,同比增长 55%,也跑赢大盘,市场占比 10.78%,且份额同比增加 2.21 个百分点;重庆长安汽车股份有限公司(以下简称"重庆长安汽车")累计销量 6.1 万辆,居第四位,同比下降 10.53%,市场占比 9.75%,市场份额同比减少 3.71 个百分点,是市场份额同比减少最多的企业;第 5 名至第 10 名销量均在 45000 辆以下(见表8)。

表8 2023 年微型载货车主要企业销量情况

单位:辆,%

排名	微型货车(含非完整车辆)	销量	同比增长
1	上汽通用五菱汽车股份有限公司	368362	26.97
2	东风汽车集团有限公司	72536	3.59
3	山东凯马汽车制造有限公司	67509	55.32
4	重庆长安汽车股份有限公司	61059	-10.53
5	奇瑞汽车股份有限公司	42339	54.04

资料来源:根据中国汽车工业协会数据整理。

(二)微型载货车新技术和新产品发展情况

微型载货车是载货车家族中的重要成员,其销量与个体商户、批发市场经济的发展活力有着密切的联系,可以说,微型载货车是个体商户经济发展的"晴雨表"与"温度计"。其用户购车的主要用途为纯商用,或偶尔家用,具体用于短途货物运送、跑业务。近年来,随着物流行业的不断发展,微卡的技术与产品也相应地不断发生迭代和变化,并且燃油与新能源呈现双轮驱动的态势。

2023 年,定位新生代强动力微卡的新长安星卡顺利上市,单排货箱长 3.06m,双排货箱长 2.55m,全系标配 3H 高刚性车架,更配有 8 根横梁,让用户拉得稳、赚得多。该车内饰方面,配备 7 寸高清大屏,倒车影像和倒车雷达一应俱全。动力方面,得益于搭载 1.5L GDI 高压缸内直喷发动机,全新升级的新长安星卡拥有更出色的动力表现。该型发动机通过直接将汽油喷入气缸，在缸内进行燃烧，空气与汽油更充分地混合，带来最大功率85kW、最大扭矩153N·m的动力储备。GDI缸内直喷动力不仅让车辆运载能力提升15%，而且燃油经济性更佳，这是GDI发动机首次应用于商用车领域。

五菱2023年官宣推出"超大微卡"——五菱龙卡，其采用单排双后轮设计，货箱尺寸为3800mm×1925mm×365mm，兼顾4.2m的装载力，而且穿梭街道、进出地库无压力，可均揽中货小货，通吃大小订单，派单抢单加倍赚，可以说"小卡升级、轻卡平替"。五菱龙卡的驾驶室宽度达2.2m，座椅可全平放倒，搭配睡垫能躺卧，驾驶舱内秒变"单人大床房"，方便司机送货间隙能在车内短暂休息。其搭载2.0L自然吸气发动机，最大功率为100kW（136Ps），最大扭矩192N·m，最高车速105km/h，NEDC工况百公里综合油耗8.6L。不仅拥有超强动力和承载能力，而且在运输成本方面也具备明显优势。

新能源微型载货车方面，潍柴全新高端新能源商用车品牌蓝擎汽车，强势入局"高端局"和新能源商用车领域"新赛道"，2023年正式发布全新微卡车型——蓝擎·凌。蓝擎·凌ER搭载66.84kW·h宁德时代高能量三元锂电池，CHTC工况最高续航235km以上。作为新能源商用车市场领头羊的吉利远程，基于远程GXA-M架构打造的新能源微卡远程星享F1E在2023年也推向市场。其原厂提供了平斗货仓、高栏货仓以及封闭式的集装箱式货仓可选，满足多种用途。车身尺寸方面，该车长、宽、高分别为5195mm、1730mm、1975mm，轴距为3360mm；货箱尺寸为3200mm×1650mm×370mm，额定载荷2.2t。远程星享F1E采用整体冲焊后桥设计，主打超强承载，车架采用越级截面尺寸，提升了车身宽度、高度，行驶更加稳定，其动力匹配一线品牌电池和行业领先的扁线电机，ECO模式与Normal模式可自由切换。

（三）微型载货车发展趋势

1.行业竞争不断加剧

从货车发展的历史看，微型载货车具有经济、舒适、安全性强等优点，一直受个体私营业主的青睐。但是，随着载货车市场的细分市场小卡市场出现的引领趋势，微型载货车的载重性能低这一缺点也越来越不能满足用户的需求。由于小卡市场与微型载货车市场的用户群体存在极大的相似性，而新兴的小卡兼具了经济、安全、舒适性和更高的载重性，上可攻占轻卡市场，下可争取微货用户，所以这块蓝海区域也越发引起各大企业的青睐，纷纷进军，也造成了该细分市场竞争呈现不断加剧的趋势。

2.集中度不断提升

从我国微型载货车行业竞争格局可以看出，我国微型载货车市场较集中，前10名的企业几乎垄断了整个微型载货车市场，未来末端企业或者外来企业争抢微型载货车市场份额的难度加大。

3.双排驾驶室需求保持增长

伴随着近年来我国乡村经济的快速发展，国家出台"上山下乡"刺激消费政策，双排座微型载货汽车将呈现逐年增长之势。双排座微型载货汽车市场增量的主要因素是客货兼容，且取代了一部分皮卡、小卡和微型客车的目标市场。

4.驾乘舒适性不断升级

随着市场需求的不断升级，以及用户的年轻化发展趋势，未来微货产品将呈现向舒适性升级、高档次的方向发展，以此来满足不同类型用户的需求。从用户对微型载货车配置的需求来看，除了传统暖风、收音机配置以外，用户对空调、MP3、倒车雷达、车载导航的需求逐渐加强。

五　2023年皮卡车市场发展概况及展望

（一）皮卡车市场总体情况分析

1.2023年皮卡行业年度销量走势

在2023年的市场大环境下，中国房地产市场呈现较为低迷的态势，间接导致皮卡群体整体购买力略显疲软。然而，得益于政府持续推出的促消费政策，这一趋势得到了一定程度的遏制，行业总体需求形势展现出积极的改善迹象。

中国皮卡市场在面对多重压力与挑战时，依旧保持着稳健的步伐，总体呈现承压前行的态势。值得注意的是，市场正加速向多元化、高质量和技术创新的方向转型。具体到销售数据，2023年1~12月，皮卡总体销量达51.3万辆，与上年同期相比仅下降0.1%，整体走势相对平稳（见图16）。这一数据充分表明，尽管市场环境复杂多变，但皮卡市场依然保持着一定的韧性和稳定性。

展望未来，随着皮卡报废、年检等相关政策的逐步优化和改善，预计市场将迎来更加宽松和有利的发展环境。特别值得一提的是，新能源皮卡将成为未来市场的重要增长点。随着新能源技术的不断成熟和普及，皮卡新能源化将逐渐迈入高速发展阶段，这将进一步激发市场活力和消费潜能。在多重利好的共同作用下，皮卡终端市场将在2024年迎来更加显著的回暖态势。

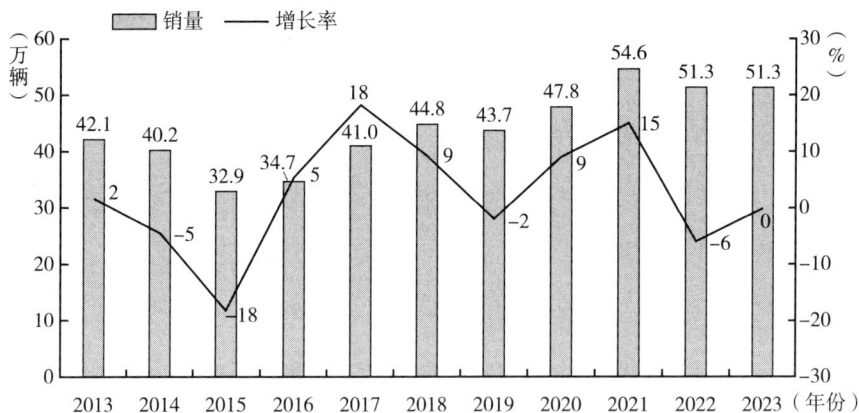

图 16　2013~2023 年皮卡销量

资料来源：中国乘用车市场信息联席会（以下简称"乘联会"）。

从政策端来看，皮卡进城的效果并未如预期般显著，相较于下乡政策所带来的明显增长，皮卡进城的推进呈现较大的落差，伪命题的特征凸显无疑。在当前市场布局中，西北、东北等区域皮卡销量持续增长，呈现出强劲的态势，而限购和限行城市的皮卡需求则面临一定的萎缩。

在房地产低迷的宏观背景下，皮卡市场承受了一定的压力。然而，受到政府促消费政策的积极推动，2023年，中国皮卡市场的产销表现仍然维持在一个相对平稳的水平。特别值得一提的是，随着中国皮卡产品力的不断提升，海外市场需求持续增长，尤其是去年下半年中国皮卡出口持续增长，这一趋势也充分体现了汽车行业出口外销全面走强的整体特征。从企业层面来看，长城汽车在皮卡市场实现了销量的正增长，持续保持其强势的领军地位。在国内皮卡市场，长城皮卡、江铃皮卡、郑州日产、江西五十铃等品牌的表现依然强劲，市场份额持续扩大。

在出口市场方面，尽管波动较大，但部分皮卡企业凭借敏锐的市场洞察力和灵活的营销策略，成功地抓住了出口机遇，实现了销量的强势增长。上汽大通、长城皮卡、江淮汽车、长安汽车等企业的出口规模较大，出口销量占其总销量的近三成，显示出强劲的国际化发展势头。

在国内零售市场，传统主力厂家的皮卡走势相对平稳，市场格局保持稳定。长城、江铃、郑州日产、江西五十铃等品牌的皮卡"一超三强"格局得以延续。同时，随着电动皮卡市场的逐步启动，吉利雷达等电动皮卡品牌也在积极培育市场，为皮卡市场注入了新的活力。

2.2023年皮卡行业月度走势

综观2023全年，由于本年度春节相对较早，市场在进入2~3月后迅速摆脱了节日效应的影响，销量逐步拉升，呈现积极的市场态势。与历年市场表现有所不同的是，往年的4~6月，皮卡销量环比走势往往呈现下滑态势。然而，2023年，这一趋势出现了逆转。4~6月，皮卡市场走势呈现小幅企稳回升的积极信号，显示出消费者对于皮卡车型的持续关注和需求增长。

然而，进入7~8月后，受季节性因素和市场需求波动的影响，皮卡需求回落明显。不过，随着市场调整的深入和消费者需求的逐渐稳定，9~12月，皮卡市场走势呈现相对平稳的回升趋势，为全年市场销量奠定了坚实的基础。

综上所述，2023年中国皮卡市场在经历了春节后的销量拉升、4~6月的小幅企稳回升以及7~8月的需求回落后，最终在9~12月实现了平稳回升，展现出市场的韧性和潜力。2019~2023年皮卡分月度销量，如图17所示。

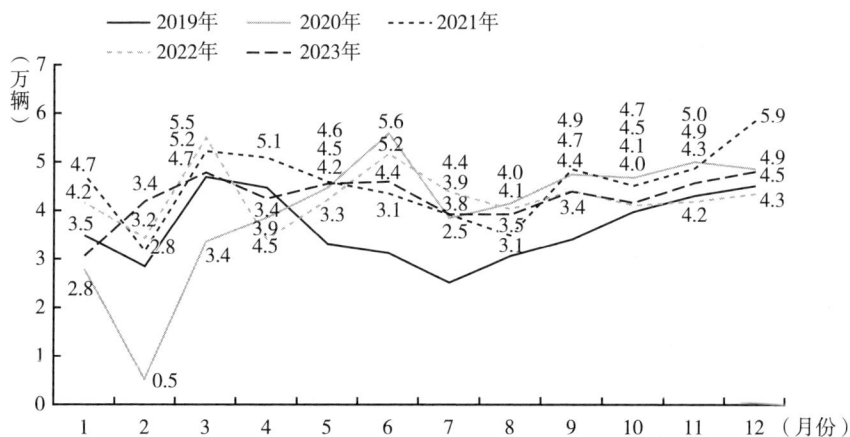

图17　2019~2023年皮卡分月度销量

资料来源：乘联会。

与其他车型相比，皮卡车在我国的主要使用场景仍偏向生产资料领域。这一现象在消费者购车行为中尤为明显，春节前购买皮卡车的消费者相对较少，而春节过后的3~12月，皮卡销售则进入旺季。这一旺季的形成，很大程度上归因于房地产项目启动、工程施工增多以及单位采购带来的需求增长。

从宏观角度来看，乘用车销量不仅反映了中国消费者的生活品质和追求，更成为经济繁荣和社会发展的晴雨表。而商用车销量，特别是皮卡车的销量，则直接关联着小企业、小私营业主的发展状况。只有当商用车市场，特别是皮卡车市场出现需求增长时，乘用车市场才有可能迎来全面恢复。

特别值得一提的是，皮卡市场作为小私营业主经营活动的直接反映，其表现尤为关键。以长城为代表的皮卡市场，在疫情趋缓后迅速回暖，成为汽车市场率先复苏的领头羊。然而，随着房地产市场的低迷以及疫情对第三产业的持续冲击，皮卡国内市场面临较大的回暖压力。

尽管如此，皮卡出口市场的快速活跃在一定程度上弥补了国内销量的低迷。这一现象不仅体现了中国皮卡产品在国际市场上的竞争力，也为中国皮卡市场的整体稳定提供了有力支撑。综上所述，虽然面临挑战，但中国皮卡市场仍展现出较为平稳的发展态势。

3.2023年皮卡分动力类型趋势

在深入剖析国产皮卡市场的动力类型结构，燃油车仍占据着绝对的主导地位（见表9）。具体而言，柴油皮卡以其卓越的性能和适用性，占据了市场份额的76%，且这一占比在近年来呈现稳定的态势。特别值得注意的是，新疆、云南、四川等地，作为皮卡市场的强省，对柴油皮卡的需求尤为旺盛，持续推动着柴油皮卡市场的稳步发展。同时，湖南、黑龙江也凭借其在特定领域的强劲需求，成功跻身柴油热销省份的前十行列。

与此同时，汽油皮卡市场也展现出积极的增长态势。西藏、新疆两地汽油皮卡销量增长尤为显著，同比增幅分别达49.1%和44.5%，显示出这些地区消费者对汽油皮卡的高度认可。此外，内蒙古、陕西、北京、江苏等省份的汽油皮卡销量也呈现不同程度的增长，显示出汽油皮卡市场在全国范围内正逐步扩大其影响力。

总体来看，国产皮卡市场在动力类型上呈现多元化的发展趋势，柴油皮卡和汽油皮卡各有其市场定位和发展空间。未来，随着技术的不断进步和消费者需求的不断变化，皮卡市场将呈现更加丰富多彩的发展格局。

在当前中国汽车市场中，新能源皮卡占比虽较小，仅为2.1%，但其发展势头不容小觑。其中，雷达RD6凭借其卓越的性能和品牌影响力，成了新能源皮卡市场的主要销量来源。

表9 2023年皮卡柴油/汽油/新能源 TOP5 品牌销量

单位：辆

燃料类型	排序	品牌	销量
柴油	1	长城皮卡	121103
	2	江铃皮卡	44452
	3	江西五十铃	27601
	4	郑州日产	16727
	5	江淮皮卡	11112
汽油	1	长城皮卡	38004
	2	郑州日产	11550
	3	江铃皮卡	5540
	4	长安皮卡	3101
	5	福田皮卡	2316
纯电动	1	雷达皮卡	4568
	2	福田皮卡	1004
	3	郑州日产	646

注：不含专用车及出口量。
资料来源：乘联会。

除了新能源汽车接受度极高的广东省外，浙江省在2023年异军突起，一跃成为新能源皮卡市场的亚军。这一成绩的取得，与雷达汽车大本营位于杭州这一地理优势密切相关。雷达汽车作为新能源皮卡领域的领军企业，其总部所在地杭州的辐射效应显著，促进了纯电皮卡在浙江省内的进一步推广。

此外，山东省和江苏省在新能源皮卡市场也展现出一定的潜力。这两个省份经济发达，基础设施建设完善，为新能源皮卡的发展提供了良好的市场环境。随着消费者对新能源汽车认知度的提高和接受度的增加，预计这两个省份的新能源皮卡市场将迎来更加广阔的发展空间。

4.2023年皮卡出口情况

审视2023年中国皮卡行业的出口数据，总体呈现了超强的增长特征。具体而言，1~12月，皮卡出口总量达13.2万辆，这一数字不仅彰显了皮卡在国际市场上的强劲竞争力，更体现了中国皮卡行业出口占比的持续高位。值得注意的是，2023年，皮卡出口量占全年总销量的比例高达25%，相较于2022年，出口量增加了4千台，这一增长趋势无疑为行业注入了新的活力（见表10）。

然而，在总体增长的大背景下，中国自主皮卡出口增速有所放缓。这一现象可能与全球经济形势、国际贸易环境以及市场竞争格局的变化有关。尽管如此，中国皮卡企业依然凭借其卓越的产品品质和竞争力，在国际市场上保持了较高的出口份额，为中国汽车产业的国际化进程做出了积极贡献。

表10 2019~2023年分季度皮卡出口销量

单位：万辆，%

年份	第一季度		第二季度		第三季度		第四季度		年度		出口占比
	销量	同比	销量	同比	销量	同比	销量	同比	销量	同比	
2019	0.7	31	0.8	-20	1.1	4	1.4	25	4.0	8	9
2020	0.7	-6	0.6	-32	1.0	-3	1.9	40	4.2	5	9
2021	1.6	135	1.9	233	2.0	96	2.2	13	7.8	83	14
2022	2.8	75	2.5	29	3.6	78	3.8	76	12.8	65	25
2023	2.5	-12	3.1	26	3.3	-11	4.4	14	13.2	4	25

资料来源：乘联会。

从全年来看，第一季度和第三季度有所回落，分别出口2.5万辆和3.3万辆。第二季度和第四季度提升较大，分别实现3.1万辆和4.4万辆。

（二）皮卡车政策环境分析

近年来，皮卡车乘用化的需求持续增长，使其逐渐成为乘用车细分市场中不可或缺的重要组成部分。这一趋势与SUV消费需求的持续旺盛有着密不可分的关系，两者在功能性、舒适性和实用性等方面呈现诸多相似之处。

随着国内市场的不断发展和消费者需求的日益多样化，有关皮卡乘用化的政策建议也逐渐增多。这些政策反映了当前国内市场对于皮卡乘用车身份的急切需求，以及对皮卡车型多功能性和实用性的高度认可。

在全国两会上，吉利汽车李书福、小米科技董事长雷军、江汽集团程韬等多位代表都对皮卡乘用化提出了相关建议。其中，"将皮卡划归为乘用车"是他们不约而同地提出的核心建议。这一建议的提出，不仅有助于推动皮卡乘用化进程的加速，更能够进一步满足消费者对于多元化、个性化出行方式的需求。

此外，值得一提的是，自2022年4月1日起实施的《机动车驾驶证申领和使用规定》中新增轻型牵引挂车准驾车型（C6）。这一举措在2023年底已取得了显著成效。这不仅极大地满足了群众驾驶小型旅居挂车出行的需求，也促进了房车旅游新业态的发展。同时，这也为皮卡乘用化提供了更为广阔的市场空间和发展机遇。

（三）皮卡车市场竞争分析

2023年，国内皮卡市场迎来了新一轮的洗牌与整合，市场集中度显著提高。在这一大背景下，前五大品牌以其卓越的市场表现，占据了高达87%的终端销量市场份额，呈现强者恒强的市场格局（见表11）。

其中，长城皮卡凭借其卓越的产品力和品牌力，持续展现强势的市场竞争力。全年销量近16万辆，不仅稳居市场领头羊地位，而且在销量上保持了可观的增幅，进一步巩固了其市场领导地位。

江铃皮卡在大道系列推出后，实现了品牌向上的新突破。凭借优质的产品和服务，江铃皮卡在市场中获得了广泛认可，市占率稳定在15%以上，成为市场中的一股重要力量。

与此同时，江西五十铃和郑州日产两大品牌则并驾齐驱，共同占据了市场的一席之地。两大品牌在产品研发、市场营销等方面均表现出色，为皮卡市场的繁荣发展注入了新的活力。

此外，江淮皮卡也不甘示弱，凭借其在产品品质、服务体验等方面的持续创新，销量跻身前五，同比增长率达到15.6%，成为市场中的一匹黑马。

然而，与头部品牌的强势表现形成鲜明对比的是，尾部品牌的市场态势显得较为低迷。中兴皮卡、黄海皮卡等品牌在市场竞争中承压前行，面临着较大的挑战和困难。这些品牌需要加快转型升级步伐，提升产品品质和服务水平，以应对日益激烈的市场竞争。

表11　2022~2023年分品牌销量、同比增长率及市占率

单位：辆，%

品牌	2022年销量	2023年销量	同比增长率	市占率
长城皮卡	149877	159859	6.7	49.33
江铃皮卡	49567	50136	1.1	15.47
江西五十铃	32796	29705	-9.4	9.17
郑州日产	33593	29698	-11.6	9.16
福田皮卡	11055	11701	5.8	3.61
上汽大通	10519	9655	-8.2	2.98
江淮皮卡	10785	12466	15.6	3.85
长安皮卡	4714	4714	-8.7	1.45
中兴皮卡	3214	3214	-22	0.99

资料来源：保险数（不含出口）。

值得一提的是，雷达皮卡在过去一年中实现了不小的突破，虽然基数不大，但增幅迅猛。在愈加内卷的竞争态势下，新加入者想破局传统燃油市场仍存在不小的挑战，纯电皮卡雷达RD6开辟了新能源皮卡新赛道，并取得了不错的销量成绩。

2023年，皮卡车企出海热情不减，中国汽车工业协会数据显示，国产皮卡全年累计出口18.4万辆（不含CKD模式出口），且出口品牌进一步增多，2019~2023年分品牌皮卡出口销量，如表12所示。

表12　2019~2023年分品牌皮卡出口销量

单位：辆

皮卡出口	2019年	2020年	2021年	2022年	2023年
长城皮卡	17631	19880	43599	51063	48262
上汽大通	11445	12383	18696	50983	22334
江淮皮卡	6010	6416	17213	38517	28397

皮卡出口	2019 年	2020 年	2021 年	2022 年	2023 年
河北中兴	1057	4047	5882	8236	5999
江铃皮卡	1936	2056	5054	9343	10083
北汽福田	3838	1895	2521	6162	10109
郑州日产	1897	2099	1822	1919	1513

资料来源：乘联会。

在全球化战略的驱动下，中国皮卡品牌在出口市场的表现日益突出。长城皮卡与上汽大通作为行业佼佼者，出口累计销量均已突破 4 万辆大关，展现强劲的市场竞争力和广泛的国际影响力。江淮、长安、福田、江铃等品牌同样不甘示弱，积极投身出口市场，成为出海的先锋力量。特别值得注意的是，福田在出口市场的销量增幅尤为显著，彰显了其出口市场的强劲增长势头。

从全球视角来看，出口市场正逐渐形成一个与国内市场截然不同的全新格局。在这一格局中，多个中国皮卡品牌如上汽大通、江淮、长安等海外市场销量强于国内表现，显示出中国皮卡在国际市场中的强大竞争力和广阔发展前景。这一趋势不仅为中国皮卡品牌提供了更广阔的市场空间，也为中国汽车产业的国际化进程注入了新的动力。

值得一提的是，2023 年国产皮卡在国内市场与出口市场的销量比例达 2∶1。这一数据充分证明了出口市场对于国产皮卡品牌的重要性，以及国产皮卡在全球市场中的强劲竞争力。在出口市场的强势助力下，国产皮卡全球累计销量已经突破 50 万辆，为中国皮卡行业的国际化发展奠定了坚实的基础。

自 2020 年以来，随着国六排放标准的升级实施，皮卡产品迎来了新一轮的技术革新与市场变革。在此期间，皮卡产品的更新迭代速度显著加快，以适应日益严格的环保要求和消费者日益增长的需求。然而，随着市场竞争的加剧和消费者需求的多样化，皮卡市场进入深度的调整期。

根据乘联会对皮卡市场的持续跟踪与深入分析，我们发现长城皮卡凭借其卓越的产品品质、完善的销售网络和优质的售后服务，在国内市场占据了约50%的绝对主导地位。特别是在中部地区和华北地区，长城皮卡凭借其深厚的市场积淀和品牌影响力，实现了较高的市场份额。

与此同时，江铃皮卡在华东地区及长江流域也展现出了强劲的市场竞争力。该地区经济发达、物流繁忙，对皮卡产品的需求量大且多样化。江铃皮卡凭借其在产品品质、价格定位等方面的优势，成功抓住了这一市场的机遇，实现了销量的稳步增长。

此外，郑州日产在京津冀和华南地区也表现不俗。这两个地区分别是中国北方的经济中心和南方的经济发达地区，对皮卡产品的需求同样旺盛。郑州日产凭借其优秀的产品性能、丰富的配置和较高的性价比，在这两个地区获得了良好的口碑和市场份额。2023年分品牌皮卡区域销量，如表13所示。

表13 2023年分品牌皮卡区域销量

单位：辆

区域	长城汽车	江铃汽车	郑州日产	江西五十铃	北汽福田	上汽大通	长安汽车	江淮汽车
东北	1436	594	262	359	243	50	27	8
东部—华北	1669	864	165	289	124	62	57	74
东部—华东	695	653	301	121	65	86	35	30
东部—华南	1068	499	425	340	190	179	37	32
东部直辖市	199	166	156	117	21	105	16	3
西北	3295	787	809	558	574	322	114	68
西南	2118	1123	632	678	470	129	94	47
中部—黄河	837	227	142	57	100	14	19	9
中部长江	1417	1153	265	327	174	82	44	106
总计	12734	6066	3157	2846	1961	1029	443	377

资料来源：乘联会。

针对2023年的市场格局，我们发现市场的增量主要源自西北地区以及县乡市场的强劲崛起。这一增长动力主要来自工程建筑、市政、电力、农林牧渔、批发零售等传统领域的稳定需求，以及高端化、乘用化、越野玩家等新兴客户群体带来的全新增长点。

在当前中国老龄化趋势加剧的大背景下，农民工老龄化现象愈加显著，这一变化导致农民工回乡趋势日益明显。这一社会现象为小城市和县乡市场带来了显著的复苏动力，推动了皮卡等多功能车型在这些地区的市场需求。

在市场竞争中，传统主流车企的主力车型表现强劲，凭借其稳定的品质与口碑，占据了较大的市场份额。特别值得一提的是，长城汽车在产品创新方面效果显著，其推出的金刚炮等新品在市场上表现突出，受到了广大消费者的青睐。这些新品的成功上市，不仅丰富了市场供给，也为长城汽车赢得了更多的市场份额和口碑。

（四）皮卡车区域市场分析

回顾历史数据，皮卡市场的主力区域长期聚焦于西南与西北地区，这两个地区在西部皮卡市场中占据了举足轻重的地位，需求持续旺盛。目前，西南、西北地区的皮卡需求已占据总体需求的44%左右，无疑成为市场的两大核心区域，其中西北地区表现更强劲，持续领跑市场。

进入2023年，西部市场继续保持了相对稳定的增长态势，而东部市场则出现了一定程度的回落。前期增长势头较为迅猛的华北地区、中部地区以及东北地区，皮卡市场也展现出了明显的启动特征，市场需求逐渐升温。然而，与这些地区相比，华东、华南地区的皮卡市场并未出现大幅增长，市场潜力有待进一步挖掘。2019~2023年皮卡分区域销量分布，如表14所示。

总体来看，皮卡市场在北方和中西部地区的表现相对较强，这主要归因于这些地区的市场经济相对不活跃，主要依赖投资和工程建设等力量拉动需求。随着国家西部大开发战略的深入实施，以及"一带一路"倡议的持续推进，西部地区的皮卡市场有望进一步释放潜力，成为未来市场增长的重要引擎。

表14　2019～2023年皮卡分区域销量分布

单位：%

皮卡	2019年	2020年	2021年	2022年	2023年
西北	17	19	20	18	24.1
西南	23	23	21	23	20
中部—长江	14	14	14	14	13.2
东部—华北	10	12	13	11	11.3
东部—华南	10	10	10	10	8.3
东北	6	7	8	9	8.5
东部—华东	5	6	6	8	6.6
中部—黄河	5	6	6	5	5.8
东部直辖市	9	3	2	3	2.1
总计	100	100	100	100	100

资料来源：乘联会。

近年来，私人乘用化皮卡的发展进一步加强，京津沪的皮卡销量在2023年明显恢复，随着各大企业纷纷强化乘用化皮卡的投入，这部分的增量需求将值得期待。2019～2023年皮卡城市级别销量分布，如表15所示。

表15　2019～2023年皮卡城市级别销量分布

单位：%

皮卡	2019年	2020年	2021年	2022年	2023年
特大城市	11.3	4.9	3.7	3.7	4.1
大型城市	11.5	11.6	11.6	11.9	12.9
中型城市	18.2	18.8	18.8	18.7	19.8
小型城市	24.7	25.4	25.4	25.0	23.1
县（乡）	39.7	40.5	40.5	40.6	40.1
总计	100	100	100	100	100

资料来源：乘联会。

深入剖析城市级别对皮卡市场的影响，我们发现当前皮卡销售的主力区域依然集中在中小城市和县（乡）市场，尤其是县（乡）市场，其当前表现尤为突出，显示出强劲的增长势头。

具体来看，2023 年中型城市皮卡市场表现亮眼，销量稳步上升；县乡市场则保持稳定增长，其潜力不容忽视；而大型城市市场目前尚未展现出明显的突破特征，市场竞争态势有待进一步观察。

特大城市市场在经历了之前的爆发式增长后，正逐步走出萎缩阶段，展现出复苏迹象。在限购城市中，北京市场以其独特的地理位置和市场需求，表现出较好的销售态势。相比之下，前期表现相对较强的深圳、天津等市场，近期表现略显疲软，市场份额有所下滑。然而，西安、成都等城市则凭借其在西部地区的重要地位和经济活力，表现相对较强，成为皮卡市场的新增长点。

值得一提的是，杭州作为全国地域面积大于北京的大市场，其茶农市场的皮卡需求尤为旺盛，显示出该区域特有的市场需求和潜力。这一发现为皮卡市场提供了新的发展方向和市场机遇。

（五）2023年皮卡新车市场趋势分析

2023 年，国内皮卡市场迎来了新品井喷的一年，全年共计推出了 40 款全新皮卡车型，涵盖了共创改装或换代改款等多种类型。这些新车不仅在数量上呈现爆发式增长，更在品质、种类上展出卓越的表现，同时在新能源化、智能化等领域实现了显著的技术创新。

具体来看，2023 年几乎所有主流皮卡车企都积极参与了新品的发布。长城、江铃、江西五十铃、郑州日产、上汽大通等知名品牌均推出了不止一款新产品，这些车型在外观设计、动力性能、智能配置等方面均有所升级，为市场带来了更多选择。江淮、福田、长安等车企也紧随其后，推出了各具特色的全新皮卡车型，进一步丰富了市场供给。

此外，福特品牌加快了在皮卡领域的国产化进程，以福特纵横品牌正式入局国内市场，展现出了其在皮卡领域的雄心壮志。江铃大道品牌的发布更是开启了皮卡市场的向上之路，以其独特的品牌定位和产品特性赢得了市场的广泛关注。

1.展望未来，中国重汽、比亚迪、广汽等企业也将陆续推出新品，国产皮卡即将迈入一个全新的发展阶段。这些新品将在技术创新、品质提升、服务优化等方面持续发力，推动国内皮卡市场不断向前发展。消费升级，11万~20万元价格区间占据主流

具体来看，在总计40款新品中，定位商用市场的产品占据9席，家商两用类产品达8款，家用型产品共10款，而越野玩车性能玩乐型产品则多达13款。这一数据变化显著地反映出，随着皮卡消费理念的逐步转变，各大车企正积极投身于高端化、乘用化的转型之路。2023年，家用化、玩乐型产品已然成为市场上的热门选择。

在价格策略上，若排除进口豪华皮卡福特F-150猛禽，40款新车中的价格分布也呈现新的趋势。其中，最亲民的选择为郑州日产2023款锐骐，其起售价仅为7.88万元。而高端市场上，长城山海炮性能版、福特游骑侠Ranger 1st Edition等车型则以超过25万元的高配价格刷新了皮卡的价格上限，较两年前的21万元价格上限有了进一步的提升。

此外，这40款新车不仅丰富了市场选择，同时也重新定义了国产皮卡的价格体系。商用类皮卡价格主要集中于8万~12万元，家商两用类产品则分布于11万~15万元的价格带，家用型皮卡则多数定价在13万~17万元，而玩乐型皮卡的价格则为17万~25万元。这一变化不仅体现了皮卡品类价值的持续提升，也反映出市场需求的多样化与高端化趋势。

值得特别关注的是，以往车企重点关注的8万~12万元价格区间在当下市场的热度已有所降低，而11万~20万元的价格区间则成了新的主流。这一变化不仅说明了消费者对于皮卡车型的需求正朝着更加高端、多元的方向发展，也预示着未来皮卡市场将呈现更加激烈的竞争态势。

2.自动挡成标配，新品向中大型、个性化方向发展

随着自动挡皮卡在市场份额中的连年攀升，各大车企纷纷完成了自动挡产品的全面布局。目前，主流皮卡车企均推出了自动挡车型，且这些车型已从过去的汽油专属转变为柴汽油的标配。其中，长城山海炮以其前瞻性的技术革新，率先匹配了9AT变速箱，彰显了其技术实力和市场敏锐度。

自动挡产品的增多，不仅提升了消费者的驾驶体验，也推动了市场价格的优化。自动挡皮卡的售价已从最初的"13万元+"区间逐渐下探至10万元左右，这一变化不仅满足了更多对舒适性和操控性有要求的皮卡用户，也让皮卡这一车型得以进入更多普通家庭，拓宽了其消费群体。

同时，中高端皮卡市场的竞争也日趋激烈。江铃大道、福田火星、长城山海炮等更多中高端产品陆续推向市场，这些车型在尺寸、动力、配置、内饰和科技化含量等方面均有显著提升。它们凭借更大的尺寸、更强的动力、更丰富的配置、更豪华的内饰和更高的科技含量，为消费者带来了全新的驾驶体验。

高端玩乐型皮卡市场同样呈现繁荣的景象。随着消费者对皮卡用途的多元化和个性化需求的增长，车企开始注重场景化、个性化产品的研发。皮卡消费升级已成为行业共识，消费者对皮卡的需求不再仅限于货运或工具用途，而是更多地追求其休闲、娱乐和探险等多方面的功能。

值得一提的是，自2023年以来，皮卡货箱的拓展性得到了显著增强。各大车企积极探索推出了一系列圈层专属产品，如百变魔盒、山海居、宿营车、探索家等，这些产品不仅丰富了皮卡的使用场景，也衍生出了对开式尾门、三段式尾门等创新功能，进一步提升了皮卡的多功能性和实用性。

3. 纯电/混动/增程并进，皮卡新能源化起步

2023年，新能源汽车领域迎来了前所未有的爆发式增长，国产皮卡也紧随其后，迈入了新能源化的新赛道。从全国两会的热烈讨论，到上海车展、广州车展的集中亮相，新能源皮卡这一关键词被频繁提及，标志着皮卡市场的基础动力结构正迎来一场深刻的格局性转变。

在新能源皮卡领域，国内车企展现了两种截然不同的布局策略。一方面，多数企业选择了稳中求进的策略，即在现有车型的基础上，逐步开展油电混动、插电混动、纯电等技术的研发，以确保新能源化的平稳过渡；另一方面，少数创新型企业则采取了跨越式发展的路径，直接从传统燃油动力跨越到纯电滑板平台领域，打破了现有车型的束缚，全新开发了纯电皮卡平台，从而彻底开启了皮卡新能源化的新篇章。

从产品角度来看，吉利雷达 RD6 的推出，将纯电皮卡正式推向了个人用户市场，标志着皮卡新能源化已不仅仅是行业内部的探索，更是深入消费者的日常生活中。与此同时，福田、长城等知名企业也推出了轻混/重混皮卡，为全球首款增程式皮卡车型——长安猎手的上市提供了有力支撑。此外，上汽大通基于非承载式纯电底盘架构打造的 GST 概念皮卡也亮相各大车展，预示着未来皮卡新能源化的更多可能性。比亚迪等龙头企业也不甘示弱，纷纷瞄准新能源领域进军，为皮卡市场的新能源化注入了新的活力。

展望未来，预计明后年将有更多新能源皮卡产品陆续问世，2024 年将真正开启国内皮卡新能源市场的新纪元。随着技术的不断进步和市场的不断扩大，新能源皮卡必将在未来成为行业的新增长点，引领皮卡市场迈向更加绿色、智能的未来。

4. 出口品牌增多，国产皮卡具备全球化基础实力

2023 年，国内皮卡车企积极拓展海外市场，寻求新的增长点。在这一背景下，出口品牌数量相比往年显著增加，中国皮卡产品的国际市场竞争力也愈加凸显。中汽协会统计数据显示，2023 年 1~11 月，国产皮卡累计出口量达 14.7 万辆（不含 CKD 模式出口），同比增长显著。其中，长城皮卡凭借其卓越的品质和性能，出口量超过 4 万辆，稳居行业榜首；上汽大通继续维持高位增长，海外市场的表现甚至优于国内市场；江淮皮卡紧随其后，位列第三；福田皮卡出口增幅显著，展现出强劲的增长势头。

从海外市场反馈来看，新一代国产皮卡已逐渐摆脱了廉价低质的标签。它们不仅成功打入智利、南非、秘鲁、菲律宾等新兴市场，更在法规要求严格的美洲、澳新、中东等全球皮卡发达市场占据了一席之地。这一成就充分证明了中国皮卡产品已具备全球化基础实力，能够与国际品牌同台竞技。

在具体产品方面，长城炮、上汽大通、江淮 T6/T8、福田火星、长安 F70 等车型均在海外市场获得了广泛认可。特别值得一提的是，上汽大通 T90 EV、雷达 RD6 等新能源皮卡率先出海，标志着中国新能源皮卡已逐渐登上世界舞台。这些新能源皮卡凭借先进的技术和卓越的性能,在海外市场展现出强大的竞争力,为中国皮卡行业的国际化发展注入了新的活力。

(六)皮卡重点企业概况

1. 长城皮卡

在竞争激烈的皮卡市场中,长城皮卡凭借其卓越的品质和不断创新的产品策略,于2023年实现了显著的销量增长。统计数据显示,全年累计销量达20.23万辆,同比增长8.4%,市场占有率更是高达50.83%。这一数字意味着,市场中每售出两辆皮卡,其中就有一辆来自长城,再次印证了长城皮卡在国内市场的领军地位。

值得一提的是,2023年不仅是长城皮卡销量增长的一年,更是其产品全面焕新的一年。其全年共推出了17款全新皮卡车型,涵盖了不同定位、不同配置的车型,以满足消费者多元化的需求。这一数字不仅展示了长城皮卡在产品研发和创新方面的实力,也再次开创了皮卡市场的新纪录。

在长城皮卡旗下众多车型中,长城炮、风骏和金刚炮三款车型表现尤为突出。据统计,这三款车型在2023年累计销量排名前三位,并且也是业内仅有的三款累计销量在2万辆以上的车型。这一成绩不仅彰显了长城皮卡在产品质量和消费者口碑方面的优势,也进一步巩固了其在皮卡市场的领先地位。

2. 江铃皮卡

2023年,江铃皮卡凭借其深厚的市场底蕴和卓越的产品实力,全年累计销量达6.02万辆,持续稳固其在皮卡市场的领先地位。作为业内的老牌企业,江铃皮卡不仅在传统市场领域有着深厚的积淀,更在品牌创新和产品升级上展现出前瞻性的视野。

江铃皮卡的全新品牌——江铃大道下的产品线包括全能者、追光者、敢探者以及大道EV,全面覆盖了商用、乘用、高端越野等不同用户人群的需求。这一战略布局不仅展现了江铃皮卡对市场趋势的敏锐洞察,也彰显了其满足多元化消费需求的能力。

与此同时，江铃皮卡在经典车型上也进行了全面焕新。江铃宝典、江铃域虎7等车型经过精心打磨，不仅在外观设计上焕然一新，更在动力性能、内饰配置等方面进行了全面提升，使产品竞争力进一步增强。

在具体车型表现方面，江铃大道品牌自发布以来便展现出强劲的增长势头。尤其是上年11~12月，其月度销量均突破2000辆，这对于一个全新发布的产品系列而言，这一成绩无疑是可圈可点的。这不仅证明了江铃大道品牌的市场吸引力，也体现了江铃皮卡在产品研发和市场推广方面的卓越能力。

此外，江铃宝典和江铃域虎7等经典车型也继续保持着强劲的市场表现。这两款车型凭借其稳定的产品品质和广泛的用户基础，位列皮卡品牌累计销量排名前五，为江铃皮卡的整体销量增长做出了重要贡献。

3. 上汽大通

在2023年的皮卡市场中，上汽大通凭借其卓越的产品品质和国际化战略，全年销售皮卡5.52万辆，与排名第二的江铃皮卡销量相差无几，展现出强大的市场竞争力。与江铃皮卡相同，上汽大通也在上年推出了旗下全新皮卡品牌"星际"，标志着其对于皮卡市场的进一步深耕与布局。

与江铃皮卡作为老牌企业的深厚底蕴相比，上汽大通在皮卡领域尚属年轻品牌，面临着更为严峻的市场挑战。上汽大通通过全新品牌"星际"，将多年来在国际市场上积累的技术与国内丰富的市场经验相结合，致力于为用户带来更加出色的产品体验。这一战略举措不仅体现了上汽大通对于品质与创新的坚持，也彰显了其对于皮卡市场未来发展的坚定信心。

在市场竞争日益激烈的今天，上汽大通选择"改头换面"推出全新品牌也面临着一定的风险。在原有品牌尚未形成极强的用户认可度之前，新品牌的推出可能会进一步模糊用户对于上汽大通皮卡产品的认知，从而影响其销量表现。这可能是上汽大通在2023年销量相较于前一年有所下滑的一个因素。

尽管如此，上汽大通依然坚持走高品质高价出海路线，深耕美洲、大洋洲、欧洲、中东等全球皮卡高地，主攻皮卡发达市场。在这一过程中，上汽大通与日系、美系等老牌劲旅展开激烈竞争,展现了其强大的品牌实力和市场竞争力。通过不断的技术创新和市场拓展,上汽大通正逐步在全球皮卡市场中树立起自己的品牌形象,为未来的发展奠定了坚实的基础。

4. 江西五十铃

在竞争激烈的皮卡市场中,江西五十铃以其卓越的品质和不断创新的产品策略,在2023年取得了狭义皮卡累计销量3.05万辆的佳绩。这一成绩不仅体现了江西五十铃在国内皮卡市场的稳固地位,也彰显了其产品的广泛认可度和市场影响力。

回顾2023年,江西五十铃旗下产品同样迎来了全面的更新与升级。从瑞迈到铃拓,再到备受瞩目的D-MAX产品系列,江西五十铃以其精湛的工艺和卓越的性能,为消费者带来了更为丰富的选择。其中,2023款D-MAX以13.48万元起售的价格,凭借其卓越的性能和出色的性价比,在市场中脱颖而出,彰显了江西五十铃强劲的产品实力。

在具体车型销量表现方面,瑞迈和铃拓凭借其卓越的品质和稳定的性能,依旧是江西五十铃的销量支柱产品。这两款车型的持续热销,不仅为江西五十铃贡献了可观的销量,也进一步巩固了其在皮卡市场的领先地位。

展望未来,江西五十铃将继续秉承创新、品质、服务的理念,加速打造最新的柴油动力平台,以满足消费者对更高效、更环保动力系统的需求。同时,江西五十铃还将加速研发第九代D-MAX,以进一步提升产品竞争力,为消费者带来更加出色的驾驶体验。此外,江西五十铃还将引进最新一代ELF轻卡平台,以扩大其产品线,满足不同消费者的需求。

5. 郑州日产

在竞争激烈的汽车市场中,郑州日产在2023年共实现累计销量3.82万辆,尽管面临市场环境的挑战,销量同比下滑3.0%,但其在市场中的表现仍不容忽视。与此同时,郑州日产的市场占有率也受销量影响,下滑至8.6%,反映出市场竞争的激烈以及行业格局的变动。

在郑州日产旗下众多品牌中,锐骐7凭借其卓越的性能和品质,成了销量最高的品牌。全年累计销量达 9309 辆，充分展示了锐骐 7 在消费者心中的认可度和市场地位。紧随其后的是纳瓦拉、锐骐 6 以及锐骐皮卡，这些车型也凭借其独特的优势和特点，在市场中占据了一席之地。

6. 江淮皮卡

2023 年，对于江淮皮卡而言，无疑是飞速发展的一年。在这一年里，江淮皮卡不仅实现了累计销量的显著增长，其同比增长幅度更是位居行业前列。同时，江淮皮卡在产品创新方面也展现出了强大的实力，旗下新款车型频繁推出，不断刷新市场认知。

在海外市场中，江淮皮卡所取得的成绩更是令人瞩目。全年海外出口销量高达 5.48 万辆，这一数字不仅创下了品牌销量的新高峰，也充分展示了江淮皮卡在国际市场上的竞争力。

在产品线更新方面，全新江淮悍途、新款江淮 T8 PRO 等车型在经过全面焕新后，市场竞争力得到了进一步强化。这两款车型均配备了 8AT 自动挡变速箱，为用户带来了更加顺畅的驾驶体验，同时也进一步完善了江淮皮卡的产品系列矩阵。

此外，为了满足工具商用市场的需求，江淮皮卡还推出了新款江淮 T6 和江淮 T6 冠军版。这两款车型的推出，不仅提升了江淮皮卡在工具商用市场的竞争实力，也进一步丰富了江淮皮卡的产品线，满足了不同用户的多样化需求。

7. 长安皮卡

2023 年，长安皮卡品牌表现稳健，全年累计实现终端销量 2.19 万辆。2023 年，长安皮卡不仅稳扎稳打，更在产品创新上取得了显著成果。其中，长安览拓者皮卡凭借其出色的性能和独特的设计，正式投入市场并受到消费者的广泛认可。在持续的市场深耕中，长安皮卡还推出了览拓者探索版等衍生车型，进一步满足了消费者的多元化需求。

进入 2023 年下半年，长安皮卡再度发力，长安 F70 蓝鲸版的正式上市，凭借其卓越的性能和高效的燃油经济性，显著加强了长安皮卡在商用皮卡市场中的竞争力。与此同时，长安皮卡不断突破创新边界，成功推出了全球首款超级增程皮卡车型——长安猎手。这款皮卡不仅是国内皮卡市场的新物种，更是为当前新能源皮卡市场注入了全新的活力，并开辟了全新的产品序列。

尽管长安猎手皮卡尚未正式上市，但其强大的产品力和创新的增程技术已在市场中引起了广泛关注。在12月的终端市场中，长安猎手皮卡已产生了52辆的销量，这一成绩不仅证明了其强大的市场吸引力，也预示着未来新车正式上市后其销量表现将备受期待。随着新能源皮卡市场的不断发展，长安皮卡有望凭借其在技术、品质和市场策略上的优势，持续领跑行业，为消费者带来更多高品质、高性能的皮卡产品。

8. 雷达皮卡

雷达汽车，作为国内新能源皮卡市场的先驱者，凭借其前瞻性的战略眼光和卓越的市场表现，已然成为引领行业发展的新标杆。通过深入的数据解读，我们发现雷达汽车不仅以一己之力开创了新能源皮卡市场销量的新纪元，更是成功实现了新能源皮卡在普通用户群体中的广泛接受和认可。

在辉煌的2023年，雷达汽车继续高歌猛进，全年累计销量达0.67万辆，稳坐新能源皮卡销量排行榜的首位，市场占有率更是高达70.89%，彰显了其无可争议的市场领导地位。这一成绩的取得，不仅是对雷达汽车产品品质的最好诠释，更是对其市场策略和创新能力的有力证明。

雷达汽车在产品创新方面取得了显著成果。公司先后推出了雷达RD6创业版和科创版两款重磅车型。其中，雷达RD6创业版凭借其油电同价的产品优势，成功打破了传统新能源皮卡的价格壁垒，刷新了消费者对这一细分市场的固有认知和观念。而科创版车型的推出，则进一步展现了雷达汽车在技术创新方面的强大实力。基于乡创场景的深入洞察，科创版车型在功能性和舒适性等方面都实现了全面升级，为用户带来了更加卓越的使用体验。

9. 福田皮卡

2023年，福田皮卡迎来了划时代的发展节点。这一年，国内首款全尺寸皮卡、首款48V柴油混动皮卡——福田火星的正式上市，无疑为国内皮卡行业的发展注入了新的活力和风潮。这一创举不仅彰显了福田皮卡在技术创新方面的领先地位，也预示了未来皮卡市场的新趋势。

在销量方面，2023 年福田皮卡取得了令人瞩目的成绩。全年累计销量达到 2.51 万辆，同比增长高达 51.7%，市场占有率也实现了显著提升。这一成绩的取得，充分证明了福田皮卡在产品质量、市场策略和服务体系等方面的全面优势。

目前，福田皮卡旗下车型形成了丰富的产品线，包括火星系列、将军系列以及征服者系列。其中，2023 年 8 月正式上市的火星系列车型，凭借其卓越的性能和独特的设计，迅速赢得了市场的青睐。市场销量逐月攀升，如今，火星系列皮卡已经成为福田皮卡的核心主销车型之一，为公司贡献了可观的销量和市场份额。

B.4
2023年客车行业发展报告

摘　要： 本报告阐述了2023年中国客车市场总体情况，客车行业竞争态势、出口情况、新技术新产品发展情况，介绍了行业政策的发展，探讨了客车行业发展存在的问题，对客车行业发展趋势做出判断，并对部分主要企业发展概况做了介绍。2023年，公共交通出行需求迅速回升，客车行业总体处于回暖态势，出口市场方兴未艾，国内公路车市场、纯电动物流车迅猛增长，客车行业也处于转型升级的关键时期。客车行业已由前期的政策驱动逐渐向市场驱动转变，并将逐步向技术驱动转型，产品研发向新能源化和智能化转变。客车企业正从"制造型+销售产品"向"制造服务型+解决方案"进行转型，未来可期。

关键词： 公路车　纯电动客车　客车出口　燃料电池　智能驾驶

一　2023年客车发展概述

（一）客车市场分析

随着新冠疫情防控的平稳过渡，经济形势持续好转，2023年客车市场快速回暖，全年客车（含底盘）生产49.82万辆，同比增长22.5%；销售49.16万辆，同比增长20.5%。2010~2023年客车销量走势，如图1所示。

从车型来看，大型、中型客车同比小幅增长，轻型客车同比快速增长。大中型客车结束了连续6年下滑的态势，全年销售9.17万辆，同比增长

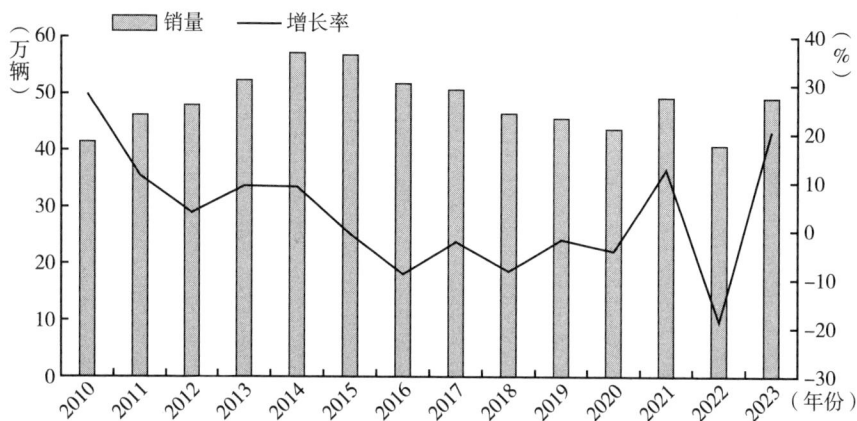

图1　2010~2023年客车销量走势

资料来源：根据中国汽车工业协会数据整理。

3.9%；轻型客车全年销售39.99万辆，同比增长25.1%。

从市场来看，出口强于国内。国内市场增量来自轻型客车，大中型客车依然处于下滑状态。国内市场全年销售38.20万辆，同比增长10.9%，其中，大中型客车5.96万辆，同比下降10.4%；轻型客车32.24万辆，同比增长16.0%。出口市场呈现加速增长态势，各车型均同比大幅增长。全年出口10.96万辆，同比增长72.8%，其中，轻型客车出口增速高于大中型客车的出口增速（见表1）。

表1　2023年客车销售情况

单位：万辆，%

车辆类型	销量	同比增长	国内市场		出口市场	
			销量	同比增长	销量	同比增长
客车合计	49.16	20.5	38.20	10.9	10.96	72.8
其中:大型客车	5.36	4.0	2.87	−17.9	2.48	50.4
中型客车	3.82	3.8	3.09	−2.2	0.73	40.0
轻型客车	39.99	25.1	32.24	16.0	7.75	85.7
其中:大中客合计	9.17	3.9	5.96	−10.4	3.21	47.9

资料来源：根据中国汽车工业协会数据整理。

从燃料类型来看，传统能源增速高于新能源客车增速。中汽协统计显示，2023年新能源客车（不含底盘）生产10.82万辆，同比增长4.8%；销售10.29万辆，同比微降0.4%。其中，国内销售8.98万辆，同比下降2.1%，占国内市场销售总量的23.8%；出口1.33万辆，同比增长9.1%，占出口总量的12.2%。在国内市场，以公交车为主的新能源客车市场出现较大幅度下滑，但纯电动物流车保持了快速增长态势；新能源客车出口较快增长，市场方兴未艾。

国内细分市场冰火两重天。上险数据显示，2023年，公路客车（座位客车）市场同比激增72%，公交车下滑45%，校车下滑24.3%，传统轻客市场增长7%，专用车市场增长34%。剔除传统轻客和专用车的客车，上险量仅6.2万辆，同比下滑12.3%，比2019年下滑54.6%（见表2），比2016年的历史顶峰少17.4万辆，只有2010年的1/3。

表2 2023年国内客车细分市场上险情况

单位：万辆，%

车辆类型	2023年	同比增长	比2019年同期增长
公路车	3.22	71.7	-33.4
其中:大型客车	1.47	83.4	-10.6
中型客车	1.36	82.5	-33.2
轻型客车	0.39	19.0	-65.9
公交车	2.60	-44.7	-65.9
其中:大型客车	0.99	-56.1	-73.9
中型客车	1.18	-34.9	-63.7
轻型客车	0.42	-31.6	-23.7
校车	0.37	-24.3	-69.0
其中:大型客车	0.08	-19.1	-49.0
中型客车	0.18	-26.4	-55.8
轻型客车	0.11	-24.0	-82.4
合计	6.19	-12.3	-54.6

资料来源：上险数据。

1. 国内公路车市场全线上扬，但未能恢复至疫情前水平

经历三年疫情防控后，国民出行意愿增强，随着经济形势的逐步好转，各级政府出台各类"促旅游、助发展"出行政策和实施方案，国内旅游持续升温并保持强劲的增长势头，旅游客运市场迎来大爆发。国内公路车市场一扫上年"跌跌不休"的疲态，第二、第三季度上险量均超万辆、同比倍增，第四季度上险量同比快速增长、但环比下降23%。全年上险量达3.22万辆（不含传统轻客产品），同比增长71.7%，其中，营运车辆2.37万辆，同比增长123%；非营运车辆0.85万辆，同比小幅增长4.4%。虽然2023年公路客车上险量同比激增，但依然比2019年减少33.4%，尚未恢复至疫情前水平（见图2）。

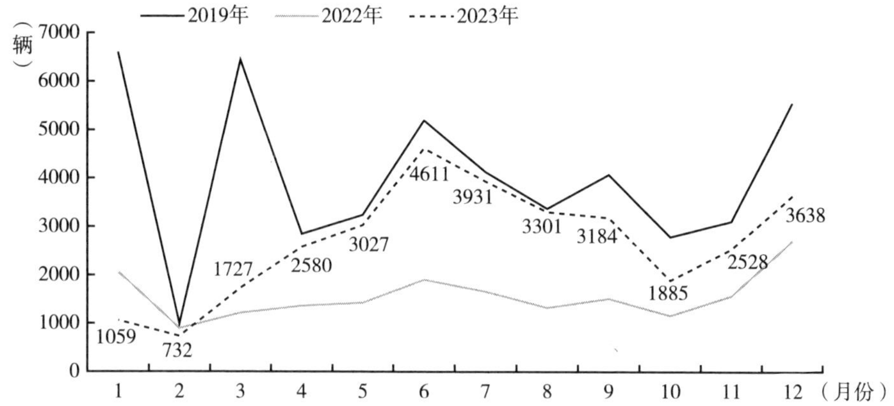

图2 国内公路客车月度销量走势

资料来源：上险数据。

从车型来看，2023年大型、中型公路车的同比增幅远高于轻型公路车的增幅，大型、中型公路车同比增幅均超过82%，轻型公路车增长19.0%；大型、中型、轻型公路车的占比分别为46%、42%、12%（见表2）。

公路车市场虽以传统动力为主，新能源汽车购置补贴的退出对公路客车市场也产生一定影响，新能源公路车上险量同比下降，全年上险量0.46万辆，同比下降8.8%。其中，纯电动公路车上险量3894辆，同比下降16%；

燃料电池车 674 辆，同比增长 72%。新能源公路车仅占公路车上险量的
14.2%，同比减少了 12.5 个百分点，其营运车辆与非营运车辆的比例为
66∶34，非营运新能源公路车的上险量与上年基本持平。

在公路车区域市场，广东、江苏、浙江、云南、山东上险量居前。
旅游大省云南的市场表现最为耀眼，上险量同比增长 631.1%，市场排名
从 2022 年的第二十八名直线上升至 2023 年的第四名（见表 3）。此外，
山东、河南、陕西、安徽、河北、广西、吉林、宁夏、西藏等区域市场
的增幅都在 1 倍以上。

表 3　2023 年国内公路车区域市场 TOP10 上险情况

单位：辆，%

序号	区域市场	2022 年	2023 年	同比增长
1	广东	2279	3038	33.3
2	江苏	1627	2401	47.6
3	浙江	1783	2303	29.2
4	云南	254	1857	631.1
5	山东	846	1826	115.8
6	北京	1205	1511	25.4
7	四川	897	1509	68.2
8	河南	616	1411	129.1
9	福建	788	1332	69.0
10	陕西	526	1286	144.5

资料来源：上险数据。

2. 公交车市场表现惨淡

2023 年客车行业回暖是主旋律，市场激励政策频出，利好新能源客车
的政策，前有公共领域全面电动化，后有新能源免征购置税，但国内公交车
市场上半年极为惨淡，第三季度仍不见好转，第四季度也没有往年的大幅翘
尾行情，全年上险量仅 2.6 万辆，同比下降 44.7%，比 2019 年下降 65.9%
（见图 3）。

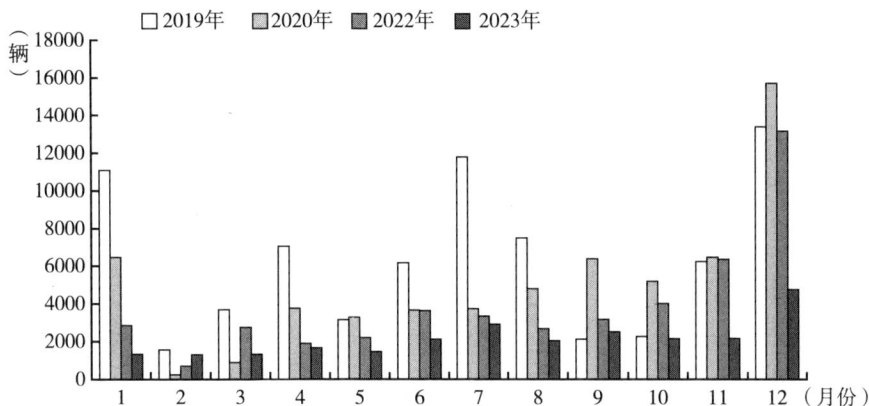

图3　国内公交客车月度销量走势

资料来源：上险数据。

公交车各车型同比降幅不一，其中，大型公交降幅高于中型和轻型公交；大型公交占比为38.2%，上险量不及中型公交，公交呈现中轻型化趋势。后疫情时代城市公共交通出行面临总量流失、公交分担率继续下行的态势，公交出现"大转小"的态势。

2023年，新能源公交占比为99.3%，同比微降0.16个百分点。其中，纯电动公交车占比为91.7%，比上年下滑2.4个百分点；插电式混合动力公交车占比为5.1%，比上年提升1.6个百分点；燃料电池公交车占比为2.5%，比上年提升0.7个百分点。

2009年"十城千辆节能与新能源汽车示范推广应用工程"正式开启，客车行业走在了新能源汽车推广应用的最前列。2015年，随着新能源补贴政策的正式落地，客车行业呈现爆发式增长。2015年，国内公交车上险量达到顶峰，超过11万辆，其中，新能源公交车高达7.4万辆。2016~2018年公交上险量分别为10.08万、10.28万、9.27万辆，其中，新能源公交分别达到8.8万、8.9万、8.6万辆。受需求透支、"补贴"退坡、经济增长放缓、高铁地铁快速发展等因素影响，市场自2018年步入调整期（见图4）。

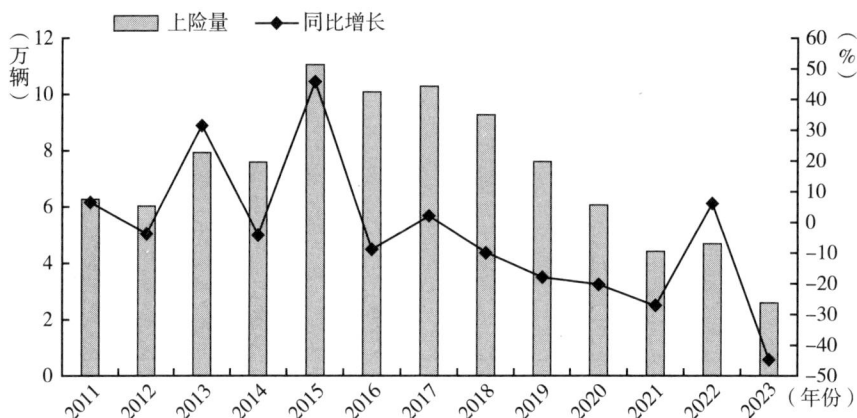

图4 2011~2023年国内公交车市场走势

资料来源：上险数据。

3. 校车市场有所下滑，难以重整旗鼓

校车利用率较低、私家车的兴起、公共交通的发展、新出生人口数量下滑等叠加因素对校车市场的影响较大，2021年更新需求曾为校车市场短暂注入活力，受疫情影响，2022年市场重回下滑轨道，"民转公"政策的落地深化促使校车需求结构发生变化，轻型校车需求整合并转移至大中型校车，而通学公交车的出现进一步挤压了校车市场，2023年校车上险量继续下滑。2023年，14家企业校车市场上险量3724辆，同比下滑24.3%，比2019年下滑69%（见图5）。

2023年，大型校车同比降幅低于中轻型校车，中型校车占比最高，大、中、轻型校车的占比分别为20.6%、49.3%、30%。在车辆类型上，幼儿专用校车同比降幅最大，中小学生专用校车占比最高，达45.2%（见表4）。

校车市场TOP3品牌为宇通客车（2232辆）、中通客车（474辆）、福田汽车（213辆）。宇通客车市占率达59.9%，比前两年略有下降。

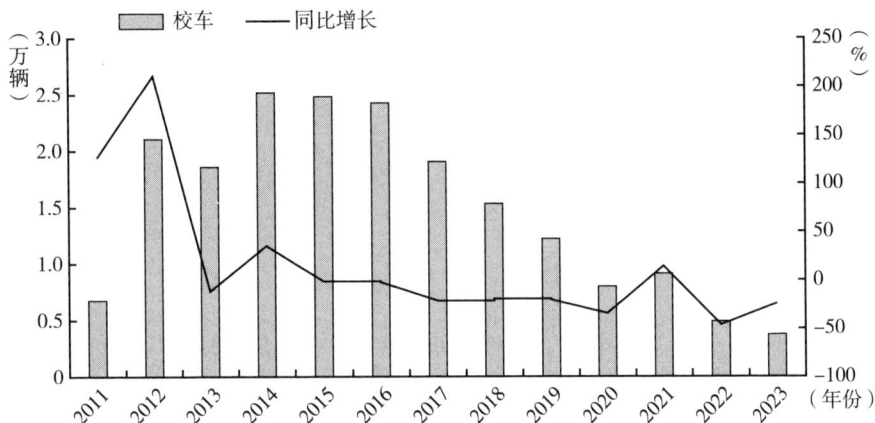

图5　2011～2023年国内校车销量走势

资料来源：上险数据。

表4　2023年国内校车销售情况

单位：辆，%

车辆类型	2023年	同比增长	比2019年增速
小学生专用校车	1291	-15.4	-65.7
幼儿专用校车	751	-42.6	-87.5
中小学生专用校车	1682	-19.3	-25.5
总计	3724	-24.3	-69.0

资料来源：上险数据。

4. 纯电动物流车保持迅猛增长，医用车销量大幅回落

国内轻型客车市场2023年同比快速增长16%，专用客车市场的贡献功不可没。轻型专用客车延续了上年的快速增长态势，全年上险量19万辆，同比增长35%，主要受益于轻型物流车的拉动。经济逐步复苏，社区团购、网络直播购物兴起，城配物流业务持续增长，城市物流细分市场前景看好且增长迅速，加之蓝牌替代效应，刺激轻客物流车市场快速增长，路权的开放助推电动物流车持续迅猛增长。上险数据显示，2023年，轻型物流车上险量达15.8万辆，同比增长47%，其中，纯电动厢式运输车12.8万辆，同比激增 49.7%；普通厢式运输车 3 万辆，同比增长 37.9%。

三年疫情下的"动态清零"政策持续引爆医用车市场，随着疫情防控的平稳转段，医用车需求大幅回落。2023 年医用车上险量为 0.99 万辆，同比下降 46.4%，其中，救护车 0.89 万辆，同比下降 47.6%。在疫情大面积传播的第一季度，医用车上险量最高，占了全年的 42%。

（二）客车行业竞争趋势

2023 年客车行业总体处于回暖态势，2024 年 1 月，多家客车企业发布的业绩预告也多为喜报，其中，宇通客车、福田客车、比亚迪汽车利润同比大幅增长，金龙汽车扭亏，安凯客车减亏，而主打公交市场的亚星客车则受销量不及预期、应收账款回收周期延长、应收账款坏账计提增加等因素影响，继续亏损，面临退市风险。在经济恢复和产业转型升级的关键期，发展机遇和挑战并存，跟不上节奏的企业则可能被淘汰出局。

近年来，客车市场规模不断萎缩、竞争环境持续恶化，使行业整体的订单质量、盈利水平持续下滑。基于此种困境，主要客车企业逐步着力开辟新的赛道，如新能源卡车、专用车等领域，或深挖客车细分市场需求，并通过技术创新升级和加大成本管控等方式，不断提升产品竞争力。出口业务创历史新高，新能源客车出口业务占比提高，销量结构向好，研发饱和投入，全新产品集中上市，数字化变革和营销生态加速进化，持续推动全价值链降本增效，持续加强应收账款管控、强化存货管理……业绩预告中的这些描述，令投资者看到客车行业领先企业综合竞争力的显著提升。

现有竞争者市场集中度较高，行业排名相对稳定。

在大中型客车市场，2021 年 TOP12 企业市占率合计高达 91.6%，2022 年 TOP12 企业市占率仅 86.9%，2023 年 TOP12 企业的市占率回升至 91%。"三龙二通"依然稳居行业前五。宇通客车的市场份额快速回升，市占率同比增加 7.7 个百分点；"三龙"（金龙客车、金旅客车、苏州金龙）市占率同比增加 2.6 个百分点；中通客车、北汽福田、中车时代、扬州亚星市占率下滑；一汽丰田、吉利商用车榜上有名，南京金龙、上海申沃落榜（见表5）。

表5　2023年大中型客车企业排名

序号	企业名称	上险量(辆)	市占率(%)	市占率同比增减(百分点)
1	宇通客车	31770	34.6	7.7
2	苏州金龙	8920	9.7	1.5
3	金龙客车	6989	7.6	0.6
4	金旅客车	6770	7.4	0.5
5	中通客车	6598	7.2	-1.5
6	北汽福田	4581	5.0	-1.3
7	比亚迪汽车	4421	4.8	0.6
8	中车时代	3363	3.7	-1.2
9	一汽丰田	3007	3.3	1.2
10	安徽安凯	2990	3.3	0.9
11	吉利商用车	2376	2.6	1.3
12	扬州亚星	1653	1.8	-0.5
	合计	83438	91.0	9.8

资料来源：根据中国汽车工业协会数据（含非完整车辆）、上市公司公告整理。

在轻型客车市场，2023年，受益于国内轻型物流车市场的迅猛增长与轻型客车出口的快速增长，TOP12中有9家企业市占率同比增长，仅3家企业市占率同比下降。长安系（含保定长安、重庆长安等）、安徽江淮销量同比激增，行业排名均比上年提升两位，长安系拔得销量头筹。上汽大通、北汽福田的销量也快速增长（见图6）。中汽协统计显示，轻型客车出口排名前5的企业是上汽大通（2.65万辆，同比+90%）、江淮汽车（1.53万辆，同比+171%）、北汽福田（1.12万辆，同比+52%），长安系（0.86万辆，同比+234%），江铃汽车（0.5万辆，同比+51%）。

1.国内公路车市场

公路车市场的集中度非常高，且持续上升。2023年，排名前五的企业依然是"三龙一通"和一汽丰田（柯斯达牌）。五家企业市占率"三

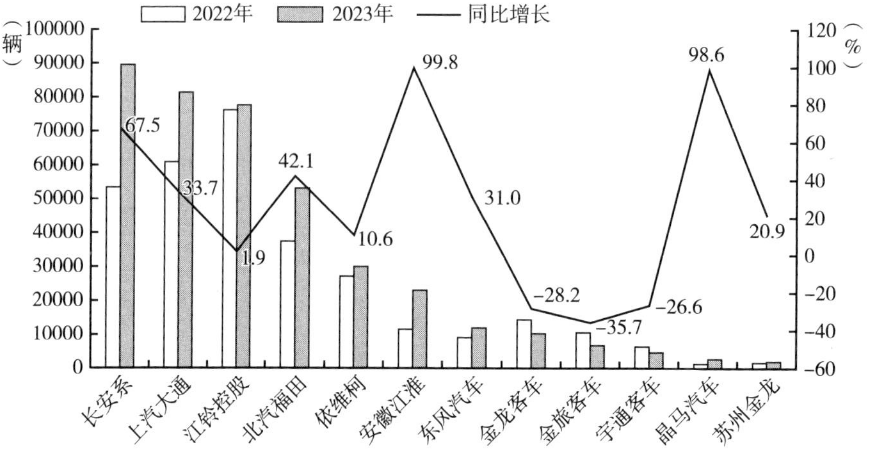

图6 2023年轻型客车主要企业销量增长情况

资料来源：根据中国汽车工业协会数据整理（含非完整车辆）。

增二减"，合计市占率达78.2%，同比增加0.2个百分点。其中，宇通客车市占率47.2%，同比增加4个百分点，稳居龙头；苏州金龙（海格牌）市占率同比提升0.7个百分点，排第二位；金龙客车市占率同比基本持平；金旅客车、一汽丰田的市占率同比下降。TOP6~10企业合计市占率为17.5%，其中，中通客车、福田汽车、江西晶马、安凯客车的市占率提升，东风市占率下降。比亚迪从公交车市场向公路车市场渗透，虽仅有264辆，但同比增幅最高，排名第11位（见表6）。此外，一汽丰田的柯斯达牌公路车上险量同比增幅虽不高，但其由改装车厂上公告的车辆有813辆，同比增长81%；东风公路车底盘改装车辆有162辆，同比下降59%。

在大中型公路车市场，"三龙一通"和柯斯达占行业份额的83.9%，其中，宇通客车市占率达50.9%，"三龙"合计占26.1%，柯斯达占6.9%。中通排第6，占4.7%；福田排第9，占3.2%（见表7）。

在轻型公路车市场，前三名品牌是东风（21.5%）、宇通（20.7%）、晶马（18.1%）。"三龙"市占率达17.5%（见表7）。

表6　2023年国内公路客车各品牌市场排名

序号	品牌	上险量(辆)	同比(%)	市占率(%)	占比增减(百分点)
1	宇通客车	15189	87.4	47.2	4.0
2	海格	3581	83.0	11.1	0.7
3	金龙	2378	71.9	7.4	0.0
4	金旅	2099	29.4	6.5	-2.1
5	柯斯达	1948	24.1	6.0	-2.3
6	中通	1511	94.5	4.7	0.6
7	晶马	1327	98.1	4.1	0.5
8	东风	1018	6.7	3.2	-1.9
9	福田	911	89.0	2.8	0.3
10	安凯	866	114.9	2.7	0.5
11	比亚迪	264	1220.0	0.8	0.7
12	亚星	244	128.0	0.8	0.2
13	解放	204	229.0	0.6	0.3
14	合客	150	-5.1	0.5	-0.4
15	牡丹	124	33.3	0.4	-0.1
合计		32203	71.7		

资料来源：上险数据。

表7　2023年国内公路客车TOP10品牌分车型上险量情况

单位：辆，%

序号	品牌	上险量	市占率	大中型	市占率	轻型	市占率
1	宇通	15189	47.2	14375	50.9	814	20.7
2	海格	3581	11.1	3441	12.2	140	3.6
3	金龙	2378	7.4	2313	8.2	65	1.7
4	金旅	2099	6.5	1620	5.7	479	12.2
5	柯斯达	1948	6.0	1948	6.9	—	0.0
6	中通	1511	4.7	1319	4.7	192	4.9
7	晶马	1327	4.1	616	2.2	711	18.1
8	东风	1018	3.2	171	0.6	847	21.5
9	福田	911	2.8	911	3.2	—	0.0
10	安凯	866	2.7	740	2.6	126	3.2
合计		32203		28264		3939	

资料来源：上险数据。

2. 国内公交车市场

2023年，国内公交车市场TOP10企业市占率72.2%，各品牌此升彼降，变化较大（见表8）。排名前5的企业是宇通客车、福田汽车、金龙客车、吉利商用车（远程牌）、上海申沃，合计市占率46.7%；TOP6~10企业是中国中车、苏州金龙（海格牌）、南京金龙（开沃牌+创维牌）、安凯客车、中通客车，合计市占率25.2%。在市场普遍下滑的情况下，吉利商用车可谓一枝独秀，上险量倍增，市占率快速提升6.3个百分点，远程有80%的上险量在浙江市场。此外，市占率同比提升的车企还有福田汽车、金龙客车、广通汽车、上海申沃、安凯客车、恒通客车等。南京金龙的两个子品牌开沃和创维，市场各有侧重，开沃主攻安徽市场，创维发力江苏市场，合计市占率5%，同比持平。宇通客车、比亚迪、中国中车、中通客车、苏州金龙、金旅客车、亚星客车等车企市占率则明显下降。

表8 2023年国内公交客车市场各品牌排名

序号	品牌	上险量（辆）	同比（%）	占比（%）	占比增减（百分点）
合计		25961	-44.7		
1	宇通	3656	-57.8	14.1	-4.4
2	福田	2468	2.1	9.5	4.4
3	金龙	2257	-5.2	8.7	3.6
4	远程	2214	110.1	8.5	6.3
5	申沃	1532	-16.7	5.9	2.0
6	中国中车	1443	-53.5	5.6	-1.1
7	海格	1365	-58.3	5.3	-1.7
8	开沃+创维	1304	-45.0	5.0	0.0
9	安凯	1256	-21.3	4.8	1.4
10	中通	1249	-59.6	4.8	-1.8
11	广通	1239	3.6	4.8	2.2
12	比亚迪	1179	-52.7	4.5	-0.8
13	金旅	989	-49.7	3.8	-0.4
14	蜀都	662	-33.9	2.5	0.4

序号	品牌	上险量（辆）	同比（%）	占比（%）	占比增减（百分点）
15	东风	591	−45.4	2.3	0.0
16	恒通客车	559	−15.2	2.2	0.7
17	象牌	397	−68.9	1.5	−1.2
TOP1~10合计		18744	−37.1	72.2	8.7

资料来源：上险数据。

公交车区域市场品牌集中度高，批量大单对排名的影响较大。2023年，公交车区域市场上险量超过千辆的有9个，依次是浙江、四川、上海、江苏、北京、安徽、河北、山东、辽宁。远程在浙江市场占43%的份额；四川市场前四品牌为蜀都、中国中车、比亚迪、广通；上海市场基本上是申沃、象牌包揽；江苏市场，南京金龙（开沃牌＋创维牌）占26.1%的份额，宇通占22.1%；福田包揽北京市场；安徽市场，南京金龙（开沃牌＋创维牌）占42%，安凯占26.6%；河北市场，广通汽车占42.6%，福田汽车占28.6%；山东市场，宇通占31.9%，中通占21.3%；辽宁市场前三名品牌为金龙、中通、海格（见表9）。

表9　2023年国内TOP9公交客车区域市场前5品牌

单位：辆，%

序号	浙江省			四川省			上海市		
	品牌	上险量	占比	品牌	上险量	占比	品牌	上险量	占比
	总计	4107		总计	2147		总计	1825	
1	远程	1766	43.0	蜀都	662	30.8	申沃	1426	78.1
2	宇通	516	12.6	中国中车	577	26.9	象牌	387	21.2
3	金龙	476	11.6	比亚迪	240	11.2	安凯	12	0.7
4	安凯	444	10.8	广通	211	9.8			
5	中国中车	329	8.0	中通	101	4.7			

序号	江苏省			北京市			安徽省		
	品牌	上险量	占比	品牌	上险量	占比	品牌	上险量	占比
	总计	1795		总计	1782		总计	1480	
1	创维	455	25.3	福田	1766	99.1	开沃	609	41.1
2	宇通	396	22.1	海格	11	0.6	安凯	393	26.6

序号	江苏省			北京市			安徽省		
	品牌	上险量	占比	品牌	上险量	占比	品牌	上险量	占比
3	海格	241	13.4	金龙	5	0.3	万达	161	10.9
4	比亚迪	160	8.9				比亚迪	119	8.0
5	中国中车	105	5.8				宇通	72	4.9

序号	河北省			山东省			辽宁省		
	品牌	上险量	占比	品牌	上险量	占比	品牌	上险量	占比
	总计	1433		总计	1317		总计	1304	
1	广通	611	42.6	宇通	420	31.9	金龙	511	39.2
2	福田	410	28.6	中通	280	21.3	中通	260	19.9
3	宇通	208	14.5	中国中车	196	14.9	海格	240	18.4
4	东风	77	5.4	比亚迪	123	9.3	金旅	83	6.4
5	中国中车	69	4.8	安凯	100	7.6	中国中车	83	6.4

资料来源：上险数据。

（三）客车市场趋势研判

我国坚定不移地实施"双碳"战略，产业结构和能源结构将持续调整优化，新能源汽车产业迈入高质量发展阶段，新能源客车市场长期看好。新能源国补全面取消后，伴随需求逐步回归市场主导，且市场保有的2015～2017年的新能源车迎来更新期，未来2～5年新能源结构占比将呈现持续上升的走势。在新能源公路车市场，随着新能源技术发展和充换电配套设施完善，客户里程焦虑得到缓解，市场对新能源接受度提高，新能源车在团体租赁、城乡客运市场将呈增长趋势，结构占比有望进一步提升。

智能驾驶产业将进入快速发展期。国家支持智能网联汽车产业发展的相关政策频出，地方政府也在加快开展特定区域商业化试运营，为自动驾驶技术的发展与应用提供了良好的政策环境。

虽然地方财政紧张、公交公司普遍经营困难的不利因素尚存，但国内新能源公交市场的更新周期、城镇化的发展、公交都市的建设、万人标台的提升、农村客运公交化运营持续推进等有利因素支撑市场需求，预计2024年公交客车市场将呈现回暖态势。从燃料类型看，当前纯电动公交产品是绝对主力；混合动力产品已成为小部分市场应对特殊天气场景、行使备用车辆功能的新能源边缘产品，销量持续走低；燃料电池受制于"采购成本高、加氢难、加氢贵"等不利因素的影响，仍处于试点阶段，在燃料电池示范城市群的带动下，2024年销量预计将有小幅提升。

公铁竞争、多种出行方式对公路客运市场产生了长远影响，但短途客运市场、通勤车、旅游车、景区用车的市场需求长期存在。2023年旅游客运市场带动公路客车市场强力回暖，从年底的需求来看，旅游市场热度不减，公路客车2024年上半年市场需求仍以旅游和租赁市场为主，呈持续增长趋势；各地的厂包租赁车开始批量电动化更新，也将有助于提振市场需求。

随着早期的国三/非新标准校车持续更新，预计未来几年校车市场逐步趋稳。

经济活力提振、小团旅游的兴起、营运车辆"7改9""大改小"的趋势、电商物流的快速发展、蓝牌轻卡的替代效应、农村客运的发展等将继续利好轻客市场。随着路权开放、电商物流快速发展、城市间和城市内配送环节的完善，轻型物流车步入新能源化轨道。

新兴市场和发展中经济体发展较快，"一带一路"、金砖国家扩容带来更多市场机遇。目前，全球超过20个国家制定了电动化目标或实施燃油车禁令，欧盟、英国、韩国等8个国家和地区已宣布净零排放承诺，欧盟应对气候变化的"欧洲绿色协议"提出到2050年欧洲率先实现"碳中和"，新能源客车出口处于快速发展期，海外市场的潜能巨大。但客车出口环境也面临诸多挑战，全球经济呈现弱势修复态势，总体趋紧的大环境没有改变，需求收缩压力仍然存在，明显的贸易保护主义抬头（欧盟"双反"，美国针对进口电动汽车加税）不利于出口，俄罗斯的报废税政策影响了客户后续的采购。此外，俄乌战争、巴以战争、红海危机等地缘政治冲突也使国际贸易的不确定因素大增。

综上所述，2024年客车市场将持谨慎乐观态度。

二 新技术新产品发展

(一)新技术发展

1.纯电动系统

纯电动技术路线经济效益、减碳效益最优,未来会随着清洁/零碳电力比例的提高实现碳中和,是中短途商用车实现碳中和的最主要技术路线。纯电动系统包括充电和换电两种方式,总体以充电为主,换电为辅。换电方式,补能快效率高,只适合用于部分固定线路、短途、高频的运输场景。

纯电动力系统未来将向轻量化、高集成度、高效率方向发展。商用车领域整车吨位跨度大、应用场景复杂,目前电机直驱、电机+AMT、电驱桥等多种驱动方案并存,其中电驱桥在重量、成本、效率、空间布置等方面存在优势,是商用车动力系统未来主要的发展方向。

商用车纯电动技术具有以下优势。①经济效益明显:电机效率远高于各种燃料内燃机,使用成本低,全生命周期成本(LCC)优势明显;②减碳效益明显:车辆使用过程中不使用含碳化石燃料,无任何排放,也不产生温室气体和污染物,未来会随着清洁/零碳电力比例的提高实现碳中和;③可靠性高:电机结构简单,零部件数量少,能量转换过程无摩擦,可靠性强。

纯电动技术经济效益和减碳效益明显,是实现碳中和的最优技术路线之一。在客车产品方面,行业已全面推广充电纯电动客车产品。换电纯电动产品成本高、电池电量规格不统一、基础设施缺乏、市场无需求,因此,行业暂无统一布局。

2.混合动力系统

混合动力技术路线分为传统混合动力、插电式混合动力、增程式混合动力三种,高效、高节油率是混合动力技术研究的方向,商用车领域,整车空间大,多重载运行,负荷大,采用发动机可直接参与驱动的混动构型,其节油率高,经济性好,能覆盖不同工况的需求,是商用车领域的主要技术方向。

按照混动构型可分为串联、并联、混联三种，在商用车领域，混联构型（串并联、行星排）是主流的混合动力系统构型，其在节油率、舒适性、集成化等核心性能方面具备综合优势，在中国、美国市场占主导地位，以美国艾利逊、宇通行星排混联，宇通、金龙串并联混联为主流代表。欧洲市场混合动力推广应用少，以德系并联系统为主。

混合动力具有以下优势。①全生命周期成本（LCC）优势。混合动力产品相对传统车有节油优势，可以降低车辆运营成本，尤其是在公交客车领域，插电式混合动力可实现约2年回本，优势明显。②路权优势。插电式混合动力以及增程式混合动力，纯电续航里程在50km以上，整车可以上绿牌，具备路权优势。

混合动力技术是商用车碳中和的过渡性技术路线，国内公交车曾大规模应用，现已被纯电动逐渐替代，但部分市场还有一定需求。在公交客车产品方面，混合动力节油率高，相对传统车具备LCC优势。在公路客车产品方面，对于团体租赁场景混合动力相对传统车LCC有一定优势，存在一定的混动需求量。

3. 燃料电池系统

根据市场应用场景需求，以及中国《节能与新能源汽车技术路线图2.0》《关于开展燃料电池汽车示范应用的通知》等，国家重点推动燃料电池汽车在中远途、中重型商用车领域的产业化应用。燃料电池动力系统技术主要发展趋势由"大功率燃料电池+中小容量功率型动力电池"向"大功率燃料电池+大功率型动力电池"方向发展，以满足中重型商用车的动力性需求。燃料电池系统向大功率、国产化的方向发展。在输出功率方面，目前商用车的燃料电池系统额定功率已达到120kW；在关键零部件国产化方面，电堆、膜电极、石墨双极板、氢气循环泵、空压机等关键零部件均已实现自主批量生产，金属双极板、催化剂已实现小批量应用，碳纸和质子交换膜等关键材料仍主要依赖进口。在车载氢系统方面，国内已实现35MPa车载氢系统的产业化，部分地区实现70MPa车载氢系统的小规模装车应用。

4. 辅助驾驶系统

辅助驾驶功能与安全强相关，因此国内外政府机关和社会团体相继出台多项政策法规推动辅助驾驶功能装车；在 SAE 定义的 L0～L2 级辅助驾驶功能方面，与乘用车相比，商用车辅助驾驶技术在研发进度、装配率等方面均处于落后状态，但基本按照乘用车的发展进程在持续跟进；商用车运行工况、使用场景具有特殊性，因此对商用车的应用提出了更多个性化的辅助驾驶功能需求。

国内外与辅助驾驶相关的主要法规及正在起草的标准中，与安全强相关的 LDWS、FCW、AEBS、LKA、DMS 等功能均已有明确的法规要求装配计划，其他尚未应用的功能，如先进驾驶员分心警告系统、L2 级辅助驾驶系统也在筹备立项中。我国相关部委也在不断完善商用车驾驶辅助系统相关法规，在《营运客车安全技术条件》（JT/T1094-2016）等法规中明确要求车辆配置 LDW、FCW、AEBS 等驾驶辅助安全技术，有效促进驾驶辅助技术落地实施。

在辅助驾驶系统应用方面，基于商用车的运行工况和特点，商用车应用对辅助驾驶技术提出了新的需求，例如，针对客车驾乘人员的状态监测需求等。需基于商用车应用场景特点，开发具备商用车特色的辅助驾驶技术，如驾乘人员身份/状态识别、车路协同感知、预测性辅助控制等。

5. 自动驾驶应用系统

自动驾驶应用系统未来将围绕取消安全员、扩展 ODD 范围、增强天气适应性、丰富自动驾驶功能等方面发展。同时将按照低速封闭场景→低速开放场景/高速封闭场景→高速开放场景的顺序实现商业化落地。

（1）取消安全员。取消安全员是自动驾驶实现商业价值的核心，Waymo、通用、百度等企业逐年降低安全员人工接管次数，以期实现无安全员运行。加州公路管理局发布的自动驾驶测试报告显示，Waymo 的人工主动接管次数已由 2017 年的 0.011 次/百公里降至 2019 年的 0.0034 次/百公里。2020年 10 月，Waymo 已实现限定范围内无安全员运行，凤凰城当地居民可手机约车出行。2021 年 9 月，美国加州机动车辆管理局（DMV）宣布为 Cruise、Waymo 颁发自动驾驶部署许可证，允许这两家公司对大众提供的自动驾驶服务收取费用。

（2）扩展 ODD 范围。现阶段自动驾驶示范范围仍有限，无法完全覆盖客户实际应用需求，如百度在长沙开展的 Robotaxi 示范仅限 130 平方公里内的部分路段，Waymo 的无安全员自动驾驶仅限凤凰城内不到 50 平方英里的区域内，两者运行的区域位于城市新区，车流较低、交通顺畅。车辆在面对复杂交通流时，部分"极端情况"无法解决，仍存在犹豫不决、紧急刹车等现象。Waymo、百度等企业，通过逐步扩大自动驾驶服务范围，积累数据，迭代算法，最终使自动驾驶服务覆盖客户需求。

（3）丰富自动驾驶功能。现阶段示范运行的自动驾驶系统，功能仍以完成基础的行驶需求为主，随着技术的发展，结合不同场景的作业特点，自动驾驶的功能不断丰富，为取消安全员、提高运营效率打下基础。例如，2019 年 Waymo 开始研发交警手势识别功能、2020 年百度新增紧急车辆识别功能。

（4）高等级自动驾驶将按照低速封闭场景→低速开放场景/高速封闭场景→高速开放场景的顺序实现商业化落地。从技术层面来看，限定区域运营场景由于路况简单、线路相对固定、车速相对较低、交通参与者较少等，更有利于自动驾驶功能实现。相较之下，大范围不定线路运营场景、复杂交通环境场景和极端恶劣天气运营场景，短时间内难以实现安全可靠的自动驾驶功能。因此，高等级自动驾驶会按照低速封闭场景→低速开放场景/高速封闭场景→高速开放场景的顺序实现商业化落地。尤其是对于商用车辆，用户对于运营成本更加关注，如煤矿运输企业、港口服务公司等，对自动驾驶产品有强烈的价值驱动，将是中国自动驾驶落地的重要突破口。

6. 智能交互

随着互联网、大数据和人工智能等先进技术在交通运输领域的应用与发展，汽车的内部空间、人机界面、操作方式和交互过程都在发生变化。从设计的角度来看，汽车从一个运载工具发展为包含个人空间、公共空间和社交空间的设计对象。从人的角度来说，车辆需要感知人的语音、触摸、手势姿态、面部/身份识别甚至情感，并对输入的信息进行解析，与人进行交互。

随着智能化、网联化、大数据等技术发展，产品和功能将持续、快速迭代，智能交互方式逐步向被动式交互—主动式交互—情感式交互方向升级发展。整体发展趋势如下：①交互对象由人车交互向人车环境交互发展；②交互方式由单一通道交互向多通道、多模态交互发展；③交互深度由被动式向基于场景的情感式交互发展；④交互系统硬件由分散式控制向集中式计算平台演进；⑤交互体验设计由被动式收集向大数据驱动主动式收集方向发展。

7. 远程诊断技术

汽车远程诊断系统是汽车诊断技术结合移动互联网、车联网技术，实现了车辆故障的远程诊断和修复，同时减少了车辆的维修成本。基于车联网的诊断技术获取车辆信息，并将其发送至诊断平台，实现车内外数据的实时交互、信息共享，诊断专家可以在不亲临现场的情况下，获取车辆数据并做出分析，进行远程故障排查，并通过 OTA 升级解决故障。

8. SaaS 化应用技术

软件即服务（Software as a Service，SaaS），SaaS 化应用技术不是指很多应用的集合，而是指一种能够为客户提供灵活订阅服务的技术，且通过此技术，客户无须购买软硬件和建设机房，即可通过互联网使用信息系统。灵活订阅体现在以下 4 个方面：①按需订阅服务内容，服务内容包括 SaaS 化应用、开放数据、开放服务等形式，中小型客户可以按需订阅 SaaS 化应用，集成属于自己的信息子系统，依据订阅的 SaaS 化应用支付费用，大型客户可以按需订阅开放的数据或服务，接入自建的信息系统，依据订阅的数据服务支付费用；②按需订阅服务时长，客户可按年/月度订阅服务，实现阶段性付费；③按需订阅数据量，客户可按车辆数订阅服务；④快速响应订阅，客户订阅服务后，能够快速集成或接入信息系统。

车联网行业对 SaaS 化技术的需求日趋旺盛。随着客户企业信息化水平的提高和企业数字化的转型，较大的运企客户大多已有自己的信息化平台，各企业的组织结构和管理流程不完全相同，而车队管理作为企业车辆管理工作中的一个环节，更希望能够提供便捷融入业务流程来进行闭环的车队管理能力；零部件供应商作为车企的主要合作方，在零件统一管理、售后维护等环节，急需统一、便捷的服务平台，提高与整车厂的合作效率；对整车厂而言，车联网进入智能网联汽车发展的黄金阶段，软件定义汽车的发展趋势下，数字化软件服务也将成为整车零部件的一部分，如果进行商业落地，需要依托统一的客户出口，SaaS化技术以其轻便部署、低成本的优质特性，可实现将整车软件服务和车队管理数字化服务应用相融合，为客户提供即买即用的便捷服务。

9. OTA技术

汽车前装OTA装配量保持快速增长的趋势。佐思数据库统计显示，2020年中国乘用车前装OTA装配量达444.9万台，装配率达23.7%，2021年1~5月，中国乘用车前装OTA装配率达28.3%，预计至2025年中国乘用车前装OTA装配率有望达到80%。

在商用车方面，国外奔驰、沃尔沃、美国马克MACK卡车公司已率先启用OTA技术。2021年3月4日，马克卡车、沃尔沃卡车宣布将在北美向用户提供无限次OTA参数更新服务。在国内，一汽解放、中国重汽智能卡车已逐步开始研发，智能卡车零部件升级成为各车企布局OTA能力的主要驱动。此外，智能化程度较高的皮卡（如长城炮）、物流车（开瑞新能源）等细分市场均开始部署整车OTA功能。

整车OTA升级已在自动驾驶、智能座舱、辅助驾驶等方面得到广泛应用，为客户带来了全新的用户体验，并逐渐形成新的盈利模式。

通过V2X技术，OTA应用已从车内走向车外，形成跨车型（物流、冷藏、救护等）、跨设备（充电、交通、站台等）、跨业务场景（智慧公交、出租车、专车等）的智慧出行OTA解决方案。

10. 云平台技术

2021年3月，国务院国有资产管理监督委员会发布《关于发布2020年国有企业数字化转型典型案例的通知》，其中有30个优秀案例涉及企业云平台的建设，提升企业生产运营数据价值，提高工作生产流程自动化和工作效率。在数字化转型大势下，融合传统IT基础设施与现代云计算技术，构建企业的一体化数字底座，已成为企业数字化转型成功的充分必要条件。

信通院《中国云使用优化调查报告》统计显示，近八成的企业已自建或使用云平台，并在池化计算、存储、网络等 IaaS 层基础设施上发展较为成熟。但资源池化的虚拟化架构只是云平台发展的中间状态，如何进一步从 PaaS 层释放云动能，将弹性、灵活、敏捷等特性放大，并为企业上层应用进行全场景的业务赋能，已成为新的发展方向。

数字化转型浪潮下企业面临的是新旧商业形态快速交替，颠覆和重构时刻都在发生，需要更快速地感知用户需求并做出调整，才能在竞争中持续累积优势。云原生产业联盟《中国云原生用户调查报告（2020）》统计显示，近 6% 的企业每日发布应用，28% 的企业每周发布应用。在这种以客户为中心的高频发布趋势下，应用开发部署逐渐向轻量化、松耦合、敏捷化转型，而以容器、微服务、Serverless、声明式 API、不可变基础设施为核心的云原生技术已成为未来云平台发展的方向，同时以云原生平台为核心的低代码平台、智能化运维、DevOps 也成为企业云上效能持续提升的关键。

11. 车载网联终端技术

随着汽车行业对 5G/V2X 技术的需求日益增加，相关标准不断完善，以 2020 年 11 月中国汽车工程协会发布的《T/CSAE 53-2020 合作式智能运输系统车用通信系统应用层及应用数据交互标准（第一阶段）》和《T/CSAE 157-2020 合作式智能运输系统车用通信系统应用层及应用数据交互标准（第二阶段）》标准为指导的车联网典型应用日趋丰富、持续落地。为了促进 5G 应用的发展，工业和信息化部制定了《5G 应用"扬帆"行动计划（2021—2023 年）》，旨在通过技术和产品研发，奠定 5G 应用发展的技术和产业基础。以此为契机，5G/V2X 相关基础设施建设也如火如荼。根据 IMT-2020（5G）推进组数据，目前，全国已有 7 个国家级车联网先导区，16 个"双智试点"城市，道路智能化改造里程超 7000 公里，开放道路里程超 15000 公里，LTE-V2X 路侧单元（RSU）部署超 8500 套，建设 5G 基站超 318.9 万个。

此外，随着车联网技术的广泛应用，车辆运行安全、数据安全和用户隐私保护成为重要的关注方向。联合国世界车辆法规协调论坛（UN/WP.29）发布了关于智能网联汽车的重要法规 R155，并于 2021 年 1 月生效，中国《汽车整车信息安全技术要求》标准也于 2024 年上半年正式推出。车载网联终端作为整车数据的出口，信息安全风险日益突出，是信息安全防护的关键一环，以入侵检测与防护系统（IDPS）技术为主的安全防护技术开始在车载网联终端推广应用。

12.电动化底盘

电动化底盘是基于电动化特征全新设计的一体化新型底盘，在空间布局、系统集成、驱动形式等方面做了针对性设计，通过对底盘、制动、驱动、转向系统的集成化、模块化系统设计技术，提高纯电动车辆动力系统平台的安全性与可靠性。通过对不同款型的动力总成、底盘及电子电器部件进行集成化、标准化、模块化、通用化设计开发，大幅压缩研发时间和资金投入，大幅提升同系族车型的零部件通用化率，实现规模经济效益，显著降低整车产品成本。

13.智能座舱技术

根据《"十四五"智能制造发展规划》《智能汽车创新发展战略》等，国家重点推动包含智能座舱等关键智能化技术的创新应用。智能座舱技术趋势从"单一的电子化、数字化"有序演进至"提供智能服务与增强交互的第三空间"，其融合信息提示、车载娱乐、多模交互、生态服务等系统，呈现"一芯多屏""跨域融合""交互升级"等趋势，为用户提供高度智能化、个性化和多功能化的移动生活空间，让驾乘者感受智能网联化带来的智慧服务和升级体验。

总览汽车产业智能座舱发展历程，乘用车入场早、发展快，呈引领趋势，客车智能座舱尚处于起步阶段，正逐步向集成化、大屏化及显示技术多元化方向发展。围绕客车高效安全运营、省心便捷操作的核心需求，客车智能座舱除配置多媒体和网联功能外，应结合用户属性、场景等提供针对性功能服务及交互体验，例如，驾驶员可通过触摸、语音、多功能方向盘控制车辆，提升操作便利性及安全性，同时可定制开发智能调度、智能充电、维修保养提醒、驾驶行为分析等服务，更贴近商用车实际运营场景。

智能座舱具备易被用户感知、显著增强驾乘体验等优势，随着智能座舱产业、技术飞速发展以及消费需求升级，各车企已将其列为打造差异化竞争力的关键方向，也是传统客车制造业向智能客车产业升级的入口之一。目前，客车品牌宇通、金龙、比亚迪等均已陆续引入智能座舱技术，其中金龙在 V 系列公路产品全系标配智能座舱，不仅提升了客车的智能化水平，同时也增强了乘客的舒适度和满意度。随着技术的不断进步和市场需求的增长，未来将有更多客车企业加入智能座舱技术应用的赛道。

（二）新产品发展

1. 微循环公交

受国家政策、社会发展等宏观环境因素驱动影响，微循环公交规划了两类解决方案，分别为封闭区域低速出行解决方案和城市中低速微公交出行解决方案。其中，封闭区域低速出行解决方案为结合景区、园区的客流特点和乘客需求，提供智能观光摆渡、约车、包车服务；城市中低速微公交出行解决方案提供接驳补给服务、社区循环服务、点线直达服务（包括网约公交），作为城市公交第三级线网的延伸。微循环线路深入轨道、快线、干线不能覆盖的区域，有助于延伸大运量、中运量公交服务的辐射范围，提高公交覆盖率、解决乘客出行"最后一公里"的问题。微循环整体解决方案主要构成包含车辆、云控平台、智慧站台、车路协同、智慧停车场等。

2. 智能网联公交

受国内各城市建设需求、国家政策，传统公交运行速度慢，吸引力下降等因素的影响，以智能网联公交车辆为载体，建设基于 5G 环境下"人—车—路—站—云"全要素的网联化、智能化新一代智能网联公交系统，全力打造快速、安全、乘客体验较好的高品质智能网联公交解决方案。智能网联快速公交系统具体包含车路协同信号优先、云控平台等智能网联核心技术；覆盖"人—车—路—云—网"的智能网联交通安全立体防护体系；结合自动驾驶车的特性研发行业领先的自动驾驶调度系统，实现场站内的无人值守停车和充电，助力企业高效管理；建设智能站台及站台乘客信息系统（PIS）；建设智能网联交通仿真系统、线网规划和交通评价体系。为实现高效便捷、安全、绿色、舒适的公交出行体验,提高公交分担率,缓解城市拥堵难题,并带动自动驾驶、大数据、智能网联等产业发展。

3. 氢燃料电池客车

2019年氢能被写入政府工作报告,燃料电池客车市场进入快速增长期。如图7所示,2019年、2020年销量分别达1173辆和1353辆,同比分别增长198.5%和15.3%。2021年受燃料电池试点示范政策不确定性和疫情的双重影响,燃料电池客车行业销量1010辆,同比下滑25.4%。2022年京津冀、上海、广东等五大氢燃料电池汽车示范城市群获批,氢燃料电池汽车产业再次站上风口,燃料电池客车行业销量1193辆,同比提升18.1%,2023年燃料电池客车行业销量1326辆,同比提升11.1%。

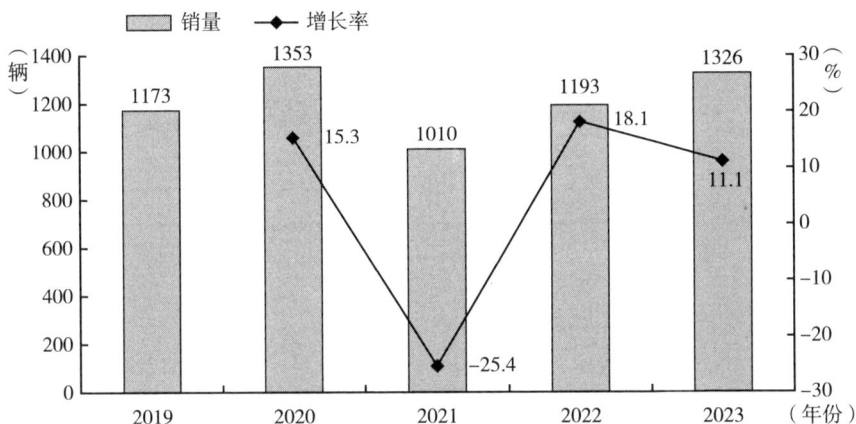

图7　2019~2023年燃料电池客车销量走势

资料来源:上险数据。

燃料电池车辆的推广主要受产业基础和政策支持力度,以及氢源、加氢站基础设施建设等影响。燃料电池客车推广区域主要集中在北京、上海、广东、河南、河北5个燃料电池汽车试点示范区域,受山东"氢进万家"科技示范工程影响,山东燃料电池客车销量达430辆,位列第一。此外,在浙江、甘肃、四川等氢能产业较好的产业集聚区,燃料电池客车也有较好发展(见表10)。

表10　2023年燃料电池客车推广情况

单位：辆，%

区域市场	公交客车	公路客车	总计
山　东	180	250	430
北　京	10	273	283
河　南	120	4	124
浙　江	103	—	103
甘　肃	68	14	82
四　川	50	2	52
广　东	—	51	51
上　海	25	24	49
江　苏	35	—	35
安　徽	30	—	30
河　北	30	—	30
内蒙古	11	18	29
陕　西	10	—	10
山　西	1	9	10
天　津	—	3	3
吉　林	—	3	3
辽　宁	—	2	2
合　计	673	653	1326

资料来源：上险数据。

三　客车出口情况

（一）客车出口总体情况

随着全球疫情形势好转，2023年海外客车市场需求强劲复苏，为中国客车出口带来难得机遇，2016～2023年客车行业出口情况，如图8所示。2023年中国客车整车出口超7万辆，同比大幅增长47%；出口金额更是攀升至44亿美元，同比增长70%，再创历史新高。其中，30座以上大客车出口2.48万辆，出口金额29.1亿美元，同比分别增长77%和86%；10～29座的中轻型客车出口4.57万辆，出口金额11.2亿美元，同比分别增长34%和36%。不同产品结构的出口额增幅均高于出口量增幅。这一亮眼成绩充分展现了中国客车产品在海外市场的竞争力和影响力的持续提升。

值得关注的是，2023年下半年，随着主要经济体继续复苏，对中国客车的需求进一步升温，第四季度更是呈现爆发式增长的态势。

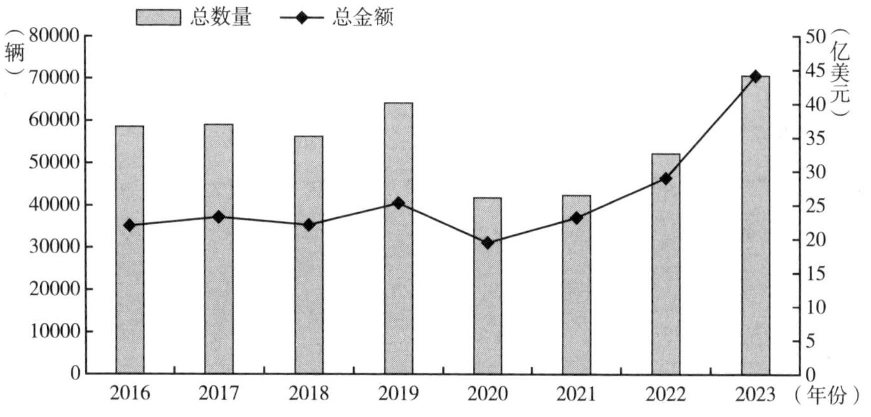

图8 2016~2023年客车行业出口情况

资料来源：海关数据。

1. 内外部环境多重因素推动客车出口创新高

从外部环境分析，客车出口的强劲增长，受多方面利好因素的推动。短期来看，疫情和地缘政治冲突导致部分国家汽车生产和供给紧缺，为中国客车企业出口带来契机。与此同时，中国完整的供应链体系为国内车企争夺海外市场创造了有利条件。长远来看，国内市场增长乏力和同质化竞争加剧，促使车企加快出海步伐，开拓增量空间。中国客车制造实力和产品力持续攀升，尤其是在电动化领域遥遥领先，中国客车品牌在海外市场的接受度和认可度也不断提升，为客车出海注入了动力。后疫情时代各国旅游和公共交通行业逐步复苏，拉动了海外客运和出行需求的反弹，为客车出口开启了高速增长通道。

在全球气候问题及世界能源危机双重催化的大背景下，新能源汽车在海外需求快速扩张。而中国在新能源客车领域无论是技术水平、产品质量，还是运营经验，都已处于世界领先地位，因此，大中型新能源客车出口将迎来前所未有的机遇期。

从内部环境分析，出口增长主要得益于以下三点。一是中国客车产品性价比较高。近年来，中国客车产品在外观、质量、智能网联配置等方面都得到了大幅提升。与欧美高端客车相比，中国客车产品的性价比较高。二是中国客车企业海外投资模式发生了重要变化。目前，中国客车企业海外发展模式已经从原来的单一贸易模式发展为贸易+KD模式+直接投资模式。例如，宇通、比亚迪等主流大中型客车企业直接投资的工厂已经开始在境外大批量生产，并逐渐提升了产销量。这对于客车企业支撑自身品牌海外销售，以及促进未来增长奠定了坚实基础。三是中国客车企业注重打造自己的海外品牌。本地化生产和营销有利于中国客车品牌的形象建立，有利于持续提升中国客车品牌的海外知名度、美誉度。这是中国客车走向海外，建立汽车强国的必由之路。其中，表现较好的如宇通、"三龙"（金龙客车、金旅客车、苏州金龙）、比亚迪等在海外市场都取得了较好的收获，为中国客车企业出口赢得了良好的口碑。

2.中国客车出口市场格局

2023年，中国客车出口量超过5000辆的企业有9家，轻型客车出口企业排名靠前。江淮汽车、长安汽车、晶马汽车、安凯客车的同比增幅极高，大有平地起高楼之势。以大中型客车为主的"三龙"出口量达1.88万辆，金旅客车和金龙客车出口量均在6500辆以上，苏州金龙（海格牌）大中客出口居行业前三，并且其整体出口量实现了翻倍增长。宇通客车出口突破万辆。比亚迪的出口规模由2022年2000辆级跃升至3000辆级（见表11）。

表11 2023年客车出口量Top15企业

序号	企业名称	出口量(辆)	同比(%)	市占率(%)	占比增减（百分点）
	总计	109629	72.8		
1	上汽大通	26528	90.0	24.2	2.2
2	江淮汽车	15325	169.9	14.0	5.0
3	福田汽车	12650	32.3	11.5	-3.5
4	宇通客车	10165	78.9	9.3	0.3
5	长安汽车	8576	234.3	7.8	3.8
6	金旅客车	6946	30.9	6.3	-2.0

序号	企业名称	出口量(辆)	同比(%)	市占率(%)	占比增减（百分点）
7	金龙客车	6630	-4.2	6.0	-4.9
8	苏州金龙	5247	93.5	4.8	0.5
9	江铃汽车	5020	81.0	4.6	0.2
10	中通客车	3525	21.8	3.2	-1.3
11	比亚迪	3148	52.8	2.9	-0.4
12	晶马汽车	1458	180.4	1.3	0.5
13	东风汽车	1345	86.3	1.2	0.1
14	亚星客车	1323	70.3	1.2	0.0
15	安凯客车	1212	169.3	1.1	0.4

资料来源：根据中国汽车工业协会数据整理（含非完整车辆）。

2023年，大中型客车出口量达3.21万辆，同比增长47.9%。"三龙"出口大中型客车1.11万辆，同比增长57.8%，市占率34.6%，行业排名第一位。从单厂看，前三企业是宇通客车、金旅客车、苏州金龙，同比增幅均超过了行业增幅。前十企业中，仅福田汽车、东风汽车的大中型客车出口量同比下降（见表12）。

表12　2023年大中型客车出口量Top10企业

序号	企业名称	出口量(辆)	同比(%)	市占率(%)	占比增减（百分点）
	总计	32142	47.9		
1	宇通客车	10139	80.7	31.5	5.7
2	金旅客车	4454	52.5	13.9	0.4
3	苏州金龙	4271	80.7	13.3	2.4
4	中通客车	3500	23.5	10.9	-2.2
5	比亚迪	3115	54.7	9.7	0.4
6	金龙客车	2390	35.7	7.4	-0.7
7	福田汽车	1406	-34.7	4.4	-5.5
8	安凯汽车	1165	203.4	3.6	1.9
9	亚星客车	1050	59.6	3.3	0.2
10	东风汽车	306	-42.6	1.0	-1.5

资料来源：根据中国汽车工业协会数据整理（含非完整车辆）。

轻型客车出口排名前五的企业为上汽大通、江淮汽车、福田汽车、长安汽车、江铃汽车。其中，上汽大通的市占率高达34.2%，稳居第一位（见表13）。

表13　2023年轻型客车出口量Top10企业

序号	企业名称	出口量（辆）	同比（%）	市占率（%）	占比增减（百分点）
	轻型客车合计	77487	85.7		
1	上汽大通	26528	90.0	34.2	0.8
2	江淮汽车	15321	170.6	19.8	6.2
3	福田汽车	11244	51.8	14.5	−3.2
4	长安汽车	8576	234.3	11.1	4.9
5	江铃汽车	5020	81.0	6.5	−0.2
6	金龙客车	4240	−17.8	5.5	−6.9
7	金旅客车	2492	4.5	3.2	−2.5
8	江铃晶马	1365	173.5	1.8	0.6
9	东风汽车	1039	449.7	1.3	0.9
10	苏州金龙	976	180.5	1.3	0.4

资料来源：根据中国汽车工业协会数据整理（含非完整车辆）。

3.中国新能源客车出口

中国客车出口额增幅高于出口量增幅，离不开新能源客车的贡献。中国汽车流通协会统计显示，2023年中国累计出口新能源客车9722辆，同比增长43%，出口占比约14%。新能源客车增量来自亚太、欧洲、拉美等传统新能源客车高需求区域，同时非新能源需求核心地区如中东、独联体、非洲需求明显爆发。分目的地来看，新能源出口集中在亚太、欧洲、拉美等地区，泰国、以色列、智利、乌兹别克斯坦销量占比较高。

2023年，中国客车统计信息网数据显示，各企业新能源车辆出口情况为：比亚迪出口3148辆，金旅客车出口2120辆，宇通客车出口1463辆，苏州金龙出口1272辆，福田欧辉出口716辆，潍柴亚星出口589辆，金龙客车出口556辆，其他企业出口数量在500辆以下。

（二）客车出口区域市场分析

2023年出口高增核心来自"一带一路"地区、独联体地区和中东地区。2023年，独联体地区、中东地区和亚太地区三者贡献了67%的出口量。亚洲依然为首要目的地，出口约3.27万辆，占比46.3%；出口额22.26亿美元，占比50.4%（见表14）。

表14   2023年客车出口区域市场分析

地区	出口量（辆）	占比（%）	同比（%）	出口额（万美元）	占比（%）	同比（%）
亚洲	32701	46.3	89.9	222598	50.4	93.6
拉丁美洲	20888	29.6	31.2	75926	17.2	45.5
欧洲	6931	9.8	90.6	84641	19.2	64.2
非洲	8501	12.0	-15.6	42849	9.7	44.3
大洋洲	1298	1.8	29.0	12630	2.9	16.8
北美洲	353	0.5	-22.8	3068	0.7	37.7
合计	70672		46.3	441712		68.9

资料来源：中国机电产品进出口商会汽车分会。

从国别看，总体呈现均而散的特点，沙特阿拉伯、俄罗斯、哈萨克斯坦、墨西哥、智利、乌兹别克斯坦销量占比较高，出口销量前十的国家占总出口量的54%（见表15）。

表15   2023年客车出口额TOP10国家

序号	国别	出口额（万美元）	占比（%）	同比（%）	出口量（辆）	占比（%）	同比（%）
1	沙特阿拉伯	34851	7.9	864.9	4875	6.9	894.9
2	俄罗斯	32817	7.4	117.8	4604	6.5	118.7
3	哈萨克斯坦	32400	7.3	166.2	3599	5.1	106.6
4	墨西哥	25055	5.7	92.5	4257	6.0	159.6

续表

序号	国别	出口额（万美元）	占比（%）	同比（%）	出口量（辆）	占比（%）	同比（%）
5	智利	24723	5.6	-2.5	2468	3.5	-19.5
6	乌兹别克斯坦	24612	5.6	1071.8	2760	3.9	466.7
7	越南	9141	2.1	62.1	4708	6.7	66.2
8	秘鲁	6670	1.5	29.5	6371	9.0	20.3
9	马来西亚	4829	1.1	162.4	2199	3.1	129.3
10	厄瓜多尔	3299	0.8	49.9	2616	3.7	7.8

资料来源：中国机电产品进出口商会汽车分会。

1. 独联体地区

在独联体地区，中国客车品牌的总体市场份额在2023年实现了大幅提升。然而，在俄罗斯区域内最大的单一市场，中国客车的占有率仍然处于相对较低的水平，有较大的发展空间。俄罗斯公交市场由于长期被其国有企业垄断，中国品牌面临诸多壁垒，例如，严格的准入认证、政策偏好等，很难在公交细分领域取得实质性突破。特别是在俄罗斯国家公交运营体系中，中国品牌的市场份额依然极为有限。不过，自2022年俄乌冲突爆发以来，西方制裁导致欧美品牌相继退出俄罗斯，客车市场供给遭受冲击，为中国品牌赢得了难得的窗口期。

2023年，中国出口俄罗斯客车约4600辆，同比增长118%。在未来一段时间内，中国客车企业仍需紧抓这一有利时机，继续加大在俄罗斯市场的渗透力度。借助一系列双边合作机制，谋求更多政策支持和项目机会。同时，还要在属地化经营、售后服务等方面加大投入，持续提升品牌影响力。

2. 中东地区

在中东地区，中国客车品牌紧抓后疫情时期市场需求复苏的有利时机，主动把握校车、朝觐车等细分市场，持续保持了市场的统治地位。在沙特阿拉伯市场，中通客车1000辆订单于2023年初开始交付，5月海格出口780辆大巴客车，宇通全年共出口沙特阿拉伯810辆客车。

中东地区的多个国家存在高出生率人口红利、青年人口膨胀以及政府政策扶持等因素叠加，因此，校车市场在疫情后复苏较快。与此同时，随着朝觐活动的正常化恢复，中东传统伊斯兰国家对朝觐专用大中型车辆的采购也重新打开。凭借性价比优势以及适时的营销推广，中国客车企业抓住了这两大细分市场机遇。预计在未来几年，中国品牌在中东地区的校车和朝觐车市场份额仍将保持较高水平，形成相对稳固的市场地位。除此之外，新能源公交车、高端旅游客运车以及城市通勤车等细分领域也将成为中国品牌在中东地区新的重点发力方向和增长点。

特别是在新能源公交领域，中国品牌在电池、整车制造等多方面综合实力领先，如能结合中东地区清洁出行的绿色环保理念，将会有广阔的市场空间。

3. 美洲地区

在美洲地区，由于本土较强的整车制造能力和政策倾斜，中国客车品牌的整体市场份额目前仍处于较低水平，但在新能源公交和天然气公交细分市场取得了突破性进展。其中，中国客车品牌在智利和墨西哥这两个重要市场都获得了新能源公交车和天然气公交车订单，这标志着我们在这一地区绿色及清洁运营领域取得了实质性突破。这一突破，主要得益于中国客车企业在新能源和天然气动力系统方面的技术优势，以及针对当地运营环境的定制化适配能力。

下一步，中国品牌需在现有基础盘上积极拓宽覆盖范围，切入其他国家和地区的市场。重点瞄准中高端长途公路客运车型，包括传统燃油车型和新能源动力车型，进一步提升在美洲的竞争力。

在美洲地区最令人瞩目的是墨西哥市场。从中国整体商用车主要出口市场分布来看，墨西哥高居第二位；即便是客车细分市场，墨西哥也位列第四。换句话说，墨西哥市场已经是国内商用车行业的海外"必争之地"。2023年中国客车出口墨西哥市场约4257台，同比增长160%，出口额约2.5亿美元，同比增长约93%（见表15）。由于拉美国家政府近年来将改善空气质量、环境治理工作放在重要位置，新能源车的政府投标项目活跃。2023

年金旅客车、中通客车等企业接连斩获批量订单，其中金旅客车出口 600 辆压缩天然气（CNG）公交车，在墨西哥市场占据首位。中通客车在 2023 年末也批量出口 40 辆压缩天然气公交车。

4. 欧洲地区

在"绿色和可持续出行"理念的大力推动下，欧洲地区各国政府也相继出台了鼓励新能源车型发展的利好政策，使欧洲新能源客车市场需求得到释放。

过去几年，中国品牌凭借新能源客车技术水平的不断提高，电池、电机等核心系统走在了国际前列，加之中国新能源汽车产业链供应链体系日趋完备，为进军欧洲新能源客车市场奠定了坚实基础。

然而，欧盟在应对气候变化和减排议题上出现了一些政策摇摆，并开始渲染和炒作中国新能源车企在补贴、电池安全等方面存在的潜在风险和挑战，意图通过发起贸易调查、加强电池备案等手段，对中国新能源产品在欧洲的发展进行遏制。与此同时，欧洲本土品牌为捍卫自身市场优势地位，也在加大技术研发和产品更新换代的力度，纷纷推出新一代新能源客车产品。因此，在需求利好和政策阻力因素的双重作用下，欧洲市场的未来发展存在诸多不确定性和复杂性，竞争态势也将进一步白热化。中国品牌要在这一重要市场取得进一步突破，需不断加大技术和服务投入，保持产品领先优势，并及时应对可能出现的各类政策风险。

5. 非洲地区

在非洲地区，中国客车品牌在大部分国家已经占据优势地位，但在部分市场仍面临着来自当地客车产业和贸易壁垒的挑战。这些国家由于早期外资品牌的深度布局和本土化程度较高，已经形成了较为成熟的本土客车生产体系。同时，这些国家出于保护本土产业的考虑，对整车进口也设置了较高的关税和准入门槛，形成了严格的贸易壁垒。因此，中国客车品牌要想在这些主要市场实现可持续发展，单纯依靠整车出口的模式已经难以为继，必须采取更加灵活务实的市场开拓策略。其中，较为可行的路径包括半散装（KD）模式和一定程度的本地化生产模式。借此有效规避高额整车进口关税，并结合当地资源组织生产；同时通过一定比例的本地化生产、采购和就业，获得当地政府的政策支持和准入许可。

6.亚洲地区

在亚洲地区，中国客车品牌凭借地理位置和文化渊源等综合优势，长期以来一直占据主导地位。但近年来在东亚市场，日韩及欧洲品牌也在不断加大在该区域的布局力度，通过营销网络下沉等手段，逐步分得一定市场份额。特别是随着疫情后旅游业和客运市场需求的加速复苏，中国品牌在相关领域的竞争压力将进一步加大。

相比之下，在中亚地区，中国品牌则处于更为有利的市场地位。作为"一带一路"倡议的重要支点，中亚地区国家与中国在基础设施方面互联互通、经贸合作等领域均保持着密切联系。加之俄罗斯品牌的相对薄弱，为中国客车"走出去"创造了难能可贵的战略机遇期。

当前，中亚已经成为国内龙头客车企业重点布局和实现"粮仓式"规模化运营的主要战场。通过在当地KD合作、属地生产以及输出营运服务等方式，中国客车正在切实融入当地市场，赢得客户群体的信任和青睐。

（三）客车出口面临的挑战

1.外部环境方面

全球经济复苏乏力，增长前景不确定。受到经济衰退、能源危机、通胀高企等因素影响，北美、欧盟等主要经济体增长动力不足。主要经济体的低迷将进一步拖累新兴经济体的发展，全球经济增长前景存在较大的不确定性。经济增长放缓直接影响各国政府和企业的采购需求，对中国客车出口形成不利影响。

国际贸易保护主义抬头，贸易壁垒加剧。近年来，多个国家采取了一系列贸易保护主义措施，出台了一系列旨在限制进口的政策和措施，例如，欧盟对中国新能源车发起反补贴调查、日本对比亚迪客车产品发起质疑、土耳其对中国电动车加征惩罚性关税等，让中国客车企业在海外面临的政策和运营环境进一步恶化。

地缘政治冲突对部分市场产生不利影响。巴以冲突、红海危机、俄乌冲突等地缘政治动荡事件频发，直接冲击了相关区域的市场环境。地缘政治风险的不确定性加大，给企业在当地的经营运作带来诸多困扰和挑战。例如，红海危机，红海航线受到干扰，导致船只绕道非洲好望角抵达欧洲，使运输距离加大，航程时间延长，直接导致海运成本上涨，企业拓展海外业务也面临着金融风险和交付风险的增加。

2. 市场开拓方面

随着新能源商用车的迅速发展，时有批量订单出现。但整体而言，新能源商用车的市场渗透率仍然不足。主要因为海外市场在基础设施、使用习惯等方面和国内相比仍面临较大的推广难度。许多新兴市场国家基础设施建设相对落后，例如，充电桩、加气站等新能源车配套设施严重不足，制约了新能源车的推广使用。此外，新能源车的维修保养异于传统车辆，对目的国原有的售后体系发起挑战，如新的新能源产品服务网络覆盖不全面，技术人员短缺，将影响客户使用体验和对新能源产品的接受度。

不同国家对商用车的安全、排放、能耗等方面有不同的法规要求，企业需投入大量资金进行产品本地化适配。除整车准入外，还需针对不同国家对电池、电机等关键环节制定的规范进行满足。准入认证程序复杂、周期长，给产品上市周期带来延迟。上述因素大大增加了新车型开发和市场准入的研发和认证成本。

部分市场外汇紧缺，订单融资难度大。一些新兴市场国家面临外汇短缺问题，无力支付大额外汇订单。但客车属于资金密集型产品，单个订单金额通常在数百万至上千万不等。同时企业也缺乏为客户提供融资支持的渠道，导致部分订单无法落地。

3. 竞争加剧

受国内市场需求增速放缓影响，国内客车企业面临较大的生存压力。国内客车企业通过开拓海外市场来化解国内需求不足的压力，出海需求日益迫切。这加剧了企业在海外市场的同质化竞争局面，供过于求矛盾更加突出。

中国客车品牌在部分海外市场已经出现价格战白热化的趋势。随着中国客车出口规模快速扩大，出现了国内多家企业在同一海外市场竞争激烈的局面。为了争取订单和扩大市场份额，一些企业片面采取压低价格的营销策略，引发了无序价格战。这不仅加剧了同质化恶性竞争，也容易损害中国产品整体的品牌形象和市场定位。

此外，国外整车品牌也在逐步加大在新兴市场的布局力度。随着一些高端市场需求的释放，吸引了海外一些整车品牌的持续加码投入。它们在资金、品牌等方面占据优势，对中国品牌形成了一定的竞争挤压。未来中国客车品牌要在全球市场站稳脚跟，将面临更加激烈的竞争对手。

四　客车行业政策发展

从客车行业市场情况来看，自 2008 年以来经历了三个阶段：行业孕育期、行业爆发期及行业寒冬期。2015 年中之前为行业孕育期，政策以鼓励投资、示范工程、开放市场为主，新能源客车行业处于孕育时期，发展相对较慢。2015 年第三季度，"补贴"政策正式落地，行业进入爆发期，新能源技术和产业链迅速发展，新能源客车销量激增。2016 年，"补贴"政策调整，新能源客车销量趋稳。2018 年开始，"补贴"大幅退坡，市场逐步进入寒冬期。2020～2022 年新冠疫情对新能源客车市场造成较大冲击，随着 2022 年底疫情管控全面放开以及新能源补贴政策退出前的刺激，市场需求有所回暖。2023 年延续和优化新能源汽车车辆购置税减免政策，组织开展公共领域车辆全面电动化先行区试点工作。2008～2023 年新能源政策发布情况，如表 16 所示。

表 16　2008～2023 年新能源政策发布情况

年份	政策分类			
	发展规划	技术与能源限制	基础设施配套	补贴
2008	—	—	—	《关于开展节能与新能源汽车示范推广试点工作的通知》
2012	《节能与新能源汽车产业发展规划（2012—2020 年）》	—	—	—

续表

年份	政策分类			
	发展规划	技术与能源限制	基础设施配套	补贴
2013	—	—	—	《关于继续开展新能源汽车推广应用工作的通知》
2014	—	《2014—2015年节能减排科技专项行动方案》	《关于新能源汽车充电设施建设奖励的通知》	《关于进一步做好新能源汽车推广应用工作的通知》
	—	《国家发展改革委关于电动汽车用电价格政策有关问题的通知》		《国务院办公厅关于加快新能源汽车推广应用的指导意见》
2015	—	—	《关于加强城市停车设施建设的指导意见》	《关于 2016—2020年新能源汽车推广应用财政支持政策的通知》
	—	—	《国务院办公厅关于加快电动汽车充电基础设施建设的指导意见》	
			《电动汽车充电基础设施发展指南(2015—2020年)》	—
2016	《"十三五"国家战略性新兴产业发展规划》	《汽车动力电池行业规范条件(2017年)》	《关于"十三五"新能源汽车充电基础设施奖励政策及加强新能源推广应用的通知》	《调整完善补贴政策促进新能源汽车产业健康发展》
	《"十三五"能源规划》			《关于新能源汽车推广应用审批责任有关事项的通知》
2017	《战略性新兴产业重点产品和服务指导目录(2016版)》	《"十三五"节能减排综合工作方案》	《加快单位内部电动汽车充电基础设施建设》	《汽车贷款管理办法》
	《汽车产业中长期发展规划》	《乘用车企业平均燃料消耗量与新能源汽车积分并行管理办法》		
		《关于促进储能技术与产业发展指导意见》		

续表

年份	政策分类			
	发展规划	技术与能源限制	基础设施配套	补贴
2018	《打赢蓝天保卫战三年行动计划》	《新能源汽车动力蓄电池回收利用管理暂行办法》	《提升新能源汽车充电保障能力行动计划》	《关于调整完善新能源汽车推广应用财政补贴政策的通知》
	《推进运输结构调整三年行动计划（2018—2020年）》	《汽车动力蓄电池和氢燃料电池行业白名单暂行管理办法》		《关于创新和完善促进绿色发展价格机制的意见》
		《提升新能源汽车充电保障能力行动计划》	—	
2019	《绿色出行行动计划（2019—2022年）》	—	—	《关于进一步完善新能源汽车推广应用财政补贴政策的通知》
		—	—	《关于继续执行的车辆购置税优惠政策的公告》
2020	《新能源汽车产业发展规划（2021—2035年）》	《重型柴油车污染物排放限值及测量方法(中国第六阶段)》	《关于开展燃料电池汽车示范应用的通知》	《关于完善新能源汽车推广应用财政补贴政策的通知》
2021	《国家综合立体交通网规划纲要》	《关于实施重型柴油车国六排放标准有关事宜的公告》	《关于进一步提升电动汽车充电基础设施服务保障能力的实施意见》	《关于调整农村客运、出租车油价补贴政策的通知》
	《农村公路中长期发展纲要》	《绿色出行创建行动考核评价标准》	《关于进一步提升充换电基础设施服务保障能力的实施意见》	《关于2022年新能源汽车推广应用财政补贴政策的通知》
	《数字交通"十四五"发展规划》	《2030年前碳达峰行动方案》	—	—
2022	《绿色交通"十四五"发展规划》	《建立健全碳达峰碳中和标准计量体系实施方案》	《加快推进公路沿线充电基础设施建设行动方案》	《关于完善新能源汽车推广应用财政补贴政策的通知》
	《氢能产业发展中长期规划（2021—2035年）》	《财政支持做好碳达峰碳中和工作的意见》	—	—
	《"十四五"交通领域科技创新规划》	《"十四五"新型储能发展实施方案》	《国家公交都市建设示范工程管理办法》	

续表

年份	政策分类			
	发展规划	技术与能源限制	基础设施配套	补贴
2023	《2023年持续提升适老化无障碍交通出行服务工作方案》	《关于组织开展公共领域车辆全面电动化先行区试点工作的通知》	—	《关于延续和优化新能源汽车车辆购置税减免政策的公告》

五　客车行业发展存在的问题及发展趋势

（一）客车行业发展存在的问题

2023年，在国家精准有效的宏观调控下，国民经济整体趋势向好。在此大背景下，公共交通出行需求迅速回升，客车市场呈现复苏迹象，客车行业也处于转型升级的关键时期，客车企业正积极培育核心竞争力，实施"走出去"战略，构筑国际竞争优势，力争实现高质量发展。纵观全年发展，客车行业仍然存在核心技术有所欠缺、盈利能力挑战凸显、自动驾驶商业运营仍需加快探索等主要问题。

1. 核心技术有所欠缺，产品差异化有待逐步改善

客车行业已处在成熟期，行业头部企业的市场集中度较高，但大部分客车生产企业差异化竞争能力较弱，导致产品同质化严重，以低价抢占市场份额的现象仍然较为普遍。这种现象折射出客车行业竞争激烈和创新能力不足的现状。当前，大部分整车企业仍以集成制造为主，上游核心零部件的产业布局不足，部分核心技术的解决方案依赖于零部件供应商，部分高端的核心部件更加依赖于进口，定制化产品较多，规模化采购不足。随着汽车行业向电动化、智能化和网联化发展，客车行业正处于从传统能源向新能源快速转换的阶段，企业正不断增加研发投入，提高智能制造水平，以维护竞争优势，但产品的差异化程度仍然不足。

2. 盈利能力挑战凸显，企业转型升级路径亟须夯实

受多方不利因素的影响，客车企业的市场和供应链压力仍较大，叠加汽车"新四化"所需的各项投入和人工成本逐年上涨，客车企业的盈利空间进一步受限，市场红利迅速递减，存量市场竞争已愈加白热化。2023年，客车企业纷纷加大销售产品结构调整，一方面提升产品品质，另一方面加强海外市场出口，加快拓展增量市场。行业的整体盈利空间逐渐回升，行业大部分企业的盈利已得到改善，但仍然面临下游客户可持续盈利能力不足、海外回款风险激增、国际贸易壁垒高筑等方面的挑战，且这些挑战愈加凸显。

在利润增长不稳定的背景下，客车企业应加快推动核心价值向产业链上下游转移，探索转型升级的道路。一方面，通过战略投资、兼并重组等方式，加快向上游核心零部件的布局；另一方面，将利润点从前端的整车销售环节逐步向汽车后市场转移，在汽车金融服务、汽车租赁、移动出行、移动商城、二手车、维修保养和车队管理等领域创造新的价值，以适应新的市场消费，探索从"制造型"向"制造服务型"转型，构建新的核心竞争力和盈利点。因此，客车企业需进一步加大资源投入、跨领域合作和体系改革，持续夯实转型升级的路径。

3. 市场环境亟待改善，自动驾驶商业运营仍需加快探索

自2015年起，新能源公交车的市场渗透率快速攀升，公共交通领域的新能源化已经得到市场共识。但是，当前部分地方政府隐形保护壁垒仍存在，这将阻碍新能源客车的高质量发展。部分地方政府可能会因税收、产值、就业等因素，通过一些限制性条件或非成文规定，筛选出符合限定要求的合格参与者，形成"定制化"市场，使原本处于竞争劣势的企业仍活跃于市场，不利于行业的优胜劣汰。在行业转型升级的大背景下，客车企业更需要得到全国市场的资源匹配，做大规模经济，提升经济效益。若市场分割或封闭，自由市场竞争将失去周期，客车产品的创新力将缺乏驱动源泉，行业的高质量发展也将难以为继。

客车行业是较早进行自动驾驶领域探索的行业。当前，L2及以下级别的高级辅助驾驶系统市场渗透率大幅上升，L3及以上级别的自动驾驶系统已进入量产阶段。自动驾驶车辆已在港口、矿区、园区、社区快速渗透，随着工业和信息化部等四部门联合正式发布《关于开展智能网联汽车准入和上路通行试点工作的通知》，L3及以上等级智能网联汽车的准入和上路通行的政策通道得到明确。客车行业的自动驾驶产品已迭代多年，示范性运营公里数高，已取得了明显的技术沉淀优势。但从实际运营来看，自动驾驶商业化落地仍面临如下难题：自动驾驶仍然存在一些技术难点和安全风险，需要进一步改进和完善；现行法律法规有待进一步完善，管理标准规范有待进一步统一；市场需求的可持续性不足，大众对自动驾驶的认知和接受程度不足，难以形成规模化效应；打造"车、路、云一体化"的应用场景需加强配套基础设施建设，整体成本较高。综上所述，自动驾驶商业模式尚未形成，商业化运营仍需更多资源的导入与协同。

（二）客车行业发展趋势

客车行业已由前期的政策驱动逐渐向市场驱动转变，并将逐步向技术驱动转型，产品研发向新能源化和智能化转变。客车企业正从"制造型+销售产品"向"制造服务型+解决方案"进行转型，未来可期。当前，公路客运市场激发出新活力，产品加速向高端化推进，三电技术的进步将推动公路客车电动化进程。此外，乡村客运市场进一步规范化，客货邮为客车行业带来新机遇。

1. 公路客车产品加快向高端化推进

国内旅游市场的快速复苏为公路客车带来良好的发展机遇。随着公众出行方式的多样化，为适应不断升级的客户需求，客车产品逐步加快高端化进程，从乘坐舒适性、内外饰造型及材料升级、做工精细度、环保及智能化等维度全面提升，打造舒适、安全、温馨的出行体验。乘客座椅配置可折叠活动头枕、超大座椅间距、坐姿电动调节、电动腿托等功能，给乘客带来媲美中高级乘用车的乘坐体验；司机座椅配置智能记忆、语音控制、通风加热及按摩功能，大幅改善司机的驾驶感受。内外饰造型设计更加时尚前卫、富有创意，材料应用方面向复合材料发展，给司机带来更好的视觉和触觉感受，主要有内饰采用科技布装饰、绗绣工艺，搭配软包大顶、氛围灯，外饰件采用 PVD 镀膜、烫印等工艺，做工更加细腻，整体营造出科技与美感。在环保及空调智能化方面，已逐步推广智能空气质量管理系统、车厢内温度分区控制等技术，实现车内空气自然清新。

2. 三电技术进步推动公路客车电动化进程

新能源客车在我国公交市场已大规模推广，整体市场渗透率超过 98%，但在公路市场渗透率仅 20% 左右，究其原因主要有新能源公交车补贴政策更有利、运营线路和时长相对固定。新能源公路车购车成本高、前期投入大，与同价位燃油车相比性价比不高。随着三电技术的不断革新，新能源车辆能耗会进一步降低，续航里程增加，同时电机、电机控制器、动力电池等成本会有所下降。驱动电机的主要发展趋势是高效率、轻量化和低成本，与其配套的电机控制器也在逐步向高集成、高效、高安全和低成本发展，主要依托碳化硅应用技术、多合一控制器集成技术实现。动力电池方面，除了能量密度不断提升，实现更小的体积更大的电量，受原材料成本下降、电池行业竞争激烈等因素影响，动力电池的售价持续走低。国内不断加大配套电网和充电设施的投入力度，尤其是在高速和国道建设充电站，可在一定程度上缓解用户的续航焦虑，因此，预测公路客车电动化将进一步加快，市场渗透率在 2027 年将增长至 30% 左右。

3. 乡村客运市场进一步规范化，客货邮带来新机遇

自 2021 年起，全国已有 1100 余个县级行政区部署开展农村客货邮业务，开通客货邮融合线路 1.1 万余条，建成农村客货邮服务站点 5 万余个，农村客运车辆年代运邮件快件超过 2 亿件。2023 年 12 月，交通运输部会同有关部门联合印发了《关于加快推进农村客货邮融合发展的指导意见》，要求进一步完善配套支持政策、加强资金支持等有力措施，营造农村客货邮融合发展良好氛围。另外，2024 年交通运输部将组织完成《乡村客车结构和性能通用要求》法规升级，明确农村客车快递运输的规范，可实现利用运输企业富余运力解决快递进村难的问题，助力乡村经济发展的同时也给运输企业带来一定的收益。随着后续相关法规的升级落地，预计会带动乡村客运市场车辆更新，进一步促进客车产品多元化发展。

B.5

2023年房车产业发展报告

摘　要： 随着国内房车市场规模不断壮大和房车文化成熟度提升，对国内房车产业的发展提出了更高的要求。本报告分析了当前国内外房车产业发展的基本情况，总结了国内未来房车产业的发展趋势。结合国外房车市场的成熟经验，对国内房车市场的销量、品牌优势、配套产业链以及房车生态等板块进行了重点分析，梳理未来房车市场发展趋势、共享租赁房车的可行性、房车生态延伸、房车配套产业链等板块的发展。

关键词： 房车市场　产业链　房车生态

一　国外房车产业发展形势

（一）美国房车市场概况

受商业周期和外部环境的影响，美国作为全球最大的房车市场之一，房车行业正面临着前所未有的挑战。

2023年，美国房车销量为313174辆，同比下降36.42%，创近几年销量的最低点。其中，拖挂式房车销售267295辆，占比85.35%，同比下降38.46%；自行式房车销量45879辆，占比14.65%，同比下降21.2%。

从2023年美国房车销量月度数据来看，美国房车整体销量情况有些不尽如人意，与上年同期相比，存在不同程度的下滑。从1月持续至6月，美国房车月度销量只能达到上年同期的一半左右；直到7月销量开始缓慢回升，直至11月才和上年同期基本持平（见图1）。

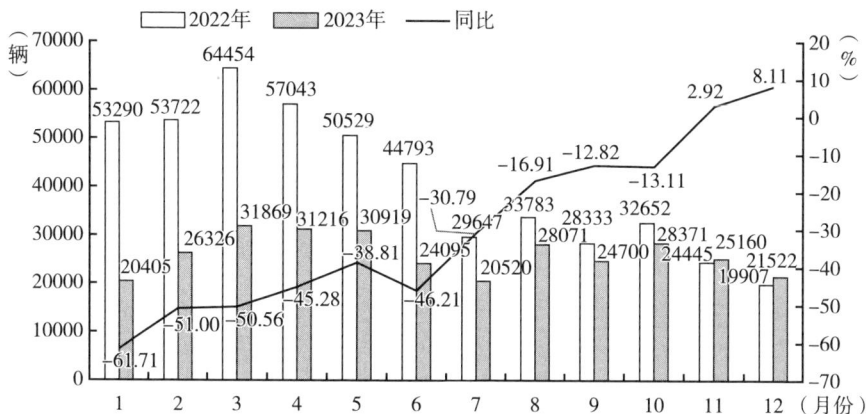

图1　2022~2023年美国房车市场月度销量

资料来源：美国房车工业协会。

从2023年美国自行式和拖挂式房车月度销量来看，销量下降主要集中在拖挂式房车上，而自行式房车的销量较为平稳。受国情、消费者偏好等因素影响，拖挂式房车凭借其独特优势，依旧是美国房车市场的主流选择（见图2）。

美国房车工业协会（RVIA）相关数据显示，截至2023年底，美国房车保有量将突破1600万辆，作为美国经济的重要组成部分，房车行业的年度经济收入贡献达1400亿美元。美国RV行业总裁兼首席执行官Craig Kirby表示，虽然过去一年房车行业面临宏观经济挑战，导致出货量下降，但最新预测表明该行业将稳步复苏，预计2024年将出现温和增长，随后下半年将呈现加速增长的趋势。美国房车旅行的可负担性和便利性仍然对消费群体具有持久的吸引力。

RV Share发布的《旅行趋势报告》也进一步表明，美国房车市场正逐渐向回暖势头转变：在过去的一年里，约有2000万美国人在感恩节和新年之间选择房车旅行，较2022年增长约30%。2024年，有86%的美国人计划开展与去年相当的旅行，其中44%的人计划增加旅行次数。随着旅行热潮的回归，房车旅行在年轻一代中越来越受欢迎，这也进一步为房车行业的发展带来利好。

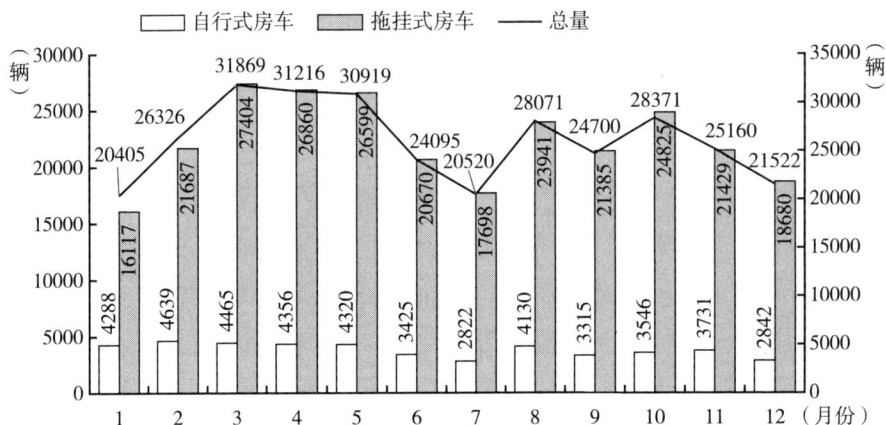

图2　2023年美国自行式和拖挂式房车月度销量

资料来源：美国房车工业协会。

（二）欧洲房车市场概况

欧洲作为房车发展领域的先行者，依托其成熟完善的工业体系、便利的欧洲国家间公民往来免签证和免车辆通关政策、完善的营地配套设施以及普及度较高的房车文化，使欧洲房车市场的规模稳步扩大，紧随美国之后，成为世界上排第二位的房车生产和消费地区。在发展过程中，不仅涌现出众多知名房车品牌，还有一批专业的房车配件制造商，共同推动欧洲房车行业向更高标准迈进。

根据欧洲房车工业协会公布的数据，2023年欧洲新车注册量达210090辆，较2022年下降4.22%；其中，自行式房车新车注册量达146339辆，同比下降0.99%，拖挂式房车新车注册量达63751辆，同比下降10.89%。整体来看，2023年欧洲房车市场新车注册量继2021年达到历史高位后，已连续两年出现下滑。通货膨胀、能源价格等经济因素对欧洲房车市场产生阶段性负面影响。

德国、法国、英国依旧是目前欧洲排前三位的房车消费市场，房车注册量体量均在万辆级，在整个欧洲房车市场中占比较高。2023年，在整个欧洲房车市场普遍低迷的情况下，葡萄牙凭借其小体量基数和自行式房车注册量逐年增长的优势，在众多国家中实现唯一同比正向增长，达22%；而奥地利、瑞典和挪威的房车市场在过去一年中，无论是拖挂式房车还是自行式房车整体注册量低迷，同比下滑超过20%（见表1）。

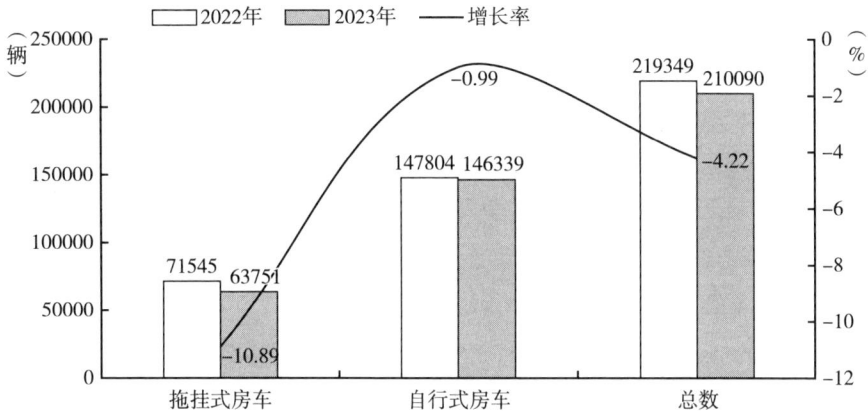

图3　2022~2023年欧洲房车销量

资料来源：欧洲房车工业协会。

表1　2022~2023年欧洲旅居车注册量

单位：辆，%

国家	拖挂式房车			自行式房车			合计		
	2022年	2023年	同比	2022年	2023年	同比	2022年	2023年	同比
奥地利	1085	867	−20.1	4781	3786	−20.8	5866	4653	−20.7
比利时	1306	1026	−21.4	6108	5693	−6.8	7414	6719	−9.4
丹麦	2260	1788	−20.9	1272	1103	−13.3	3532	2891	−18.1
芬兰	806	715	−11.3	1443	1376	−4.6	2249	2091	−7.0
法国	7330	7448	+1.6	24611	23936	−2.7	31941	31384	−1.7
德国	24478	21896	−10.5	66507	68469	+3.0	90985	90365	−0.7
意大利	659	651	−1.2	5828	5833	+0.1	6487	6484	−0.0
荷兰	7946	6781	−14.7	2260	2230	−1.3	10206	9011	−11.7
挪威	2177	1709	−21.5	2053	1618	−21.2	4230	3327	−21.3
葡萄牙	60*	69*	+15.0	371	457	+23.2	431	526	+22.0
斯洛文尼亚	175	162	−7.4	341	342	+0.3	516	504	−2.3

国家	拖挂式房车			自行式房车			合计		
	2022 年	2023 年	同比	2022 年	2023 年	同比	2022 年	2023 年	同比
西班牙	1579	1266	-19.8	5323	5270	-1.0	6902	6536	-5.3
瑞典	3164	2013	-36.4	3498	2676	-23.5	6662	4689	-29.6
瑞士	1775	1580	-11.0	7165	7279	+1.6	8940	8859	-0.9
英国	13884*	13193*	-5.0	11823	12219	+3.3	25707	25412	-1.1
其他	2861*	2587*	-9.6	4420*	4052*	-8.3	7281	6639	-8.8
合计	71545	63751	-10.9	147804	146339	-1.0	219349	210090	-4.2

注：＊估计数。

资料来源：欧洲房车工业协会。

德国房车工业协会（CIVD）官方数据统计显示，2023 年德国全年新注册房车共 90365 辆，较 2022 年（90985 辆）同比下降 0.7%（见图 4）；虽继续呈下降趋势，但与 2022 年相比下降趋势得到很大缓解，其中自行式房车注册量出现反弹。2023 年德国的房车注册量在第一季度保持强劲势头，3 月更是创下年度注册量的高峰，其中自行式房车和拖挂式房车总销量过万，达到 12001 辆。尽管 5 月之后，整个德国房车市场出现下滑趋势，但相较于去年同期在极力扭转下滑趋势（见图 5）。

德国最大的市场研究机构 GfK 集团也在新研究中发现，约 1400 万德国人对房车度假产生兴趣，越来越多的德国人开始迷上房车；在代表性调查中，有近 1/4 的受访者表示，他们计划在未来 5 年内乘坐房车去度假。尽管目前德国房车行业面临众多困难，但对自行式房车和拖挂式房车的需求不降反增，以个性化、户外为导向的休闲旅游在未来将影响更多消费者对旅行模式的选择。

随着网络的普及，"房车旅行"也逐渐成为欧洲人的一种时尚，房车不再遥不可及，越来越多的年轻人选择回归大自然，开着房车去旅游成为一种新型的旅游形式，而这种更为舒适的出行体验，也将极大地促进房车市场的发展。

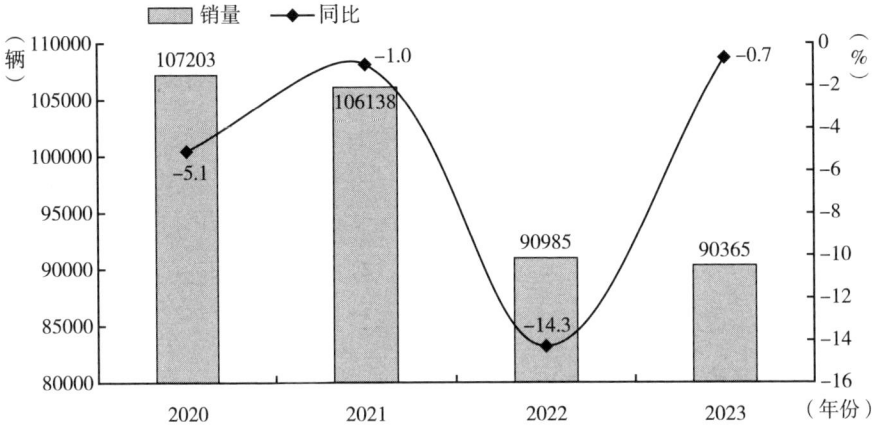

图4 2020~2023年德国房车销量

资料来源：德国房车工业协会。

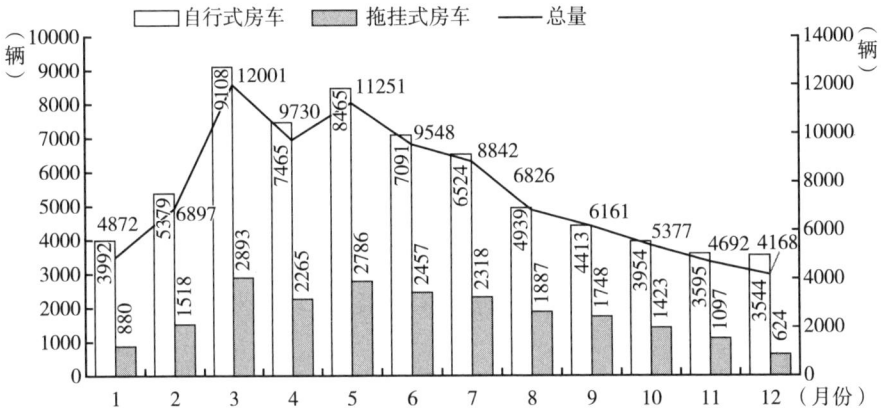

图5 2023年德国自行式和拖挂式房车月度销量

资料来源：德国房车工业协会。

（三）澳大利亚房车市场概况

澳大利亚依托其独特的地理和气候特征、完善的营地基础设施以及多年形成的高度发达的房车旅游产业，催生出旺盛的市场需求，也使其成为当前亚太地区最大的房车销售市场。近三年年度房车销售量保持在4.2万~4.8

万辆，其中超过四成为进口。目前，澳大利亚已经成为我国房车出口的主要国家，近三年房车出口量年均保持在1.9万辆左右。据此测算，澳大利亚的房车保有量已接近100万辆水平。

房车旅游作为澳大利亚较为成熟的旅行方式之一，具备丰富的营地基础和自然环境优势，大多数澳大利亚人都有房车旅行和出游的经历，外地游客的到来也为户外旅游经济注入强大的动力。当前，澳大利亚的多个城市和地区纷纷采取措施，旨在促进房车旅游的蓬勃发展。

（四）日本房车市场概况

2014~2023年日本房车保有量，如图6所示。2023年，日本房车保有量达155000辆（2022年底为145000辆），同比增长6.9%，年新增净值突破万辆大关（见图6）。

日本作为地域面积较小的岛屿型国家，受到公路状况和当地房车文化的影响，日本房车使用者在选择房车时，往往会选择小而精的房车，基于此需求，催生了许多具有代表性的宿营车和微型房车。

目前，日本房车协会正致力于建设多样化的房车公园来满足房车市场的需求。数据显示，截至2023年12月，日本共有414个房车车库，房车公园的出现为房车使用者提供了更多选择，使长途旅行变得更加便利。

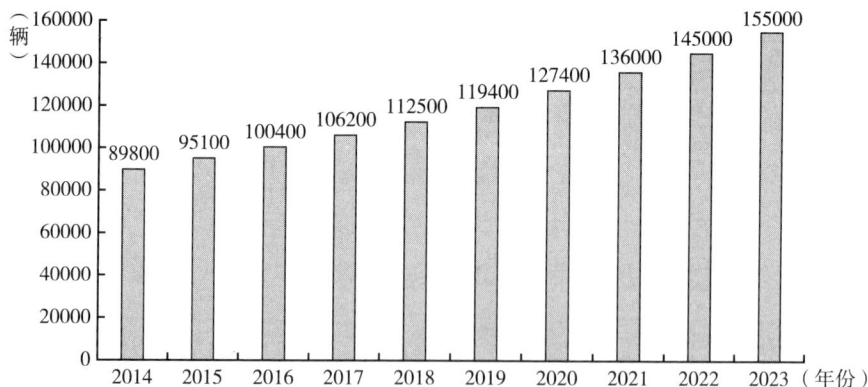

图6　2014~2023年日本房车保有量

资料来源：日本房车协会。

二　国内房车产业发展形势

2023年，国内房车产业进一步朝着产业聚集化、产品个性化、车型多样化的方向演变，不同类型的房车进一步涌入房车市场。作为国人户外旅行度假的新型消费载体，房车在2023年表现出极强的消费品属性，众多品牌销量增幅明显。2023年，全年实现房车销量15729辆（自行式房车14365辆、拖挂式房车1362辆），同比2022年14872辆（自行式房车11735辆、拖挂式房车3137辆），增长5.75%。其中，自行式房车销量同比增长22.41%；拖挂式房车销量同比下降56.58%。

2023年国内房车市场情况好于预期，主要原因如下。一方面，户外旅游活动进入复苏阶段，人们对户外活动的需求增加、出境旅客的回流使国内旅游市场继续扮演着重要角色。国内旅游市场"反向消费"的热潮，使越来越多小众景点、错峰旅游、自驾游取代跟团游等消费形式成为新风向，而房车恰恰能够为反向旅游提供便利的载体和多样的选择。另一方面，全国各地掀起文旅消费的热潮，积极出台旅游优惠政策、推动旅游公共服务提档升级等，为房车旅游提供良好的外部环境，丰富旅游形态，增强旅游体验，让消费者有更充分的选择权。更为重要的是，国内房车企业以市场需求为导向，在供给端以高质量供给创造有效需求，全年有645款新车型进入市场，创历年新高，为消费者提供更为丰富的选择。多家企业主动联合当地政府、旅游露营等行业组织，开展多种形式的宣传推广展示体验等活动，推广普及房车文化，树立品牌形象，提升产业影响，扩大销量。同时，部分行业头部企业努力探索，勇于实践，积极开展房车生态圈的建设，推动房车及其他相关产业相互赋能、协调发展。

但在房车产业的发展过程中，仍然存在相关法规不完善、生态营地盈利困难、经营模式不完善和市场秩序混乱等多重难题。一方面，由于用地方面的政策限制，与房车相配套的生态营地较少，营地发展慢，房车补给难、维护难、用户体验差等问题突出，与欧美市场营地相比存在较大差距；另一方面，我国的房车租赁市场还处于起步阶段，各个地区都亟须加强统筹规划、整合资源，规范引导。

总的来说，中国房车市场具备巨大的潜力和快速增长的空间，随着不同年龄群体对休闲旅行和自驾游需求的增加，未来国内房车市场有望进一步壮大。

（一）我国房车市场概况

1. 国内自行式房车整体销量

2021～2023 年国内自行式房车销量，如图 7 所示。2023 年，国内房车市场从之前的降速放缓逐渐转变为恢复性增长状态，国产自行式房车的销量达 14365 辆，同比增长 22.4%，较 2021 年，增长 9.5%。可以看出，我国的房车市场在逐步恢复活力，这是国内整个房车行业共同努力的结果。未来，国内的房车市场将持续保持活力、不断拓展可持续发展空间，进一步推动房车产品的优质化、房车上下游产业链协同化发展。

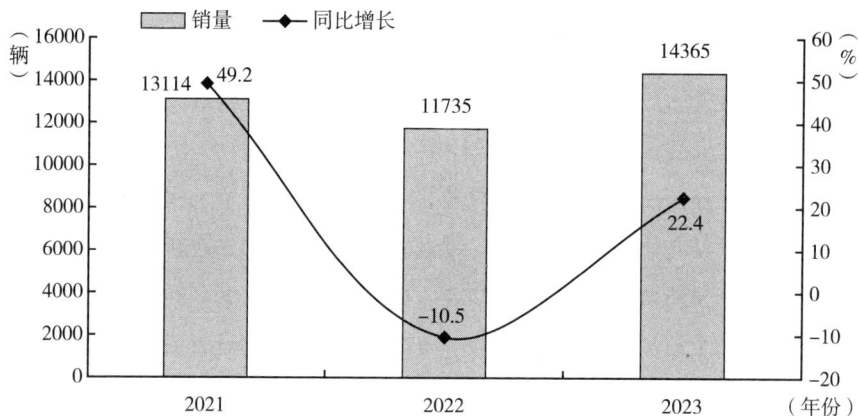

图 7　2021～2023 年国内自行式房车销量

资料来源：中国汽车工业协会房车分会。

2. 国内自行式房车月度销量

2022～2023 年中国自行式房车月度销量对比，如图 8 所示。2023 年，除 1 月和 8 月较 2022 年有所下降外，其他月份均呈现不同程度的上涨。伴随着市场整体回暖，1月以破千辆的成绩开端，2~7月均保持不同程度的增长，上半年整体销量达到小高峰。其中，4月同比增长达153.2%，是增幅最大的月份，6月销量达1572辆，是近两年销量最高的月份。一方面，得益于各类展会的举办使消费者对旅居车有更深层次的了解、消费决策周期缩短；另一方面，日常生活秩序的恢复和天气回暖也使露营经济再次吸引了大众的注意力，诗和远方依然是人们满足日常需求后生活的一部分。

8月开始市场略有疲态，但整体销量尚未跌破千辆，同比下降10.7%。随后第四季度受到消费降级、市场竞争激烈的影响，国内房车整体销量增长势头放缓，虽然各月份较上年均实现了小幅增长，但同业竞争使房车生产商压力进一步增大。未来房车产业在保持原有稳定增长的同时，房车产业规范化和产业格局将进一步完善。

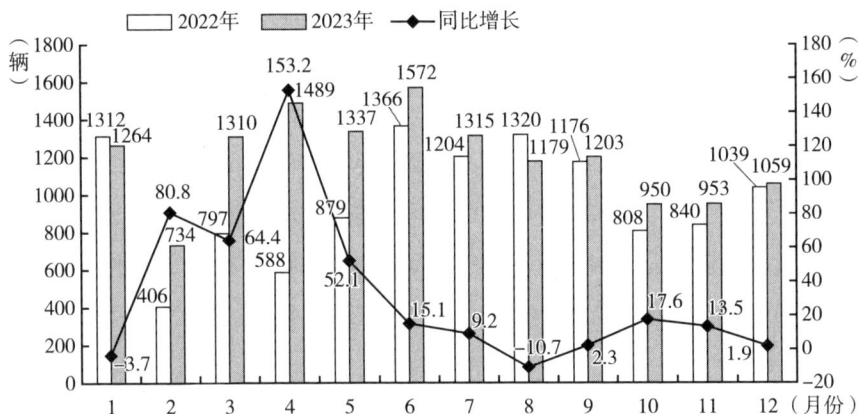

图8 2022~2023年中国自行式房车月度销量对比

资料来源：中国汽车工业协会房车分会。

3.国内自行式房车分省（区、市）销量

2023年，自行式房车销量在各省（区、市）的分布上，江苏省以2190辆（占比为15.25%）的数据保持第一位，山东省以1541辆（占比为10.73%）排第二位。排第三到第十位的省（区、市）分别是湖北省1364辆（占比为9.50%）、河南省1002辆（占比为6.98%）、浙江省946辆（占

比为 6.59%）、河北省 813 辆（占比为 5.66%）、四川省 749 辆（占比为 5.21%）、广东省 705 辆（占比为 4.91%）、辽宁省 565 辆（占比为 3.93%）、北京市 487 辆（占比为 3.39%）。其中排前 10 位的省（区、市）累计销量占比为 72.13%（见表 2）。

江苏、山东和湖北省的销量数据保持排名稳定的主要原因是，一方面各省内本土房车制造企业聚集，产业链较为完整，形成一定的规模效应；另一方面，基于房车企业的地缘优势，各省内房车文化基础与房车氛围成熟度较高，房车露营地较为完善，消费者对房车文化认同度高，从而促进房车的销量。

例如，江苏省南京市依托优越的经济、地域优势以及长三角丰富的旅游资源等优势，多次举办大型国际房车露营展会。同时，经过多年的发展，南京房车生产区域供应链的集聚效应已初具规模，房车生产所需的配件与材料均能在南京本地找到对应的生产厂家，房车生产企业 300 余家，加之逐渐完善的房车露营地配套建设，让南京初步成为房车全产业链的培育和集聚城市。

4. 国内自行式房车分区域销量

2023 年，华东地区以 5730 辆（占比为 39.89%）的销量数据遥遥领先，其后依次为华中地区 2635 辆（占比为 18.34%）、华北地区 2006 辆（占比为 13.96%）、西南地区 1324 辆（占比为 9.22%）、东北地区 952 辆（占比为 6.63%）、华南地区 943 辆（占比为 6.56%）、西北地区 775 辆（占比为 5.40%）。

华东地区包括国内大多数一线城市和超一线城市，这些城市制造业发达且人口密集，受房车旅行文化影响的群体较为广泛，房车用户较为集中。目前，国内房车度假营地综合体和综合类营地的数量较少，大多集中在东部沿海经济发达区域，这也进一步为华东地区房车文化的发展提供了良好的外部环境。

以河南省和湖北省为代表的华中地区，作为房车企业的主要阵地，在销量上继续保持地域优势。河南省地处中原，位于祖国版图与交通枢纽的中心位置。高速公路通车总里程突破 8000 公里，十分有利于省内自驾车和房车营地沿途的规划，河南省也是许多跨省自驾游和房车出行人群的必经之地。

表2 2023年中国自行式房车分省（区、市）及区域销量情况

单位：辆，%

省（区、市）	销量	省（区、市）销量占比	区域分布	区域销量合计	区域销量占比
江苏省	2190	15.25	华东	5730	39.89
山东省	1541	10.73			
浙江省	946	6.59			
安徽省	267	1.86			
福建省	175	1.22			
上海市	423	2.94			
江西省	188	1.31			
河北省	813	5.66	华北	2006	13.96
北京市	487	3.39			
天津市	256	1.78			
内蒙古自治区	218	1.52			
山西省	232	1.62			
河南省	1002	6.98	华中	2635	18.34
湖南省	269	1.87			
湖北省	1364	9.50			
黑龙江省	193	1.34	东北	952	6.63
吉林省	194	1.35			
辽宁省	565	3.93			
广东省	705	4.91	华南	943	6.56
广西壮族自治区	174	1.21			
海南省	64	0.45			
陕西省	411	2.86	西北	775	5.40
宁夏回族自治区	66	0.46			
甘肃省	81	0.56			
青海省	30	0.21			
新疆维吾尔自治区	187	1.30			
重庆市	263	1.83	西南	1324	9.22
四川省	749	5.21			
云南省	136	0.95			
贵州省	171	1.19			
西藏自治区	5	0.03			

资料来源：中国汽车工业协会房车分会。

5. 国内自行式房车各品牌销量

2023 年，国内自行式房车销量排名前 20 的企业销量合计 9099 辆，占全年销售总量的 63.34%，比 2022 年（70.7%），下降了 7.36 个百分点，表明房车市场品牌更加多元化、多样化。

上汽大通房车销量继续保持在千辆以上，以销量 1492 辆位居第一，同比下降 9.7%，市占率为 10.39%；宇通房车以销量 978 辆位居第二；湖北威尔特芬以销量 730 辆位居第三；戴德隆翠以销量 729 辆位居第四（见表 3）。

作为国内房车行业的头部企业，上汽大通房车近几年在市场上取得了较好的成绩，并针对不同消费者的生活习惯和用车观念，相继开发了多种车型，以满足年轻一族在房车旅行方面的多样化要求。

过去的一年，除原有房车龙头企业继续保持销量优势外，房车销量排行榜也涌现一批新入围的企业，新兴品牌开始崭露头角，推动房车品牌迭代更新的同时，也丰富了品牌多样化，让国内房车市场继续保持品牌活力和市场竞争力。

表 3　2023 年国内企业自行式房车销量

单位：辆

序号	企业名称	销量	序号	企业名称	销量	序号	企业名称	销量
1	上汽大通	1492	14	重庆长安	234	27	徐州晶锐	146
2	宇通房车	978	15	洛阳七狼	228	28	广西荷美	137
3	威尔特芬	730	16	湖北中工	226	29	山东科发	131
4	戴德隆翠	729	17	罗曼特斯	224	30	邵东霞客乐	124
5	湖北齐星	510	18	河南亿拖	208	31	湖北华一	122
6	江铃汽车	483	19	扬州赛德	203	32	湖北长力	118
7	奇瑞瑞弗	468	20	湖北中恒	200	33	聊城聊工	114
8	江苏卫航	458	21	濮阳飞翔	199	34	湖北成龙威	113
9	湖北程力	449	22	江苏旌航	194	35	高赛华运	110
10	河北览众	429	23	河南星辰	174	36	山东舜泰	109
11	日照大驰	346	24	河南新飞	170	37	拓锐斯特	109
12	江铃晶马	254	25	重庆金冠	160	38	山东凯马	109
13	湖北合力	250	26	唐山亚特	160	39	法美瑞	106

序号	企业名称	销量	序号	企业名称	销量	序号	企业名称	销量
40	江苏际华	86	61	厦门金龙	39	82	四川吉利	24
41	南充天龙	85	62	青岛九瑞	37	83	湖北中威	22
42	湖北五环	84	63	浙江锐野	34	84	湖北舜德	20
43	山东富源	79	64	江苏乔翔	34	85	浙江飞神	19
44	桂林客车	77	65	山东星羽	34	86	浙江筑马	19
45	山东巨威	76	66	江苏德兴	34	87	杭州骁龙	17
46	洛阳德野	75	67	浙江锦宇	34	88	宝鸡宝石	16
47	山东美景美家	73	68	荣成康派斯	31	89	湖北赛家	15
48	浙江星驰	71	69	霍夫勒	30	90	南充东嘉	15
49	天津中景	70	70	大连宽大	29	91	十堰嘉路	15
50	湖北大力	69	71	扬州亚星	29	92	重庆庆铃	15
51	湖北中凯	68	72	山东驰航	29	93	威达江苏	14
52	旅美房车	64	73	随州齐东	29	94	山东格莱宝	13
53	江苏赛沸尔	63	74	喜爱汽车	28	95	四川艾可沛	13
54	洛阳朗宸	61	75	江西赛纳威	27	96	中天高科	13
55	江苏中意	53	76	东莞阿娜亚	27	97	浙江启航	12
56	湖北东神	51	77	鸿运汽车	26	98	湖北特种	12
57	常熟华东	51	78	常州佳卓	26	99	湖北聚力	11
58	山东中房	50	79	湖北宏宇	26	100	湖北力海	11
59	连云港锐普	41	80	凌扬汽车	26			
60	山东威士捷	40	81	重汽济南	24			

资料来源：中国汽车工业协会房车分会。

6. 国产自行式房车底盘销量

2023年，国产自行式房车底盘方面，上汽大通汽车有限公司、南京汽车集团有限公司、江铃汽车股份有限公司分别以4651辆（占比为32.38%）、3707辆（占比为25.81%）、2520辆（占比为17.54%）位列底盘企业销量前三，三家企业占据了75.73%的市场份额，市场集中度较高（见表4）。

在国内旅居车市场销量回升的情况下，2023年依维柯底盘相比上年销量上升2.86%，轻卡、微卡、皮卡、重卡等不同类型底盘多点暴发，房车企业底盘的选择更加丰富。但依维柯底盘凭借其保值性与产品稳定性等优势，依旧在C型车市场中占据较大份额，以戴德隆翠为代表的 C 型车生产企业，为满足市场需求、保证房车产品整体核心竞争力，未来依然会将依维柯底盘作为首选项。

近年来，随着我国"双碳"战略目标的实施和新能源行业的迅速发展，新能源底盘房车也如火如荼地发展起来。根据工业和信息化部发布的数据显示，2023 年新能源房车新车数（含插电式混合动力旅居车、混合动力旅居车、纯电动旅居车、插电式增程混合动力旅居车）已经增加至 11 款，占旅居车总量的 2.2%，越来越多的厂家开始关注这种"新概念房车"。

房车的续航能力决定旅途的舒适性与体验度，而新能源房车的出现能够很好地解决电力续航、补充问题。目前，新能源房车应用最多的是混动类底盘，主流的选择通常为电机+燃油机的混合式动力底盘（PHEV）、增程式底盘（EREV）。目前，许多房车生产企业已经基于新能源底盘，如一汽解放虎 6G 新能源底盘、江淮骏铃聚宝盆新能源底盘、吉利远程新能源底盘以及比亚迪轻卡 T5 底盘等打造新能源房车，新能源底盘的出现为房车生产企业带来多样化的底盘选择。

与传统房车相比，新能源房车在行驶过程中能够减少噪声、灵活性强，缓解用户的用电焦虑、节约旅行成本，同时新能源房车也逐步实现智能化、轻量化的发展，为消费者提供更绿色、更便捷的选择。

表4 2023 年国产自行式房车底盘企业销量及市场占比

单位：辆，%

底盘企业	销量	占比
上汽大通汽车有限公司	4651	32.38
南京汽车集团有限公司	3707	25.81
江铃汽车股份有限公司	2520	17.54
北汽福田汽车股份有限公司	760	5.29
长城汽车股份有限公司	392	2.73
中国重汽集团济南商用车有限公司	277	1.93
庆铃汽车股份有限公司	269	1.87
山东凯马汽车制造有限公司	222	1.55
意大利依维柯汽车公司	214	1.49
河北长安汽车有限公司	167	1.16

底盘企业	销量	占比
郑州日产汽车有限公司	141	0.98
重庆长安汽车股份有限公司	136	0.95
江西五十铃汽车有限公司	127	0.88
桂林客车工业集团有限公司	91	0.63
美国福特汽车公司	77	0.54
东风汽车股份有限公司	64	0.45
德国戴姆勒集团	61	0.42
上汽通用(沈阳)北盛汽车有限公司	50	0.35
德国曼商用车辆股份有限公司	49	0.34
斯堪尼亚商用汽车有限公司	30	0.21
浙江飞碟汽车制造有限公司	29	0.20
潍柴(扬州)亚星新能源商用车有限公司	29	0.20
东风特种汽车有限公司	28	0.19
吉利四川商用车有限公司	25	0.17
现代商用汽车(中国)有限公司	23	0.16
美国道奇汽车公司	21	0.15
中国重型汽车集团有限公司	20	0.14
东风汽车集团有限公司	20	0.14
其他	165	1.15

资料来源:中国汽车工业协会房车分会。

7. 国内拖挂式房车销量

2021~2023年国内拖挂式房车销售,如图9所示。其中,2023年,国内拖挂式房车销量持续下滑,全年国产公路拖挂式房车销量(上牌数)为1362辆,较2022年下降56.58%。受政策(准牵和准驾)导向影响,导致用户市场消费低迷。拖挂式房车在国内有自身独有的优势,首先是售价方面,国产主流拖挂式房车的售价普遍为8万~15万元,是众多房车爱好者的入门首选,具备较强的市场竞争力;其次是应用场景广泛,公路拖挂和前车的组合与分离,生成了多种使用环境,既能满足日常通勤的单车出行,也能够形成旅居度假的列车组合出行场景,更加适用于年轻用户。随着C6驾照(准驾)以及国内新能源汽车的发展,大多数新能源车辆均已具备牵引资质,未来国内公路拖挂式房车也将重拾市场信心。

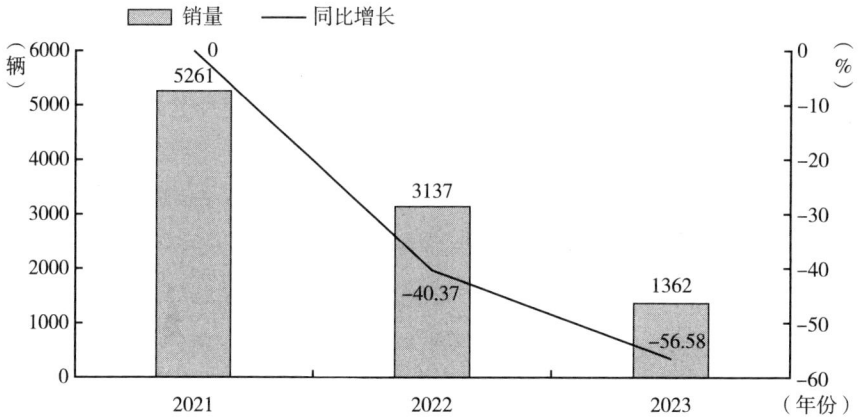

图9 2021~2023年国内拖挂式房车销量

资料来源：中国汽车工业协会房车分会。

（二）国内房车产品公告情况

2014~2023年房车生产企业及公示车型数量，如图10所示。其中，2023年共有179家房车生产企业申报645款房车，相较2022年的166家房车生产企业申报456款房车来说，房车生产企业同比上升7.83%，公示车型数量同比上升41.4%。

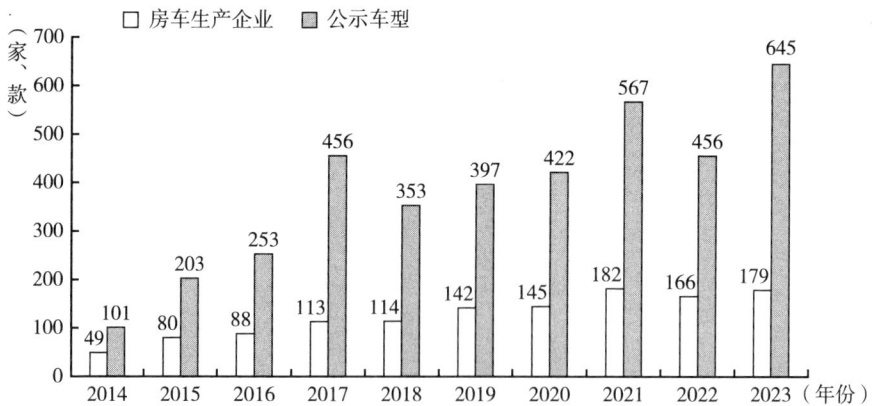

图10 2014~2023年房车生产企业及公示车型数量

资料来源：中华人民共和国工业和信息化部。

2023年,房车生产企业和新车型申报数量出现回升,近180家企业推出新产品,不断丰富房车产品类目,除了受国内旅游市场、旅居车销售市场回暖的影响,也反映出众多房车生产企业,聚焦自身产品、推陈出新,进一步实现技术的革新与应用,在激烈的市场竞争中保持品牌竞争力。新一代年轻消费群体,与以往消费人群不同,他们更关注新产品、新视角,追求更加新颖的玩法。众多房车生产企业进一步迎合市场需求。

2017~2023年自行式房车、拖挂式房车公告车型数量及占比,如表5所示。其中,2023年公告车型中包含589款自行式房车(占比为91.3%)与56款拖挂式房车(占比为8.7%),较2022年的372款自行式房车与84款拖挂式房车,同比分别上升58.3%(自行式房车)、下降33.3%(拖挂式房车)。自行式房车占旅居车公告新车型的比重进一步增长,拖挂式房车则在往年的基础上继续下降。主要受我国房车文化、自然环境以及相关基础配套设施的影响,自行式房车在未来依然会保持较大的市场份额。

表5　2017~2023年自行式房车、拖挂式房车公告车型数量及占比

单位:辆,%

分类	2017年	2018年	2019年	2020年	2021年	2022年	2023年
自行式房车	386	273	291	299	449	372	589
拖挂式房车	70	80	106	123	118	84	56
自行式房车占比	84.6	77.3	73.3	70.9	79.2	81.6	91.3
拖挂式房车占比	15.4	22.7	26.7	29.1	20.8	18.4	8.7
数量合计	456	353	397	422	567	456	645

资料来源:中华人民共和国工业和信息化部。

从房车生产企业的地域分布情况来看,以江苏省、山东省、浙江省为代表的华东地区,以湖北省、河南省为代表的华中地区,以河北省为代表的华北地区仍是房车生产企业的主要阵地。

而在各省(区、市)申报新车型的房车生产企业分布数量上,排前三位的依次为山东省(35家)、湖北省(28家)、江苏省(23家)(见表6)。在

房车市场竞争激烈的情况下，有部分房车生产企业退出战场，也有许多新兴企业不断涌入，为国产房车行业注入新鲜血液，带来更多的发展活力。头部企业通过保持优势、创新升级不断增强自身的竞争力，可见未来国产房车市场的发展依然保持活力。

表6 2023年工业和信息化部房车生产企业省（区、市）及区域分布情况

省(区、市)	数量	区域分布	区域数量合计
江苏省	23	华东	89
山东省	35		
浙江省	11		
安徽省	9		
福建省	4		
上海市	1		
江西省	6		
河北省	14	华北	21
北京市	1		
天津市	3		
山西省	3		
河南省	13	华中	44
湖南省	3		
湖北省	28		
黑龙江省	1	东北	6
辽宁省	5		
广东省	3	华南	6
广西壮族自治区	3		
陕西省	1	西北	1
重庆市	7	西南	12
四川省	5		

资料来源：中华人民共和国工业和信息化部。

（三）国内房车零部件市场发展概况

房车零部件市场作为国内新兴产业的代表，无疑充满挑战。目前，房车

零部件市场寡头优势明显，存在进口与国产零部件共存的局面。

房车及其配件产品属于舶来品，尽管在我国经过十余年的发展，但对其专业度和产品特征依旧没有全面的了解，导致很多非房车专用的产品被使用在房车上，由此产生的价格和售后问题，让许多房车生产企业面临挑战。但是目前已经有很多厂商意识到要尽快改变，他们基于原有的房车产业基础，建立、完善本土化零部件产业链，虽品牌建设仍处于初步阶段，但凭借极强的产品竞争力逐渐接轨国外市场，产品符合海外房车零部件的认定体系与标准，通过建立海外仓等方式，逐步走向海外市场。

随着国内房车产业的发展，对房车零部件等配套产业提出更高的要求，国内以江苏三乔、北京合世璧等为代表的骨干房车零部件企业，根据市场需求开发设计符合中国国情的零部件产品，通过产品内部通用性和互换性为房车升级改造、加装和维修提供便利，进一步提升国产房车零部件在国内房车市场的占比。新吉奥集团旗下倬尔零部件公司连续两年作为国内零部件代表企业受邀参加德国杜塞尔多夫房车展，向国际房车行业展示中国自主品牌的风采。倬尔零部件公司的产品成功出口澳大利亚、中东等多个国家和地区，国际化进程持续加速，在新品研发、精益化管理等方面高效精准对接，产品性能持续优化。

近年来，荣成经济开发区依托康派斯、名骏等房车龙头企业积极打造房车零部件配套园区，实现产业集群。通过建立房车零部件电商平台，与业内房车及零部件企业通力合作、共享技术，共同推进房车产业健康快速发展。

未来，房车零部件企业需要进一步完善标准、整合资源、形成产业链聚集，解决房车产业轻量化、智慧化、个性化等发展难题，进一步提升国产零部件在国际市场上的影响力，实现由零部件生产大国向生产强国的转变。

（四）国内房车出口概况

经过几十年的积累，中国企业凭借自身精益求精的理念，逐渐在拥有百年制造史的欧美市场获得一席之地。中国制造的房车走出去，不仅增强了国内房车生产企业的信心，也在海外房车市场进一步提升中国品牌的知名度和影响力。2023年，在全球主要房车市场销量下滑的形势下，据统计，国内出口各类型房车总量稳定在 28200 辆左右。其中澳大利亚、日本、韩国、东南亚、美国等国家和地区为主要出口市场。

2023 年，新吉奥集团房车累计出口量达 3048 辆，同比上涨 31%。REGENT 与 SNOWY RIVER 作为新吉奥集团旗下的大洋洲本土房车品牌，车型涵盖自行式和拖挂式两大类，包括旅居、越野和营地等不同类型，能够满足不同消费群体的需求。通过新吉奥集团"走出去、引进来"的国际化战略运营，REGENT 与 SNOWY RIVER 融合德国房车技术，已逐渐发展成大洋洲旅居车市场的头部品牌。新吉奥集团开创的"海外成熟市场生根、国内外研发并举、国内生产制造"这一全新模式在大洋洲市场获得显著成功，为以新吉奥为代表的中国房车企业树立起旅居车产品智造的新标杆。

山东省荣成市作为中国最大的房车生产和出口地，现有规模以上房车生产企业 10 家，零部件配套企业 50 余家，房车产品涵盖自行式、拖挂式、营地式、帐篷式等，主要销往澳大利亚、新西兰、美国、韩国、日本等国家和地区。当地房车企业在线下建立跨境电商"保税库""海外仓"，根据历史订单和消费趋势提前备货出口，将耗时较长的生产和物流环节前置，提高了转口贸易的便利性和效率。2023 年，荣成市规模以上房车企业出口各类型房车 1.6 万辆，在出口量保持稳定的同时，出口车型继续保持升级，单车均价得以提升，全年实现营业收入 19.3 亿元，同比增长 13.33%。

（五）国内房车生态板块发展情况

1. 我国房车生态板块概述

房车生态是指贯穿房车产业链上下游，对房车用户全生命周期进行运营和管理的开放生态圈，借助房车租赁、互联网平台、房车营地等生态化运营，与用户产生强互动。近年来，随着人们对自我关注度的提高，氛围感、情感价值和内在舒适感逐渐成为人们对消费体验的评价标准。户外经济的盛行，让"房车+露营"的生态模式如火如荼地发展起来，打通房车生态圈让用户更好地使用房车、玩好房车，最大限度地发挥房车的功能属性成为房车行业的另一个增长点。

当前，国内房车市场已经初步形成一条涵盖生产、销售、运营、露营地及俱乐部等多方面、宽领域的产业链。该产业链的集聚能够很好地提高人们对房车产品的认知，推动国内房车露营生态圈健康发展。与此同时，打破传统的销售模式，依托互联网平台对房车进行宣传、对房车用户社群进行维护，能够在房车用户间形成一个持续活跃的集群。同时，房车租赁、共享房车等新经营模式的兴起，丰富和发展了房车的金融属性功能，也推动了新一轮经济需求增长点，不同行业的企业开始进入房车生态圈，在整条房车产业链中的不同环节发力以推动国内房车产业的完善与发展。

《2022—2023年中国露营行业研究及标杆企业分析报告》显示，预计2025年中国露营经济核心市场规模将升至2483.2亿元，带动市场规模将达14402.8亿元。

房车露营经济的长期发展离不开商业模式的创新和服务体系的完善。现阶段中国房车露营文化的发展还面临一些挑战，一方面是缺乏专业化的房车露营教育和培训体系，从业人员的专业水平和服务质量有待提升；另一方面是缺少专业的房车营地综合体，当前，很多房车露营基地存在基础设施不健全、安全保障缺乏、旅游信息不对称等问题，影响消费者的体验。

2. 隆翠房车生态板块介绍

隆翠房车持续深化房车布局，为追求自由、品质生活的用户提供舒适的出行选择，近年来进一步加强对房车生态板块的建设。基于房车租赁、房车营地、房车旅行线路等内容推出"去野星球"互联网平台，打造以"房车+营地"文化为基础的聚合社区，以功能需求、内容输出、社交属性为核心构建户外玩家专属社区，为广大房车用户和旅行者提供营地搜索、线路规划、维修点、补给点、停车点查询、攻略分享、互动社交、周边电商等平台服务一体化体系，为房车爱好者提供特色化、定制化的"房车租赁+房车旅游"一站式服务，不仅将"品质房车"与"品质旅游"有机结合到一起，挖掘多样的新增市场机会，更可以实现从产品配套到目的地与路线规划等一系列升级，让房车旅游的形式与内核进一步完善，真正将房车作为载体，实现"年轻+好玩"的房车旅游模式。

三　未来我国房车产业的发展趋势

（一）房车旅行从小众化市场向大众化消费转变，房车旅行不再遥不可及

随着大众对旅游出行安全意识的提升，依托数字融媒体平台的宣传，越来越多的人开始选择房车旅行这一出行方式。房车产业的发展与完善，让房车产品的品类越来越丰富，房车从业者的经验越来越丰富，整个房车市场迸发出强大的活力，在房车用户、房车市场的外部拓展上持续发力，能够让越来越多的群体认识房车、体验房车、玩好房车。

同时，年轻消费群体逐渐进入市场，他们凭借新奇的想法与新颖的玩法快速将房车与露营地相结合，房车旅行成为许多年轻人户外旅行的首选。

（二）国内房车逐渐与国外房车市场接轨，为中国房车市场带来利好

国内房车企业的不断发展与迭代，国产房车与零部件生产企业凭借自身优势和产品竞争力，逐渐走向国际视野。从国内房车展到国际房车展，依托更大的平台，积极寻求国际厂商的合作，越来越多的国际企业开始认可中国的房车产品，同国际房车市场接轨。一方面，房车作为舶来品，国产房车能够进入国际市场表明我国房车企业生产的产品符合国外相关标准，获得国际市场的认可，具备较强的产品竞争力；另一方面，扩展国际市场也为国内房车企业带来利好和更为广阔的发展空间，能够逐渐接触房车行业最前沿的发展情况，为国内房车发展提供良好的借鉴意义与信心。

（三）国内房车营地在未来需求或呈爆发式增长，有望突破区域旅游发展困境

伴随着国内旅居车市场的蓬勃发展与群众认知度的提升，当前国内与房车配套的营地设施存在地区分布不均衡、数量稀缺、供应能力有限等问题。

国内房车体量的增加将促使房车用户提升对露营地的需求，完善的配套设施与补给空间，露营地的建设与完善不仅能够吸引一批房车爱好者，或将对当下许多地区区域旅游陷入"瓶颈"、区域文旅寻求新消费增长点上起到不可替代的突破与推动作用。但仍需要各地文旅结合本土旅游资源实际情况，因地制宜地推出相关露营地主题，同房车企业共同推进房车营地生态化运营。

（四）房车租赁市场快速崛起，共享房车或成可能

受市场经济周期的影响，消费者在面临大额开支时会变得更加趋于理性，对房车的性价比、性能、舒适度、个性化等提出更高的要求，在这个过程中，年轻一代消费者希望体验不同类型的车型，所以在初次接触房车旅行时，更倾向于选择房车租赁服务。房车租赁市场近年来呈现快速增长的态势，研究数据显示，在过去的三年中，房车租赁市场在全球范围内以每年5%~7%的速度增长。房车租赁公司不仅提供各种类型的房车供游客选择，也可以提供房车保养、维修等配套服务。

目前，房车生产企业为实现房车生态圈的良性循环着手推出如"房车生活家""去野星球"等公共平台，将房车租赁、出游线路规划、露营地分布以及房车补给站等资源整合在一起，为房车租赁用户提供便捷服务的同时，盘活已购车用户的闲置房车，将闲置房车资源共享。从房车拥有者的角度来看，将自己的房车共享租赁出去，可以降低个人使用房车的成本，最大限度减少车辆的闲置。这种新型经营模式也能满足房车租赁用户多样化的用车需求，让更多人了解和认识房车，促进房车文化的传播。从房车租赁者的角度来看，通过这种方式可以选择更实惠的价格和丰富的车型。目前，国内许多房车生产企业也着手构建租赁营地一体化体系，推动房车租赁服务完善、发挥闲置房车金融属性的同时，加快对配套设施与补给服务的建设，实现房车生态圈的良好循环。

（五）房车配套体系上下游产业链将成为未来经济增长点

房车市场体量的扩大随之而来的是对相关配套设施和配套体系更高的要

求，目前，我国的大型营地综合体主要集中在东部发达地区，中西部许多旅游线路周边依旧存在配套设施紧张、营地维护人员经验不足，人手不够等问题，房车露营相关配套保障措施短缺是当前影响房车旅行快速发展的制约因素之一。基于此需要各地政府和企业，共同整合资源，加大对房车营地的建设，扩建细分差异明显的房车公园，加快纯补给营地、大型房车停靠营地、露营房车配套营地等多类型房车公园的建设。

（六）房车生态领域互联网平台多维度开拓，为房车全生命周期一体化提供线上指南，促进房车市场发展

互联网平台的发展让人们更容易获取房车租赁、配套营地的资讯。房车露营旅行为人们提供了亲近大自然的便捷方式，消费者可以根据自己的偏好自由安排行程，满足了现代消费者对个性化旅行的追求。

数字融媒体的普及在拉近了大众与房车距离的同时，针对房车全生态、多领域的互联网平台应运而生，其维度覆盖房车租赁、销售、维修、保养、补给到线路规划、驿站营地等全方位多领域的功能，为房车用户提供一体化便捷服务，实现整个房车产业生命周期的资源整合与汇总。现有的许多平台凭借厂商自营的优势，可以利用房车直营店提供租赁服务，能够覆盖较多城市，提供的车型齐全、车况良好、服务配套到位。在房车生产商、房车市场、消费群体以及相关增值服务提供者之间，通过互联网平台形成实时连接，共同创建国内房车露营生态社区。

（七）房车供应链呈现模块化发展，多维度布局更贴合用户年龄层次需求

在房车供应链、零部件产品标准化与行业规范提升的情况下，房车供应链在未来将进一步实现模块化发展，增加规模效益的同时，降低企业制造成本。供应链模块化也为实现产品标准化提供可能，标准的零部件降低了生产、组装、测试的复杂度，设计与制造分离，让低成本地区制造、集群效应成为可能，降低房车企业生产成本但不降低产品质量。

同时，房车市场消费群体的多层次发展，也对房车内部格局、配饰风格与设计理念提出不同的要求，需求的碎片化让房车整体成品层面的预测准确度变低。供应链模块化恰恰能够让企业在减轻交付压力的同时，迎合消费者喜好，为不同年龄层次的消费者提供更多可选择的空间。

（八）拖挂式房车市场潜力巨大，市场份额未来有望实现增长

国内房车露营文化的成熟度与氛围的提高，让消费群体对不同类型的房车接受度与了解度逐年提高，对房车旅游与房车类型的认知正在发生改变。目前，虽然拖挂式房车在我国房车市场中的整体份额较小，但其灵活性与机动性仍具备优势，拖挂式房车能够提供更富裕的空间，且脱离牵引车后，更具备"移动的家"的属性。在配合房车露营地及相关基础设施的使用下，拖挂式房车可以与牵引车实现短暂分离，牵引车能够实现远距离采购、物资补给等便捷式活动。全国已取得C6准驾车型驾驶人数量达140万人，作为拖挂式房车的"专属驾照"，也从侧面反映出，未来拖挂式房车的市场潜力不容小觑。

B.6
2023年专用汽车行业发展报告

摘　要： 本报告以2023年专用汽车市场需求、政策法规动向以及竞争格局变化分析为出发点，系统阐述了专用汽车行业的发展现状，并基于行业新产品新技术特征，深入剖析了专用汽车行业从"数增长"到"质增长"发展阶段所面临的技术问题和难题，聚焦新能源化、智能化、数字化以及海外出口等重点发展领域，提出行业发展展望。

关键词： 专用汽车　新能源化　智能化　数字化

一　专用汽车行业发展综述

2023年，专用汽车行业处于一个关键的发展转型期，面临着修复性增长的挑战和机遇，市场需求处于低位运行，行业内卷的加剧和行业洗牌正在推动竞争格局的重塑。在这一背景下，跨界技术的深度融合成为推动专用汽车行业高质量发展的关键因素，行业研究聚焦在新能源技术的融合与创新，智能网联技术的深度整合以及出口贸易的拓展与优化等方面，逐步推动行业实现从修复性增长向高质量发展的转变。

（一）专用汽车行业市场的发展概况

2023年，尽管面临着需求收缩、行业内卷加剧以及预期转弱等多重压力，我国专用汽车行业市场仍呈现积极恢复的发展态势。2019~2023年我国专用汽车产品销量情况统计，如图1所示。其中，2023年，实现销售的专用汽车生产企业共计 1097 家，合计销量为 105.5 万辆，在 2022 年较低基数的基础上同比增长了 7.8%，市场仍处于低位运行阶段；在专用汽车企业投资方面，近年来申请准入的专用汽车企业数量呈下滑趋势，在当前国内外经济环境下，本年度共计新增专用汽车生产企业 125 家，与上年基本持平。

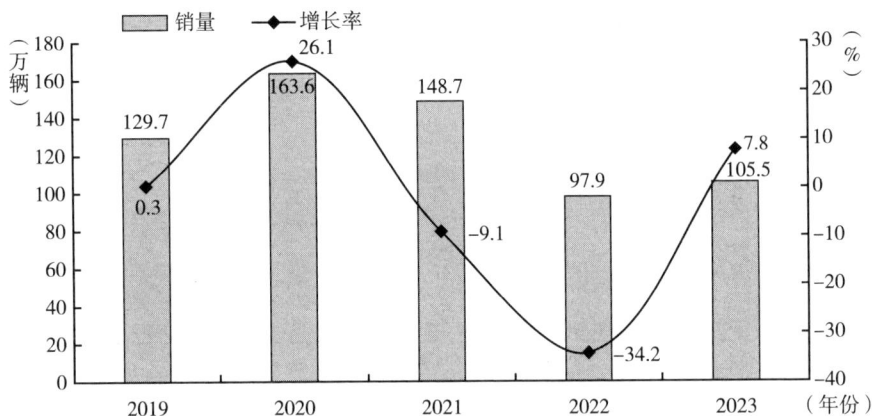

图 1　2019~2023 年我国专用汽车产品销量情况统计

资料来源：中国汽车工业协会专用车分会数据统计。

专用汽车以其专用功能服务于国内经济建设的各个方面，根据产品使用场景不同，将专用汽车分为普货物流类、市政环卫类、冷链类、工程类、应急保障类、危化类、医疗类、消防类、路政类、油田类、专用运输类以及其他类。其中，普货物流类专用汽车作为国内各区域间货物转运的主要载体，一直以来都占有专用汽车市场需求的较大份额。2023 年，我国社会物流总额达 352.4 万亿元，同比增长 5.2%，伴随着快递物流行业的逐步恢复，普货物流类专用汽车市场总体回升向好，全年合计销售 74.8 万辆，同比增长 11.5%，占比达 70.9%。随着国内城镇化率的不断提高，市政环卫类专用汽车作为提升城市形象、改善居住环境的专用车辆，其市场需求持续走高，近年来，农村生活垃圾收运处置体系的逐步健全，对该领域专用汽车市场需求提供了有力支撑。2023 年，受地方财政支出阶段性下滑影响，市政环卫类专用汽车年销量合计 7.7 万辆，同比下降 8.37%，但在国家政策持续优化和鼓励下，公共领域车辆全面电动化试点范围不断扩大，新能源环卫车市场销量达 6567 辆，同比增长 23.0%，新能源渗透率达 8.5%，提升 2.2 个百分点。新能源环卫车正驶入快车道，为市政环卫类专用汽车带来"新市场"和"新机遇"（见图 2）。

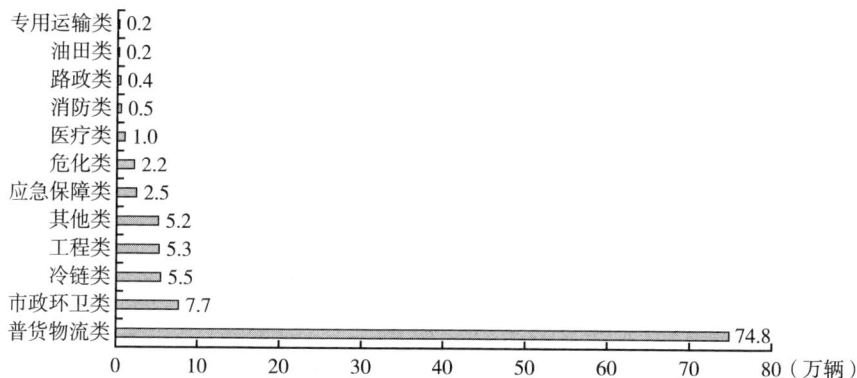

图 2　2023 年我国专用汽车各应用场景下销量情况

资料来源：中国汽车工业协会专用车分会数据统计。

（二）专用汽车行业政策、标准实施

在政策推动方面，2023 年，围绕专用汽车行业领域，聚焦新能源、智能网联以及节能减排等领域，国家各部委推出各项相关政策，推动并支撑专用汽车行业高质量发展。

2023 年 1 月 30 日，工业和信息化部等八部门发布《关于组织开展公共领域车辆全面电动化先行区试点工作的通知》（以下简称《通知》），提出 2023~2025 年，公共领域新增及更新车辆中新能源汽车比例显著提高，其中城市公交、出租、环卫、邮政快递、城市物流配送领域力争达 80%；并明确完善公共领域车辆全面电动化支撑体系，促进新能源汽车推广、基础设施建设、新技术新模式应用、政策标准法规完善等方面积极创新、先行先试，为新能源汽车全面市场化拓展和绿色低碳交通运输体系建设发挥示范带动作用。《通知》鼓励在短途运输、城建物流以及矿场等特定场景开展新能源重型货车推广应用，加快老旧车辆报废更新为新能源汽车，支持换电、融资租赁、"车电分离"等商业模式创新。

2023年4月24日，交通运输部发布《道路运输车辆技术管理规定》，全面落实道路货运车辆安全技术检验、综合性能检测和排放检验"三检合一"，强化道路运输车辆安全性监督，提升道路运输车辆技术管理服务水平。

2023年5月8日，生态环境部等五部门发布《关于实施汽车国六排放标准有关事宜的公告》（以下简称《公告》），《公告》提出，自2023年7月1日起，全国范围全面实施国六排放标准6b阶段，禁止生产、进口、销售不符合国六排放标准6b阶段的汽车。针对部分实际行驶污染物排放试验（RDE试验）报告结果为"仅监测"等轻型汽车国六ｂ车型，给予半年销售过渡期，允许销售至2023年12月31日。国六排放标准的全面实施，可有效减少机动车对大气有害物的排放，提高空气质量的同时通过政策加严，倒逼企业技术升级。

2023年6月，财政部、税务总局、工业和信息化部发布了《关于延续和优化新能源汽车车辆购置税减免政策的公告》，公告明确新能源汽车车辆购置税减免政策延长至2027年底，在政策方面继续保持对新能源汽车产业发展的支持力度，巩固和扩大新能源汽车的发展优势，通过动态提高享受车辆购置税减免政策技术门槛，并相应改进目录管理措施，更好发挥税收的激励作用，支持新能源汽车高质量发展。

2023年9月7日，工业和信息化部等七部门联合发布《汽车行业稳增长工作方案（2023—2024年）》（以下简称《方案》），《方案》提出，鼓励企业以绿色低碳为导向，积极探索混合动力、低碳燃料等技术路线，促进燃油汽车市场平稳发展。《方案》鼓励开展新能源汽车换电模式应用，推动新能源汽车与能源深度融合发展。研究探索推广区域货运重卡零排放试点，进一步提升公共领域车辆电动化水平。

2023年11月6日，国家发展改革委印发《国家碳达峰试点建设方案》（以下简称《方案》）。在新能源汽车方面，《方案》明确，促进交通运输绿色低碳发展。加快推动交通运输工具装备低碳转型，大力推广新能源汽车，推动公共领域车辆全面电气化替代，淘汰老旧交通工具。

2023 年 11 月 21 日，交通运输部发布《自动驾驶汽车运输安全服务指南（试行）》（以下简称《指南》），《指南》包括适用范围、基本原则、应用场景、自动驾驶运输经营者、运输车辆、人员配备、安全保障和监督管理等八部分，并提出可使用自动驾驶汽车在点对点干线公路运输或交通安全可控的城市道路等场景下从事道路货物运输经营活动。

2023 年 12 月 11 日，工业和信息化部、财政部、税务总局联合发布《关于调整减免车辆购置税新能源汽车产品技术要求的公告》，明确了 2024 年后新能源汽车减免车辆购置税政策适用的技术条件和执行要求。推动企业建立健全安全管理机制，强化产品质量保障能力，确保新能源汽车使用安全。

在标准实施方面，2023 年，发布实施多项专用汽车行业相关的国家标准及行业标准如表 1 所示；同时，也申请报批了多项国家标准及行业标准，从技术要求、设计规范等多层面对专用汽车提出了统一要求，如表 2 所示；同时，提出了 2024 年专用汽车相关标准的修订计划（见表 3），以建立健全专用汽车行业标准体系。

表 1　2023 年发布实施的专用汽车行业相关的国家标准及行业标准

序号	标准编号	标准名称	发布时间
1	GB/T12538-2023	道路车辆　质心位置的测定	2023 年 11 月 27 日
2	GB 29753-2023	道路运输　易腐食品与生物制品　冷藏车安全要求及试验方法	2023 年 9 月 8 日
3	GB 22757.1-2023	轻型汽车能源消耗量标识　第 1 部分:汽油和柴油汽车	2023 年 9 月 8 日
4	GB/T 43192.1-2023	道路车辆　牵引车和挂车电气连接的数字信息交互　第 1 部分:物理层和数据链路层	2023 年 9 月 7 日
5	GB/T 26778-2023	汽车列车性能要求及试验方法	2023 年 5 月 23 日
6	GB/T 22551-2023	旅居车辆　居住要求	2023 年 5 月 23 日
7	GB/T 22550-2023	旅居车辆　术语	2023 年 5 月 23 日
8	QC/T 957-2023	洗扫车	2023 年 5 月 22 日
9	QC/T 911-2023	电源车	2023 年 5 月 22 日

续表

序号	标准编号	标准名称	发布时间
10	QC/T 849-2023	舞台车	2023 年 5 月 22 日
11	QC/T 848-2023	拉臂式自装卸装置	2023 年 5 月 22 日
12	QC/T 739-2023	油田专用车辆通用技术条件	2023 年 5 月 22 日
13	QC/T 54-2023	洒水车	2023 年 5 月 22 日
14	QC/T 457-2023	救护车	2023 年 5 月 22 日
15	QC/T 1180-2023	配电车	2023 年 5 月 22 日

表2　2023年专用汽车相关报批标准

序号	标准编号	标准名称	标准状态
1	GB/T 17350	专用汽车和专用挂车术语、代号和编制方法	报批
2	GB21668	危险货物运输车辆安全技术条件	报批
3	QC/T 222	自卸汽车	报批
4	QC/T 750	清洗车	报批
5	QC/T 935	餐厨垃圾车	报批

表3　2024年专用汽车相关标准修订计划

序号	标准编号	标准名称	标准状态
1	GB/T 20718	道路车辆　牵引车和挂车之间的电连接器　第2部分:12V13 芯涉水型	下达修订计划
2	GB/T 13594	机动车和挂车防抱制动性能和试验方法	下达修订计划
3	GB 11555	汽车风窗玻璃除霜和除雾系统技术规范	下达修订计划
4	—	道路作业车辆　作业标志灯	下达制订计划
5	QC/T 451	售货汽车通用技术条件	下达修订计划
6	QC/T 319	专用汽车取力器	下达修订计划
7	QC/T 452	宿营车	下达修订计划
8	QC/T 464	淋浴车	下达修订计划
9	QC/T 448	炊事汽车	下达修订计划
10	—	危险货物运输车辆电子封签系统	申请
11	QC/T 718	混凝土泵车	申请
12	QC/T 939 QC/T 667	混凝土搅拌运输车技术条件和试验方法	申请
13	QC/T 808	医疗车	申请

序号	标准编号	标准名称	标准状态
14	QC/T 439	自装卸式垃圾车	申请
15	QC/T 936	车厢可卸式垃圾车	申请
16	QC/T 980	煤炭运输车辆	申请
17	QC/T 955	专用汽车自动调平支承装置	申请

（三）专用汽车行业需求分析

1.行业市场总体情况

2023 年，得益于消费回升带来的普货物流类专用汽车的普涨，专用汽车市场需求在 2022 年较低基数下有所回升，但总体上市场活力及内生动力不足，市场需求仍处于低位运行。从具体产品上分析（见图 3），本年度物流行业迎来恢复性增长，带动普货物流类专用汽车的普涨，普货物流类专用汽车产品主要包括厢式及仓栅类专用汽车。2023 年，仓栅类专用汽车合计销售 21.4 万辆，同比增长 10.9%；厢式类专用汽车合计销售 63.8 万辆，同比增长 9.1，罐式类专用汽车的市场需求受基础设施投资、国家财政政策

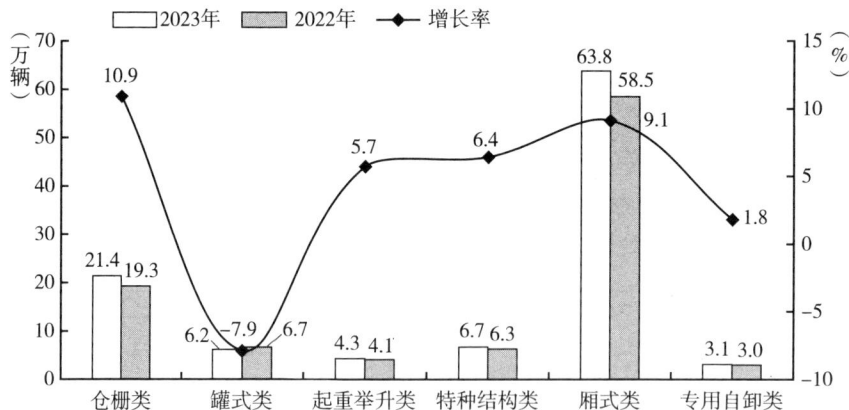

图 3　2022~2023 年专用汽车销量按类别统计

注：增长率数据为原精确数据计算，与以"万辆"为单位数据所得有出入，下同。
资料来源：中国汽车工业协会专用车分会数据统计。

影响较大，在发展动能减弱的背景下，罐式类专用汽车延续 2022 年的下跌
势头，2023 年出现 7.9% 的下滑；起重举升类、特种结构类以及专用自卸类
专用汽车在 2022 年较低基数的前提下出现小幅度增长，但市场需求仍比较
低迷。

一直以来，以专用汽车结构划分的各产品类别市场份额基本固定，其
中，作为物流行业的主要运输车辆，厢式类及仓栅类专用汽车一直保持着
较高的市场份额。2023 年，两类产品的市场份额占比达 81.0%，其他具
备专项作业功能的专用汽车产品的市场份额占比基本保持在 20%（见
图 4）。

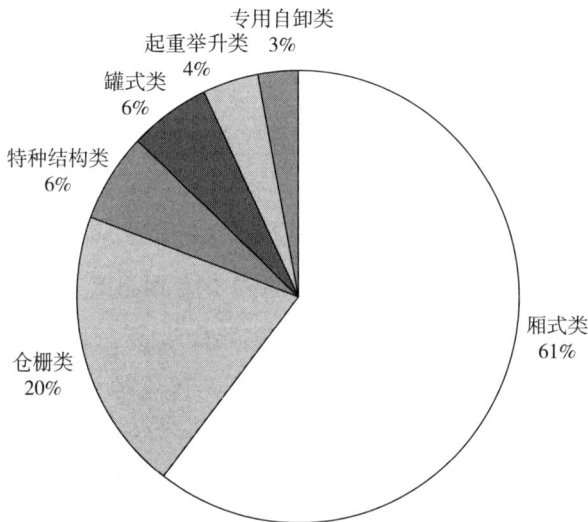

图 4　2023 年专用汽车销量各类别分布

资料来源：中国汽车工业协会专用车分会数据统计。

2023 年，专用汽车各月销量走势呈波浪式前进（见图 5），1 月受春节
假期影响，销量出现大幅下滑，在较高的市场预期下，2 月和 3 月出现小幅
上涨，其他月份销量均保持在 9 万辆左右，行业仍未走出困境，市场处于低
位运行阶段，专用汽车行业面临着不可逆转的转型趋势。

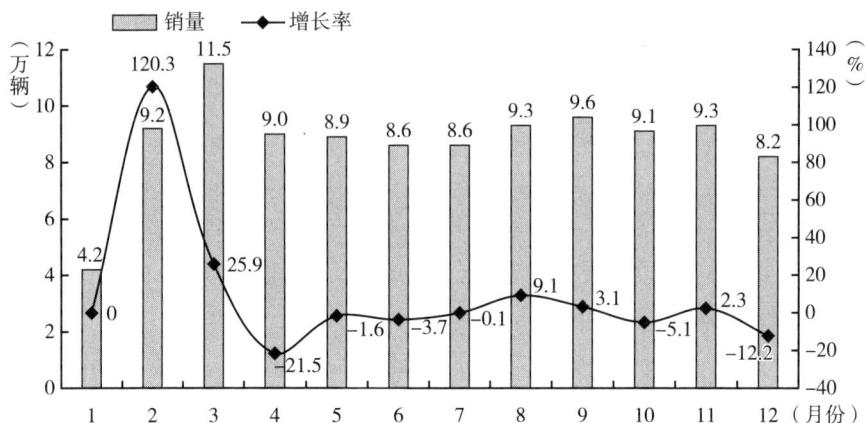

图 5　2023 年专用汽车各月销量情况统计

资料来源：中国汽车工业协会专用车分会数据统计。

2.细分产品市场情况

（1）厢式类专用汽车

2023 年，厢式类专用汽车合计销售 63.8 万辆，同比增长 9.1%，从月度市场表现分析，与去年同期相比，厢式类专用汽车市场情况有所改善（见图 6），但由于 2022 年政策影响，企业冲量形成了较高基数，2023 年的 8 月和 12 月厢式类专用汽车出现大幅下滑，其他各月份均有不同程度的涨幅。

在厢式类专用汽车细分产品中，厢式运输车一直作为该领域的主力车型，占据大部分的市场份额，2023 年厢式运输车年销量达 49.2 万辆，占比为 77.1%，同比增长 65.1%，从厢式运输车各月销量走势可以看出（见图 7），其市场走势基本与厢式类专用汽车总量走势保持一致。从厢式运输车燃料类型分析（见图 8），与上年相比，传统能源占比下降 3.4%，在新能源政策持续激励下，尤其公共领域全面电动化试点工作的全面开展，2023 年，厢式运输车纯电动占比增长 43.9%，同时，燃料电池、混合动力厢式运输车的销量也出现成倍增长，货运车辆新能源化进程不断加快。

2023 年，厢式类专用汽车细分产品中，纯电动厢式运输车的销量实现

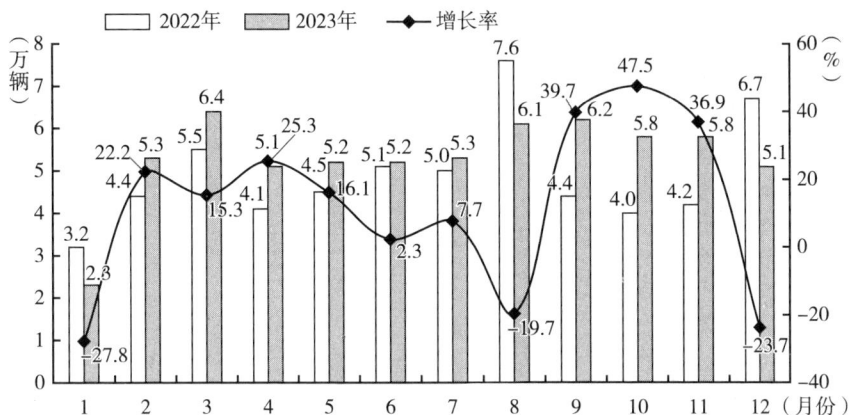

图6　2022~2023年厢式类专用汽车各月销量情况统计

资料来源：中国汽车工业协会专用车分会数据统计。

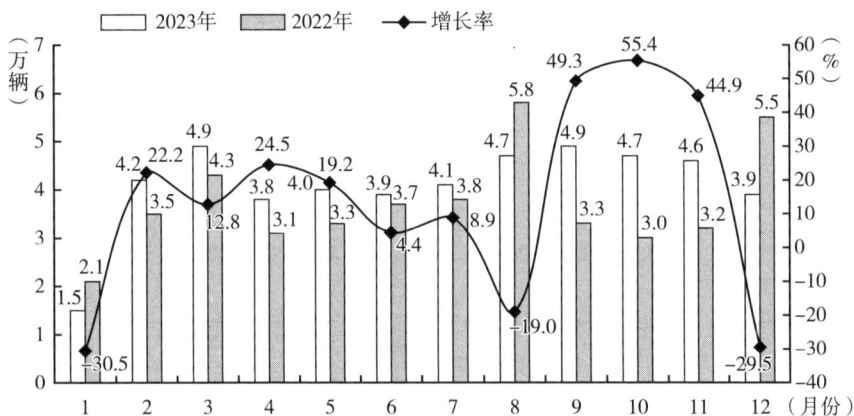

图7　2022~2023年厢式运输车各月销量情况统计

资料来源：中国汽车工业协会专用车分会数据统计。

了显著增长，同比上涨348.4%。这一显著增长反映了新能源政策在推动新能源汽车市场中的重要作用。政策的倾斜和支持，包括补贴、税收优惠、充电基础设施建设等措施，都极大地促进了纯电动厢式运输车的市场接受度和销量增长。这一趋势表明，随着环保意识的提升和技术的进步，新能源厢式运输车正在逐步替代传统燃油车辆，成为物流和运输行业的新选择。

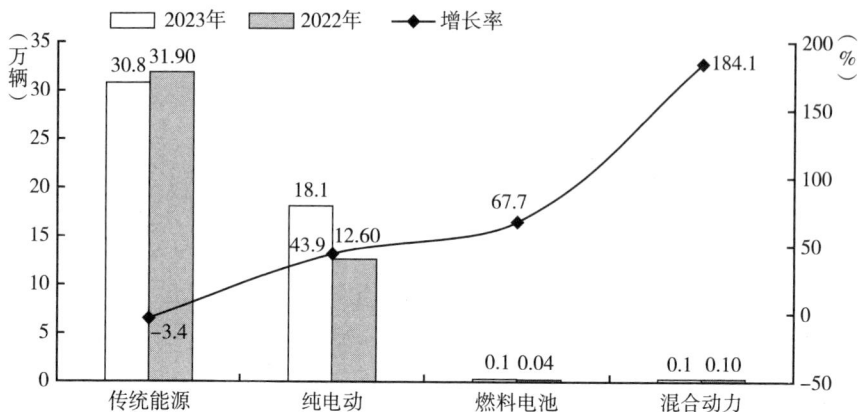

图 8　2022~2023 年厢式运输车燃料类型统计

资料来源：中国汽车工业协会专用车分会数据统计。

然而，与此形成鲜明对比的是，2022 年在新冠疫情等因素的影响下，救护车市场销量基数较高，而在 2023 年，救护车销量出现了 43.8%的下滑。这一下降趋势可能与多种因素有关，包括疫情影响的减弱、市场需求的减少，以及可能存在的供应链问题等（见表 4）。

表 4　2022~2023 年厢式类专用汽车主要车型销量情况统计

单位：万辆，%

序号	车型名称	2022 年	2023 年	同比增长
1	厢式运输车	29.8	30.8	3.5
2	纯电动厢式运输车	4.0	18.0	348.4
3	冷藏车	4.8	4.9	1.9
4	翼开启厢式车	1.8	2.2	20.5
5	旅居车	0.8	1.4	73.1
6	救护车	1.6	0.9	−43.8
7	工程车	0.3	0.6	94.0
8	爆破器材运输车	0.3	0.4	44.3
9	流动服务车	0.2	0.4	77.5
10	易燃气体厢式运输车	0.2	0.3	28.7
	厢式类合计	58.5	63.8	9.1

资料来源：中国汽车工业协会专用车分会数据统计。

2023年，实现厢式类专用汽车销售的企业达677家，同比上涨30.4%。其中，吉利四川商用车有限公司、重庆长安汽车股份有限公司、奇瑞商用车（安徽）有限公司在本年度销量均出现不同程度的涨幅，分别为78.8%、60.1%、94.7%。上汽大通汽车有限公司销量在本年度出现最大幅度的下调，下跌19.6%（见表5）。

表5　2022~2023年厢式类专用汽车年销量排名前10企业情况统计

单位：万辆，%

序号	企业名称	2023年	2022年	同比增长
1	北汽福田汽车股份有限公司	12.2	10.7	14.2
2	吉利四川商用车有限公司	3.9	2.2	78.8
3	安徽江淮汽车集团股份有限公司	3.8	4.0	-6.8
4	东风汽车股份有限公司	3.4	3.4	-1.9
5	江铃汽车股份有限公司	3.3	3.6	-8.1
6	重庆长安汽车股份有限公司	2.5	1.6	60.1
7	中国重汽集团济南商用车有限公司	2.5	2.5	-1.9
8	上汽通用五菱汽车股份有限公司	2.4	1.7	42.6
9	上汽大通汽车有限公司	2.3	2.9	-19.6
10	奇瑞商用车(安徽)有限公司	2.3	1.2	94.7

资料来源：中国汽车工业协会专用车分会数据统计。

（2）仓栅类专用汽车

仓栅类专用汽车市场容量一直在缩减，但在2023年，仓栅类专用汽车销量达21.4万辆，同比上涨10.9%，主要由于疫情之后物流运输行业的迅速恢复，带动了运输类专用汽车的市场需求。从各月的市场走势分析（见图9），下半年的市场表现基本趋于稳定，月销量在1.9万辆左右，在2022年较低基数的基础上出现了上涨趋势。

仓栅类专用汽车主要产品包括仓栅式运输车、纯电动仓栅式运输车、畜禽运输车、插电式混合动力仓栅式运输车、桶装垃圾运输车，五种产品基本占据了仓栅类专用汽车99%的市场份额（见表6）。

从细分产品上分析，在新能源鼓励政策的推动下，2023年，纯电动仓

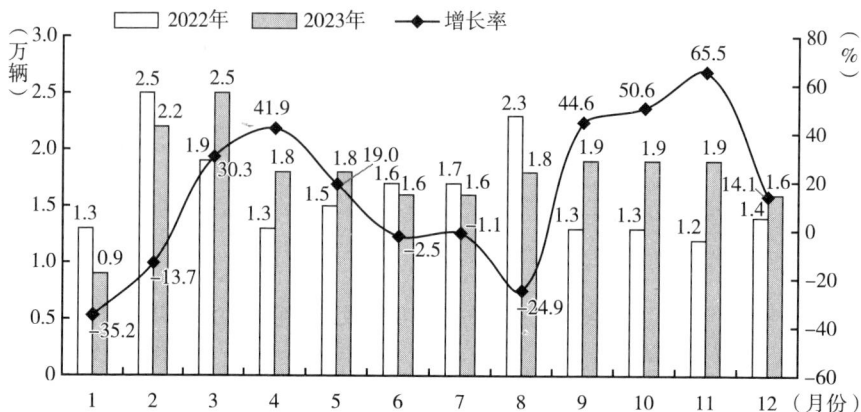

图9　2022~2023年仓栅类专用汽车各月销量情况统计

资料来源：中国汽车工业协会专用车分会数据统计。

栅式运输车实现持续增长，本年度合计销售1.67万辆，同比上涨56.4%，另外，插电式混合动力仓栅式运输车也出现了成倍的增长。

另外，需要注意的，桶装垃圾运输车在本年度出现大幅下跌，下跌42.4%，国内基础设施建设投资放缓，政府采购量降低，直接影响了该产品的市场需求（见表6）。

表6　2022~2023年仓栅类专用汽车主要产品销量情况统计

单位：万辆，%

序号	产品名称	2023年	2022年	同比增长	占比
	行业合计	21.4	19.3	10.9	
1	仓栅式运输车	19.27	17.9	7.7	90.0
2	纯电动仓栅式运输车	1.67	1.1	56.4	7.8
3	畜禽运输车	0.29	0.25	13.7	1.3
4	插电式混合动力仓栅式运输车	0.12	0.039	209.4	0.6
5	桶装垃圾运输车	0.02	0.04	-42.4	0.1

资料来源：中国汽车工业协会专用车分会数据统计。

在生产企业方面，2023年，前10名企业销量合计占比达72.0%，除东风汽车股份有限公司之外，其他企业均实现不同程度的增长，中国重汽集团济南商用车有限公司实现最大涨幅，年销量 1.8 万辆，同比增长 51.7%（见表 7）。

表 7　2022~2023 年仓栅类专用汽车年销量排名前 10 的企业情况统计

单位：万辆，%

序号	企业名称	2023 年	2022 年	增长率	行业占比
	行业合计	21.4	19.3	10.9	
1	中国第一汽车集团有限公司	3.2	2.9	9.3	14.9
2	北汽福田汽车股份有限公司	2.6	1.9	32.1	12.0
3	上汽通用五菱汽车股份有限公司	2.1	1.4	49.0	10.0
4	中国重汽集团济南商用车有限公司	1.8	1.2	51.7	8.4
5	重庆长安汽车股份有限公司	1.4	1.4	4.1	6.7
6	安徽江淮汽车集团股份有限公司	1.1	1.0	13.8	5.1
7	河北长安汽车有限公司	0.9	0.8	8.5	4.2
8	东风商用车有限公司	0.8	0.6	31.3	3.7
9	华晨鑫源重庆汽车有限公司	0.8	0.7	6.5	3.6
10	东风汽车股份有限公司	0.7	0.8	-6.9	3.4

资料来源：中国汽车工业协会专用车分会数据统计。

（3）罐式类专用汽车

罐式类专用汽车应用领域聚焦在工程类、城市建设场景下，受大环境影响，2023 年，该类别销量继续延续往年的下滑趋势，全年累计销量 6.2 万辆，同比下滑 7.5%，从各月销售数据（见图 10）来看，在 1 月出现最大跌幅，达 40.5%，除部分月份略有增长外，其他月份均出现不同程度的下跌，整体上该板块市场需求仍处于历史最低位运行。

从细分产品上看，2023 年，罐式类专用汽车的主力车型均出现了不同程度的下跌行情，其中，一直处于该板块销量首位的混凝土搅拌运输车，在 2022 年同比下跌 80.2% 的低基数上，全年销售 1.3 万辆，同比下跌 33.3%；在销量排名前 10 位的产品中，纯电动混凝土搅拌运输车表现出较为强劲的上升势头，在新能源政策的推动下，本年度销量实现成倍增长（见表 8）。

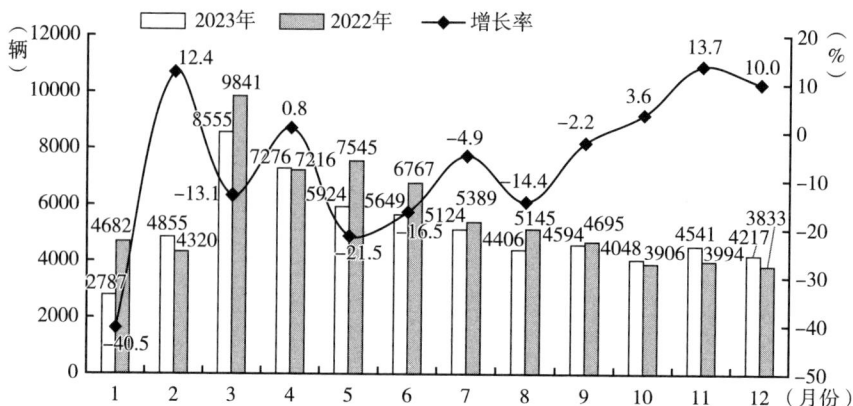

图10　2023年罐式类专用汽车各月销量情况统计

资料来源：中国汽车工业协会专用车分会数据统计。

表8　2022~2023年罐式类专用汽车主要产品销量情况统计

单位：万辆，%

序号	产品名称	2023年	2022年	增长率	行业占比
1	混凝土搅拌运输车	1.3	1.9	-33.3	20.7
2	绿化喷洒车	1.2	1.3	-10.4	18.6
3	加油车	0.6	0.4	60.0	9.3
4	洒水车	0.5	0.7	-26	8.7
5	清洗吸污车	0.5	0.5	-2.3	8.3
6	纯电动混凝土搅拌运输车	0.4	0.1	147.7	5.8
7	水罐消防车	0.2	0.2	50.6	3.9
8	吸粪车	0.2	0.2	-7.4	3.2
9	吸污车	0.2	0.2	-24.0	2.9
10	清洗车	0.2	0.2	-31.5	2.7
	行业合计	6.2	6.7	-7.5	

资料来源：中国汽车工业协会专用车分会数据统计。

在生产企业方面，共计368家企业实现罐式类专用汽车产品销售，三一汽车制造有限公司、程力专用汽车股份有限公司、中联重科股份有限公司、长沙中联重科环境产业有限公司等行业龙头企业，本年度在罐式类专用汽车产品销量方面均出现大幅下跌，分别下跌22.4%、38.3%、17.4%、

13.5%；其中，芜湖中集瑞江汽车有限公司、徐州徐工施维英机械有限公司在本年度销量分别实现 26.7%、18.9% 的增长，分析实现增长的主要原因为纯电动混凝土搅拌运输车产品市场表现良好，本年度两家企业该产品销量接近千台（见表9）。

表9　2022~2023 年罐式类专用汽车年销量排名前 10 企业情况统计

单位：万辆，%

序号	产品名称	2023 年	2022 年	增长率	行业占比
1	三一汽车制造有限公司	0.5	0.7	−22.4	8.3
2	程力专用汽车股份有限公司	0.4	0.6	−38.3	6.3
3	中联重科股份有限公司	0.3	0.4	−17.4	5.6
4	湖北凯力专用汽车有限公司	0.3	0.3	3.1	4.6
5	程力汽车集团股份有限公司	0.3	0.2	15.2	4.5
6	长沙中联重科环境产业有限公司	0.3	0.3	−13.5	4.1
7	湖北同威专用汽车有限公司	0.3	0.2	16.9	4.1
8	湖北盈通专用汽车有限公司	0.2	0.2	4.2	3.7
9	徐州徐工施维英机械有限公司	0.2	0.1	18.9	2.8
10	芜湖中集瑞江汽车有限公司	0.2	0.1	26.7	2.7
行业合计		6.2	6.7	−7.5	

资料来源：中国汽车工业协会专用车分会数据统计。

（4）专用自卸类专用汽车

2023 年，专用自卸类专用汽车累计销售 3.1 万辆，同比增长 0.95%。从各月度销量来看（见图11），其中，在 1 月和 8 月分别下跌 38.6% 和40.4%，主要原因是 2022 年 8 月，蓝牌轻卡新规过渡期结束（工信部联通装〔2022〕3 号），企业冲量形成高基数，从而在本年度形成了较大的跌幅。其他月份的销量基本维持在月均 2500 辆左右，市场需求基本处于稳定。

在细分产品方面，2023 年，车厢可卸式垃圾车、散装饲料运输车、车厢可卸式汽车在 2022 年较低基数基础上同比均出现不同程度的增长，自装卸式垃圾车、自卸式垃圾车依然延续了上一年度的下跌趋势且跌幅加大；在

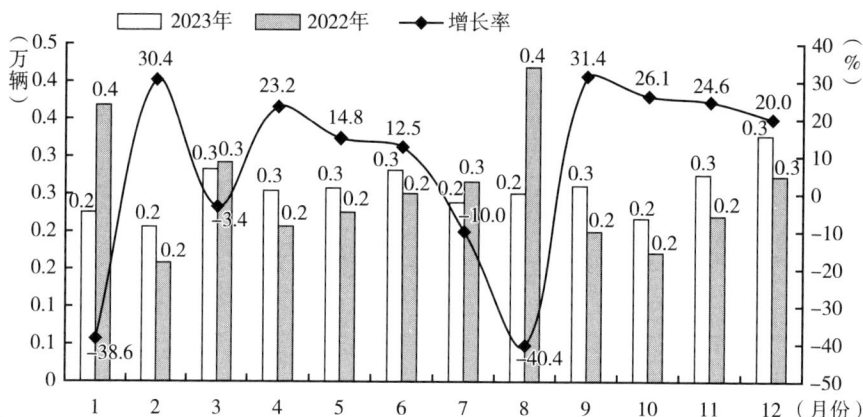

图 11 2022~2023 年专用自卸类专用汽车各月销量情况统计

资料来源：中国汽车工业协会专用车分会数据统计。

新能源方面，本年度纯电动专用自卸类专用汽车的产品种类增多，占比达 4.94%（见表 10）。

表 10 2022~2023 年专用自卸类专用汽车主要产品销量情况统计

单位：万辆，%

序号	产品名称	2023 年	2022 年	增长率	行业占比
1	压缩式垃圾车	0.99	1.00	-1.24	32.24
2	车厢可卸式垃圾车	0.93	0.79	17.05	30.11
3	自装卸式垃圾车	0.31	0.41	-22.50	10.24
4	散装饲料运输车	0.18	0.12	41.26	5.70
5	自卸式垃圾车	0.14	0.26	-46.59	4.46
6	车厢可卸式汽车	0.13	0.02	525.00	4.07
7	纯电动自卸式垃圾车	0.05	0.04	35.75	1.77
8	纯电动压缩式垃圾车	0.05	0.03	54.04	1.61
9	纯电动自装卸式垃圾车	0.05	0.05	-12.11	1.56
10	厢式垃圾车	0.04	0.05	-22.28	1.35
	行业合计	3.1	3.0	0.95	

资料来源：中国汽车工业协会专用车分会数据统计。

（5）特种结构类专用汽车

2023 年，特种结构类专用汽车累计销量达 6.7 万辆，同比上涨 7.1%。从各月销量情况统计（见图 12）中可以看出，与其他类产品一样，特种结构类专用汽车在 1 月和 8 月与上年同期均出现大幅下滑，其他月份销量继续维持在上一年度的低位水平。

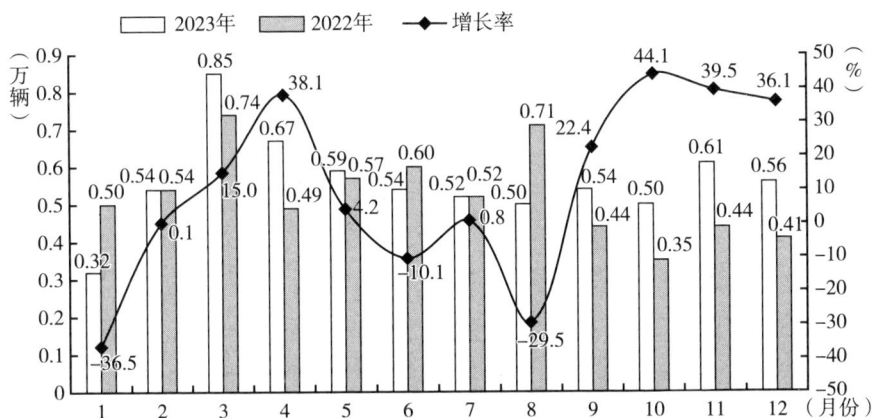

图 12　2022~2023 年特种结构类专用汽车各月销量情况统计

资料来源：中国汽车工业协会专用车分会数据统计。

在细分产品上，新能源产品本年度市场表现良好，纯电动洗扫车本年度销量跻身前十行列，同比增长 57.8%；此外，防撞缓冲车本年度实现41.7%的增长，该产品作为道路安全保障的新车型，近年来受到行业的普遍关注；物流行业的逐步恢复，促进了物流相关的专用汽车产品的市场需求，2023 年，平板运输车销量同比增长 46.5%（见表 11）。

表 11　2022~2023 年特种结构类专用汽车主要产品销量情况统计

单位：万辆，%

序号	产品名称	2023 年	2022 年	增长率	行业占比
1	清障车	1.6	1.7	-5.9	24.3
2	平板运输车	1.2	0.8	46.5	18.2
3	多功能抑尘车	0.6	0.6	-0.8	9.5

序号	产品名称	2023年	2022年	增长率	行业占比
4	洗扫车	0.5	0.6	-17.2	6.8
5	气瓶运输车	0.3	0.3	15.1	4.3
6	混凝土泵车	0.3	0.3	10.8	4.2
7	车辆运输车	0.3	0.2	20.2	4.1
8	路面养护车	0.2	0.2	4.7	2.8
9	纯电动洗扫车	0.2	0.1	57.8	2.5
10	防撞缓冲车	0.2	0.1	41.7	2.5
	行业合计	6.7	6.3	7.1	

资料来源：中国汽车工业协会专用车分会数据统计。

（6）起重举升类专用汽车

2023年，起重举升类专用汽车实现销售的企业有211家，累计销售4.3万辆，同比增长5.7%。从各月销量情况统计分析（见图13），除1月外，本年度起重举升类专用汽车销量在去年出现较大跌幅的基础上略有上涨，涨幅基本保持在10%左右。

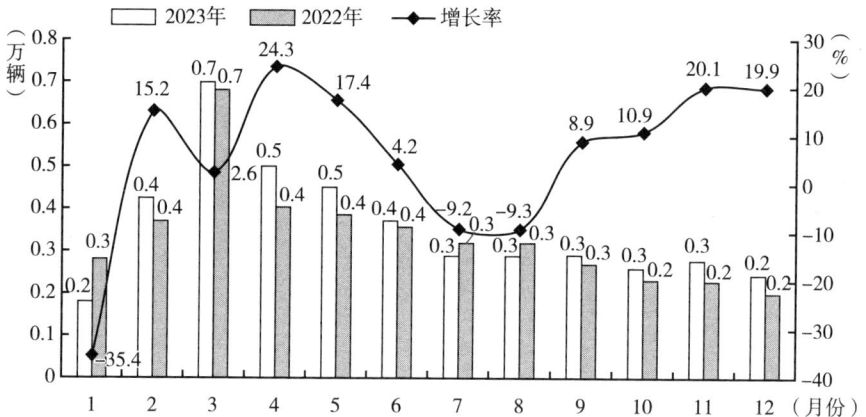

图13　2022~2023年起重举升类专用汽车各月销量情况统计

资料来源：中国汽车工业协会专用车分会数据统计。

在细分车型方面（见表12），本年度起重举升类专用汽车产品依然以汽车起重机车、随车起重运输车、高空作业车三类车型销量占比最大。其中，高空作业车市场表现依然强劲，延续了上一年度的上涨趋势，2023年同比增长55.2%。

表12   2022~2023年起重举升类专用汽车主要产品销量情况统计

单位：万辆，%

序号	产品名称	2023年	2022年	增长率	行业占比
1	汽车起重机车	1.78	2.08	-14.5	41.3
2	随车起重运输车	1.27	1.13	12.2	29.5
3	高空作业车	1.13	0.73	55.2	26.3
4	全地面起重机	0.08	0.10	-20.6	1.8
5	举高喷射消防车	0.02	0.01	78.2	0.5
行业合计		4.3	4.1	5.7	

资料来源：中国汽车工业协会专用车分会数据统计。

（7）产品燃料类型分析

目前，专用汽车产品销量仍以传统能源类为主，占比达79.0%，同比下降5.3%。纯电动专用汽车占比20.3%，同比增长36.2%，纯电动专用汽车的渗透率呈逐年上涨趋势（见图14）。

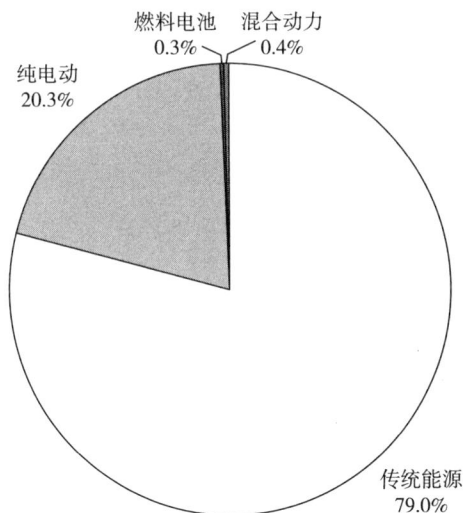

图14   2023年专用汽车产品各燃料类型销量统计

资料来源：中国汽车工业协会专用车分会数据统计。

2023年，专用汽车新能源渗透率在物流运输应用场景中达25.13%，普货物流也是专用汽车产品应用最广泛的场景，行业占比达88.43%，这也是专用汽车新能源化进程快速发展的原因之一。此外，在公共领域全面电动化政策的推动下，除运输类专用汽车之外，市政环卫、工程建筑应用场景下产品新能源渗透率也逐年升高（见表13）。

表13　2023年新能源专用汽车应用场景情况统计

单位：万辆，%

序号	应用场景	销量	行业占比	新能源渗透率
1	普货物流	20.8	88.43	25.13
2	非物流运输	1.4	5.79	5.93
3	市政环卫	0.7	2.80	8.49
4	工程建筑	0.5	2.28	10.12
5	应急保障	0.01	0.04	0.33
6	其他	0.2	0.68	2.16
	合计	23.5	—	20.97

资料来源：中国汽车工业协会专用车分会数据统计。

在细分产品上，厢式类专用汽车新能源渗透率增长明显（见图15），2023年，纯电动厢式类专用汽车同比上涨44.8%；同时，混合动力厢式类专用汽车较去年也出现了成倍增长。

仓栅类专用汽车新能源渗透率同样呈上升趋势（见图16），2023年，纯电动仓栅类专用汽车同比上涨57.1%，同时，燃料电池、混合动力类型占比也有所增加。

2023年，纯电动罐式类专用汽车同比增长113.6%（见图17），与其他类别产品相比，该系列产品本年度新能源产品出现最大涨幅，罐式类专用汽车中的主要产品应用于市政环卫或工程建筑应用场景下，两个场景近年来新能源化趋势明显。

现有统计数据显示，2023年，特种结构类、专用自卸类专用汽车产品新能源产品占比同比涨幅不大，而起重举升类专用汽车的能源类型仍以传统

图 15　2022～2023 年厢式类专用汽车燃料类型统计

资料来源：中国汽车工业协会专用车分会数据统计。

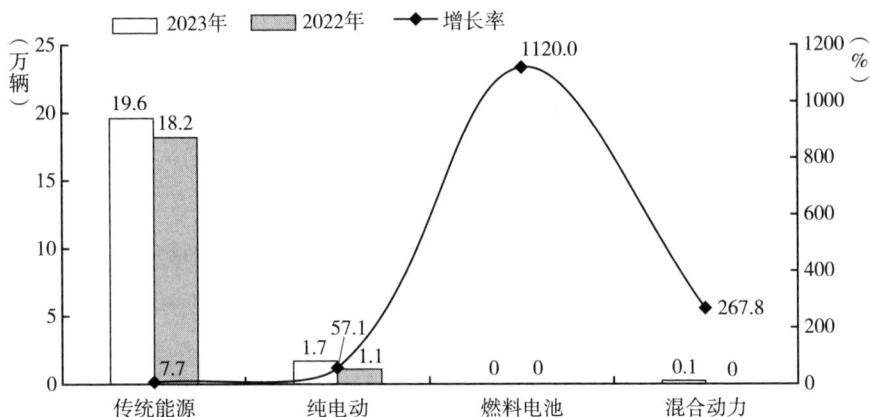

图 16　2022～2023 年仓栅类专用汽车燃料类型统计

资料来源：中国汽车工业协会专用车分会数据统计。

能源为主，且主要为柴油，相比去年，本年度纯电动高空作业车、纯电动汽车起重机有销量体现，尽管销量不多，但是说明在该领域也在逐步开展产品新能源化尝试。

（四）专用汽车区域竞争格局分析

2023 年，专用汽车产品在全国 31 个省份实现销售共计 105.5 万辆，同

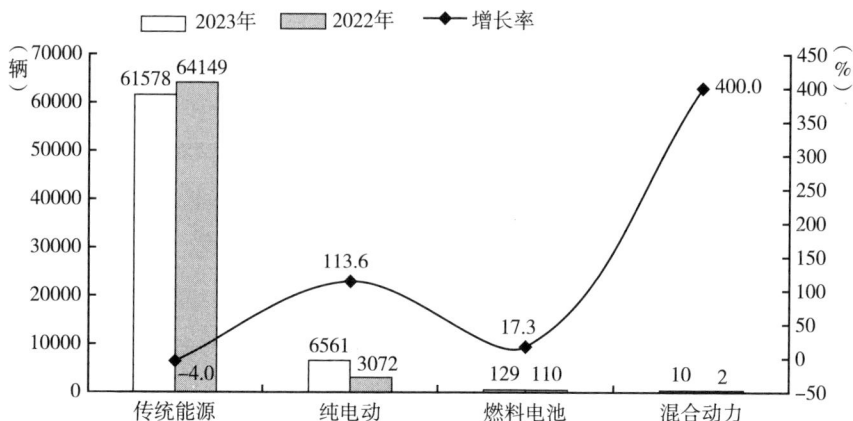

图 17　2022～2023 年罐式类专用汽车燃料类型统计

资料来源：中国汽车工业协会专用车分会数据统计。

比上涨 7.8%。2023 年，全国销量排前五位的省份分别是广东省、山东省、湖北省、江苏省、河北省，销量占比分别为 14.23%、7.35%、6.66%、6.02%、5.85%，前五位占整个销售市场近 40% 的市场份额，保持了较为稳定的销售地位。

从全国各省份的销售数据分析，本年度北京、上海两地销量同比出现较大跌幅，分别同比下降 15.7% 和 30.4%；而青海省、西藏两个地区销量一直不高，本年度销量分别上涨 80.1% 和 56.8%。其他省份在 2022 年较低基数基础上上下浮动 15% 左右，维持在较低的运行水平范围内（见表 14）。

表 14　2022～2023 年专用汽车销售区域统计

单位：万辆，%

省份	2023 年		2022 年		增长率
	销量	销量占比	销量	销量占比	
广　东	15.0	14.2	13.2	13.4	14.0
山　东	7.7	7.3	6.9	7.0	12.3
湖　北	7.0	6.7	6.2	6.3	13.9
江　苏	6.4	6.0	6.1	6.2	3.9
河　北	6.2	5.9	5.4	6.1	14.8

续表

省份	2023 年		2022 年		增长率
	销量	销量占比	销量	销量占比	
云　南	6.1	5.8	6.0	5.5	2.3
河　南	5.7	5.4	4.6	5.3	24.2
四　川	5.1	4.8	5.1	5.2	-0.8
浙　江	5.0	4.8	5.2	4.7	-3.4
湖　南	4.2	4.0	4.5	4.6	-5.3
安　徽	3.5	3.4	3.3	3.4	7.7
广　西	2.9	2.8	2.6	2.7	11.3
贵　州	2.7	2.5	2.1	2.7	25.6
陕　西	2.5	2.4	2.3	2.4	8.7
福　建	2.5	2.4	2.6	2.4	-2.9
重　庆	2.4	2.3	2.1	2.2	17.8
新　疆	2.4	2.2	2.0	2.1	15.6
辽　宁	2.1	2.0	2.0	2.1	3.5
山　西	2.1	2.0	1.8	2.1	11.5
北　京	2.0	1.9	2.3	2.0	-15.7
江　西	1.9	1.8	2.0	2.0	-6.3
上　海	1.4	1.4	2.1	1.9	-30.4
内蒙古	1.4	1.3	1.2	1.2	14.6
甘　肃	1.3	1.3	1.1	1.1	25.5
黑龙江	1.2	1.2	1.0	1.1	16.9
吉　林	1.1	1.0	1.1	1.1	0.2
天　津	1.1	1.0	1.0	1.1	1.9
海　南	1.0	1.0	1.0	1.0	3.9
青　海	0.7	0.6	0.4	0.5	80.1
宁　夏	0.5	0.5	0.5	0.4	7.4
西　藏	0.3	0.3	0.2	0.2	56.8

资料来源：中国汽车工业协会专用车分会数据统计。

二　专用汽车行业新产品和新技术

2023 年，在专用汽车技术领域，面向应用端的定制化需求技术特征，行业企业借助逐步扩大化的多领域技术融合手段，逐步构建企业核心技术竞争力，着力解决行业面临的各种技术难题。通过不断推陈出新研发新产品，并适应性提升产品技术水平，进一步推动专用汽车行业高质量发展。

（一）行业新产品及技术

1. 低入口环卫车

基于环卫车驾驶员与清洁作业人员频繁上下车的需要，行业内研发出低入口设计环卫车，改变传统环卫车卡车式驾驶室的三级爬梯式踏步，使驾驶员上下车更加方便，得益于全新的低入口设计，驾驶员可以方便地从右侧下车，更好地避开左侧车流。此外，上装智能启停、水耗统计、低温预警及作业自动化控制技术等选装模块的搭载提升了低入口环卫车辆智能化水平和作业效率。

2. 智慧环卫应用保障车

为智慧环卫领域无人驾驶环卫车辆提供后勤保障，研发推出的智慧环卫应用保障车，集多功能于一体，车辆前端载有大容量水箱，对无人驾驶扫路机进行补水和清洗；中部装载多个垃圾桶，可对无人驾驶扫路机收集箱进行清理；尾部配备单轴拖挂平板车，可对无人驾驶扫路机进行转场和托运。同时，车辆配有大功率兼容充电机，可为无人驾驶扫路机进行实时充电；不仅如此，该产品还为无人驾驶扫路机的收集箱配备了专用垃圾袋，减少倾倒频次，提高作业效率。该产品可以同时对 5 台无人驾驶扫路机进行作业部署和实时调整，并能够提供管家式服务。

3. 71米法规泵车

优化六节折叠臂架结构技术的 71 米泵车新产品，整车重量不超过 55 吨，可实现 360°全趴平无死角功能，搭载全新款道依茨发动机，采用蠕墨铸铁缸盖，强度提高 30%；新开发的流线型大料斗容积与老款相比提升10%；采用三叶片搅拌系统，效率提升 50%，走台管口径加大，管道压损降低 15%，泵送速度提升 10%。

4. 适用于大跨宽桥梁检测养护的桥梁检测车

针对大跨宽无法采用桥梁检测车检测养护的问题，设计开发了综合作业能力覆盖度宽，工况适应性更好的桥梁检测车。作业幅度达 24 米或 26 米，跨宽从 3.75 米升级到 4 米，且 24 米工作平台最大载荷可达 1000 公斤，采用分动箱大轮行走装置，驱动力比小轮驱动增加 20% 以上，爬坡能力更强；基于外伸支腿技术、全铝合金工作平台、主臂截面采用六边形结构，使整车抗弯抗扭能力提高 10% 以上，减少车辆晃动，使施工更稳定。

（二）适应性新技术研发

2023 年，面向特定应用场景下遇到的技术瓶颈和难题，基于各行业技术融合手段，在提高安全性、工作效率提升以及技术性能优化等方面，行业内企业逐步开展技术攻关，以满足不断变化的市场需求。

在绝缘斗臂车领域，研发出高空作业车玻璃钢绝缘臂，掌握高强度复合材料绝缘斗臂车及其关键部件的设计及制造，打破了行业关键部件长期依赖国外进口的现状。为进一步解决高空的灭火难题，将无人机与消防车相结合设计研发了高空系留无人机灭火消防车。

针对新能源发电波动性较大的特点，在新能源发电容量和边界条件下，通过为电源车充电，分担新能源波动电量，保障新能源发电机组安全稳定运行，为进一步提升配网灵活性的调节能力，开展电源车智能控制单元研究，将电力生产和消费在时间上进行解耦，使传统实时平衡的"刚性"电力系统变得"柔性"，从而解决新能源发电和负荷用电时空不匹配的问题。

针对混凝土搅拌运输车行驶过程中罐体速度大幅波动的技术难题，采用筒体电控操纵技术，以逆变器为核心，由整车控制器通过 CAN 总线控制驱动电机，大幅度提高罐体转动的可控性，通过程序调节实现罐体在给定的转速下保持恒转速。

工程机械制造商已经开始布局电动化产品线，工程机械上装部分通过电动驱动系统替代原有燃油驱动系统，通过使用新能源作为动力来源，实现能源的清洁化和作业过程的低碳化。

三 专用汽车行业发展面临的问题

2023 年，专用汽车行业市场逐步进入修复性增长阶段，伴随着市场需求的逐步饱和，产能相对过剩加快整个行业步入"存量时代"阶段，出口贸易增长加速行业生态重构，新能源化发展推动了行业进入新一轮的调整周期，在新四化趋势背景下，行业迎来了新的挑战和难题。

（一）专用汽车出口挑战

专用汽车企业在出口过程中需要关注合规性、知识产权保护、本地化发展、售后服务网络建设、市场竞争、地缘政治因素以及数字化管理等多个方面的问题。

企业海外业务把控能力、海外渗透等维度，仍存在较大的发展空间。首先，海外市场的售后服务体系相对滞后，存在服务网点数量不足、服务质量参差不齐等问题。目前，行业内企业在海外并没有建立起完善的售后服务网络，需要与当地经销商和后市场服务商合作；其次，运输成本高、国际标准不统一、关税壁垒等，增加了出口企业的成本；此外，中国品牌汽车在海外市场可能会面临同质化竞争的问题，需要通过提升产品质量、技术创新和品牌建设来增强竞争力，并且供需信息不对称也在一定程度上阻碍了海外出口规模的快速发展。

（二）数字化升级问题

随着消费者需求的多元化和市场竞争的加剧，专用汽车行业需要通过数字化手段提升市场响应速度和客户服务水平。然而，专用汽车行业的数字化升级面临着一系列挑战和问题，涉及认知、战略、技术、组织结构和市场等多个方面。

首先，数字化转型需要依赖先进的技术，如云计算、大数据、人工智能等。然而，企业可能缺乏对这些技术的理解和应用能力，并且在技术选型和系统集成方面遇到困难；其次，数字化升级需要对供应链进行优化，提高供应链的透明度和响应速度。但供应链中的不确定性，如原材料价格波动、需求变化等，给数字化供应链管理带来了挑战；最后，数字化转型需要较大的初期投资，包括购买新设备、开发新系统、培训员工等。对于许多专用汽车企业来说，如何平衡短期成本和长期收益，确保投资的有效性，是一个需要考量的问题。

（三）无人驾驶技术应用问题

无人驾驶技术在专用汽车领域的应用正在逐步开展，包括但不限于清洁、养护、物流等多个方面。尽管专用汽车具有行驶路线和环境相对固定、作业交通状况单一等适应性特点，有利于无人驾驶技术的应用，但在实际推广和应用过程中面临着一系列问题和挑战。

在技术方面，尽管无人驾驶专用汽车在封闭或半封闭环境中已经取得了一定的进展，但在公开道路上的广泛应用仍面临技术挑战，如环卫车辆精细贴边清扫、自主路线规划等；专用汽车领域的无人驾驶车辆需要在复杂多变的环境中保持稳定性和可靠性，特别是在面对树荫、隧道、高架桥等可能干扰卫星信号的环境时，技术的稳定性和可靠性需要进一步加强。

在政策和法规支持方面，目前，国家层面缺乏无人驾驶车辆生产、检验、道路测试、路权管理方面的统一标准，这对无人驾驶专用汽车的规模化应用构成了障碍。部分城市虽然对小型无人环卫车有一定的管理规定，但对于在公开道路上的大规模应用仍受法律法规限制。

成本效益及市场接受度方面，虽然预计在未来几年内，无人驾驶专用汽车的综合成本将低于人工驾驶车辆，但目前无人驾驶专用车的成本仍然相对较高，特别是在初期投资方面。降低传感器和核心部件的成本是实现更广泛商业化的关键。此外，无人驾驶专用汽车需要获得市场的认可和接受，这不仅包括政府和企业的接受，也包括公众的接受。提高公众对无人驾驶技术的信任和理解是推动无人驾驶环卫车发展的重要因素。

（四）新能源化转型问题

国家和地方层面对新能源汽车的政策支持力度逐步加大，特别是公共领域新能源化试点工作的全面展开，有效地推动了专用汽车新能源化发展的进程。从目前的应用情况分析，专用汽车行业新能源化转型面临着诸多问题。

与乘用车不同，专用汽车具备运输、作业等专项功能，需要考虑承载运输以及行驶作业等工况，兼顾动力和能耗控制，对新能源专用汽车的续航能力提出了更高要求，考虑极端气候条件下的续航能力更是专用汽车新能源化转型亟须解决的问题。此外，底盘三电系统与上装功能匹配问题制约着新能源专用汽车作业效率的提升和性能优化。

四 专用汽车行业的发展趋势

在存量时代背景下，行业市场需求保持在低位运行，专用汽车行业企业通过跨界合作和创新商业模式寻求新的市场增长点，新能源、智能网联以及出口贸易增长等为行业发展提供了重要驱动力，为进一步保持并拓展市场竞争力，实现可持续发展。专用汽车行业逐步进入高质量发展阶段，在精细化作业、一体化控制、低能耗以及高效率等方向逐步探索并实现技术突破。

（一）技术融合推动一体化发展

历经几十年的技术沉淀和发展，专用汽车行业在技术方面取得了显著进步和创新，专用汽车产品基于二类底盘进行改装而成，具有其特定场景下的专用功能，随着各行业技术创新不断融合发展，专用汽车产品呈现一体化发展趋势。一体化具体可细分为结构一体化、动力一体化、性能一体化以及电控一体化。

结构一体化主要体现在底盘改装层面，底盘与整车协同以实现空间布局一体化设计，例如，底盘为上装改装前置预留改装以及装配空间，减少现场适配改装带来的安全隐患，减少二次改装，提升整车品质。

传统的专用汽车上装动力来源于底盘，通过规范取力器接口形式、位置以及控制方式，保证动力输出的模块化及标准化，以优化动力性能参数，实现动力一体化输出，从而达到良好的使用经济性。

新能源专用汽车的快速增长，推动了汽车产业向更加高效、环保和智能化的方向发展。在这样的背景下，为满足性能一体化及电控一体化需求，高度集成的一体化底盘成了新能源专用汽车底盘发展的重要趋势，例如，电控底盘预留上装需求的发动机转速调速方式，便于上装控制器调用。一体化底盘设计不仅有助于提高汽车的整体性能，一定程度上优化了整车能耗，降低使用成本。

（二）能耗优化助力新能源化发展

新能源化推动商专用汽车迎来成本和技术驱动阶段，能耗优化是新能源化过程中的关键环节。新能源专用汽车的续航能力是否能满足日常作业需求，是决定其能否广泛推广的关键因素之一，尽管为了解决续航焦虑问题，行业企业采用创新的技术和服务模型，包括轻量化设计、高效能源管理系统、优化动力系统和智能化控制等在一定程度上提高了作业续航能力，但鉴于车辆综合使用成本压力，进一步提升新能源专用汽车续航能力仍是未来的研究重点，包括提升满电状态的续航能力以及快充快补电能力等方面。

（三）存量市场激发出海新增长

随着"一带一路"国际合作以及 RCEP 协定的不断深化，企业走出去的步伐持续加快，参与全球化竞争的能力日益提高，国际市场开拓成果显著，基建投资明显提速，出口规模及占比逐年提升。各企业依托国内市场优势，以国内循环带动全球双循环，增强国内国际联动效应，专用汽车国际化发展趋势逐步打开。

在国际化发展的进程中，行业企业将更加注重市场细分和差异化竞争。针对海外强势区域以差异化竞争实现市场份额再突破，着力研发高性价比、高可靠性的产品，以提高客户满意度和品牌忠诚度；同时，为了更好地服务海外客户，企业在全球关键市场建立或完善销售和服务网络，搭建二网密集的专用汽车海外出口网络，以打通供需端信息交流渠道，及时获取市场反馈，快速响应客户需求变化；在相对弱势的区域精准攻关目标市场，紧跟重点领域且潜力较大的产品，有针对性地进行定制化开发，以提供符合当地法规、使用习惯的专用汽车产品，通过专注于特定领域和细分市场，在海外市场建立新的竞争优势，进而形成新的增长点。

目前的数据显示，中南美及"一带一路"国家为商专用汽车出口的主要目的地，墨西哥与俄罗斯则实现数倍增长，综合考虑市场体量以及地缘政治关系等方面，未来中东、中美、南美、俄罗斯、伊朗将为中国企业释放出口新增长。

（四）上装智能化优化效率及能耗输出

智能化是当前专用汽车行业的重要趋势之一，并结合新能源技术和智能网联技术，旨在提高专用汽车的作业效率、安全性和环保性能。专用汽车智能化主要涉及专用汽车的上装执行部分控制的智能化，即应用先进的信息技术、控制技术和人工智能技术，以提高车辆的自动化水平、作业效率和安全性。

专用汽车上装智能化控制系统的发展，通过自动化控制技术与网联化通信技术的融合，极大地提升了专用车辆在特定作业区域和场景中的自主作业能力。这种技术的应用不仅提高了作业效率，还降低了能耗，减少了人工干预，具有显著的经济效益和社会效益。在园区保洁过程中，智能化控制系统能够根据地面垃圾量的实时识别，自动调整扫盘转速、吸盘吸力以及清洗水量水压，实现作业效率的最大化和能耗的最小化。这种智能化的调节控制，使环卫作业车辆能够更加精准地完成保洁任务，同时降低能源消耗，提高环保性能。

垃圾转运车辆通过智能化控制系统，可以根据垃圾桶的位置信息，自动规划出最节能的行驶路径和最佳的停靠位置。这种智能化的路径规划和停靠决策，不仅提高了垃圾转运的效率，还减少了人为操作不当导致的安全隐患。此外，智能化拾取机构的应用，使垃圾桶的收集过程更加自动化，减少了人工干预，降低了劳动强度。

此外，自动贴边清扫、自动加水及倾倒垃圾、自动装载货物并合理摆放等功能，均是专用汽车上装智能化控制系统的典型应用。这些功能使专用汽车在复杂的作业环境中，能够自主完成一系列复杂的操作，提高了作业的准确性和效率。

随着我国老龄化进程的推进，以及特定应用场景下无人驾驶专用汽车的商业化应用，专用汽车上装智能化控制系统的需求将会逐步扩大。这种趋势不仅反映了社会对高效、环保、安全运输工具的需求，也预示着专用汽车行业将迎来新的发展机遇。

（五）数字化赋能产品研发

专用汽车市场逐步由增量市场向存量市场转变，随着整机市场竞争的日益激烈，借助智改数转网联的变革契机，以服务后市场为品牌建设和市场营销赋能，数字化营销服务体系势必成为专用汽车行业发展的一个必然趋势。进一步优化服务网络布局，为品牌建设和市场营销赋能。

一方面，数字化帮助企业收集和分析客户数据，深入了解目标客户群体的需求和行为模式，从而制定更为精准的市场策略；另一方面，数字化售后服务体系可以提供远程诊断、在线故障处理等服务，实现一对一的沟通和服务，提升企业的快速响应能力，同时，数字化能够帮助企业利用大数据信息资源挖掘出产品的故障点及优化方向，为产品研发提供依据。

节能与新能源汽车篇

B.7
2023年节能与新能源汽车发展报告

摘　要： 本报告分析了我国节能与新能源汽车产业发展概况，总结了2023年该产业发展动向，分别对节能汽车、新能源汽车产业的进展情况从政策、市场、产品技术等方面进行梳理分析。2023年我国政策持续推进绿色低碳发展，节能与新能源汽车均继续保持高速增长。预计到2026年前后，我国智能新能源汽车新车渗透率将超过50%，插电式混合动力汽车（含增程式电动汽车）将占新能源汽车约50%的市场份额。

关键词： 节能汽车　新能源汽车　充换电基础设施

一　节能汽车发展情况

2023年是我国"十四五"规划实施的第三年，也是我国汽车产业转型升级、走出国门的关键之年。2023年我国经济持续向好发展，在各项政策的刺激下，汽车消费持续走热，国际竞争力持续提高。2023年我国汽车产销规模首次突破 3000 万辆，分别达到 3016.1 万辆和 3009.4 万辆，同比分别增长 11.6% 和 12%。新阶段，汽车产业作为拉动国民经济、促进消费的重要支柱产业，将会产生一系列新变化和新趋势。

我国汽车产业环境和应用场景复杂，"绿色"与"节能"是我国汽车产业实现"碳达峰""碳中和"的双重路径。"绿色"以新能源汽车为代表，从能源动力根源上大幅降低碳排放；"节能"以节能汽车为代表，对传统动力应用先进节能技术，提升能源效率，进而降低碳排放。节能技术多种多样，只要搭载了节能技术的汽车都可称为节能汽车，考虑到产品聚类与规模化，本报告研究的节能汽车主要是指采用新技术或优化设计，以降低能源消耗和减少排放为特点进行设计，包括先进内燃机设计和油电混合动力汽车（HEV 和 Hybrid）。

（一）节能汽车政策情况

2023 年我国依然重视节能汽车的发展，持续出台相关政策推动汽车产业的节能减排。2023 年 9 月，工信部等 7 部门联合发布《汽车行业稳增长工作方案（2023—2024 年）》，提出"鼓励企业以绿色低碳为导向，积极探索混合动力、低碳燃料等技术路线，促进燃油汽车市场平稳发展"。这表明国家既重视新能源汽车的发展，也重视具有节能效应的传统汽车发展。节能汽车与新能源汽车技术路线将长期共存发展。

2023 年 12 月，中央经济工作会议强调，着力扩大国内需求，要激发有潜能的消费，扩大有效益的投资，形成消费和投资相互促进的良性循环。稳定和扩大传统消费，提振新能源汽车、电子产品等大宗消费。要以提高技术、能耗、排放等标准为牵引，推动大规模设备更新和消费品以旧换新。发挥好政府投资的带动放大效应，重点支持关键核心技术攻关、新型基础设施、节能减排降碳，培育发展新动能。节能汽车仍是我国汽车产业的重要组成部分，国家持续推动节能汽车的健康有序发展。

（二）节能汽车市场情况

2023 年，油电混合动力（HEV）乘用车销量达到 86.1 万辆，同比增长 10.7%，与我国乘用车销量增速接近。2023 年，油电混合动力乘用车销量占全部乘用车销量的 3.3%，与 2022 年持平。2016～2023 年我国 HEV 乘用车销量及占比情况如图 1 所示。

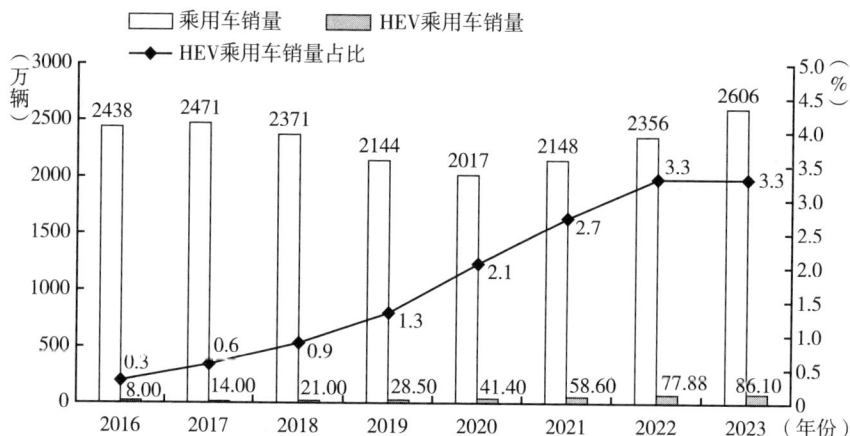

图 1　2016～2023 年我国 HEV 乘用车销量及占比情况

资料来源：根据公开资料整理。

（三）节能汽车技术情况

全球混动技术主要经历了三个发展阶段。第一阶段（1997～2008 年），以丰田的混动技术独领风骚；第二阶段（2009～2016 年），丰田、本田并驾齐驱；第三阶段（2016～2023 年），国内自主品牌加速突破，中国逐步进入混合动力全面引领的时代。

一是发动机效率持续提升。随着自主品牌的厚积薄发，各大企业积极推出混动战略，混动技术百花齐放，内燃机技术不断革新。比亚迪 DMI 配套发动机最高热效率达 43.04%，省去了压缩机、水泵等可用电子泵替代的耗能零部件。吉利推出的雷神智擎 Hi. X 动力总成，发动机热效率同样高达

43.32%。与比亚迪不同的是，吉利采用了针对混合动力的深度优化。以丰田、本田为代表的日系车，也有专属于自己的混动平台，相对来说，丰田发动机 41%的热效率比本田 40.6%的热效率更加稳妥。

二是混动变速箱技术逐步成熟。经过多年发展，DHT 混动专用变速箱具备了较为全面的工作模式。各国对混合动力变速器的态度不同，日本以丰台的 THS 功率分流式技术为主；韩国以现代汽车代表的 P2 HEV 系统为主；美国通用以及福特同样以功率分流式 DHT 为主。国内混合动力技术方面，长城柠檬 DHT 按照车型定位，形成 DHT100、DHT130、DHT130+P4 三个平台，涵盖 PHEV、HEV；随着吉利 GHS3.0 雷神混动 Hi. X 的搭载应用，以单电机 P2.5 为核心的 GHS2.0 走下舞台。主打节能的雷神混动（HEV：Hi. F 和 EM-F）覆盖了吉利、领克品牌等全谱系车型；广汽应用丰田 THS 技术，通过动力平台再开发，形成 2.0TM+THS 的 HEV 混动系统，目前应用 GS8 等车型；上汽通用五菱开发的单挡 DHT 匹配 2.0L 发动机搭载五菱星辰和凯捷；长安自主开发的 P13 架构 DHT 匹配蓝鲸混动发动机搭载 UNI 和 CS 系列。

（四）节能汽车发展建议

一是加强技术投入。科技是现代社会最重要的生产力之一，在制造汽车时，涉及大量的部件和步骤，并且需要大量投入。因此，加大技术研发力度是实现技术革新的重要方法。要提高我国节能汽车的技术水平，一方面要深入研究高效率可靠的发动机技术；另一方面，要持续提升发动机、电机和电池的集成技术，根据工况做好标定。另外，负载附件的电气化与可变化也是降低能耗的重要技术方面。

二是持续降低节能汽车产品成本。当前，油电混合汽车成本价格依然较高，对消费者吸引力不足。同时，受新能源汽车，尤其是插电式混合动力的冲击，使油电混合动力节能汽车市场竞争力不足。建议扩大节能汽车供给力度，快速降低节能汽车成本。

三是研究制定扶持政策。节能汽车是我国汽车产业低碳发展的重要技术路线之一。从目前及未来一段时间来看，传统燃油车仍占有一定市场地位。

考虑到油电混合技术路线的逐步成熟，建议相关部门研究出台针对油电混合汽车产品的扶持政策，加大产品供给，释放节能汽车发展活力。

二　新能源汽车发展情况

2023 年，在新能源汽车购置税减免、新能源汽车下乡、公共领域全面电动化等产业政策的推动下，在产品成本持续下降、产品竞争力持续提升等影响下，我国新能源汽车市场继续保持大幅增长，并在全球范围内引领行业发展。

（一）新能源汽车政策情况

2023 年，新能源汽车是我国汽车产业政策关注的重点，政府陆续颁布了一系列支持和规范新能源汽车产业发展的相关政策，主要包括促进生产类政策、应用试点类政策、促进消费类政策、税收减免类政策及基础设施保障类政策。

一是促进生产类政策。2023 年 12 月，工信部发布的《关于 2024—2025 年度乘用车企业平均燃料消耗量与新能源汽车积分管理有关事项的通知》提出，乘用车企业 2024 年度、2025 年度的新能源汽车积分比例要求分别为 28% 和 38%。对生产量和进口量低于 2000 辆的乘用车生产企业和供应企业，其新能源汽车积分要求将适当降低。若企业平均燃料消耗量较上一年度下降达到 4% 以上的，其达标值在 GB 27999《乘用车燃料消耗量评价方法及指标》规定的企业平均燃料消耗量要求基础上放宽 60%；下降 2% 以上不满 4% 的，其达标值放宽 30%。乘用车企业核算新能源汽车积分达标值时，低油耗乘用车生产量或进口量按照其数量的 0.2 倍计算。在乘用车企业平均燃料消耗量积分核算中，对标准配置制动能量回收系统、高效空调等循环外技术/装置且具有循环外节能效果的车型，其燃料消耗量可相应减免一定额度（可累加）。

二是应用试点类政策。2023 年 1 月，工信部、交通运输部、国家发展改革委、财政部、生态环境部、住房和城乡建设部、国家能源局、国家邮政局 8 部委联合发布《关于组织开展公共领域车辆全面电动化先行区试点工作的通知》，在全国范围内启动公共领域车辆全面电动化先行区试点工作，公共领域车辆包括公务用车、城市公交、出租（包括巡游出租车和网络预约出租车）、环卫、邮政快递、城市物流配送、机场等领域用车。2023年11月，工信部等8部委印发《关于启动第一批公共领域车辆全面电动化先行区试点的通知》，经研究，确定北京、深圳、重庆、成都、郑州等15个城市为此次试点城市，鼓励探索形成一批可复制可推广的经验和模式，为新能源汽车全面市场化拓展和绿色低碳交通运输体系建设发挥示范带动作用。

三是促进消费类政策。2023年6月，工信部等5部门联合发布《关于开展2023年新能源汽车下乡活动的通知》，旨在促进和引导乡村新能源汽车消费，活动时间为2023年6~12月。活动委托中国汽车工业协会组织实施，各地工业和信息化、发展改革、农业农村、商务、能源主管部门做好协同支持；各新能源汽车生产企业、销售企业积极参与，推荐适宜农村市场的先进车型，制定促销政策，建立完善售后服务体系；各充电设施建设运营企业配合完善充电设施布局，推出充电优惠政策；各参与活动的电商、互联网平台，积极配合现场活动，开展网络促销，与车企合作举办直播售车或云上展销活动。2023年7月，商务部等17部门联合发布的《关于搞活汽车流通扩大汽车消费若干措施的通知》指出，汽车业是国民经济的战略性、支柱性产业。为进一步搞活汽车流通，扩大汽车消费，助力稳定经济基本盘和保障改善民生，将支持新能源汽车购买使用、加快活跃二手车市场、促进汽车更新消费、推动汽车平行进口持续健康发展、优化汽车使用环境、丰富汽车金融服务。

四是税收减免类政策。2023年7月，在财政部举行的新闻发布会上，财政部有关负责人明确提出新能源汽车车辆购置税减免政策延长4年，即延长至2027年12月31日。其中，对在2024年1月1日至2025年12月31日期间购置的新能源汽车免征车辆购置税，每辆汽车免税额不超过3万元；对在2026年1月1日至2027年12月31日期间购置的新能源汽车减半征收车辆购置税，每辆汽车减税额不超过1.5万元。2023年11月，国家发展改革委印发的《国家碳达峰试点建设方案》明确，在新能源汽车方面，加快推动交通运输工具装备低碳转型，大力推广新能源汽车，推动公共领域车辆全面电气化替代，淘汰老旧交通工具。2023年12月，工信部、财政部、税务总局联合发布《关于调整减免车辆购置税新能源汽车产品技术要求的公告》，对可获得购置税减免的新能源汽车提出具体技术要求，将进一步推动新能源汽车技术和性能优化。

五是基础设施保障类政策。2023年7月，国家发展改革委等3部门联合发布《关于实施农村电网巩固提升工程的指导意见》，提出因地制宜完善农村电网网络结构，服务新能源汽车下乡。统筹考虑乡村级充电网络建设和输配电网发展，做好农村电网规划与充电基础设施规划的衔接，加强充电基础设施配套电网建设改造和运营维护，因地制宜、适度超前、科学合理规划县域高压输电网容载比水平，适当提高中压配电网供电裕度，增强电网支撑保障能力。在东部地区配合开展充电基础设施示范县和示范乡镇创建，构建高质量充电基础设施体系，服务新能源汽车下乡。

2023年12月13日，国家发展改革委、国家能源局、工信部、市场监管总局联合发布了《关于加强新能源汽车与电网融合互动的实施意见》（发改能源〔2023〕1721号），旨在推动新能源汽车与电网的深度融合，构建信息流和能量流的双向互动体系。该政策文件明确了到2025年和2030年的车网互动技术标准体系建立和市场机制完善的发展目标，提出了包括核心技术攻关、标准体系建设、电价和市场机制优化、双向充放电示范、充换电设施互动水平提升以及电网企业支撑能力强化等在内的重点任务。同时，政策还强调了加强统筹协调、压实各方责任和强化试点示范等保障措施，以确保车网互动的有效实施和新能源汽车产业的高质量发展。

（二）新能源汽车市场情况

1.市场总体情况

中国新能源汽车保持产销两旺态势，连续9年位居全球第一。在政策和市场双重促进作用下，2023年，我国新能源汽车产销分别完成958.7万辆和949.5万辆，同比分别增长35.8%和37.9%，市场渗透率达到31.6%，高于2022年5.9个百分点。2013~2023年我国新能源汽车销量及同比增长情况如图2所示。

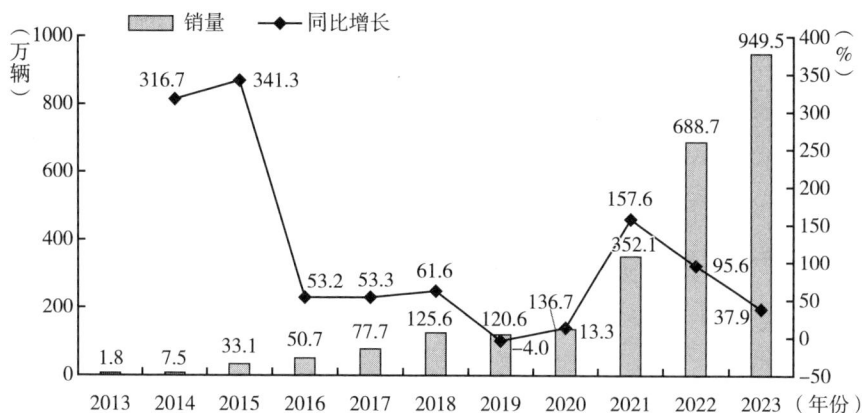

图 2　2013～2023 年我国新能源汽车销量及同比增长情况

资料来源：中国汽车工业协会。

公安部交通管理局统计数据显示，截至 2023 年 12 月底，全国新能源汽车保有量达到 2041 万辆，占汽车总量的 6.07%。我国新能源汽车保有量从 2015 年的 58 万辆发展至 2023 年的 2041 万辆，由占汽车总量的 0.34% 提升至 6.07%，这意味每 100 辆汽车中就有 6 辆是新能源汽车（见图 3）。

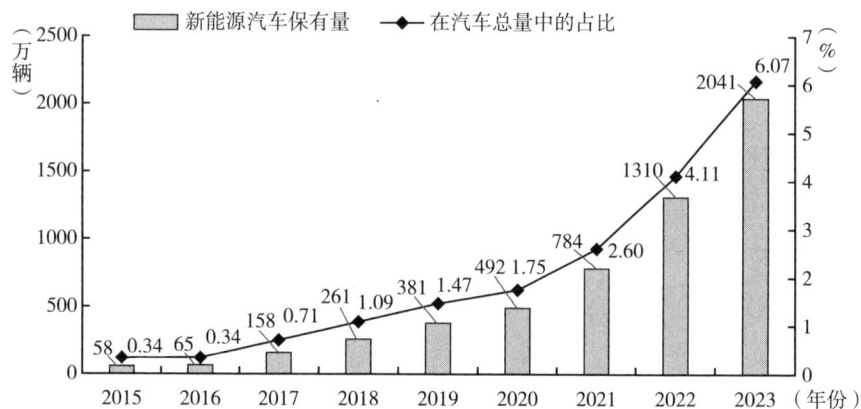

图 3　2015～2023 年我国新能源汽车保有量及占比

资料来源：公安部交通管理局统计数据。

从动力类型来看，纯电动汽车仍是新能源汽车的主要组成部分，2023 年销量达到 668.5 万辆，占新能源汽车总销量的 70.4%，同比增长 24.6%；

插电式混合动力（含增程式电动汽车）汽车由于较好的环境适应性，获得市场青睐，销量达到 280.4 万辆，占新能源汽车总销量的 29.5%，同比增长高达 84.7%；燃料电池汽车由于成本、技术及基础设施等方面的限制，其销量为 0.6 万辆，仍处于规模化前期（见表 1）。

表 1　2023 年我国新能源汽车分类别销量情况及增速

单位：万辆，%

动力类型	2023 年销量	销量占比	同比增长
纯电动	668.5	70.4	24.6
插电混动(含增程式)	280.4	29.5	84.7
燃料电池	0.6	<0.1	72.0

资料来源：中国汽车工业协会。

中国汽车工业协会数据显示，2023 年，我国新能源汽车出口 120.3 万辆，同比增长 77.6%，增速高于传统燃油车，成为中国汽车出口再上新台阶的重要推手。其中，纯电动汽车出口 110.2 万辆，同比增长 80.9%；插混汽车出口 10.1 万辆，同比增长 47.8%。比利时、英国、泰国、菲律宾、西班牙、阿联酋、墨西哥、俄罗斯等国家，是我国新能源汽车出口的主要目的地。

2. 销量细分情况

2023 年，我国新能源汽车总体呈增长态势，月度销量相比 2022 年月度销量均实现上涨。2023 年 11 月，我国新能源汽车首次实现单月销量过百万，12 月单月销量超过 119 万辆，单月销量已接近或超过 2018~2020 年年度销量水平。2022~2023 年新能源汽车月度销量如图 4 所示。

2023 年，中国新能源乘用车共销售 886.4 万辆，同比增长 36.3%。从车企排名来看，比亚迪销售 269.6 万辆，市场份额为 34.9%，稳居第 1 名；特斯拉和广汽埃安分别销售 60.5 万辆和 48.6 万辆，市场份额分别为 7.8% 和 6.3%，排第 2、3 名。从销量变化来看，理想汽车、长安汽车、长城汽车、一汽红旗等车企增幅均超 100%。另外，有 4 家车企同比出现下滑（见表 2）。

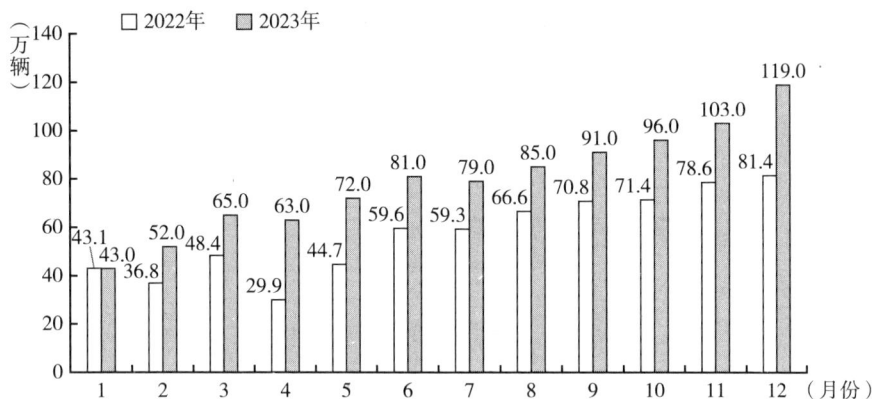

图4 2022~2023年新能源汽车月度销量

资料来源：中国汽车工业协会。

表2 2023年中国新能源乘用车企业销量TOP20

单位：万辆，%

排名	企业名称	销量	同比增长	份额
1	比亚迪	269.6	50.9	34.9
2	特斯拉	60.5	37.5	7.8
3	广汽埃安	48.6	77.4	6.3
4	上汽通用五菱	46.0	5.8	6.0
5	吉利汽车	44.6	69.3	5.8
6	理想汽车	37.6	183	4.9
7	长安汽车	36.7	103.9	4.8
8	长城汽车	23.7	131.6	3.1
9	蔚来汽车	16.1	31.8	2.1
10	零跑汽车	14.4	29.7	1.9
11	小鹏汽车	14.1	17.1	1.8
12	上汽大众	12.3	36.2	1.6
13	塞力斯	11.4	45.7	1.5
14	哪吒汽车	11.0	−27.6	1.4
15	奇瑞新能源	10.5	−50.4	1.4
16	华晨宝马	10.0	76.0	1.3
17	一汽红旗	8.5	134.7	1.1
18	上汽乘用车	7.9	−43.9	1.0
19	一汽大众	6.7	−25.4	0.9
20	上汽通用别克	6.6	65.3	0.9
	TOP20合计	696.8	—	90.3

资料来源：根据公开资料整理。

2023 年全国新能源商用车累计销量（零售）为 30.86 万辆，累计同比
上涨 29.83%。其中，纯电动商用车销量为 29.5 万辆，同比增长 28.2%，
占新能源商用车总销量的 95.5%；插电式混合动力（含增程式）商用车销
量为 6741 辆，同比增长 118%，占新能源商用车总销量的 2.18%；燃料电
池商用车销量为 7717 辆，同比增长 50.1%，占新能源商用车总销量的
2.33%。

车辆类型方面，2023 年，新能源货车销量 15.42 万辆，新能源客车
销量 15.48 万辆。纯电动商用车仍是主流技术路线，占比在 90% 以上；
燃料电池汽车以燃料电池货车为主；插电式混合动力商用车也以货车为
主（见表 3）。

表 3　2023 年新能源商用车按类型及动力销量与占比情况

单位：辆，%

类型	纯电动	燃料电池	插电式混合动力	合计
货车	142919	5838	5473	154230
	92.67	3.8	3.55	
客车	152218	1339	1268	154825
	98.32	0.86	0.82	

资料来源：根据公开资料整理。

（三）新能源汽车产品方面

新能源汽车整车方面，2023 年纯电动乘用车共销售 521.2 万辆，同比
增长 23.2%。其中，特斯拉 Model Y 销售 45.6 万辆，同比增长 44.8%，以
8.8% 的份额领先。比亚迪占据 3 款且包揽第 2、3、4 名，具有极强的产品
优势。广汽埃安、特斯拉、上汽通用五菱分别有 2 款车型上榜。2023 年
TOP10 纯电动车型合计销量为 245.2 万辆，占纯电动乘用车总销量的 47%，
具有较高的行业集中度（见表 4）。

表4　2023 年我国纯电动车型销量 TOP10

单位：万辆，%

排名	生产企业	车型	销量	份额
1	特斯拉	Model Y	45.6	8.8
2	比亚迪	元 Plus	31.0	5.9
3	比亚迪	海豚	30.0	5.8
4	比亚迪	海鸥	23.9	4.6
5	上汽通用五菱	宏光 MINE EV	23.8	4.6
6	广汽埃安	Aion Y	23.5	4.5
7	广汽埃安	Aion S	22.1	4.2
8	上汽通用五菱	五菱缤果	16.8	3.2
9	特斯拉	Model 3	14.8	2.8
10	长安汽车	长安 Lumin	13.7	2.6
TOP10 合计	—		245.2	47

资料来源：根据公开资料整理。

插混车型销售 192.9 万辆，同比增长 64.9%。其中，比亚迪秦 PLUS DM-i 销售 30.7 万辆，同比增长 62.4%，市场份额为 15.9%，居第 1 名；比亚迪宋 PLUS DM-i 和宋 Pro DM-i 的市场份额分别为 15.4% 和 10.9%，排第 2、3 名。2023 年插电式混合动力车型销量 TOP10 中，比亚迪占据 9 席，在插混车型中处于绝对领先地位（见表5）。

表5　2023 年我国插电式混合动力车型销量 TOP10

单位：万辆，%

排名	生产企业	车型	销量	份额
1	比亚迪	秦 Plus DM-i	30.7	15.9
2	比亚迪	宋 Plus DM-i	29.6	15.4
3	比亚迪	宋 Pro DM-i	21.0	10.9
4	比亚迪	唐 DM	12.9	6.7
5	比亚迪	汉 DM	12.2	6.3
6	比亚迪	腾势 D9 DM-i	11.2	5.8
7	比亚迪	驱逐舰 05	8.6	4.4
8	比亚迪	护卫舰 07	6.6	3.4
9	吉利汽车	银河 L7	6.6	3.4
10	比亚迪	海豹 DM-i	3.2	1.7
TOP10 合计	—		142.6	73.9

资料来源：根据公开资料整理。

增程式电动汽车共销售57.8万辆，同比增长154%。分品牌看，TOP10车型中，理想汽车有4款车型，其中L7、L8、L9分别销售13.4万辆、11.8万辆、11.4万辆，排前3名，理想ONE销售1.0万辆，4款车型合计市场份额为65.1%；赛力斯有两款车型，合计占市场份额的17.6%；TOP10车型合计占比为99.4%（见表6）。

表6　2023年我国增程式电动汽车车型销量TOP10

单位：万辆，%

排名	生产企业	车型	销量	份额
1	理想汽车	L7	13.4	23.2
2	理想汽车	L8	11.8	20.4
3	理想汽车	L9	11.4	19.8
4	赛力斯汽车	问界M7	6.8	11.8
5	长安汽车	深蓝S7	5.1	8.9
6	赛力斯汽车	问界M5	3.4	5.8
7	哪吒汽车	哪吒S	2.4	4.2
8	岚图汽车	岚图FREE	1.9	3.3
9	理想汽车	ONE	1.0	1.7
10	吉利汽车	星越L	0.2	0.4
TOP10合计		—	57.5	99.4

资料来源：根据公开资料整理。

（四）新能源汽车技术情况

2023年，我国智能新能源汽车技术创新较为活跃，有效支撑了智能新能源汽车产业的健康可持续发展。具体表现在以下几个方面。一是半固态电池技术加快突破，产品落地在即。固态电池是我国新能源汽车产业未来竞争的制高点，2023年，我国半固态电池技术加快发展，头部电池企业陆续发布半固态电池产品，能量密度可达350~500Wh/kg，产品安全性进一步提升。二是高压大功率快充技术逐步产业化。随着纯电动汽车续航里程的延长和动力电池带电量的提升，快速补能的需求也随之提高。在充电相关标准修订的推动下，800V高压大功率快充技术加速涌现，最大充电功率可达

600kW 以上。三是领航辅助驾驶技术加速应用。2023 年,领航辅助驾驶（NOA）技术已成为智能新能源汽车产品的核心竞争力之一。在高精度地图辅助下,高速（快速）路领航辅助驾驶技术已规模化应用落地,而城区无高精度地图的领航辅助驾驶技术也在快速推进。

（五）基础设施建设情况

中国电动汽车充电基础设施促进联盟数据显示,截至 2023 年 12 月,全国充电基础设施累计数量为 859.6 万台,同比增加 65%。2023 年 1~12 月,充电基础设施增量为 338.6 万台,同比上升 30.6%。另外,2023 年新增的充电桩数量就占累计数量的 40%。其中,公共充电桩增量为 92.9 万台,同比上升 42.7%；随车配建私人充电桩增量为 245.8 万台,同比上升 26.6%。2023 年 1~12 月公共充电桩保有量情况如图 5 所示。

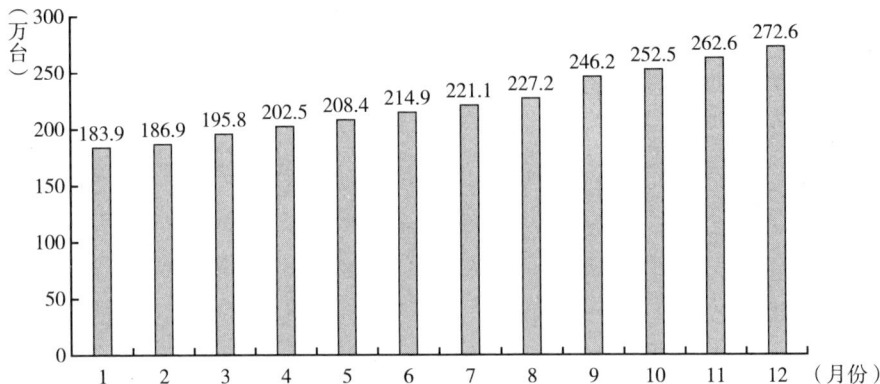

图 5　2023 年 1~12 月公共充电桩保有量情况

资料来源：中国电动汽车充电基础设施促进联盟。

截至 2023 年 12 月底,公共充电桩运营企业 TOP5 充电桩数量占比达到 65.2%；运营企业 TOP10 充电桩数量占比达到 83.6%；运营企业 TOP15 充电桩数量占比达到 92%。特来电、星星充电和云快充是排名前 3 的公共充电桩运营企业,其公共充电桩保有量远高于其他运营企业,三家公共充电桩保有量占公共充电桩总保有量的一半以上（见表 7）。

表7　公共充电桩TOP15运营企业及充电桩数量和占比

单位：台，%

排名	运营企业	充电桩数量	占比	累计占比
1	特来电	523121	19.19	19.2
2	星星充电	450978	16.54	35.7
3	云快充	447857	16.43	52.2
4	国家电网	196484	7.21	59.4
5	小桔充电	157628	5.78	65.2
6	蔚景云	141301	5.18	70.3
7	达克云	124110	4.55	74.9
8	深圳车电网	83424	3.06	77.9
9	南方电网	78604	2.88	80.8
10	依威能源	74531	2.73	83.6
11	汇充电	68881	2.53	86.1
12	万城万充	52612	1.93	88.0
13	蔚蓝快充	48134	1.77	89.8
14	万马爱充	31870	1.17	91.0
15	中国普天	28124	1.03	92.0

资料来源：中国电动汽车充电基础设施促进联盟。

截至2023年12月底，随车配建充电桩保有量达到587万台，2023年全年随车配建充电桩达到229.7万台（见图6）。

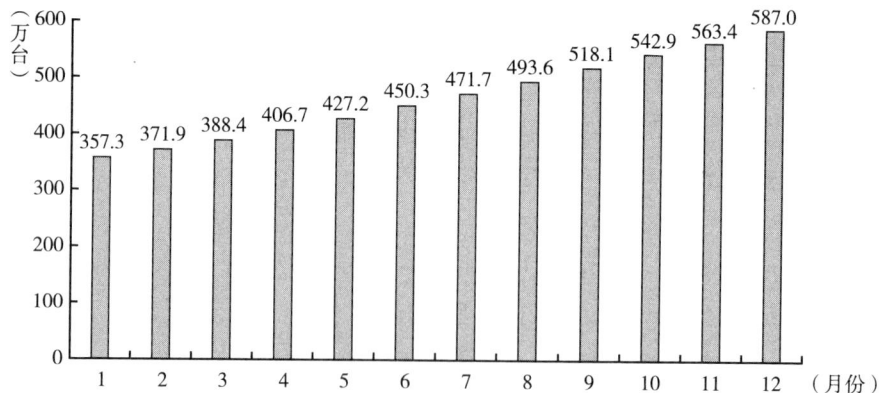

图6　2023年1~12月随车配建充电桩保有量

资料来源：根据公开资料整理。

换电站基础设施方面，截至 2023 年 12 月，我国换电站累计保有量达到 3567 座，2023 年增加超过 1500 座（见图 7）。随着换电标准的出台以及汽车生产企业间的合作，换电车型市场有望迎来快速发展。

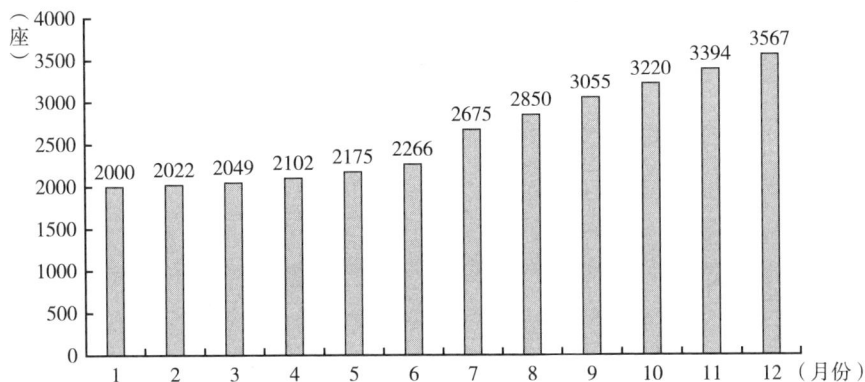

图7　2023 年 1~12 月换电站基础设施保有量

资料来源：根据公开资料整理。

截至 2023 年 12 月底，换电站保有量 TOP10 的省份依次为浙江省、广东省、江苏省、北京市、上海市、山东省、吉林省、重庆市、安徽省、湖北省。TOP10 省份合计换电站保有量为 2479 座，占全国保有量的 69.5%，具有较高的集中度（见图 8）。

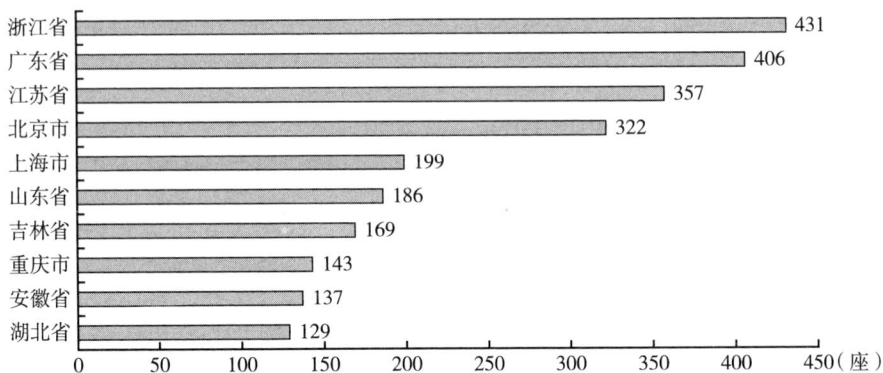

图8　我国换电站保有量 TOP10 省份

资料来源：中国电动汽车充电基础设施促进联盟。

换电站运营企业中，蔚来、奥动、易易互联、协鑫电港、杭州伯坦、安易行、泽清新能源为主要换电站运营商，其中，蔚来的换电站保有量达到2333座，远远多于其他换电站运营商，占全国换电站总保有量的65.4%（见图9）。整体来看，换电站运营企业仍然较少。目前，换电站的盈利仍受到政策、标准、品牌及充电新技术的影响和冲击。

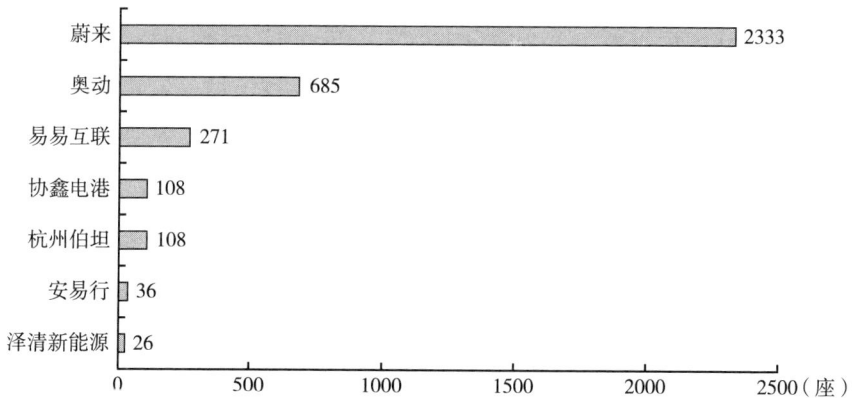

图9 换电站主要运营企业及换电站保有量

资料来源：中国电动汽车充电基础设施促进联盟。

加氢站基础设施方面，根据高工氢电产业研究所（GGII）《中国加氢站数据库》，截至2023年12月20日，2023年国内新建成加氢站55座，国内累计建成加氢站397座，目前在建及进入招标阶段的加氢站数量达到80座，预计到年底国内加氢站累计建成数量将突破400座。2018~2023年我国累计建成加氢站数量及增速如图10所示。

从建站地域分布来看，2023年国内新建成的55座加氢站分布在24个省级行政区，建成数量前4的地区分别为河南、内蒙古、广东和浙江，上述地区2023年合计新建成加氢站22座，占比为40%。同时，甘肃、湖北和四川三个地区2023年新建成加氢站的数量均为3座，并列第五（见图11）。

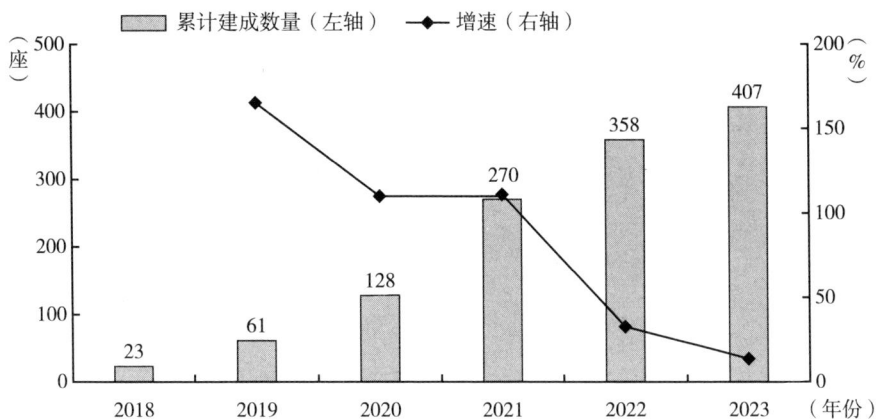

图10 2018~2023年我国累计建成加氢站数量及增速

资料来源：根据公开资料整理。

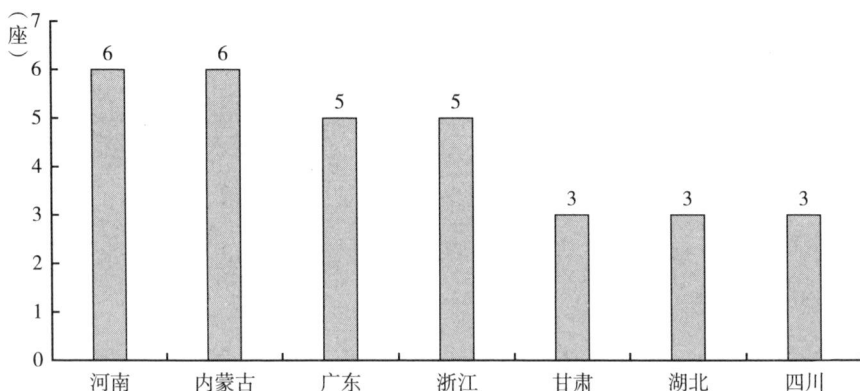

图11 2023年加氢站新建数量排名

资料来源：根据公开资料整理。

（六）存在的问题和发展建议

1. 存在的问题

一是新能源汽车安全性有待提升。随着新能源汽车保有量的持续提升，新能源汽车的安全性问题逐渐暴露。新能源汽车自燃起火、突然失去动力、显示屏黑屏、无按键操作等与安全相关的问题越来越多。另外，用户对新能源汽车使用不熟悉导致的安全事故也时有发生。

二是新能源汽车保险体系不健全。近年来，虽然新能源汽车保险专属条款已经发布，但对于保险企业来说，新能源汽车保险多处于亏损状态。新能源汽车出险具有频率高、案均赔付率高、次生灾害大等系列问题。同时，新能源汽车多应用高度集成的零部件，如一体式冲压等，因此新能源汽车一旦发生事故，只能整体更换。另外，部分保险企业对新能源汽车投保设置较为苛刻的指标，如每年使用不超过 2 万公里等，使用户购买新能源汽车保险受阻。

三是新能源汽车价格战导致部分企业生存困难。2021~2023 年，动力电池上游原材料价格经历过山车式波动，近期已逐步恢复至暴涨前价格（碳酸锂价格从 5 万元/吨上涨到 60 万元/吨再降到 10 万元以内/吨）。2022 年稀土价格猛涨，2023 年第二季度后稀土价格跳水，驱动电机磁钢价格逐步回归；车用激光雷达价格持续下降（从数万元/颗降到 4000 元以内/颗）。2022~2023 年，前向雷达和角雷达单颗成本降幅在 10% 以上。在价格战 2.0 时代，整车企业将在强化供应链方面发力，快速提升技术和成本优势，进而提升整车成本优势。另外，汽车生产企业布局上游供应链的同时，对新能源和智能网联供应商带来产品替代压力，如 2022~2023 年或将是部分动力电池企业的业绩峰值期。

2. 发展建议

第一，巩固和扩大智能新能源汽车产业发展优势。智能新能源汽车是我国汽车产业实现由大变强的最重要赛道，在智能新能源汽车的引领下，我国汽车市场格局，从以合资品牌为主导，转变为以自主品牌为主导，且自主品牌新车市场占有率持续快速提升。新时期，我们应该继续巩固和扩大智能新能源汽车产业发展优势。一是补链强链，在芯片核心部件和操作系统等方面应持续加大投入，在动力电池等方面应继续扩大产业链优势。二是技术模式创新，围绕辅助驾驶、自动驾驶、固态电池、线控技术、保险保障等开展创新。三是提升安全，进一步推进安全体系建设，提升安全测试评价能力，推进智能新能源汽车及关联系统全生命周期安全管理。四是产业和管理协同，智能新能源汽车关联多个产业，应适度超前开展协同机制和管理举措研究，促进"智能新能源汽车产业+"协同发展。

第二，依据场景合理有序推进公共领域全面电动化。2023年，我国新能源乘用车渗透率已超过35%，新能源商用车渗透率不足20%，明显低于新能源乘用车渗透率。商用车是道路交通耗能和碳排放大户，但商用车生产工具的使用性质，使成本与效率成为影响商用车电动化程度的主要因素。当前，在推进公共领域全面电动化工作中，存在政策牵引性强、场景分析不合理等问题，在扶持政策到期后，面临在用车偏离生产工具定位、新车持续推广受阻等局面。建议依据商用车运营数据体系，充分考虑其生产工具特性，对应用场景进行分类分级，合理匹配应用场景与新能源商用车技术路线，合理有序提升公共领域全面电动化水平。

第三，加快推进自动驾驶汽车在特定场景下的推广应用。智能网联是我国汽车产业转型升级、高质量发展的重要领域。目前，我国智能网联汽车产业已从与全球并跑，逐步变为小幅领先，尤其是搭载领航辅助驾驶功能的汽车产品加速渗透。但是，考虑到产品安全性、法律法规许可性等问题，具有自动驾驶功能的汽车应用，在空间、时间、使用主体等方面仍具有一定限制。建议加快研究非道路特定场景，应用自动驾驶汽车的需求及可行性，进一步扩大自动驾驶汽车应用范围，探索特定场景下的最佳实践，推动我国智能网联汽车产业健康多元化发展。

第四，规范和提升插电式混合动力汽车和增程式电动汽车技术条件。插电式混合动力汽车和增程式电动汽车是我国新能源汽车产品的重要组成部分。近年来，由于其使用便利性的优势，新车销量占比持续攀升。在降本与规模化趋势下，插电式混合动力汽车和增程式电动汽车将呈爆发式增长态势。在坚持纯电为主、持续降低交通运输行业碳排放基调下，建议关注插电式混合动力汽车和增程式电动汽车发展情况，以持续降低道路交通领域碳排放、提升能源效率为出发点，规范和提升插电式混合动力汽车和增程式电动汽车纯电续航里程、增程器和油箱技术要求、燃油消耗率等技术条件。

第五，加快研究制定出台车—桩—储—能—网协同发展战略。传统燃油车与电网体系基本处于解耦形态，新能源汽车与电网体系是强耦合关系。根据预测，2030年我国新能源汽车保有量约为1亿辆，充电桩保有量约为4500万台。在无充电功率限制情况下，充电桩合计充电功率约为28亿千瓦，其中大功率公共充电桩（如200kW以上大功率充电桩）合计充电功率占比超过90%。预计新能源汽车同时充电功率可达3.2亿千瓦，节假日同时充电功率将更高。预计2030年末我国发电装机容量为40亿千瓦，其中新能源发电装机容量为23亿千瓦，传统能源发电装机容量为17亿千瓦。尽管我国发电装机容量在持续增加，但与新能源汽车保有量及大功率快充需求增加相比，仍具有显著不匹配性，尤其是新能源电力还具有波动性、间歇性等特点。未来，新能源汽车、充电桩、新型储能、发电装机容量、电网体系需要科学有效协同，才能推动我国新能源汽车可持续发展。建议相关部门加强协同，加快研究制定出台车—桩—储—能—网协同发展战略，明确举措和要求，系统推进。

（七）新能源汽车发展趋势及展望

一是智能新能源汽车市场规模持续扩大。在我国智能新能源汽车规模发展的态势下，相关零部件成本快速下降，智能新能源汽车，尤其是插电式混合动力汽车，已逐步具备与传统燃油车成本看齐的条件。预计到2026年前后，我国智能新能源汽车产业将实现三个"50%"的目标，即新能源汽车新车渗透率将超过50%，插电式混合动力汽车（含增程式电动汽车）将占新能源汽车约50%的市场份额，搭载组合驾驶辅助功能的智能网联汽车新车渗透率将超过50%。

二是智能新能源汽车行业竞争加剧。当前，我国智能新能源汽车产能已出现过剩现象，伴随产业增速放缓，产业竞争加剧。2024年2月，我国已出现由新能源汽车率先发起的汽车价格战，汽车生产企业将面临前所未有的压力。同时，受动力电池需求减缓、电池级碳酸锂价格回落等影响，动力电池产业链相关企业面临生存危机。智能网联汽车在较多领域尚未找到清晰可持续的商业模式，面临投入多、产出少的困境。未来，缺乏竞争优势的整车和供应链企业将持续淘汰出局。

三是新一轮技术创新迎来发展机遇。经过 10 余年的发展，我国智能新能源汽车技术已达到相对成熟的水平，续航能力、能耗水平、充电技术、辅助驾驶、人机交互等技术逐步完善。未来，人工智能大模型、固态电池和线控技术等将成为汽车产业新一轮技术创新高地。以大模型为例，大模型作为新质生产力与汽车产业加速融合。首先，中国有望抢占大模型与汽车产业融合创新的战略制高点。汽车保有量、场景丰富度、需求多样性，为大模型与汽车产业融合发展提供了数据和市场的必要条件。其次，大模型将贯穿汽车产品全生命周期，形成内部互通、外部互联的赋能格局。产品定义模型化、研发生产模型化、精准营销模型化、应用体验模型化，将成为新时期汽车生产企业的核心竞争力。但是，我国大模型与汽车产业融合仍缺乏算力、基础模型等充分条件，需进一步优化完善。

四是智能新能源汽车出口受不确定因素影响加大。在各项政策支持下，我国智能新能源汽车产业加速规模化发展，与其他国家相比，我国智能新能源汽车具备大幅领先的成本优势。近年来，智能新能源汽车出口成为我国汽车产业走出国门、走向国际的重要标志。但是，部分国家和地区以维护国家安全、反补贴调查等方式对我国智能新能源汽车出口设置门槛，其本质是其智能新能源汽车产业已基本不具备与我国竞争的条件。长远来看，芯片与科学法案、通胀削减法案、新电池法、碳边境调节机制、防止数据访问行政命令等形成的非贸易壁垒将对我国智能新能源汽车出口和本土化布局产生不确定影响。

五是头部企业构建产业生态需求持续加强，以生态体系构建护城河。近年来，随着智能新能源汽车市场规模逐步扩大，智能网联和新能源部件技术壁垒逐步降低，头部企业构建发展生态动作频繁。在笔者看来，企业需要构建以数据和大模型为纽带的多产业多层级生态环，以构筑新时期竞争优势。内环生态应是以自我核心竞争力为圆心打造的生态环，以核心供应链、研发、营销体系为着力点；中环生态应是以强相关大产业为依托打造的生态环，以交通、能源、信息、保险、人工智能、二手车等为着力点；外环生态应是以用户为立足点打造的生态环，以用户选车、购车、用车、保养、维修和置换等实际需求为着力点。数据和大模型是穿插在多产业多层级生态环中的"血液"和"神经元"。

六是智能新能源汽车后市场赛道呈加速扩张态势。我国是全球汽车保有量最多的国家，汽车后市场是我国汽车产业的重要组成部分。从保有量来看，截至 2023 年底，我国汽车保有量为 3.19 亿辆，其中新能源汽车保有量为 2041 万辆。传统燃油车后市场以二手车、保险、维修保养、整车报废回收等业务为主，智能新能源汽车后市场业务体系与模式大多与传统燃油车不同，订阅付费、换电补能、电池回收、安全监测、健康养护、数据应用等将成为智能新能源汽车产业后市场的新型赛道。伴随智能新能源汽车保有量快速扩大，其后市场也将迎来发展新机遇。

智能网联汽车篇

B.8
2023年智能网联汽车发展报告

摘　要： 本报告分析了国内外智能网联汽车产业发展概况，总结了2023年产业的发展动向。重点从政策规划、标准体系、市场应用、测试示范等方面梳理分析了国内智能网联汽车产业的进展情况，并对重点细分领域年度进展进行了分析。最后，指出了产业发展趋势。2023年，我国智能网联汽车发展迅速，在政策法规制定、标准体系建设、车路协同发展、示范运营推广等方面硕果累累。2024年，"车路云"协同发展将成为实现高级别自动驾驶的重要技术路径，新技术越来越多地应用于智能网联汽车上。同时，产业链自主可控和网联安全、数据安全也愈加重要。

关键词： 智能网联汽车　自动驾驶　测试运营

一　全球智能网联汽车发展态势

当前，智能网联汽车已成为全球汽车产业发展的战略方向，各国都在积极行动，抢占自动驾驶发展的制高点，政策法规环境持续完善，技术加速迭代，示范应用快速落地，智能网联汽车的商业化进程正在加速推进。

（一）政策法规不断完善，助力产业快速发展

智能网联汽车技术的快速迭代发展对现行行业政策与法规体系带来了新的挑战。为了更好地促进智能网联汽车产业的可持续发展，各国积极修订和完善相关法律法规，加快政策框架的更新，以适应技术发展的需求。如表 1 所示，联合国世界车辆法规协调论坛（UN/WP. 29）第 190 次全体会议表决通过了《关于验证自动驾驶系统（ADS）的自动驾驶新评价/测试方法（NATM）指南》，美国发布了《无人驾驶乘员保护安全标准》的最终规则，欧盟正式实施了新版《通用安全法规》，英国修改了《公路法》，日本实施了《道路交通法》修正案，韩国公布了自动驾驶汽车有偿载客许可申请方法和出租车有偿载客许可的具体审核标准。

表 1　2022 年以来主要国家/地区的政策规划情况

国家/地区	政策规划
联合国	联合国世界车辆法规协调论坛（UN/WP. 29）第 190 次全体会议表决通过了《关于验证自动驾驶系统（ADS）的自动驾驶新评价/测试方法（NATM）指南》，进一步提出了基于虚拟仿真测试、封闭场地测试、实际道路测试、审核与评估、在线监测与报告五大支柱的自动驾驶评估体系
美国	2022 年 3 月，美国国家公路交通安全管理局发布了《无人驾驶乘员保护安全标准》的最终规则版本。这是首个针对无人驾驶车辆的乘客安全技术规定，强调自动驾驶车辆必须提供与人类驾驶传统车辆同等水平的乘员保护，明确完全自动驾驶汽车可不再配备传统的方向盘、制动或油门踏板等人工控制装置
欧盟	2022 年 7 月，新版欧盟汽车《通用安全法规》正式实施，法规引入了一系列强制性的高级驾驶员辅助系统，以改善道路安全，并建立了批准自动和全无人驾驶车辆的法律框架
英国	2022 年 4 月，英国政府对《公路法》进行了修改，以确保自动驾驶汽车能够在英国道路上行驶。新法明确了驾驶员在自动驾驶车辆中的责任，包括驾驶员何时必须准备好收回控制权，同时放宽了旧法规在某些方面的限制，比如允许驾驶员在自动驾驶车辆处于控制状态时，在内置显示屏上查看与驾驶无关的内容

国家/地区	政策规划
日本	2023年4月1日，日本《道路交通法》修正案正式实施，该法案不仅列入了在特定条件下实现完全自动化行驶的L4级汽车的运行许可制度，还在多个领域作出了明确规定。首先，在自动驾驶公交车方面，允许在老龄化程度较高、人口稀少的区域，将L4级自动驾驶系统用于公共交通的特定路线，并且未来还可以应用于高速公路的私家车和卡车。其次，在无人配送方面，允许通过远程操控的自动送货机器人按照行人规则以低于每小时6公里的速度在公共道路上行驶
韩国	2022年8月，韩国国土交通部在官网上公布自动驾驶汽车有偿载客许可申请方法和出租车有偿载客许可的具体审核标准。从下半年开始，首尔上岩、江南、世宗、济州等全国10个市、道的14个示范运行地区将启动自动驾驶出租车收费载客服务

资料来源：根据公开资料整理。

（二）道路测试与商业化示范运营提速

智能驾驶行业正处于快速发展阶段，各国纷纷加速推进道路测试和商业化示范运营，旨在确保技术成熟度和政策法规的适应性，为高级别自动驾驶的商业化奠定基础。

1. 美国：立法完善与商业化试点推动自动驾驶发展

截至2023年底，美国已有超过40个州和华盛顿特区颁布了自动驾驶相关立法或发布了行政命令，积极推动自动驾驶技术的发展。

• 纽约州发布自动驾驶车辆法案。2023年1月，纽约州发布新法案《A539A—2023关于自动驾驶车辆》，提出个人在州公共道路上驾驶无人驾驶车辆应满足的条件，以及自动驾驶系统发生故障时应达到的最小风险条件，为无人驾驶车辆的合法上路提供了法律依据。

• 梅赛德斯-奔驰获批L3级自动驾驶运营。同月，梅赛德斯-奔驰获得美国监管机构批准，允许其在内华达州的道路上运营L3级自动驾驶功能，成为首家在美国获得此类批准的汽车制造商。这标志着高级别自动驾驶技术在美国进入实际应用阶段。

● 密西西比州颁布无人驾驶车辆启动法案。2023 年 2 月，密西西比州颁布《无人驾驶车辆启动法案》，定义了车辆使用的相关术语，明确了无人驾驶在该州公共道路上运行的条件，进一步完善了当地的自动驾驶法律框架。

● 旧金山无人驾驶出租车商业化。同年 8 月，加州公共事业委员会批准 Cruise 和 Waymo 两家自动驾驶公司在旧金山提供全天候无人驾驶出租车收费服务，旧金山成为美国第一个实现无人驾驶出租车全面商业化的城市。但由于频繁发生交通事故，运营两个月后，cruise 的无人驾驶出租车运营牌照被叫停。这一事件凸显了在自动驾驶商业化过程中安全监管的重要性和挑战性。

2. 日本：商业化示范与基础设施建设加速自动驾驶落地

日本在智能网联汽车领域积极推进道路测试和商业化示范运营，旨在提升技术成熟度，满足社会需求，并在全球竞争中占据有利地位。

● 商业化示范运营。2023 年 5 月，日本在福井县启动了首个 L4 级自动驾驶公共道路运营服务，由当地政府与企业合作，提供自动驾驶巴士服务。这一举措标志着日本在自动驾驶商业化方面取得了实质性进展。

● 智能交通基础设施建设。日本政府大力推进智能交通系统（ITS）的建设，部署车路协同技术，提升整体交通效率和安全性。例如，在东京和大阪等大城市，已经开始部署 5G 通信网络和高精度地图，为自动驾驶车辆提供必要的通信和定位支持。

● 未来规划与目标。日本政府制定了自动驾驶战略，设定了明确的发展目标。计划在 2025 年前，实现高速公路上 L3 级自动驾驶车辆的商用化；到 2030 年，推动 L4 级自动驾驶车辆在限定区域内的广泛应用。

3. 欧洲：多国试点与政策支持助力自动驾驶商业运营

（1）德国

● 自动驾驶商业运营许可。2023 年，德国交通部开始接受 L4 级自动驾驶车辆的商业运营申请，允许在特定公共道路上进行无人驾驶服务。

（2）法国

● 自动驾驶巴士试点。2023 年，法国在巴黎和里昂等城市开展了 L4 级自动驾驶巴士的试点项目，由 RATP 集团和 EasyMile 等公司合作运营。

（3）英国

● 自动驾驶货运试点。英国在 2023 年启动了由政府资助的自动驾驶卡车队列试点项目，旨在提高货运效率并减少碳排放。

（三）C-V2X 网联通信方案逐步被更多国家尝试采纳

通过车联网（Vehicle-to-Everything，V2X）网联通信，车辆能够提前获悉周边车辆的状态信息、协作请求，以及交通控制系统信息，如路牌、红绿灯等，甚至气象条件、拥堵预测等未来状态信息，帮助自动驾驶系统"预知"行车条件。实现 V2X 无线通信主要有两大技术路径：专用短程通信（DSRC）技术和基于蜂窝的 C-V2X 技术。与 DSRC 相比，C-V2X 相比具备更好的移动性、更高的安全性、可平滑演进至 5G，并且能够充分利用现有的基础设施等优点。目前，越来越多的国家开始尝试将 C-V2X 作为车联网通信方案。

1.美国加速 C-V2X 部署

2023 年 4 月，美国联邦通信委员会（FCC）批准在 5.9GHz 频段部署蜂窝车联网（C-V2X）的申请，这是美国首个大规模 C-V2X 实际部署。10 月，美国交通部联邦公路管理局宣布将拨款 4000 万美元加速 C-V2X 部署，目标是充分发挥 C-V2X 通信的救生潜力，同时确保互联技术在各种设备和平台上安全通信且不受有害干扰。安全、有效、可互操作的 C-V2X 连接可以包括多种无线技术，如移动终端、车载和路边设备，为交叉路口、红灯、弯道速度和道路偏离等场景提供警告和警报。

2.韩国确定 LTE-V2X 为唯一车联网通信方式

2023 年 12 月，韩国科学技术信息通信部和国土交通部宣布，韩国新一代智能交通系统（C-ITS）决定使用以移动通信技术为基础的"LTE-V2X"作为唯一车联网通信方式。这一决策反映了韩国在车联网通信领域的战略选择，以推动全国范围内智能交通系统的发展。

3.欧洲推进 V2X 技术创新应用

2023 年 12 月，丰田汽车联合荷兰公司 HERE Technologies 在法国测试使用精确定位的车道保持技术，该技术基于 V2X 原理将边缘计算与 5G 相连接，以实现低延迟。这一测试体现了欧洲在 V2X 技术创新应用方面的积极探索。

二 我国智能网联汽车产业发展态势

我国高度重视智能网联汽车产业发展，通过完善政策规划、健全标准体系建设、推动市场应用和加快商业化拓展等多方面举措，为智能网联汽车产业发展创造了有利条件。

（一）政策法规持续完善

2022 年以来，我国在政策方面持续发力，从中央到地方政府出台多项规定和规划，持续鼓励和推动自动驾驶汽车试点试行及商业化发展（见表 2）。2023 年，《关于开展智能网联汽车准入和上路通行试点工作的通知》和《自动驾驶汽车运输安全服务指南（试行）》等重大政策文件的发布，为智能网联汽车准入、试点上路及运输服务提供了政策依据。

表 2　我国智能网联汽车产业政策规划

时间	文件	发布单位	主要内容
2021 年 12 月	《"十四五"现代综合交通运输体系发展规划》	国务院	完善综合交通运输信息平台监管服务功能，推动在具备条件的地区建设自动驾驶监管平台。稳妥发展自动驾驶和车路协同等出行服务，鼓励自动驾驶在港口、物流园区等限定区域测试应用
2022 年 1 月	《交通领域科技创新中长期发展规划纲要（2021—2035 年）》	交通运输部、科技部	促进道路自动驾驶技术研发与应用，突破融合感知、车路信息交互、高精度时空服务、智能计算平台、感知—决策—控制功能在线进化等技术，推动自动驾驶、辅助驾驶在道路货运、城市配送、城市公交的推广应用。推动自动驾驶与非自动驾驶车辆混行系统安全智能管控技术研究，研制适应自动驾驶的交通安全设施

续表

时间	文件	发布单位	主要内容
2022年2月	《车联网网络安全和数据安全标准体系建设指南》	工业和信息化部	提出到2023年底，初步构建起车联网网络安全和数据安全标准体系；到2025年，形成较为完善的车联网网络安全和数据安全标准体系
2022年3月	《"十四五"交通领域科技创新规划》	交通运输部、科技部	推动新能源汽车和智能网联汽车研发，实现自动驾驶车辆有条件应用运营，提升自动驾驶车辆运行与网络安全保障能力，探索形成自动驾驶技术规模化应用方案
2022年7月	《"十四五"全国道路交通安全规划》	国务院安委会办公室	进一步健全完善智能网联汽车标准体系，提升智能网联汽车产品检验检测能力。开展智能网联汽车运行安全特性研究，以及融入现有道路交通系统的法律法规、技术标准适应性研究，研究自动驾驶、车路协同下的安全监管体系，构建智能网联汽车运行安全性检验技术及标准体系，保障公共道路测试及示范应用车辆的运行安全
2022年10月	《道路机动车辆生产准入许可管理条例（征求意见稿）》	工业和信息化部	对智能网联汽车作出要求，智能网联汽车要符合功能安全、网络安全和数据安全相关标准，智能网联汽车生产企业应当建立车辆产品网络安全、数据安全、个人信息保护、车联网卡安全管理、软件升级管理制度
2023年11月	《关于开展智能网联汽车准入和上路通行试点工作的通知》	工业和信息化部、公安部、住房和城乡建设部、交通运输部	通知指出，在智能网联汽车道路测试与示范应用工作的基础上，4部委将遴选具备量产条件的搭载L3级和L4级自动驾驶功能的智能网联汽车产品，开展准入试点；对取得准入的智能网联汽车产品，在限定区域内开展上路通行试点

时间	文件	发布单位	主要内容
2023 年 11 月	《自动驾驶汽车运输安全服务指南（试行）》	交通运输部	指南聚焦应用场景、自动驾驶运输经营者、运输车辆、人员配备、安全保障、监督管理等影响运输安全的核心要素，明确在现行法律法规框架下使用自动驾驶汽车从事运输经营活动的基本要求

资料来源：根据公开资料整理。

同时，各地方政府纷纷颁布规划和行动方案，加速推动自动驾驶产业试点试行和商业化发展。2023 年，北京、上海、重庆、深圳等纷纷出台智能网联汽车产业发展相关规划、战略、应用条例或地方性法规，助力当地智能网联汽车产业的进一步发展（见表3）。

表3 2023 年国内智能网联汽车相关地方政策

时间	城市	政策
2023 年 1 月	深圳	《深圳市坪山区智能网联汽车全域开放管理系列政策》，主要包括《测试示范管理办法》《商业化试点管理若干规定》《无人小车管理若干规定》三个文件，主要对智能网联汽车的道路测试和示范应用作出明确规定
2023 年 2 月	北京	《北京市无人配送车道路测试与商业示范管理办法（试行）》，办法明确了道路测试主体、商业示范主体、驾驶人、安全专员、测试示范车辆的基本要求、申请流程和日常管理要求，以及交通违法与事故处理的流程
2023 年 2 月	上海	《中国（上海）自由贸易试验区临港新片区促进无驾驶人智能网联汽车创新应用实施细则（试行）》，细则规定了在临港新片区浦东区域范围内划定的路段、区域开展的无驾驶人智能网联汽车道路测试、示范应用、示范运营、商业化运营等创新应用活动的监督管理办法
2023 年 2 月	上海	《上海市浦东新区促进无驾驶人智能网联汽车创新应用规定实施细则》，细则规定了在浦东新区行政区域内（临港新片区除外）的划定路段、区域，开展无驾驶人智能网联汽车道路测试、示范应用、示范运营、商业化运营等活动的具体管理办法

续表

时间	城市	政策
2023 年 2 月	合肥	《合肥市进一步促进新能源汽车和智能网联汽车推广应用若干政策》，对充换电基础设施的建设和运营进行补贴，优化新能源汽车使用环境，支持智能网联汽车测试应用
2023 年 2 月	无锡	《无锡市车联网发展促进条例》，这是全国首部推动车联网发展的地方性法规，主要从基础设施建设、推广应用、技术创新与产业发展、安全保障、促进措施等方面作出全面规定
2023 年 2 月	鄂尔多斯	《鄂尔多斯市新能源智能网联汽车示范应用实施方案》，方案提出，打造鄂尔多斯市新能源智能网联汽车应用示范区，打造能源、矿山、运输等各具特色的应用示范场景
2023 年 4 月	重庆	《渝西地区智能网联新能源汽车零部件产业发展倍增行动计划（2023—2027 年）》，计划提出，渝西八区要协同发展，加快建成全国领先的智能网联新能源汽车零部件特色产业基地，到 2027 年，渝西地区智能网联新能源汽车零部件产业规模将实现倍增，汽车零部件企业数量达到 1000 家，产值达到 4000 亿元
2023 年 5 月	安徽	《新能源汽车和智能网联汽车产业生态建设方案》，方案提出，到 2025 年，安徽世界级汽车产业集群培育取得突破性进展，产业生态全面建成；到 2027 年，成为具有全球知名度和影响力的"智车强省"
2023 年 6 月	北京	《北京市智能网联汽车政策先行区数据分类分级管理细则（试行）》，细则构建了多维统一的数据层级，明确相应保护措施须完整覆盖数据收集、存储、使用、加工、传输、提供、公开等数据流转全流程
2023 年 6 月	成都	《成都市新能源和智能网联汽车产业发展规划（2023—2030 年）》，规划从产业规模、创新能力、基础设施、要素资源等 4 个维度出发，锚定了成都市新能源和智能网联汽车产业发展目标
2023 年 8 月	济南	《济南市支持新能源汽车产业高质量发展和推广应用行动计划（2023—2025 年）》，计划明确提出，到 2025 年，形成新能源商用车、乘用车全品类产业基地，产业规模力争突破 2000 亿元；全市新能源汽车保有量达 25 万辆，全市建成并投入使用充换电站 800 座以上、公共充电桩及专用充电桩 22000 个以上，加氢站 10 座，实现重点应用区域全覆盖
2023 年 9 月	武汉	《武汉经开区新能源与智能网联汽车产业战略提升行动方案（2023—2025 年）》，方案提出汽车产业发展的五大目标，要打造四大产业载体，完成十大任务，进一步加强"中国车谷"的竞争力

续表

时间	城市	政策
2023 年 9 月	苏州	《苏州市智能车联网发展促进条例》，条例对智能网联汽车产业发展、基础设施建设、推广应用、安全保障等作出了详细规定
2023 年 11 月	北京	《北京市智能网联汽车政策先行区采集数据安全管理细则（试行）》，细则面向北京市高级别自动驾驶示范区企业与监督管理单位，厘清了车路运一体化数据采集要求，为产业数据资源集聚与统一管理提供了标准化操作指引
2023 年 11 月	深圳	《深圳市促进新能源汽车和智能网联汽车产业高质量发展的若干措施》，措施全力支持围绕电动化、智能化、网联化、共性基础技术，以及汽车功能安全、信息安全等领域关键技术及关键零部件的先进创新技术攻关，同时采用"赛马制""揭榜挂帅"等方式，鼓励汽车芯片实现自主突破
2023 年 11 月	杭州	《杭州市智能网联车辆测试与应用促进条例（草案）》，明确按照分级管理原则，从低风险到高风险、从简单类型到复杂类型规范智能网联汽车和低速无人车道路测试、创新应用活动具体流程，具体包括管理机制、申请条件、审查流程、行为规范、监管要求和退出机制等六方面内容
2023 年 12 月	重庆	《重庆智能网联新能源汽车零部件产业集群提升专项行动方案（2023—2027 年）》，方案提出，计划 5 年内建成跨域融合、上下协同、互利共赢、全国领先的智能网联新能源汽车零部件产业集群，全市智能网联新能源汽车零部件产业营业收入达到 7000 亿元，累计新增新型智能网联新能源汽车零部件企业 800 家
2023 年 12 月	沈阳	《沈阳市智能网联汽车商用区建设方案》，方案提出具体目标：聚焦汽车产业升级新赛道，以推动智能网联汽车车路运一体化中国方案城市级别落地为抓手，加快智能网联汽车应用场景商用化进程，促进自动驾驶与智慧交通、智慧城市协同发展，打造东北首个智能网联汽车商用区、京沈智能网联汽车政策创新协同区、全国重要的智能网联汽车产业和技术创新高地

资料来源：根据公开资料整理。

　　数据显示，截至 2023 年 11 月，我国已有多个省市按照分级管理原则，从低风险到高风险、从简单类型到复杂类型规范智能网联汽车和低速无人车道路测试、创新应用活动具体流程，包括管理机制、申请条件、审查流程、行为规范、监管要求和退出机制等方面内容（见表4）。工业和信息化部、公安部、交通运输部已单独或联合支持、授牌了17家国家级封闭测试场，开放测试道路超22000公里，累计发放道路测试和示范应用牌照超过4800张。测试范围从单条道路扩展到区域道路成为趋势，北京经开区、广州南沙区、山西阳泉市等地纷纷实现测试道路全域开放。并且，北京、重庆、深圳等地部分区域已许可驾驶位无人测试和全无人自动驾驶运营收费。

表4 我国地方路测管理办法发布情况

地区	颁布时间	政策名称
北京	2017年12月18日	《北京市自动驾驶车辆道路测试管理实施细则(试行)》
保定	2018年1月2日	《保定市人民政府关于做好自动驾驶车辆道路测试工作的指导意见》
上海	2018年2月27日	《上海市智能网联汽车道路测试管理办法(试行)》
重庆	2018年3月11日	《重庆市自动驾驶道路测试管理实施细则(试行)》
平潭	2018年3月28日	《平潭综合实验区无人驾驶汽车道路测试管理办法(试行)》
长沙	2018年4月13日	《长沙市智能网联汽车道路测试管理实施细则V3.0(试行)》
长春	2018年4月16日	《长春市智能网联汽车道路测试管理办法(试行)》
深圳	2018年5月23日	《深圳市关于贯彻落实〈智能网联汽车道路测试管理规范(试行)〉的实施意见》
天津	2018年6月21日	《天津市智能网联汽车道路测试管理办法(试行)》
肇庆	2018年7月17日	《肇庆市自动驾驶车辆道路测试管理实施细则(试行)》
济南	2018年7月20日	《济南市智能网联汽车道路测试管理办法(试行)》
杭州	2018年7月27日	《杭州市智能网联车辆道路测试管理实施细则(试行)》
浙江	2018年8月29日	《浙江省自动驾驶汽车道路测试管理办法(试行)》
江苏	2018年9月11日	《江苏省智能网联汽车道路测试管理细则(试行)》
襄阳	2018年11月	《襄阳市智能网联汽车道路测试管理规定(试行)》
武汉	2018年11月27日	《武汉市智能网联汽车道路测试管理实施细则(试行)》
海南	2019年1月18日	《海南省智能网联汽车道路测试实施细则(试行)(征求意见稿)》
广东	2018年12月3日	《广东省智能网联汽车道路测试管理规范实施细则》
西安	2019年2月25日	《西安市规范自动驾驶车辆测试指导意见/实施细则(试行)》
湖南	2019年9月24日	《湖南省智能网联汽车道路测试管理实施细则(试行)》
沧州	2019年9月29日	《沧州市智能网联汽车道路测试管理办法(试行)》
南京	2019年11月6日	《南京市智能网联汽车道路测试管理细则(试行)》
嘉兴	2019年12月27日	《嘉兴市智能网联汽车道路测试管理办法实施细则(试行)》

地区	颁布时间	政策名称
广州	2020 年 1 月 14 日	《关于智能网联汽车道路测试有关工作的指导意见》
银川	2020 年 3 月 19 日	《银川市智能网联汽车道路测试和示范应用管理实施细则（试行））》
大连	2020 年 12 月 8 日	《大连市智能网联汽车道路测试管理实施细则（试行）》
青岛	2020 年 12 月 24 日	《青岛市智能网联汽车道路测试与示范应用管理实施细则（试行）》
成都	2020 年 12 月 31 日	《成都市智能网联汽车道路测试管理规范实施细则（试行）》
肇庆	2021 年 5 月 14 日	《肇庆市自动驾驶车辆道路测试管理实施细则》
柳州	2021 年 7 月	《柳州市智能网联汽车道路测试与示范应用管理实施细则（试行）》
雄安	2021 年 8 月 20 日	《雄安新区智能网联汽车道路测试与示范应用管理规范（试行）》
无锡	2021 年 9 月 6 日	《无锡市智能网联汽车道路测试与示范应用管理实施细则（试行）》
上海	2021 年 10 月 29 日	《上海市智能网联汽车测试与示范实施办法》
甘肃	2021 年 12 月 17 日	《甘肃省智能网联汽车道路测试与示范应用管理实施细则（试行）》
常州	2021 年 12 月 24 日	《常州市智能网联汽车道路测试与示范应用管理实施细则（试行）》
天津	2022 年 1 月	《天津市智能网联汽车道路测试与示范应用实施细则（试行）》
北京	2022 年 3 月	《北京市智能网联政策先行区智能网联客运巴士道路测试、示范应用管理实施细则（试行）》
北京	2022 年 4 月	《北京市智能网联汽车政策先行区乘用车无人化道路测试与示范应用管理实施细则（试行）》
武汉	2022 年 5 月 13 日	《武汉市智能网联汽车道路测试和示范应用实施细则（试行）》
成都	2022 年 6 月 17 日	《成都市智能网联汽车道路测试与示范应用管理规范实施细则（试行）》
北京	2022 年 7 月	《北京市智能网联汽车政策先行区自动驾驶出行服务商业化试点管理实施细则（试行）》
深圳	2022 年 6 月 30 日	《深圳经济特区智能网联汽车管理条例》
芜湖	2022 年 8 月 31 日	《芜湖市智能网联汽车道路测试与示范应用管理办法（试行）》
无锡	2022 年 9 月 22 日	《无锡市智能网联汽车道路测试与示范应用管理实施细则》
吉林	2022 年 10 月 21 日	《吉林省智能网联汽车道路测试与示范应用管理实施细则（试行）》

续表

地区	颁布时间	政策名称
上海	2022 年 11 月 12 日	《上海市智能网联汽车示范运营实施细则》
北京	2022 年 11 月	《北京市智能网联汽车政策先行区无人接驳车管理细则(道路测试与示范应用)》
深圳	2022 年 11 月 9 日	《深圳市智能网联汽车道路测试与示范应用管理实施细则》
广东	2022 年 11 月 28 日	《广东省智能网联汽车道路测试与示范应用管理办法(试行)》
上海	2023 年 1 月	《上海市智能网联汽车高快速路测试与示范实施方案》
北京	2023 年 1 月	《北京市无人配送车道路测试与商业示范管理办法(试行)》
上海	2023 年 2 月	《上海市无驾驶(安全)员智能网联汽车测试技术方案》
福州	2023 年 6 月	《福州市智能网联汽车道路测试与示范应用管理实施细则(试行)》
北京	2023 年 7 月	《北京市智能网联汽车政策先行区乘用车无人化道路测试与示范应用管理实施细则(试行)》
海南	2023 年 11 月	《海南省智能汽车道路测试和示范应用管理办法(暂行)》

资料来源：根据公开资料整理。

（二）标准体系日臻完善

我国智能网联汽车标准制定工作于 2017 年 12 月开始启动，陆续发布了《国家车联网产业标准体系建设指南》等系列文件，加强标准体系的顶层设计。工业和信息化部每年会组织发布《智能网联汽车标准化工作要点》，对当年标准化工作进行全面部署。为了全面支撑智能网联标准化建设工作，全国汽标委智能网联汽车分标委分别设立了高级驾驶辅助系统（ADAS）、自动驾驶（AD）、汽车信息安全、汽车功能安全和网联功能及应用等多个工作组，逐步开展相关标准的研究制定工作（见图 1）。

2023 年 3 月，自然资源部发布了《智能汽车基础地图标准体系建设指南（2023 版）》。该指南主要从基础通用、生产更新、应用服务、质量检测和安全管理等方面，对智能汽车基础地图标准化提出原则性指导意见，推动智能汽车基础地图及地理信息与汽车、信息通信、电子、交通运输、信息安全、密码等行业领域协同发展，逐步形成适应我国技术和产业发展需要的智

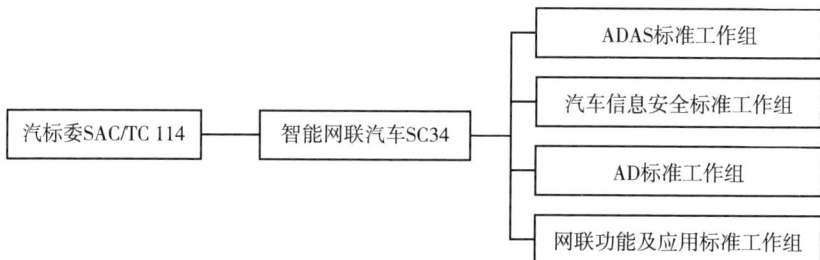

图1 汽标委智能网联汽车分标委架构

资料来源：汽标委。

能汽车基础地方标准体系。

2023年7月，工业和信息化部、国家标准化管理委员会联合修订印发《国家车联网产业标准体系建设指南（智能网联汽车）（2023版）》。与2018版相比，该版本将建设阶段扩展至2030年，同时标准体系框架由两层结构细化为三层，新框架内容更加完善，逻辑更加清晰。

8月，《智能网联汽车自动驾驶数据记录系统》（征求意见稿）发布。该文件规定了智能网联汽车自动驾驶数据记录系统的技术要求和试验方法。文件对自动驾驶数据记录系统的术语和定义、技术要求和试验方法进行了描述，要求当定义的触发事件发生时，须围绕该事件的触发点前、中、后记录一段连续的时间序列数据，用于自动驾驶车辆交通责任判定及原因分析。

（三）市场应用快速发展

1. 领航辅助驾驶

领航辅助驾驶（Navigate on Autopilot, NOA），是在一定道路场景范围内实现点到点的智能驾驶。领航辅助驾驶在功能上可视作自适应巡航控制（ACC）、车道居中辅助（LCC）、自动变道辅助（ALC）等功能的叠加，在此基础上结合高精地图导航、传感器信息及遥控算法调度，实现自动跟车、变道、上下匝道等智驾功能。根据场景不同，领航辅助驾驶可分为高速领航辅助驾驶和城区领航辅助驾驶。

高速领航辅助功能的落地始于 2019 年 6 月，特斯拉向中国大陆选装 FSD 的车型推送了 NOA 功能，随后国内造车新势力蔚来、小鹏、理想也分别在此后两年内入局。进入 2022 年，长城、吉利、上汽等自主品牌也开始在旗下部分车型上推出该功能。据中信证券测算，2022 年中国乘用车市场高速领航搭载量约为 23.6 万辆，占新车销量的 0.9%，预计到 2025 年，国内高速领航前装市场渗透率将超过 10%。

2022 年 9 月，小鹏城市智能导航辅助驾驶（Navigation Guided Pilot, NGP，功能同 NOA）功能开始在广州试点，拉开了城区领航辅助的序幕。截至 2024 年 1 月 2 日，小鹏已在国内 243 个城市开通 NGP 功能。几乎和小鹏同时，搭载依靠华为 ADS 高阶自动驾驶全栈方案打造的城区 NCA 功能的极狐阿尔法 S 在深圳开始试点，随后极狐分别在上海、广州相继开通了城区 NCA 功能。采用华为智驾方案的阿维塔 11 也已在上海、深圳、广州和重庆开启城区 NCA 试驾体验。除了小鹏、华为之外，其他造车新势力也纷纷发力城区领航辅助功能。截至 2023 年底，理想汽车实现了全国 100 城的通勤模式 NOA 功能，蔚来汽车在 200 座城市完成了 25 万公里的城区领航路线验证。

2. 智能座舱

当前汽车智能化主要有两大发展方向：自动驾驶和智能座舱。自动驾驶的使命是将人类从驾驶任务中解放出来。人的精力被释放出来后，进一步促进了人在汽车内办公、休闲和娱乐的需求，这些需求推动了汽车座舱的数字化、信息化以及新兴的人机交互模式等技术的蓬勃发展。

伟世通公布的数据显示，2022 年全球智能座舱市场大约为 539 亿美元，预计到 2025 年达到 708 亿美元，复合增长率达到 10.4%。2017~2025 年全球智能座舱市场规模及增速如图 2 所示。ICVTank 数据显示，2022 年我国智能座舱市场规模约为 739 亿元，2025 年预计整体市场规模将突破 1000 亿元，达到 1030 亿元，5 年复合增长率预计达到 12.7%，高于全球平均增速。2017~2025 年中国智能座舱市场规模及增速如图 3 所示。

从智能座舱科技配置渗透率来看，2019~2023 年，全球智能座舱配置渗透率由 38.4% 增长至 55%，而我国智能座舱配置渗透率更为增长更为迅猛，

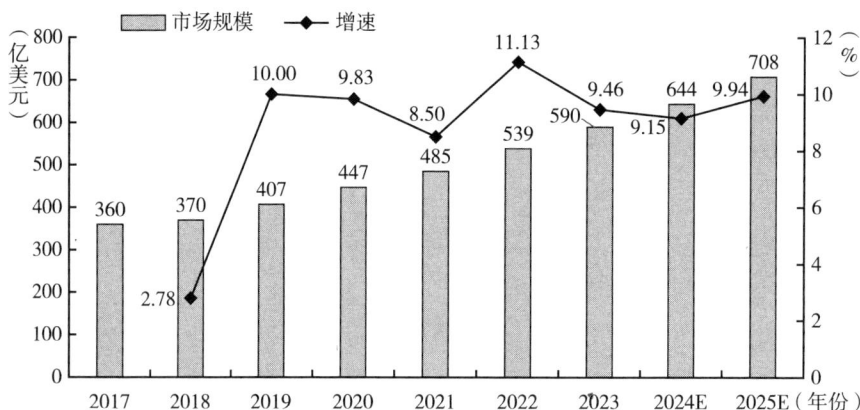

图2　2017~2025年全球智能座舱市场规模及增速

资料来源：ICVTank、伟世通。

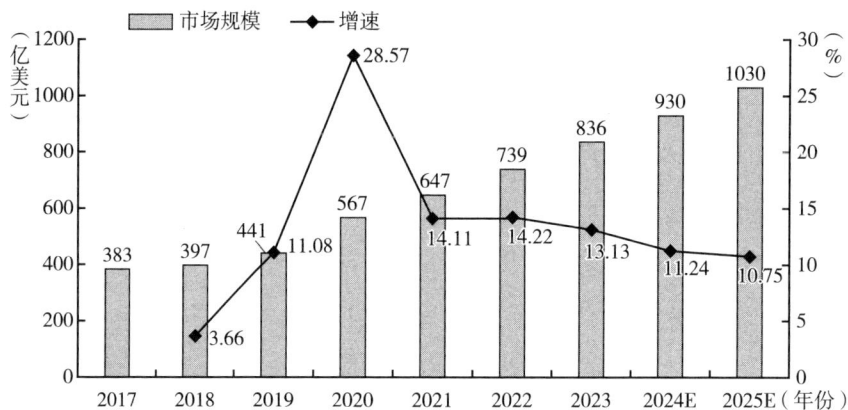

图3　2017~2025年中国智能座舱市场规模及增速

资料来源：ICVTank、伟世通。

由35.3%增长至66%。据HISMarket预测，2025年中国智能座舱科技配置渗透率将达76%。2019~2025年智能座舱科技配置渗透率趋势如图4所示。

此外，人工智能和大模型的应用将显著推动智能汽车的发展。在智能座舱领域，AI大模型可以增强座舱交互性和操控便捷性，增强智能化和个性化。比如，AI大模型可以助力舱内监测系统（DMS和OMS）对驾驶员和乘

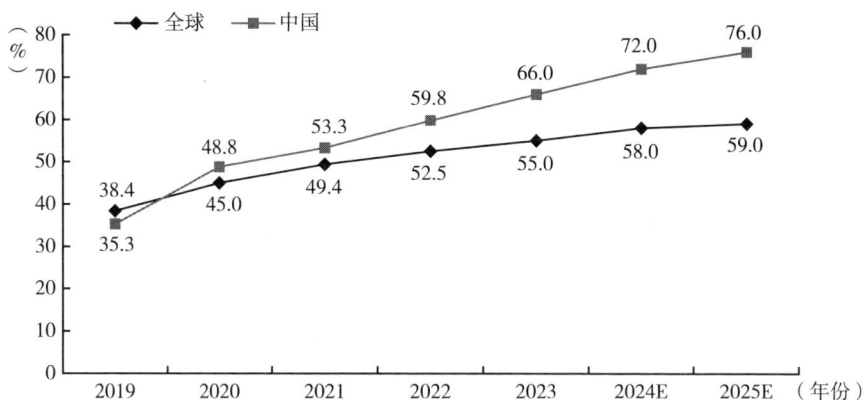

图 4 2019～2025 年智能座舱科技配置渗透率趋势

资料来源：HISMarket。

客行为进行实时分析和预测，还可以提升语音交互的准确率、流畅度、自然度和多样性，满足用户多样化的信息查询、娱乐咨询、车辆控制等需求。多家整车企业也纷纷推出搭载 AI 大模型智能座舱的产品，如吉利银河 L6、极越 01 等。

3.车路协同应用快速发展

车路协同能够有效弥补单车智能在感知方面的不足，实现人、车、路、云多个终端的数据协同。通过路测的数据和信息同步，帮助单车智能覆盖更多"盲区"，解决自动驾驶发展的瓶颈问题，促进自动驾驶进一步成熟。

近年来，在政策的支持下，车路协同进入了高速发展期。从 2018 年开始，国家相继出台多项政策，统筹规划车路协同产业发展，加强顶层协同。2020 年，新基建政策出台后，车路协同进一步与智慧城市紧密结合，成为智慧交通的必备要素。2021 年"双智城市"的试点政策更是推动了车路协同的发展，更多城市及区域级大项目相继落地。

与此同时，车路协同相关行业发展迅速，行业规模不断扩大。ICVTank 公布的数据显示，2019 年全球 V2X 行业市场规模为 900 亿美元，中国 V2X 行业市场规模为 200 亿美元，约占全球市场的 22.2%。2022 年，全球市场规模增长至 1650 亿美元，中国市场规模扩大到 500 亿美元，约占全球市场的 30.3%。2017~2022 年全球 V2X 行业市场规模及增速如图 5 所示。

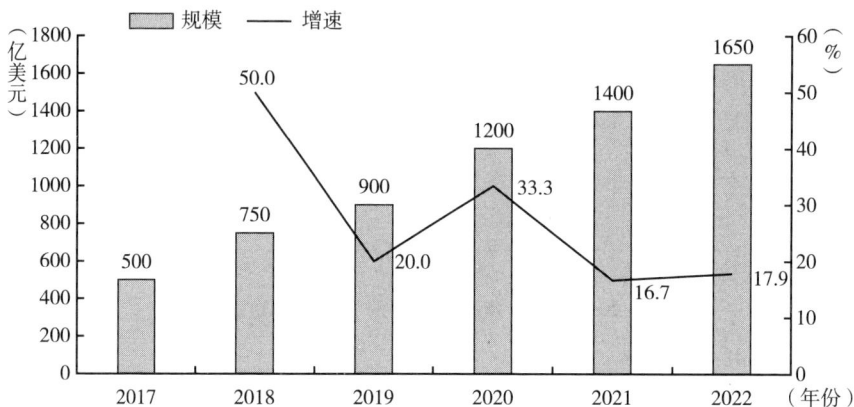

图 5 2017~2022 年全球 V2X 行业市场规模及增速

前瞻产业研究院数据显示，到 2030 年，预计中国公路里程将达到 615 万公里，汽车保有量达到 3.8 亿辆。届时，中国路侧单元 RSU 应用渗透率预计约为 30%，汽车搭载高精地图渗透率约为 5%。预计 RSU、OBU、高精地图、边缘计算单元等车路协同主要 IT 设备累计投资规模将在 2026 年超过千亿元，在 2030 年达到 2834 亿元。

（四）测试示范应用迈向商业化

1. 测试示范

智能网联测试示范区设立的主要目的是探索智能网联汽车技术的应用场景，促进智能网联汽车产业生态建设。近年来，上海、北京、长沙、襄阳、重庆等地纷纷开展封闭测试场/示范区的建设工作。截至 2023 年底，工信部、公安部、交通部已单独或联合支持、授牌了 17 家智能网联汽车测试示范区（自动驾驶测试场），开放测试示范道路 22000 多公里，发放测试示范牌照超过 5200 张，累计道路测试总里程 8800 万公里（见表 5）。

表5　国家级智能网联测试示范区

序号	测试区(场)名称	省市	审批/支持方	支持/授牌时间	建设背景	运营主体/建设主体
1	国家智能网联汽车(上海)试点示范区	上海	工信部	2015年7月	新建	上海淞泓智能汽车科技有限公司
2	浙江5G车联网应用示范区	浙江桐乡	工信部	2015年9月	新建	北京赛目科技有限公司
3	国家智能汽车与智慧交通(京冀)示范区	北京	工信部	2016年1月	新建	北京智能车联产业创新中心有限公司
		河北保定				长城汽车股份有限公司
4	国家智能汽车与智慧交通应用示范公共服务平台(重庆)	重庆	工信部	2016年1月	新建	中国汽车工程研究院股份有限公司
5	国家智能网联汽车应用(北方)示范区	吉林长春	工信部	2016年11月	新建	启明信息技术股份有限公司
6	国家智能网联汽车(武汉)测试示范区	湖北武汉	工信部	2016年11月	新建	武汉市经济开发区政府(示范区工作专班)
7	广州市智能网联汽车与智慧交通应用示范区	广东广州	工信部	2017年4月	新建	广州市智能网联汽车示范区运营中心有限公司
8	国家智能交通综合测试基地(无锡)	江苏无锡	工信部公安部	2017年8月	新建	公安部交通管理科学研究所
9	中德合作智能网联汽车车联网四川试验基地	四川成都	工信部	2017年11月	新建	成都紫荆花开智能网联汽车科技有限公司成都龙泉驿区工业投资经营有限责任公司
10	国家智能网联汽车(长沙)测试区	湖南长沙	工信部	2018年11月	新建	湖南湘江智能科技创新中心有限公司
11	自动驾驶封闭场地测试基地(北京)	北京	交通部	2018年7月	改建	交通部公路科学研究院

序号	测试区(场)名称	省市	审批/支持方	支持/授牌时间	建设背景	运营主体/建设主体
12	自动驾驶封闭场地测试基地(重庆)	重庆	交通部	2018年7月	改建	重庆车辆检测研究院有限公司
13	自动驾驶封闭场地测试基地(西安)	陕西西安	交通部	2018年7月	改建	长安大学
14	智能网联汽车自动驾驶封闭场地测试基地(泰兴)	江苏泰兴	工信部交通部	2019年9月	改建	江苏中质智通检测技术有限公司
15	智能网联汽车自动驾驶封闭场地测试基地(襄阳)	湖北襄阳	工信部交通部	2019年9月	改建	襄阳达安汽车检测中心有限公司
16	智能网联汽车自动驾驶封闭场地测试基地(上海)	上海	工信部交通部	2019年9月	新建	上海临港智能网联汽车研究中心有限公司
17	国家智能网联汽车封闭测试基地(海南)	海南琼海	工信部	2022年2月	新建	海南热带汽车试验优先公司

资料来源：CAICV，统计时间截至2023年12月。

从功能来看，测试区测试功能已从单纯的自动驾驶测试进入综合功能测试。比如，上海、北京、长沙、武汉、重庆、广州6个城市的示范区不仅具有自动驾驶测试，还具有5G+V2X测试及Robotaxi开放试验。同时，国家在江苏（无锡）、天津（西青）、湖南（长沙）、重庆（两江新区）、湖北（襄阳）、浙江（德清）、广西（柳州）设立了7个国家级车联网先导区（见表6）。各先导区按照国家统一部署，向着既定的目标展开探索，5G和V2X探索应用的步伐加快。

表6　国家级车联网先导区发展情况

先导区	任务和目标	比较优势
江苏（无锡）车联网先导区 2019年9月	①规模部署C-V2X网络、路侧单元，装配一定规模的车载终端，完成重点区域交通设施车联网功能改造和核心系统能力提升；（规模部署）②建立车联网测试验证、安全管理、通信认证鉴权体系和信息开放、互联互通的云端服务平台；（云平台）③开展相关标准规范和管理规定探索，构建开放融合、创新发展的产业生态，形成可复制、可推广的经验做法。（模式/经验）	工信部、公安部和江苏省共建的国家智能交通综合测试基地，有全球首个城市级车联网（LTE-V2X）应用项目
天津（西青）国家级车联网先导区 2020年6月	①探索跨行业标准化工作新模式，加快行业关键急需标准制定和验证，加强测试评价体系建设，促进行业管理制度和规范的完善；（标准化）②规模部署蜂窝车联网C-V2X网络，完成重点区域交通设施车联网功能改造和核心系统能力提升；（规模部署）③建立车联网安全管理、通信认证鉴权体系和信息开放、互联互通的云端服务平台；（云平台）④探索丰富车联网应用场景，构建开放融合、创新发展的产业生态，形成可复制、可推广的经验做法。（模式/经验）	成立了智能网联汽车质量监督检验中心，在共性技术研发、标准制修订、测试验证服务等方面具有优势
湖南（长沙）车联网先导区 2020年11月	①在重点高速公路、城市道路规模部署蜂窝车联网C-V2X网络，完成重点区域交通设施车联网功能改造和核心系统能力提升，带动全路网规模部署；（规模部署）②构建丰富的场景创新环境，有效发展车载终端用户，推动公交、出租等公共服务车辆率先安装使用；（技术创新和产品应用）③探索新型业务运营模式，完善安全管理、认证鉴权体系，建设信息开放、互联互通的云端服务平台；（云平台）④构建开放融合、创新发展的产业生态，形成可复制、可推广的经验做法。（模式/经验）	出台了"头羊计划""火炬计划"及"新基建三年行动计划"，大力推动景区、园区、港口等城市道路和公交车、校车、环卫车、渣土车等重点车辆的车联网改造
重庆（两江新区）车联网先导区 2021年1月	①在重点高速公路、城市道路规模部署蜂窝车联网C-V2X网络，完成重点区域交通设施车联网功能改造和核心系统能力提升，带动全路网规模部署；（规模部署）②构建丰富实用的车联网应用场景，有效发展车载终端用户，带动产业转型升级和高质量发展；（技术创新和产品研发）③建立健康可持续的建设和运营模式，打造信息开放、互联互通的云端服务平台；（云平台）④完善安全管理体系，形成可复制、可推广的经验做法。（模式/经验）	两江新区拥有丰富的车联网先导区示范应用场景、实体产业基础和数字转型实践等

续表

先导区	任务和目标	比较优势
湖北（襄阳） 车联网先导区 2023 年 4 月	①结合 5G 和智慧城市建设，在主城区规模部署蜂窝车联网 C-V2X 网络，完成智能化交通路口全覆盖。（规模部署） ②实现重点区域交通设施车联网功能改造和核心系统能力提升，带动全路网规模部署。（车联网） ③发挥产业基础优势，加强技术创新和产品研发，构建丰富实用的车联网应用场景，有效发展车载终端用户，促进产业转型升级，构建开放融合、集聚共生的产业生态。（应用与生态）深化政策和制度创新，探索健康可持续的建设和运营模式，打造信息开放、互联互通的云端服务平台，完善安全管理体系，形成可复制、可推广的经验做法。（模式/经验）	国内首个中心城区全域覆盖的国家级车联网先导区，已经建成了可覆盖 234 个交通路口、双向里程 510 公里、150 平方公里的大规模城市级车联网应用环境
浙江（德清） 车联网先导区 2023 年 4 月	①做好车联网与 5G、智能交通、智慧城市发展的统筹协调，强化重点区域车联网功能改造和核心系统能力提升，打造信息开放、互联互通的云端服务平台，深化技术创新与产品研发，培育新应用与新服务，完善安全管理体系。（车联网/云平台） ②开展基于北斗卫星导航系统的自动驾驶地图数据标准化、动态高精度地图基础服务、高精度地图数据动态更新等基础地理信息数据服务。（技术创新和产品研发） ③深化政策和制度创新，建立健康可持续的建设和运营模式，形成可复制、可推广的经验做法。（模式/经验）	建成了全县域覆盖的 5G 通信网和高精度地理信息网，实现了道路的全方位融合感知和多维度大数据的存储计算，完成了浙江省首个面向车路协同的 5G 专网，并积极探索车路协同数据挖掘运营
广西（柳州） 车联网先导区 2023 年 4 月	①在城市道路规模部署蜂窝车联网 c-V2X 网络，做好与 5G、智慧城市发展的统筹衔接（规模部署） ②完成重点区域车联网功能改造和核心系统能力提升，打造信息开放、互联互通的云端服务平台。（云平台） ③依托汽车产业发展基础，构建商业化典型应用场景，有效发展车载终端用户，推动共享出行等车辆率先安装使用，强化用户服务体验和价值效益分析，打造车联网产业新生态。（应用与生态）-深化政策和制度创新，建立健康可持续的建设和运营模式，完善安全管理体系，形成可复制、可推广的经验做法。（模式/经验）	交通特征典型鲜明，是三、四线工业城市的缩影。具体表现为机非混行特色鲜明、货运交通比重较多、桥梁隧道较多、潮汐交通问题突出等特点

资料来源：根据公开资料整理。

2. 商业化应用

2023 年 Robotaxi 的商业化进程在海外受阻。2023 年 8 月，Waymo 和 Cruise

被允许在加州旧金山开启全天候的无人驾驶 Robotaxi 商业化运营。但自开启 Robotaxi 收费服务以来，Waymo 和 Cruise 运营车辆的相关安全问题和事故接连不断。10 月，Cruise 因一起严重的交通事故在全美范围内暂停了无人驾驶业务。

相较而言，国内的 Robotaxi 示范运营取得了更为积极的进展。2023 年 3 月，滴滴自动驾驶获得首批广州智能网联示范运营资质，正式开启商业化运营。4 月，广州市开启远程载客测试，成为国内首批开放远程测试许可的城市之一。7 月，北京市高级别自动驾驶示范区工作办公室正式宣布，在京开放智能网联乘用车"车内无安全员"商业化试点，真正意义上的"无人"出租车在亦庄示范区内开始运营。11 月，搭载小马智行第六代自动驾驶软硬件系统的丰田塞纳获得广州市远程载客测试许可，获准在广州南沙提供远程载客的自动驾驶测试出行服务。

此外，商用车自动驾驶一直被行业内认为是最有可能实现商业化的赛道。干线物流自动驾驶方面，随着《自动驾驶汽车运输安全服务指南（试行）》等利好政策出台，头部企业纷纷布局，探索自动驾驶干线物流商业化应用的新场景。2023 年 9 月，小马智行获准在北京开启智能网联重型卡车示范应用，在真实场景下提供示范性货运服务。12 月，智加科技将首批搭载自动驾驶系统智加领航的江淮汽车 K7+ 正式交付安能物流，此次交付为前装量产自动驾驶重卡首次在国内零担快运行业实现商业化运营的落地。

矿山无人驾驶方面，2023 年 7 月，易控智驾投放的 102 台百吨级增程式无人驾驶矿车正式交付新疆天池能源南露天煤矿使用，打造了国内单体矿山车辆规模最大的无人驾驶项目。同月，三一智矿与新疆骏瑞众研签署超 500 台无人驾驶矿车合作订单，成为我国矿区无人驾驶行业最大单笔订单。据新战略低速无人驾驶产业研究所不完全统计，2023 年行业新增签约的矿区无人驾驶项目订单已近 2000 台，矿区无人驾驶市场规模在大幅增长。

港口自动驾驶方面，欧洲较大的港口之一英国的菲力斯杜港，2023 年 6 月，与西井科技签订了新增 100 辆新能源智能无人驾驶卡车的协议，这也是欧洲首个将"无人驾驶卡车"引入混合运输集装箱码头作业的国际港口，标志着自动驾驶技术在港口物流领域的应用取得了重要突破。

三 我国智能网联汽车重点细分领域进展分析

2023 年，智能网联汽车各细分领域快速发展，激光雷达、自动驾驶芯片等细分领域受到行业的重点关注。

（一）4D 毫米波雷达

传统毫米波雷达无法测高，限制了其在自动驾驶中发挥更大作用的能力。传统毫米波雷达只能探测距离、角度、速度三类信息，缺乏高程信息，这也导致在遇到限高杆、高架桥等物体时，毫米波雷达容易触发障碍物反馈。在实际应用中，为了避免误报，通常只能设定保留动态目标追踪结果或降低毫米波雷达感知权重，导致日常使用中毫米波雷达基本无法识别静止物体。

与传统毫米波雷达相比，4D 毫米波雷达增加了高度的信息，不仅能"全天候"有效运行、感知遮挡物体，并且在分辨率、精度上有了显著提升。它能够识别较小和静止物体以及空中障碍物。作为毫米波雷达的升级版，4D 毫米波雷达具有更优异的性能，对复杂路况展现了更强的适应性。4D 毫米波雷达与普通毫米波雷达性能对比如表 7 所示。

表 7 4D 毫米波雷达与普通毫米波雷达性能对比

分类	4D 毫米波雷达	普通毫米波雷达	4D 毫米波雷达优点
点云数量	3 万点以上/秒	4000 点/秒	勾勒出目标轮廓；可容纳多目标、不漏检
方位角分辨率	1 度	3 度	区分前方 250 米处间隔 4.5 米以上的两辆车
方位角精度	0.1 度	0.3 度	测量前方 150 米处物体，方位误差在 30 厘米之内
俯仰角分辨率	1 度	无	区分前方 65 米处的 3 米横杆与其下 1.7 米行人
俯仰角精度	0.1 度	1 度	测量前方 65 米处物体，方位误差在 20 厘米之内

4D 成像毫米波雷达在清晰度上实现了重大突破，能够输出三维点云图像。通过改进识别算法、增大雷达孔径等方式，4D 毫米波雷达能够像激光

雷达一样输出相对密集的三维点云，勾勒出物体的形状，进而实现物体识别。且4D成像毫米波雷达点云效果已经可以与低线束激光雷达相当，同样具有高灵敏度与高分辨率的特性，成本相对更低。

在搭载激光雷达的车型上，4D成像毫米波雷达可以作为安全冗余，提升自动驾驶的安全性；在未搭载激光雷达的车型上，4D成像毫米波雷达能够作为激光雷达的替代传感器，实现自动驾驶功能，助力智能驾驶的普及。目前国内已上市的车型中，上汽飞凡R7、长安深蓝SL03、蔚来ET9等均已搭载4D成像毫米波雷达。

（二）操作系统

根据全国汽车标准化技术委员会发布的《车用操作系统标准体系》，车用操作系统包含车载操作系统和车控操作系统。其中，车控操作系统又分为安全车控操作系统和智能驾驶操作系统（见表8）。车控操作系统对安全性、实时性、稳定性要求非常高，而车载操作系统则更加重视开放性、兼容性。

表8　车用操作系统类型

类型		
车控操作系统 运行于车载智能计算基础平台异构硬件之上，支撑智能网联汽车驾驶自动化功能实现和安全可靠运行的软件集合		**车载操作系统** 运行于车载芯片上，管理和控制智能网联汽车车载软件、硬件资源的软件集合，为智能网联汽车提供除驾驶自动化功能实现以外的服务，包括网联、导航、多媒体娱乐语音、辅助驾驶、AI等服务
安全车控操作系统 面向车辆控制的经典领域，如动力系统、车身系统等	**智能驾驶操作系统** 面向智能驾驶领域，应用于智能驾驶控制器	

1.车控操作系统

车控操作系统主要针对车辆传统控制领域，如动力系统、底盘系统和车身系统。为了方便应用软件在不同车型平台之间迁移，以及在不同供应商控制器之间切换，2003年，宝马、博世等9家企业牵头成立了汽车开发系统架构组织AUTOSAR，制定了安全车控操作系统底层技术规范标准——

Classic AUTOSAR。

我国也于 2019 年，由中国汽车工业协会联合整车企业与软件企业组建了中国汽车基础软件生态委员会 AUTOSEMO。2022 年 6 月，该组织发布了基于 AUTOSAR 标准的整车基础服务参考架构和技术规范，促进了 AUTOSAR 标准在智能化时代的推广，同时致力于建立由本土产业主导的基础软件架构标准和产业生态。目前，国内的普华基础软件、华为的 AUTOSARCP 产品先后通过 ASIL-D 认证，已在一汽、长安、东风等车企实现量产装车，年装车规模超百万辆。

2. 智能驾驶操作系统

智能驾驶操作系统是负责驱动辅助驾驶以及全自动驾驶功能的控制器。它涵盖雷达、摄像头、传感器等更多硬件，这要求其不仅要像安全车控一样具备实时性与安全性，还要具备更强大的计算能力、数据吞吐能力，以及更高的灵活性、扩展性、可编程性、易用性，以满足更多种算法模型的需求。

在操作系统的内核选择上，目前主要集中于 Linux 和 QNX。Linux 得益于其开放性、高定制性、对硬件的兼容性、研发成本等多方面的优势，更受研发实力较强的主机厂和科技公司的青睐，例如特斯拉和 Waymo。QNX 的优势则在于其硬实时性、更高的功能安全等级和易用性，成为多数厂商的内核方案首选。

目前，国内在内核、中间件、功能软件等领域全面布局，正在逐步缩小与国外先进水平的技术差距。内核层面，华为、斑马智行、中兴通讯等发布的微内核已通过 ASIL-D 认证，普华基础软件和国科础石已发布内核开源计划；中间件层面，百度的计算中间件已通过 ASIL-D 认证并获得部分定点项目；核心算法层面，华为、地平线等企业已建立覆盖数据处理、算法开发和测试的智能驾驶开发平台。

3. 车载操作系统

车载操作系统主要为车载信息娱乐服务及车内人机交互提供控制平台，是实现座舱智能化与多源信息交互的必要运行环境。与车控操作系统相比，车载操作系统对实时性和安全性要求不高，但对软件生态丰富度要求较高。为了便于应用程序的迁移，充分利用 Android 生态系统的优势，国内领先自主品牌车企和新兴造车势力多选择基于 Android 系统进行二次开发，例如小鹏 Xmart OS 和 NIO OS；科技和互联网企业则在 Linux 之上深度定制，例如鸿蒙 OS 和 AliOS。目前，车载操作系统领域呈现 Android、QNX、Linux（厂商定制）同台竞技的并存格局，如表9所示。

表9　车载操作系统自研厂商情况

分类	企业	名称	内核	类型
传统车企	奔驰	MBOS	QNX-Linux	ROM 型
	宝马	iDrive	QNX-Linux	ROM 型
	奥迪	MMI	QNX-Linux	ROM 型
	丰田	Entune	QNX-Linux	ROM 型
	比亚迪	DiLink	Android	ROM 型
	吉利	GKUI	Android	ROM 型
新势力	特斯拉	Version	Linux	完整型
	小鹏	Xmart OS	Android	ROM 型
	蔚来	NIO OS	Android	ROM 型
科技公司	华为	鸿蒙	Linux	完整型
	苹果	carPlay	Linux	超级 App
互联网	谷歌	AAOS	Linux	完整型
	斑马智行	AliOS	Linux	完整型
	梧桐车联	TINNOVE	Android	ROM 型
	百度	小度 OS	Android	ROM 型

（三）线控底盘

智能驾驶的实现需要感知系统、决策系统和执行系统协同工作。其中，执行系统主要依靠以线控制动、线控转向、线控悬架等构成的线控底盘对汽车进行智能驾驶操纵。

1. 线控制动

线控制动是通过将原有的制动踏板机械信号改装转变为电控信号，通过加速踏板位置传感器接收驾驶人的制动意图，产生制动电控信号并传递给控制系统和执行机构，最后根据一定的算法模拟踩踏感觉反馈给驾驶人。线控制动可分为两类。第一类是电子液压制动（EHB）系统，又称"湿式线控制动"。其刹车助力是通过液压管路从电机传递到车轮刹车片。第二类是电子机械制动（EMB）系统，又称"干式线控制动"。其将电机制动助力直接作用于刹车片，与EHB相比省略了液压系统，性能更佳。但由于EMB目前存在电机空间布置受限、制动电机受热消磁以及电子电路系统需克服外界电磁场干扰等技术难题，因此，EHB仍是目前主流的线控制动方案。

过去，线控制动的市场基本被博世垄断。根据佐思汽车研究数据，2022年1~5月中国乘用车线控制动市场博世份额为89.4%，具有绝对的垄断地位。2022年发生芯片短缺后，线控制动成为核心供应瓶颈。国内厂商通过快速响应以及与新技术研发的高度配合等优势，迅速抢占博世的市场份额。盖世汽车数据显示，2023年1~4月，中国乘用车线控制动市场中，博世市场占有率下降至50.7%，国内厂商纳森电子、伯特利凭借自身在One-box上的技术和先发优势，市场份额迅速上升，如图6所示。

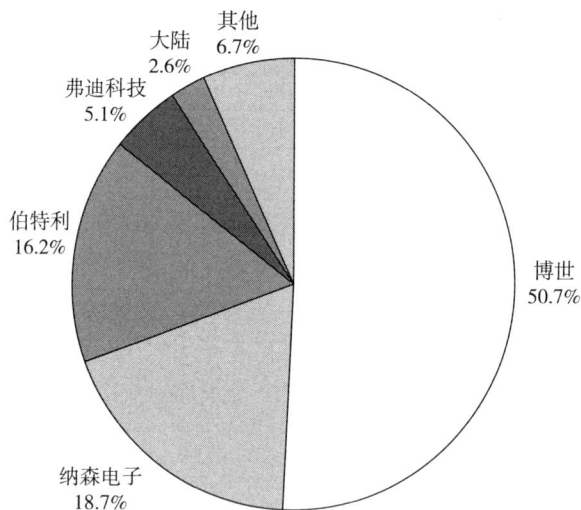

图6　2023年1~4月中国乘用车线控制动市场份额

2. 线控转向

汽车转向系统经过技术升级，先后经历了纯机械转向系统、液压助力转向系统、电控液压助力转向系统、电动助力转向和线控转向等五个发展阶段。目前，动力助力转向已成为汽车转向系统的主流。与前面几个阶段相比，线控转向在控制结构上发生了根本性的变革。它取消了车轮和方向盘之间的机械连接，致使方向盘转动时产生电信号，信号传递给转向驱动电机，再由电机驱动转向机构进行转向。线控转向系统提供了可变的转向比，使驾驶者能够通过切换不同的驾驶模式实现更大的转向比。因此，它减少了零部件数量和复杂性，简化了整个结构，有助于降低成本和提高效率。但线控转向的技术难点主要在于如何保障系统运行的可靠性和鲁棒性，以及如何模拟出机械转向中的路面反馈效果。

当前线控转向的产品渗透率依然很低，但主机厂和供应商正在加快布局，并且已有部分车型搭载了线控转向技术。2023 年 12 月 1 日，搭载四轮转向和线控转向的特斯拉 Cybertruck 正式交付；23 日，采用天行智能底盘系统的蔚来 ET9 发布，其首次将线控转向、后轮转向和全主动悬架三大核心硬件系统集成在一起，带来了更高的操控精度和响应速度。

3. 线控悬架

线控悬架领域最大的亮点是电控空气悬架。空气悬架具有隔离高频振动、保持车姿和离地间隙、举升车身、高速降低车身、过滤高频噪声、抑制俯仰和侧倾等诸多优点。以往空气悬架都应用在豪华品牌车型上，2017 年开始，蔚来汽车相继推出 ES8、ES6，这是空气悬架首次搭载于 50 万元甚至 40 万元人民币以下的车型。2021 年，东风岚图 FREE 与吉利极氪 001 继续将空气悬架搭载车型价格下沉至 30 万元以内。空气悬架价格偏高，整体渗透率不足 3%，市场潜力巨大。

市场竞争格局方面，2021 年以前，电控空气悬架市场基本被威巴克和大陆垄断，但随着孔辉科技空气悬架配套岚图 FREE 成功上市，国产空气悬架供应商异军突起。2023 年，孔辉科技空气悬架市场占有率已超过 40%。

四　我国智能网联汽车产业发展趋势展望

（一）"车路云"协同发展成为实现高级别自动驾驶的重要技术路径

近年来，L2级自动驾驶迅速普及，但与高级别自动驾驶相比，其在驾驶员干预和安全性方面仍存在明显差距。这一差距也被广泛视为自动驾驶产业发展中的重要分水岭。高级别自动驾驶要实现真正的"上路"，仅有单车智能远远不够，更重要的是"车路云"的融合协同。"车路云"融合可有效解决单车智能存在的能力盲区和感知不足问题，同时可降低对车辆自身搭载芯片、传感器等硬件性能的要求。目前，我国已启动智能网联汽车准入和上路通行试点，组织开展城市级"车路云一体化"示范应用，支持有条件的自动驾驶。

（二）智能网联汽车成为新技术落地应用的重要载体

汽车产业是国民经济的重要支柱产业，也是新技术应用较广泛、较深入的工业领域之一。智能网联汽车是新一轮科技革命的重要载体，已成为全球汽车产业转型升级的战略方向，推动着汽车产业形态、能源消费结构、交通出行模式和社会运行方式等发生深刻变化。5G 通信技术、导航定位技术、高性能计算芯片、先进传感技术以及人工智能大模型技术等高科技都在智能网联汽车上得到了广泛应用。

（三）建立自主可控的产业链是重点发展方向

打造我国智能网联汽车的核心竞争力，必须建立自主可控的产业链。我国智能网联汽车需要将突破关键技术瓶颈上升为国家战略，依托自主创新和持续创新，突破关键技术瓶颈。从全国到地方，以关键技术瓶颈为未来产业布局的重点方向。从地方政府"十四五"规划上可以看出，国内重点城市正在加紧布局智能网联汽车关键技术产业。

从整车智能方向看，突破雷达、视觉等传感器的技术局限，实现多传感器融合算法是产业技术突破的重点。从车路协同角度，车辆决策系统、车路协同系统以及云平台系统相关的基础硬件架构以及配套的软件算法是产业的核心与关键。在核心技术层面，毫米波雷达、激光雷达、云计算平台、汽车芯片、V2X 通信技术等智能网联汽车的核心技术领域将成为关注重点。

（四）网络安全与数据安全日趋重要

随着云计算、智能驾驶、智能座舱等技术从研发逐步走向商用，智能网联汽车日常处理的数据量成倍增长，伴随而来的是数据泄露、篡改以及被其他不当利用的风险也日益加大。因此，提升安全防护水平刻不容缓。首先，在数据的采集、传输、存储和使用的环节，必须确保数据的机密性、完整性和可用性；其次，尽快完善数据安全标准规范，按照《车联网网络安全和数据安全标准体系建设指南》稳步推进数据安全标准的制定工作；最后，要加强政府监管及企业自律，政府引导企业时刻牢记风险防控意识，同时明确监管策略。

供应链篇 ▷▷

B.9
2023年中国汽车供应链发展报告

摘　要：　2023年，中国汽车供应链在国家政策、重大工程、技术专项等的支持下，通过企业研发投入的不断扩大、资本市场投资并购及高端技术人才的引进，持续加大技术攻关和创新体系建设，逐步实现核心技术的突破。尤其在充电技术、动力电池技术、辅助驾驶技术等方面，取得了显著的进步。2024年，我国汽车供应链将继续加快国产化替代，汽车电动化、智能化新技术的市场渗透率将逐步提高，数字化、绿色低碳发展将推动汽车供应链发展迈向新台阶。

关键词：　汽车供应链　汽车零部件　供应链安全

一　中国汽车供应链发展现状

2023年，全球汽车供应链在产量增加和环境改善的推动下，头部企业营收稳步增长。博世以超千亿美元的营收领先，多家企业实现两位数增长率。美国和欧洲市场逐渐恢复增长，日本市场也恢复增长态势。全球汽车零部件百强榜中，81家企业营收同比增长，前十强企业销售总额达3483.5亿美元，增长约10.02%。中国供应商宁德时代首次进入前十。

全球汽车供应链企业投资并购活动频繁，主要集中在北美、欧洲和亚洲。美国、加拿大、韩国等国推动本地化产业链和核心技术发展。国际零部件巨头加大对中国市场的投资合作，中国汽车产销量均突破3000万辆。

新能源汽车行业的快速发展使动力电池产业链成为资本市场的焦点，涉及锂矿、石墨矿、锂电池等多个领域。企业通过并购扩大业务和产能，提升竞争力，同时跨界投资者也进入该领域寻求新机遇。

政策方面，我国汽车零部件产业相关政策主要分布于国家及各部委发布的战略规划类政策文件中。从整体来看，国家正在促进我国汽车行业调整升级，鼓励研发高质量、高技术水平的自主品牌汽车，加大对新能源、智能网联汽车的扶持力度，促使零部件产业相关技术快速发展。2023年，国家更是通过《数字中国建设整体布局规划》《关于进一步构建高质量充电基础设施体系的指导意见》《关于开展智能网联汽车准入和上路通行试点工作的通知》《关于加快建立产品碳足迹管理体系的意见》等政策文件的出台，推动我国汽车供应链技术向数字化、电动化、网联化、低碳化方向发展。近年来，我国相关部门颁布的汽车零部件产业主要政策如表1所示。

表1 中国汽车零部件产业主要政策

时间	政策规划	主要内容
2012年6月	《节能与新能源汽车产业发展规划（2012—2020年）》	节能与新能源汽车及其关键零部件企业，经认定取得高新技术企业所得税优惠资格的，可以依法享受相关优惠政策。节能与新能源汽车及其关键零部件企业从事技术开发、转让及相关咨询、服务业务所取得的收入，可按规定享受营业税免税政策
2014年10月	《轮胎行业准入条件》	指出在工艺、质量和装备方面，鼓励发展节能、环保、安全的绿色轮胎，轮胎生产企业应设立或具有可稳定依托的轮胎研发创新机构

时间	政策规划	主要内容
2016 年 3 月	《"十三五"汽车工业发展规划意见》	提出建立从整车到关键零部件的完整工业体系和自主研发能力，形成中国品牌核心关键零部件的自主供应能力。加强整零合作，整车骨干企业要培育战略性零部件体系，促进形成一批世界级零部件供应商，积极发展整机和零部件再制造业务，促进提高资源循环利用水平
2016 年 12 月	《智能制造发展规划（2016—2020 年）》	企业为生产国家支持发展的重大技术装备或产品，确有必要进口的零部件、原材料等，可按重大技术装备进口税收政策有关规定，享受进口税收优惠
2019 年 3 月	《"十三五"国家战略性新兴产业发展规划》	到 2020 年，形成一批具有国际竞争力的新能源汽车整车和关键零部件企业。加快推进电动汽车系统集成技术创新与应用，重点开展整车安全性、可靠性研究和结构轻量化设计，提升关键零部件技术水平、配套能力与整车性能
2019 年 10 月	《关于对进口汽车零部件产品推广实施采信便利化措施的公告》	对涉及 CCC 认证的部分进口汽车零部件产品，海关在检验时采信认证认可部门认可的认证机构出具的认证证书，原则上不再实施抽样送检。对涉及重大质量安全风险预警措施需实施抽样送检的，按照海关实际风险布控指令执行
2019 年 12 月	《机动车零部件再制造管理暂行办法（征求意见稿）》	管理办法明确了再制造的概念，即按照国家标准，对功能性损坏或技术性淘汰等原因不再使用的旧机动车零部件进行专业化修复或升级改造，使其性能特征和安全环保性能不低于原型新品。同时，明确了参与企业的"门槛"条件，界定了再制造的零部件范围，并建立了追溯体系，加大了管理力度
2020 年 8 月	《汽车零部件再制造管理暂行办法（征求意见稿）》	再制造企业应当构建合理的逆向物流体系及旧件回收网络。鼓励汽车整车生产企业通过售后服务体系回收旧机动车零部件用于再制造。鼓励专业化旧件回收公司从维修渠道为再制造企业提供符合要求的旧件等
2021 年 3 月	《机动车运行安全技术条件》最新版	自 2022 年 1 月 1 日开始，新生产的乘用车需要强制安装 EDR
2021 年 4 月	《汽车零部件再制造规范管理暂行办法》	国家倡导消费者使用再制造产品，鼓励政府机关、部队等公共机构在汽车维修中优先使用再制造产品

时间	政策规划	主要内容
2021 年 4 月	《智能网联汽车生产企业及产品准入管理指南（试行）》（征求意见稿）	具备有条件自动驾驶、高度自动驾驶功能的智能网联汽车生产企业应加强安全保障能力，强化数据安全、网络安全、产品在线升级以及智能网联产品管理，智能网联汽车产品应满足数据安全、网络安全、软件升级等方面的功能与规范要求
2021 年 7 月	《内燃机产业高质量发展规划（2021—2035）》	到 2025 年，补齐产业短板，实现产业链关键技术安全可控，达到国际先进水平；到 2030 年，产业链自主协调发展，达到国际领先水平；到 2035 年，产业链创新引领发展，产业达到国际引领水平，建成内燃机产业强国
2021 年 10 月	《国务院关于印发 2030 年前碳达峰行动方案的通知》	促进汽车零部件、工程机械、文办设备等再制造产业高质量发展。加强资源再生产品和再制造产品推广应用
2022 年 1 月	《关于加快废旧物资循环利用体系建设的指导意见》	提升汽车零部件、工程机械、机床、文办设备等再制造水平，推动盾构机、航空发动机、工业机器人等新兴领域再制造产业发展
2022 年 8 月	《关于开展财政支持中小企业数字化转型试点工作的通知》	重点向医药和化学制造、通用和专用设备制造、汽车零部件及配件制造、运输设备制造、电气机械和器材制造、计算机和通信电子等行业中小企业倾斜
2023 年 2 月	《数字中国建设整体布局规划》	推动数字技术和实体经济深度融合，在农业、工业、金融、教育、医疗、交通、能源等重点领域，加快数字技术创新应用
2023 年 6 月	《关于进一步构建高质量充电基础设施体系的指导意见》	加强电动汽车与电网能量互动。加快推进快速充换电、大功率充电、智能有序充电、无线充电、光储充协同控制等技术研究，持续优化电动汽车电池技术性能
2023 年 11 月	《关于开展智能网联汽车准入和上路通行试点工作的通知》	对取得准入的智能网联汽车产品，在限定区域内开展上路通行试点
2023 年 11 月	《关于加快建立产品碳足迹管理体系的意见》	以电子产品、家用电器、汽车等大型消费品为重点，有序推进碳标识在消费品领域的推广应用，引导商场和电商平台等企业主动展示商品碳标识，鼓励消费者购买和使用碳足迹较低的产品

资料来源：根据公开资料整理。

汽车行业向电动汽车转型，汽车供应链也随之处于转型阶段。在我国大力支持核心零部件国产化的政策环境下，国内零部件企业战略也不约而同地聚焦在新能源汽车核心零部件和智能网联汽车核心零部件的国产化中。重点围绕充电技术、动力电池技术、辅助驾驶技术等方面，通过企业研发投入的不断扩大、资本市场投资并购及高端技术人才的引进，持续加大技术攻关和创新体系建设，逐步实现核心技术突破。

续航和充电是消费者对新能源汽车最关心的问题，高压快充技术可以很好地解决充电速度和消费者里程焦虑的问题。自 2019 年保时捷发布 Taycan 全球第一款 800V 高压平台量产车问世，国内外各大企业均纷纷加大对 800V 充电技术的研发投入，并且小鹏 G6、阿维塔 11、智己 LS6 等车型已量产交付。宁德时代作为我国汽车供应链领头企业，通过电机温度标定，优化系统油量、改善转子风磨损耗、调整 PEU 开关频率等方法，将其智能底盘采用的 800V 碳化硅效率从 89.1% 提升到了 91.5%。

动力电池技术是新能源汽车最核心的关键技术。2023 年，动力电池市场竞争愈加激烈。车企通过自研电池技术保持企业竞争力，蔚来自研的半固态电池能力密度达 360Wh/kg；极氪汽车发布首款全栈自研的 800V 磷酸铁锂电池，体积利用率达 83.7%，最高充电倍率达 4.5C。长安汽车发布自主电池品牌金钟罩。除了车企自研电池之外，各大动力电池企业也纷纷加快布局，宁德时代发布了凝聚态电池和神行超充电池、国轩高科发布了 L600 启晨电池、中创新航发布了顶流圆柱电池、欣旺达发布了闪充电池 2.0，并且还有很多新型电池进入量产阶段（见表2）。

表2　部分国内动力电池产业链投资并购案例

单位：Wh/kg

序号	企业	电池产品	电池种类	能力密度	发布/量产时间
1	宁德时代	麒麟电池	CTP3.0 技术	225	2023 年量产
2	宁德时代	凝聚态电池	三元锂电池	500	2023 年发布
3	宁德时代	神行超充电池	磷酸铁锂电池	170	2023 年发布

序号	企业	电池产品	电池种类	能力密度	发布/量产时间
4	国轩高科	L600启晨电池	磷酸铁锂电池	240	2023年发布
5	极氪汽车	金砖电池	磷酸铁锂电池	—	2023年发布
6	比亚迪	刀片电池	磷酸铁锂电池	140	2023年量产
7	特斯拉	4680圆柱电池	三元锂电池	350	2023年交付
8	蔚来汽车	150KWh电池	三元锂电池	360	2023年交付
9	亿纬锂能	Π电池	CTP电池系统	350	2023年量产
10	中创新航	顶流圆柱电池	磷酸铁锂/三元	300	2023年发布
11	瑞浦兰钧	问顶电池	磷酸铁锂	400	2023年发布
12	巨湾技研	凤凰电池	三元锂	260	2023年发布
13	蜂巢能源	龙鳞甲电池	LCTP3.0技术	—	2024年量产
14	欣旺达	闪充电池2.0	CTB技术	—	2023年发布
15	广汽埃安	P58微晶超能电芯	磷酸铁锂	—	2023年量产
16	长安汽车	金钟罩电池	磷酸铁锂/三元	—	2023年发布

资料来源：盖世汽车。

2023年1~12月，我国动力电池累计装车量387.7GWh，累计同比增长31.6%。其中三元电池累计装车量126.2GWh，占总装车量的32.6%，累计同比增长14.3%；磷酸铁锂电池累计装车量261.0GWh，占总装车量的67.3%，累计同比增长42.1%（见表3）。

表3　2023年1~12月按照动力电池类型装机量情况

单位：GWh，%

材料类型	1~12月累计装机量	占比	同比增长
三元材料	126.2	32.6	44.9
磷酸铁锂	261.0	67.3	26.8
其他	0.4	0.1	107.4
合计	387.7	100	32.6

资料来源：根据公开资料整理。

按照车辆类型，2023 年纯电动乘用车依然是动力电池主要应用产品，占比达到 74%；然后是插电式混合动力（含增程式电动汽车）动力电池装机量，占比达到 16.9%。也就是说，动力电池应用在乘用车上的占比达到 90% 以上。纯电动专用车动力电池装机量占比达到 7.2%，而插电式混合动力、燃料电池客车和燃料电池专用车动力电池装机量占比不超过 1%（见表 4）。

表 4 2023 年 1~12 月按照车辆类型动力电池装机量占比情况

单位：%

车辆类型	1~12 月动力电池装机量占比	同比增长
纯电动乘用车	74.0	24.7
纯电动客车	1.7	-42.5
纯电动专用车	7.2	31.0
插混乘用车	16.9	109.8
插混客车	0.0	4.7
插混专用车	0.1	94.2
燃料电池乘用车	0.0	55.9
燃料电池客车	0.0	5.4
燃料电池专用车	0.1	50.8
合计	100.0	31.6

资料来源：根据公开资料整理。

2023 年 1~12 月，我国新能源汽车市场共计 52 家动力电池企业实现装车配套，较上年同期减少 5 家，排名前 3 家、前 5 家、前 10 家的动力电池企业动力电池装机量分别为 305.5GWh、338.6GWh 和 375.3GWh，占总装机量的比重分别为 78.8%、87.4% 和 96.8%。

2023 年 1~12 月，中国动力电池装机量 TOP15 分别是宁德时代、比亚迪、中创新航、亿纬锂能、国轩高科、蜂巢能源、LG 新能源、欣旺达、孚能科技、正力新能、瑞浦兰钧、多氟多、捷威动力、卫蓝新能源、安驰新能源（见表 5）。

表5　2023 年 1~12 月我国动力电池装机量 TOP15

单位：GWh，%

序号	企业	装机量	占比
1	宁德时代	167.1	43.1
2	比亚迪	105.5	27.2
3	中创新航	32.9	8.5
4	亿纬锂能	17.3	4.5
5	国轩高科	15.9	4.1
6	蜂巢能源	8.7	2.2
7	LG 新能源	8.3	2.2
8	欣旺达	8.3	2.1
9	孚能科技	5.9	1.5
10	正力新能	5.4	1.4
11	瑞浦兰钧	5.1	1.3
12	多氟多	2.1	0.6
13	捷威动力	0.9	0.2
14	卫蓝新能源	0.8	0.2
15	安驰新能源	0.4	0.1

资料来源：根据公开资料整理。

驱动系统方面，NE 时代数据显示，2023 年，新能源乘用车驱动电控全年累计搭载量 830 万台，同比上涨 44.15%。其中三合一电驱动系统全年累计搭载量 545.44 万台，同比上涨 51%。

2023 年，电机配套企业中，比亚迪、特斯拉和联电领跑，前十企业的市场份额达 73.11%。弗迪动力、特斯拉电机主要自供，联合电子电机配套客户主要是理想、长安，蜂巢电驱动的电机客户主要是理想、长城，汇川联合动力的电机客户主要是埃安、合创和广汽，方正电机主要配套客户是五菱、小鹏，尼得科电机配套客户主要是埃安、吉利，双林汽车的电机客户主要是五菱、长安，中车电驱的电机主要配套给五菱、一汽轿车。

2023 年，电控配套企业中，比亚迪、汇川和特斯拉占据前三位，前十企业的市场份额累计 78.8%。比亚迪、特斯拉和联合电子在电驱动系统市场领先，累计份额达 48.39%；前十电驱动系统企业的市场份额超过 78.8%。

电驱动系统市场中，弗迪动力的电驱动系统有三合一、五合一和八合一主要供给自己，特斯拉电驱动系统完全自产自销，联合电子电驱动系统的主要客户是理想、长城，蔚来驱动科技的电驱动系统只供给自己，汇川电驱动系统的主要客户是埃安、合创，中车电驱动系统的主要客户是五菱、一汽轿车，尼得科的电驱动系统客户主要是埃安、吉利，威睿三合一电驱动系统的主要客户是极氪、智马达，华为数字能源的三合一电驱动系统和六合一电驱动系统提供给鸿蒙智行、理想，大众变速器三合一电驱动系统的主要客户为大众。

燃料电池系统方面，2023 年，上牌的燃料电池汽车由亿华通、国鸿氢能、捷氢科技、重塑科技、潍柴动力、未势能源、国氢科技、东风氢能、鲲华科技、博世、爱德曼、海卓科技、清能股份、锐唯科技、华丰、新氢动力、锋源氢能、氢蓝时代等 60 家企业配套。其中，亿华通配套数量位列第一，且占据配套企业的 13.4%；国鸿氢能配套数量位列第二；捷氢科技配套数量位列第三，前十企业的市场集中度高达 74.1%。

面对智能化的发展趋势以及国家《关于开展智能网联汽车准入和上路通行试点工作的通知》等政策文件的推动，整车企业及软硬件供应商加大了在智能网联汽车核心技术上的投入。在城市 NOA 方面，2023 年，多家车企接连公布百城计划，其中，理想汽车宣称已在全国 110 个城市陆续开放了全场景智能驾驶；小鹏汽车宣布，其在城市导航辅助驾驶领域的开城数量已居行业首位；极氪汽车在年底实现了 17 城的开放；智己汽车则在 9 月开启去高精地图 NOA 公测，并预计在 2024 年覆盖全国 100 多个城市。

我国车规级芯片也同样取得了多项重要成果。2023 年 11 月，新一代国产 CPU "龙芯 3A6000" 在京发布，该芯片无须依赖任何国外授权技术，是我国自主研发、自主可控的新一代通用处理器，可运行多种类的跨平台应用，满足各类大型复杂桌面应用场景。它的推出充分展示了我国在芯片领域的自主研发和创新能力，无疑将提振整个芯片行业的信心。此外，由芯擎科技推出的国内首颗车规级 7nm 座舱芯片 "龙鹰一号" 已于 2023 年 3 月量产并供货上车；黑芝麻智能推出的 7nm 智能汽车跨域计算芯片 "武当 C1200" 也已于 2023 年 11 月进入量产前准备阶段；地平线旗下征程系列芯片也已累计获得超过 9 家车企共计 20 多款车型的量产定点。

2014 年以来，在中国汽车零部件行业稳步发展的背景下，我国汽车配件的进出口得到良好发展。2017～2020 年，中国汽车配件进出口金额均呈波动下降趋势，虽然 2021 年进出口总额均有较高的提升，但受国际经济及我国汽车供应链国产化进程加速的影响，2023 年我国汽车配件进口额再一次呈现下降的态势。2023 年我国汽车配件进口金额为 298.44 亿美元，同比下降 12.44%；汽车配件出口金额为 989.21 亿美元，同比增长 7.44%。2014～2023 年我国汽车配件进出口金额统计如图 1 所示。

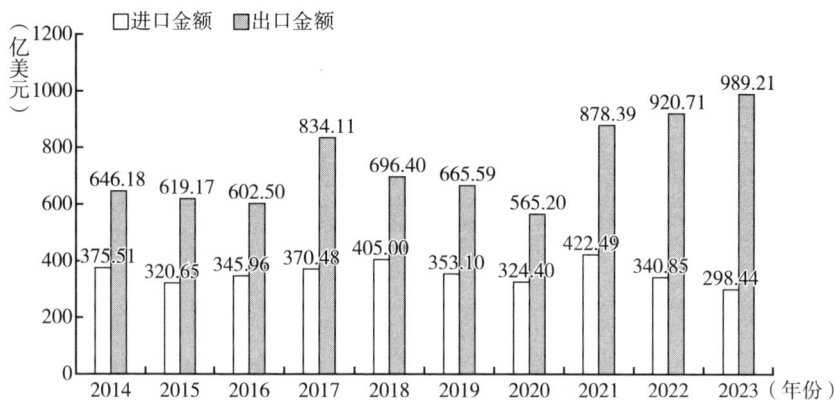

图 1　2014～2023 年我国汽车配件进出口金额统计

资料来源：中国汽车工业协会。

从四大类汽车配件产品进出口结构来看，汽车零部件、附件及车身在进出口市场占比均为第一，占比分别为 80.18% 和 66.35%；汽车、摩托车轮胎出口金额占比达 19.01%，进口金额占比仅为 1.87%。

Automotive News 发布的 2023 年全球汽车零部件供应商百强榜中，上榜的中国企业数量逐渐提升，从 2012 年仅有 1 家企业上榜，到 2019 年和 2020 年各有 7 家企业上榜，而 2023 年则有 13 家企业上榜，分别为宁德时代、延锋、均胜电子、北京海纳川、中信戴卡、德昌电机、宁波华翔电子、敏实集团、诺博汽车系统、德赛西威、精诚工科汽车系统、宁波拓普集团、安徽中鼎密封件，排名分别为第5、17、40、48、50、76、78、82、84、89、93、94、95。其中宁德时代首次入榜并进入前十名，名列第五；均胜电子、宁波华翔电子和精诚工科汽车系统均为新上榜企业（见表6）。

表6　2023年全球汽车零部件供应商百强榜中中国企业情况

单位：亿美元

2023年排名	2022年排名	公司名称（中文）	公司名称（英文）	2022年营收
5	—	宁德时代	CATL	335
17	16	延锋	Yan Feng	149.97
40	—	均胜电子	Joyson Electronics	74.01
48	40	北京海纳川	BHAP	57.85
50	50	中信戴卡	CITIC Dicastal Co.	57.13
76	69	德昌电机	Johnson Electric Group	29.14
78	—	宁波华翔电子	Ningbo Huaxiang Electronic Co.	28.18
82	82	敏实集团	Minth Group	25.69
84	81	诺博汽车系统	Nobo Automotive Systems	23.87
89	93	德赛西威	Huizhou Desay SV Automotive Co.	22.1
93	—	精诚工科汽车系统	Exquisite Automotive Systems Co.	21.72
94	90	宁波拓普集团	Ningbo Tuopu Group Co.	21.46
95	85	安徽中鼎密封件	Anhui Zhongding Sealing Parts Co.	21.21

资料来源：Automotive News。

二　中国汽车供应链发展面临的问题

（一）供应链核心关系面临重构挑战

供应链是构建汽车强国的基础，是现代化汽车产业体系的重要组成部分，战略地位愈加突出。一方面，受到全球地缘政治风险、贸易摩擦、关税壁垒等因素影响，全球价值链扩张的趋势放缓，新型供应链体系呈现短链化、本土化、内部化和透明化的发展势头。这些趋势表明跨国公司可能更靠近母国，甚至直接回流，降低了供应链全球化的可行性，也降低了国际供应链的可靠性，给传统供应关系带来重构挑战。

另一方面，当前新能源汽车的发展加速向智能化、网联化演进，这涉及新型供应链体系的安全可控、韧性、可持续性和跨界融合，对应的供应链也面临着重构。新能源和智能网联汽车供应链正向软硬件集成发展，成为汽车技术创新最活跃的阵地。为了构建更具创新力、附加值、安全可靠性的汽车产业链，数字化建设成为关键措施。我国汽车行业亟须重视数字化建设，构建现代化的供应链核心关系，加强对上游核心资源的掌控、提高关键库存水平和增进多级供应商透明度，以有效应对由不确定性带来的断链冲击。

供应链重构的风险增加了管理的复杂性，新能源汽车与智能网联汽车核心要素的变化促使汽车企业面临更大挑战，对汽车产业链的深度重塑提出了迫切需求。传统硬件主导的供应链正在向软硬解耦、以软件主导的新汽车演变，汽车供应链体系由传统垂直分层的链式关系向专业分工的融合网状演变。打造更具创新力、安全可靠性的新型汽车供应链，对于构建我国新质生产力、确保国家经济安全具有重要意义。

（二）集群化发展及协同存在不足

我国已经建成以传统主机厂为中心的六大产业集群，尽管每个产业集群在各自领域展现出独特的特色，但它们要共同面对一系列共性挑战，反映了核心供应链分布不均衡，集群化协同发展不足的现实状况。

以长三角为例，作为国内最强的汽车产业集群，其传统汽车本地化供货率超过95%，供应链发展相对均衡。新能源和智能网联方面的本地化率为90%，仍有进一步提升的空间。然而，在高端的车规级芯片、操作系统以及部分测试软件、工业设计软件等方面还有一些没有完全掌握，存在发展瓶颈。与之相比，大湾区汽车产业集群在智能化方面的短板更为明显。传统汽车方面的本地化率可达80%，但在新能源和智能网联领域，本地化率仅为45%，在智能化的感知、控制类技术，以及高端车规级芯片、底层的操作系统方面显示出明显的技术滞后。

成渝汽车产业集群在传统汽车方面相对完整，但在新能源和智能网联、电机电控、氢燃料电池等方面存在短板和断点，新能源方面的本地化率仅为40%。京津冀汽车产业集群具有研发机构和总部机构的集聚优势，但制造能力相对较弱，传统汽车本地化率为30%，而新能源和智能网联方面本地化率仅有17%。中部地区汽车产业集群在传统汽车方面本地化率为60%，而在新能源和智能网联方面仅为16%。东北汽车产业集群在传统汽车方面有较为完整的供应链，特别是以商用车为主的全价值链的供应链，但在智能网联和新能源方面短板较为明显。

数据显示，各集群内整零比除长三角相对较高外，其他集群均低于1∶1，明显低于发达国家1∶1.7的水平，凸显出集群汽车零部件竞争力水平亟待提升的问题。各区域协作水平不足，产业链的发展仍然集中在各自龙头企业周边，跨集群协同合作仍显匮乏。新能源和智能网联的供应链主要集中在东南沿海地区，中部地区、西部地区、东北地区相对滞后，发展非常不均衡，若遇到自然灾害极易导致断供。

在新能源汽车方面，中国具有磷酸铁锂、三元锂电池等先发优势，但在固态电池、动力电池的回收方面存在短板，尤其是动力电池回收领域，缺乏一套完整的体系和相关法规。汽车产能利用率不均衡。伴随着市场竞争日趋激烈，产能利用呈现强者愈强、弱者愈弱的发展态势，多地企业出现产能闲置，带来资金、土地、人才等资源浪费和流失，不仅阻碍区域的经济发展，也影响中国汽车产业的高质量发展。受制于地缘便利、利益共享机制和创新要素流通等因素，各集群的创新能力、制造业水平和创新资源等优势未形成发展合力。

各集群整车企业和供应商在开发模式、合作模式上应该形成深度协同的供应体系，建立产业供需信息对接平台，提升产业链需求与供应对接力度，加强和完善集群内外协作、成果转化转移机制。

（三）核心技术仍面临"卡脖子"风险

中国汽车产业供应链在核心技术领域存在不足，令整个行业面临"卡脖子"风险。在汽车软件方面，国内主机厂在核心功能设计、开发和验证等关键环节缺乏足够的能力积累，导致功能软件设计整体性评估和验证不充分。此外，底层软件的需求定义验证能力不足，导致市场底层软件多依赖国外产品，使国际机构掌握了软件认证权限。

在电子领域，座舱芯片垄断现象显著，主要由外资企业供应，而国内企业在该领域缺乏竞争力。尽管抬头显示技术逐渐接近国际水平，但市场仍被外资供应商主导，存在依赖进口的风险。线控制动和线控转向等关键领域，国内自主厂商与国外供应商在先进机械结构、电子控制单元技术等方面存在明显差距，特斯拉等海外企业的引领使国内企业面临更大的挑战。

在芯片产业链上，国内汽车芯片设计、制造、供应方面面临严峻局面。虽然国内企业在 MCU、IGBT 等方面有所布局，但核心 MCU 芯片仍然高度依赖国际头部供应商。芯片设计方面，国内主要使用的电子设计自动化软件由美国公司掌握，而芯片制造设备几乎全部依赖进口，制程落后于先进半导体制造国际水平。这导致国产芯片在功能设计和生产一致性上相对较低，面临认可度不高、信任度有待提升的问题。

中国汽车产业还在材料和电池等领域面临严重风险。资源分布不均，尤其是锂、钴、镍等上游资源供应集中度较高，可能随市场高速发展而形成供应缺口。电池领域由于价格波动、投资风险以及技术突破的压力，使电池供应链的可持续性面临严峻考验。

在智能网联和电驱动系统方面，中国汽车供应链同样面临重要挑战。尽管感知系统、激光雷达和摄像头等技术取得了显著进展，但在毫米波雷达和智能决策系统等关键领域，存在技术差距。对于电驱动系统，虽然中国汽车产业形成了较为完善的体系，但在绕组成型技术、电机密度和功率密度等方面仍有差距，特别是对碳化硅半导体和高转速轴承的依赖程度。

碳化硅半导体作为电动汽车的重要组成部分，其产业链也面临着一系列挑战。上游产能分布不均衡，海外企业占据较高份额，使国内企业突破面临巨大困难。碳化硅的特性，如晶体生长速度较慢、加工难度大、良品率低，使其在制备过程中面临瓶颈。此外，碳化硅衬底环节的垄断现象加剧了产业链上的压力。

（四）供应链安全问题逐渐凸显

中国的汽车供应链面临着诸多安全风险，包括产品质量问题、供应商可靠性挑战、知识产权风险、数据安全隐患、环境和社会责任问题，以及地缘政治风险等。在当前绿色、低碳和可持续发展的浪潮下，整车和供应链企业迫切需要解决涉及覆盖材料、制造、产品和回收等全链条的产业绿色发展问题。国际社会，尤其是欧盟，对产业链的绿色发展提出了更为具体的法规要求，使企业在合规、环境与社会责任方面面临法律挑战，可能导致生产延误、法律诉讼等不利后果，影响汽车产业的发展和声誉。

在材料领域，全球锂、钴、镍等资源分布过于集中，而市场的高速发展导致上游资源供应缺口持续存在。未来，锂资源预计将面临100万吨左右的缺口，钴资源约为10万吨，精炼原镍缺口也将超过20万吨。电池回收虽有助于资源供应，但预计到2030年其贡献仍相对有限。关键原材料的价格波动和出口管制风险都增加了企业供应链管理的风险和负担。

电池领域同样面临风险，其与电池相关的布局将直接影响供应链的稳定性。到2030年，全球动力电池总需求预计将达到3800吉瓦时，而电池因贸易投资政策、价格波动、碳关税、投资风险以及技术突破等多重因素，将成为供应链中受影响最大的领域。

汽车芯片市场和产业链面临着"三高"挑战，即高风险、高不确定性和高脆弱性。分工程度高、集中度高的汽车芯片产业链易受需求波动影响，而全球各国构筑芯片战略容易导致脱链和断链现象。小规模事件如日本瑞萨芯片厂火灾就可以让汽车减产160万辆，可能引发产能变化，显示芯片产业链的高度脆弱性。芯片制造环节太集中，导致即使拥有汽车芯片设计能力，但是如果生产环节受制于人，也很难将设计能力发挥出来。因此，芯片产业链在全球的每个国家或者地区可能都是脆弱的。

此外，汽车软件规模增加，操作系统、大模型集中化导致产业发展面临高不确定性，突出了数据的安全风险，这些都将影响供应链可靠性。

三　我国汽车供应链发展趋势研判

（一）我国汽车供应链将加速国产化替代

随着全球汽车制造行业竞争日趋激烈，供应链安全问题日渐被关注，世界各国开始加大对汽车供应链本土化供应能力的建设，多国通过资金支持、税收优惠等手段进行招商引资，我国也通过产业发展规划、重点项目工程等方式支持汽车供应链加速国产化替代。随着国内零部件供应商与整车厂和大型跨国零部件企业的合作日益增多，我国零部件企业开始具备成熟的同步开发能力与自主研发技术，逐渐向专业化方向发展。关键核心零部件企业也在加速国内产品配套和技术研发，汽车生产供应链体系日趋构建完善。

在线控技术方面，国产 EHB 由于具备集成度高、能量回收效率高、成本低等优势，将加快线控制动技术放量普及，渗透率将达到 55% 以上。2023 年，伯特利、弗迪、同驭、纳森等国产 EHB 依靠其安全性、可靠性和低成本优势，逐渐形成行业竞争力，并实现在长安等自主品牌量产汽车上搭载国产 EHB。我国供应链加速主动悬架线控技术在快调节技术方面的创新突破，在传感器传感预瞄及电控减振器、高集成动作模块、空气弹簧等核心硬件技术方面，实现主动悬架线控技术向智能化、集成化方向发展演进，弗迪科技、中鼎股份、保隆科技、孔辉科技、拓普集团等国内核心零部件企业积极研发并推进该技术在高端车型上搭载应用。

虽然近 10 年我国汽车工业已实现整车装配的国产化，并逐渐在一些基础零部件领域有所突破，也涌现出如福耀玻璃等全球巨头，但在全球智能化、电动化、网联化的环境下，仍有不少核心零部件包括一些高壁垒的细分领域掌握在外资公司手中，如车载芯片、毫米波雷达等领域。因此，攻破"卡脖子"技术，掌握主动权已经成为我国汽车供应链企业的核心工程。

（二）汽车电动化新技术渗透率逐步提高

经过多年发展，国家和地方持续完善新能源汽车产业政策体系，行业企业不断加大研发投入、强化技术和商业模式创新，共同推动中国新能源汽车产业在市场规模、产业体系、技术水平等各方面全面提升，预计2024年新能源汽车的总销量为1200万~1300万辆。但是随着新能源汽车补贴机制的正式退出，产业发展也逐步从政策驱动向"市场为主，政策为辅"的新型驱动模式转变。在这种新型模式的驱动下，新能源汽车产业已经迎来新一轮的"淘汰赛"，也将进一步带动行业核心技术——电动化技术的欣欣向荣。

在动力性方面，最高转速超过20000rpm的高效率高密度电驱动总成将在乘用车上率先实现量产应用。多合一动力系统（集成小三电、热管理和BMS等多合一产品）的融合创新将成为主要趋势。在电池原材料方面，富锂锰基正极材料将进入小规模试制阶段，有望克服其容量衰减和结构稳定性差等挑战，实现支撑动力电池能量密度400Wh/kg以上。此外，与锂电池相比，钠电池具备资源禀赋、低温性能好、成本较低等优势，已吸引众多车企目光，将开启交付新征程。磷酸锰铁锂作为磷酸铁锂的升级，进入爆发前夜。在电池结构及形态方面，大圆柱电池进入规模化量产期，半固态电池也即将落地。在充电技术方面，为解决用户充电焦虑，800V以上产品有望成为中高端车型标配的进一步下探，充电速率4C及以上的动力电池将快速得到量产。

除了高效率高密度电驱动、电池原材料、电池结构及形态、800V充电技术等电动化核心技术将实现突破和规模化量产，液冷超充补能体系、集成式热管理、800V空调和CO_2冷媒都将成为升级方向及趋势，以应对用户、车企对新能源汽车在续航、安全性和环保性的需求，电动化新技术的渗透率不断提高。这些电动化新技术不仅满足了用户、车企日益增长的需求，也进一步带动了新能源汽车供应链的蓬勃发展。

（三）智能化应用带动软硬件技术再上新台阶

近年来，我国智能网联汽车产业发展迅速，主流整车企业均已实现 L2 级智能网联乘用车产品的规模化量产，并且在终端市场的规模和渗透率方面均实现了大幅增长。2023 年 11 月 17 日，工信部等 4 部委联合发布《关于开展智能网联汽车准入和上路通行试点工作的通知》，支持 L3 级及更高级别的自动驾驶功能商业化应用，将重点深化测试示范应用、完善网络基础设施以及支持关键技术攻关。政策的驱动及法规的开放将促使 L3 级别自动驾驶前装整车在 2024 年实现小规模量产。智能网联关键技术创新及攻关将进一步提升产业链发展的内生动力。

在自动驾驶方面，城市 NOA 是迈进高级别自动驾驶的关键发展阶段，"BEV+Transformer+Occupancy"算法架构叠加多传感器融合的协同部署成为城市 NOA 量产应用的新范式，将实现全国重点城市广泛覆盖。预期功能安全风险认知和防护技术将突破风险辨识、防护策略、安全性机器学习成长等关键技术，推动预期功能安全风险降低至高级别自动驾驶可接受水平。在智能座舱方面，多模态大模型智能座舱将席卷汽车行业，引领传统"指令执行式"语音助手向"主动陪伴式"智能管家演进，AI 大模型赋能智能座舱多模态交互革命快速发展。在硬件方面，跨域融合智能芯片是支撑跨域融合控制的关键底层硬件载体，有望在 2024 年实现小规模量产搭载应用，推动智能驾驶跨域融合的应用需求稳步上升。

随着智能网联汽车技术的不断进步和应用场景的不断扩展，智能网联汽车正快速与互联网、大数据、云计算、人工智能、5G 通信等科学技术加速融合。自动驾驶技术、智能座舱技术以及各软硬件技术的创新突破和规模化量产已然成为趋势，将带动智能网联汽车供应链迸发新的生机。

（四）碳足迹建设推动汽车供应链绿色低碳发展

绿色低碳是全球汽车产业转型升级的重要方向，也是中国汽车产业落实"双碳"目标、实现高质量发展的重要内涵。为加快推进中国汽车产业绿色低碳发展，多部门共同编制的《汽车产业绿色低碳发展路线图 1.0》首次在行业层面明确了中国汽车产业的碳排放核算边界，提出了汽车产业绿色低碳发展的愿景目标，汽车产业力争于 2030 年前达到碳排放峰值，之后通过持续努力，支撑国家碳中和目标如期实现。为支撑汽车产业绿色低碳发展，该路线图还提出了推进绿色低碳管理转型、支持绿色低碳技术创新、推动绿色低碳汽车发展、建设绿色低碳制造体系、统筹共建绿色降碳协同体系 5 个方面的 15 条保障措施建议。

2023 年，欧盟率先通过制定法律来提升对产品全生命周期的碳管理要求。2023 年 4 月，欧盟碳边境调节机制（CBAM）立法获欧洲议会及欧盟理事会最终投票通过，确定将于 2023 年 10 月开始试运行。2023 年 6 月，欧盟委员会通过的《电池与废电池法》提出了碳排放准入管控机制，未来电动汽车电池和可充电工业电池必须出具碳足迹声明和标签，以及数字电池护照才能进入欧盟市场。

因此，国内动力电池厂想要将产品出口欧美，需要跨过三个障碍：一是完善碳足迹声明；二是满足欧盟对电池材料的回收与再生利用要求；三是电池护照。此外，美国的《清洁竞争法案》（CCA）也要求出口到美国的产品提供碳足迹证明，对减排不彻底而获得竞争优势的产品征收额外的碳关税。然而，目前国内既没有非常成熟的数字化工具，又面临着标准数据库不统一、国际互认机制未建立等困难，因此建立碳足迹、碳标签体系，提升电池信息透明度迫在眉睫。

我国为贯彻落实党中央、国务院碳达峰碳中和重大战略决策有关部署，2023 年 11 月，国家发展改革委等 5 部委联合出台了《关于加快建立产品碳足迹管理体系的意见》，推动建立符合国情实际的产品碳足迹管理体系，完善重点产品碳足迹核算方法规则和标准体系，建立产品碳足迹背景数据库，推进产品碳标识认证制度建设，拓展和丰富应用场景，发挥产品碳足迹管理体系对生产生活方式绿色低碳转型的促进作用，为实现碳达峰碳中和提供支撑。我国碳足迹管理体系的建立将不仅仅落地于动力电池产品，整车全生命周期的碳足迹确认与核算都将是汽车供应链未来发展建设的核心工程。

（五）数字化加速汽车供应链价值提升

当前汽车供应链的发展离不开数据驱动，无论是汽车智能化还是供应链数字化，数据都是关键的生产要素，数据价值体现在汽车供应链的各方面，产业链、供应链数字化转型，已经成为汽车行业关注的焦点。2023年，国家数据局正式挂牌成立，将从国家层面统筹协调数字中国、数字经济、数字社会的规划和建设。2023年12月，国家数据局等17部门联合发布了《"数据要素×"三年行动计划（2024—2026年）》，在数据要素×工业制造的重点行动任务中，提出"支持链主企业打通供应链上下游设计、计划、质量、物流等数据""提升产业链供应链监测预警能力"等要求，也为汽车供应链数字化发展指明了方向。

数字化转型浪潮驱动汽车行业生产和商业模式向电动化、智能化、网联化方向转变，产业链更具协同性、开放性、共享性。汽车企业逐渐超越单一技术创新视角，推动5G、大数据、物联网、人工智能、工业机器人等多种数字技术集群式创新突破，不断渗透到汽车行业的各个环节，与产业链全链深度融合，催生全新的共享开放汽车产业生态。

汽车行业面临从驱动动力、控制方式、产品形态到运行管理的全方位颠覆性变革，通过推动知识、技术、数据等生产要素高效流动，带动汽车产业数字化的不同市场主体围绕消费者的生产生活需求进行有效开发和应用，多方主体发挥各自所长、优势互补，在价值共创的过程中解决能源革命和数字革命融合发展的关键问题，实现汽车革命、能源革命和数字革命协同创新绿色发展。

四　我国汽车供应链发展建议

（一）合理优化发展布局，支持产业集群发展

汽车行业应该强化"统一大市场"思维，由主管行业部委牵头成立汽

车产业集群发展工作专班，建立跨部门跨区域、行业协会和龙头企业共同参与的协调发展机制。同时，培育打造若干个互补共融、各具特色的新能源和智能网联汽车产业集群，构建起错位竞争、互为备份的集群式供应链体系。

加快培育壮大"链主"企业，构建"链长"服务"链主"企业长效工作机制，支持头部企业主动承担"链长"责任，并鼓励配套企业裂变成为产业链分链"链主"。在这一过程中，积极支持"链主"企业牵头建立汽车产业数据价值评估机制、流通机制、应用体系与安全体系，同时推动建立软件与系统技术研究平台、汽车先进制造平台和车联网创新平台。国内企业还应积极全球化发展，打造各具特色、差异化的产业集群国际名片。

促进地方行业协会组织、集群头部主机厂和核心零部件企业联合成立汽车供应链联盟，推动高新技术企业资质互认、地方标准互认、计量技术规范共建共享。该联盟将致力于开展零部件国产替代研究、零部件供给对接，并建立创业创新项目库等工作，以进一步推动产业链的协同发展。

（二）加强政策标准引领，行业共建产业生态

汽车供应链发展要坚决贯彻执行国家汽车行业的顶层规划，紧紧围绕新能源汽车和智能网联汽车的关键方向。在国家层面，迅速推动实施废旧动力电池回收利用、氢燃料电池、信息安全等管理政策，加强核心零部件"卡脖子"技术、低碳/零碳技术、供应链底层软硬件技术等方面的集中攻关。持续发布新能源汽车下乡、整车及零部件出口等政策，适度激发市场消费需求，以保持汽车产业链供应链的活力。

持续推进汽车行业标准化路线图研究，强调5G、大数据、信息通信等跨领域标准的协同制定。在国家层面，围绕汽车芯片、动力电池碳足迹、汽车数据安全与网络安全等关键领域，积极开展标准研究和制定工作，实施汽车标准的国际化发展战略。

充分发挥行业机构在政企之间的桥梁作用，强化上下游产业链的协同合作和整体对接。推动建立汽车开发数据库、工程数据中心和专利数据库，引领完善充换电设施、加氢站、车辆运行安全、动力电池安全等新能源汽车质

量安全标准体系。促进产业链供应链各主体的数据共建共享，提升行业在大数据时代的整体竞争实力。

（三）完善供应链规划与风险管理，建立供应链图谱与备份预案

在国家、产业集群和企业三个层面，应制定明确的供应链规划，定期评估并优化供应链战略布局。同时，建立与高水平开放相适配的产业链供应链安全数据库、安全评价体系以及预警机制，以确保供应链的稳健运作。

国家引导、集群主导、企业参与共同制定零部件供应链图谱，考虑企业地理位置、政策环境、贸易市场壁垒、产能分布和技术先进性等多方面因素。通过构建跨界融合、互补融合的供应链新型战略合作伙伴关系，鼓励国产自主品牌和新兴造车企业开发新车型，并在"卡脖子"关键零部件上展开上车验证，共同提出解决方案。

面对风险挑战，要建立供应链风险分类分级管理体系，通过信息化系统进行分级识别、监控和预警。鼓励头部企业在供应网络中全面规划和协调关键能力和核心资源，重点关注战略安全、设计能力、成本控制、交付保障等关键因素，以建立稳健的汽车供应链"备份"机制。

（四）强化科技创新支撑，推动数据与成果转化

要加强企业在创新领域的主导地位。重点关注技术领域的短板补充，如机电耦合、功率半导体、高精度传感器等。在车载操作系统、高端车规级芯片、汽车基础软件等方面持续断点创新。同时，在动力电池、电驱动系统、激光雷达、智能座舱等技术领域要加强创新，锻造技术长板。对于未来的技术趋势，应着眼于固态电池、氢燃料电池、无线充电、自动驾驶等领域进行前瞻性规划。

为促进创新，应支持企业在汽车数据要素创新方面的培育。探索构建汽车数据要素交易平台，健全创新要素流动的政策环境，支持产业集群实施"揭榜挂帅"等方式，推动重大科技项目攻关。建立以区域协同、研究协作为导向的创新型经济体，促进知识技术人才等要素畅通流动。

在国家引导和集群主导的方向下，要建设包括科技基础设施、前沿研究平台、研究型大学和科研机构在内的高能级科技创新平台支撑体系。同时，推动建立市场化、专业化的技术转移转化体系，探索公开许可未转化科技成果和科技成果转化税收优惠等试点政策。

（五）营造良好营商环境，促进供应链高质量发展

营商环境需要政府和企业共同协作。为了促进产业集群发展，地方政府可以利用定期举办的重大会议、论坛、展会等机会，组织企业和高校围绕前沿技术问题进行充分研讨，从而促进技术供需对接、创新共享，并支持建立创业创新投融资项目库。

同时，应该合理优化快慢换结合的综合补能体系，建设互联互通的城市群都市圈充电网络，并探索推动充电基础设施网与电信网、交通网、电力网等的创新融合。地方政府也应该出台充电车位使用管理、充电服务费税率、换电站并网管理等政策，以及落地充电运营补贴政策，并强化对充电设施资产、运行动态、运营情况、故障问题的监测。

在知识产权保护方面，需要规范知识产权保护机制，扩大汽车全产业链的知识产权保护布局，并完善知识、技术等创新要素价值的收益分配制度。同时，推动各产业集群争创全国知识产权保护试点示范区，加速汽车数字化产品的专利保护，拓展知识产权的交叉许可，并有序推进专利国际布局。

此外，从国家层面应加快构建系统、科学的汽车企业信用评价体系，加强对新能源汽车续航里程标示行为的监管，以及对整车及零部件产品全生命周期的质量控制。这样可以营造信誉至上、诚信为本的汽车行业信用氛围，打造高标准、高质量的中国汽车品牌，并推动行业协会引领行业自律，维护中国汽车品牌整体形象。

（六）发挥金融体系作用，助推供应链创新与发展

持续促进小微企业融资增量扩面，需要加大对供应链创新型小微企业、

专精特新企业的政策支持。这包括落实相关税收优惠政策及普惠小微贷款支持工具，引导金融机构增加对小微和民营企业的贷款投放。

同时，需要强化对企业创新的金融支持，包括风险投资等方面。这意味着鼓励各类天使投资、风险投资基金支持企业创新创业，以及地方产业基金、央企、国有企业牵头引导创投企业投资早期、小规模、硬科技项目，从而促进高精尖中小企业的发展。

为了优化供应链资金流，可以鼓励银行金融机构及其他类金融机构专门开发具备汽车行业特点、标准化的供应链金融产品。这有助于加速汽车供应链资金的流通，促进整个"供—产—销"链条的顺畅运作。

标准化与检测篇

B.10
2023年汽车行业标准化发展报告

摘　要： 本报告概述了2023年中国汽车行业标准化的基本情况，介绍了2023年汽车标准化主要工作、汽车行业重要领域标准制修订情况和主要标准化活动，阐述了汽车行业标准的发展趋势；介绍了汽车行业团体标准化工作进展。随着汽车技术的发展，整车第三方测评逐步演变成以"安全、智能、绿色、消费者调研"为核心的测试评价体系。本报告阐述了国内外在新车安全测评技术、新车智能网联测评技术、新车绿色测评技术三个领域的发展现状。同时，结合中汽中心汽车测评管理中心近年来在安全、智能、绿色领域的测试评价结果，对中国汽车行业的技术现状进行了系统阐述。最后，结合测评体系发展趋势、汽车技术现状，提出了汽车行业的发展方向。

关键词： 标准化　团体标准　第三方测评　安全

一　汽车行业标准化发展概述

2023年，国家层面多措并举促进消费持续恢复和扩大，同时《质量强国建设纲要》的印发也为汽车标准化发展指明了方向。在工信部、国家标准委等政府主管部门指导和行业的支持下，汽车行业以《国家标准化发展纲要》《质量强国建设纲要》为引领，从各项产业政策重点工作出发，强化组织管理，创新工作机制，聚焦汽车产业发展实际，统筹利用行业优势资源，在标准技术支撑、体系建设、标准研究、标准国际化各方面取得积极进展。

二　汽车行业标准化主要工作

（一）标准制修订

2023年，汽车行业共完成455项标准复审结论上报，确认333项为继续有效，97项需要修订，25项需要废止；全年新获批发布标准138项；报批标准113项；上报标准制修订项目141项；获批标准制修订计划100项；标准公开征求意见93项。

（二）标准国际化

1.国际法规协调

全年组织参加国际会议138次，支撑工信部选派的中国代表再次当选联合国自动驾驶与网联车辆工作组（GRVA）副主席，新当选车载通信专项组（TFVC）副主席、电动车辆安全热扩散测试特别兴趣组副主席，以及车辆生命周期评价非正式工作组（IWG A-LCA）下属生产阶段、报废阶段小组副组长。

我国牵头编写的《联合国法规及全球技术法规自动驾驶车辆适用性报告》、UN GTR 13《燃料电池电动汽车安全》第1修正本获表决通过。分领域来看，在新能源汽车领域，研提多项电池热扩散测试提案，积极参与GTR 21（混合动力汽车最大功率）、GTR 22（电池耐久性）法规修订及重型车车载电池耐久性法规的起草工作。在智能网联汽车领域，累计研提20余项技术提案，牵头自动驾驶功能要求、自动驾驶法规适用性分析任务组等研究，承办了自动驾驶系统法规适应性审查会议，组织编写完成《自动驾驶系统安全要求的指南文档》等文件。在汽车双碳领域，牵头推动各方围绕汽车报废拆解、材料再利用、再制造和运输等过程建立统一的碳足迹核算原则和方法。在一般安全领域，提交8项事件数据记录系统法规相关技术提案。在被动安全领域，联合澳大利亚、韩国完成了关于全球范围内儿童遗忘在车内情况的调研。在噪声与轮胎领域，研提关于多工况噪声的技术提案。在灯光领域，研提3项光信号安装、电磁兼容领域技术提案。

2. 国际标准协调

2023年ISO、IEC新注册国际专家36人，累计注册专家247人，牵头组织或参加国际会议171次。牵头发布3项国际标准，牵头3项国际标准获批立项，持续推进16项牵头在研国际标准。研究提出11项新国际标准项目提案，策划推动ISO汽车感知部件、燃料电池汽车以及电动汽车换电工作组。

总体上看，国际标准已实现战略新兴领域和传统领域多点开花、全面可持续推进的良好局面。分领域来看，在新能源汽车领域，提出成立燃料电池电动汽车及换电工作组提案，牵头开展ISO 8715电动道路车辆动力性试验方法修订工作，牵头的燃料电池国际标准进入发布流程，积极推进新项目立项。在自动驾驶领域，作为召集人持续推进ISO 34504及ISO 34505自动驾驶系统测试场景标准制定工作，提出自动驾驶系统场景新标准预研项目，提出2项新项目提案，申请作为ISO 19377商用车紧急制动试验方法标准修订联合牵头人被工作组层面采纳。在灯光视野领域，作为召集人推进ISO 10604《前照灯光束定位测量设备》、ISO 11983《安全玻璃材料电致可调玻璃试验方法》研究工作，与韩国就ISO/AWI TR 22276《未来自动化车辆的外部光信号装置和技术》标准项目开展合作。在汽车人机工程领域，就ISO 2575的修订提出相关标志提案被工作组采纳。在专用车辆领域，作为召集人推进ISO/TS 17430《负压救护车 医疗舱技术规范》制定工作，提出ISO 4009《商用车辆 牵引车与挂车之间的电气和气动连接位置》修订建议被工作组采纳并作为召集人开展工作。在被动安全领域，作为召集人推进ISO 2958乘用车外部防护标准修订工作进入DIS阶段（询问阶段）；就ISO 6813

碰撞分类术语提交标准修订建议提案并争取作为项目负责人承担修订工作。

3. 贯彻"一带一路"共建倡议

支撑工信部提出建立"中国—东盟先进汽车技术标准法规合作伙伴关系",并在李强总理出席第 26 次中国—东盟（10+1）领导人会议期间列入《东亚合作领导人系列会议合作倡议清单》。

推动中国—东盟汽车标准化合作机制上升为东盟—中国自贸区标准、技术法规与合格评定程序分委会下官方合作机制,同时与东盟国家开展了首批43 项中国—东盟电动汽车标准清单互换。启动"东盟—中国绿色车辆合作倡议"项目,持续深化合作。

三　重要领域标准制修订情况

（一）新能源汽车标准

全年新发布新能源汽车标准 16 项、报批 23 项、完成审查 3 项、征求意见 6 项。在整车领域,完成电动汽车动力性 2 项标准报批,加快推进远程服务与管理标准研究,启动轻型电动汽车车载电池耐久性及混合动力电动汽车最大功率确定试验方法研究。在动力电池领域,推动动力电池安全强标修订,完成电性能要求、动力电池回收利用管理规范、热管理系统等标准报批。在电驱动系统领域,完成电动汽车用驱动电机系统标准报批,推进驱动电机系统工况效率试验方法标准研究。在充换电领域,完成传导充电用连接装置系列标准、传导充放电安全要求标准和商用车换电系统互换性系列标准发布,推进通信协议及导引电路标准立项,推动乘用车互换性和通用平台系列标准研究。在燃料电池汽车领域,完成燃料电池汽车碰撞后安全、关键部件耐久性标准报批,推进加氢接口通信协议等标准研究。

（二）智能网联汽车标准

统筹推进智能网联汽车各领域标准制修订工作。在先进驾驶辅助系统领域，完成 2 项组合驾驶辅助标准报批，启动轻型车及重型车自动紧急制动系统强标修订立项，持续推进纵向控制辅助及测试目标物等标准制定。在自动驾驶领域，完成自动驾驶数据记录系统强标和自动驾驶通用技术要求推标的审查和报批，完成设计运行条件标准审查，推进多项标准的制定。在汽车信息安全领域，完成 2 项强标以及诊断接口推标的审查和报批，开展汽车密码强标的研究并提交立项申请，推进信息安全工程、数字证书等标准的制定。在网联功能与应用领域，完成 LTE-V2X 标准的审查以及车载有线和车载无线 2 项标准的审查及报批，推进数字钥匙、安全预警标准的研究与制定。在资源管理与信息服务领域，完成数据通用要求标准的审查及报批，推进车用操作系统、人脸识别等标准的研究与制定。

（三）汽车绿色低碳标准

加快节能标准更新及双碳标准体系建设。在汽车节能领域，发布标准 2 项；完成 1 项标准审查和报批；形成 7 项标准草案。在汽车双碳领域，推动 4 项标准研究制定工作；推动多项标准的研究和立项工作。

（四）汽车安全标准

在被动安全领域，完成多项标准审查及报批；完成 2 项外部凸出物标准征求意见和审查；启动 2 项标准征求意见。在主动安全领域，完成 3 项灯光整合标准报批；完成 1 项征求意见稿；推进 3 项制动强标研究工作；完成 1 项修改单审查和报批。在一般安全领域，开展 2 项标准研究；完成 1 项标准审查；开展多项标准修订预研。

（五）汽车电子标准

全面推进汽车电子、电磁兼容、功能安全、环境可靠性及汽车芯片领域的标准研制工作。在电磁兼容领域，完成零部件混响室标准发布，提出 6 项标准立项申请，推动电磁兼容性要求强标以及零部件抗扰性试验方法等标准研究进展。在功能安全领域，完成 6 项标准发布，提出电池管理系统功能安全修订立项申请，推动乘用车转向系统功能安全标准研究进展。在车载电子领域，完成 15 项标准发布，提出 8 项标准立项申请，推进卫星定位等标准研究进展。在环境可靠性领域，提出汽车芯片环境及可靠性标准立项申请，推动 48V 供电电压电气要求标准研究进展。在汽车芯片领域，提出 7 项标准立项申请，推动 12 项标准研究进展。

四 汽车行业主要标准化活动

（一）增强创新发展新动能

编制发布创新基地技术文件制定工作程序，策划成立汽车功能安全、汽车低碳标准化业务促进/服务中心，推动汽车创新基地实现新动能。举办第二届大学生标准创新大赛和第三届中国汽车标准化青年专家选培活动，与高校合作设立汽车标准化奖学金，为汽车标准化工作培养后备人才。开展第二届 HUD 标准与产业发展、车辆行为安全接受准则等主题沙龙，形成成熟的创新发展新模式。与国家技术标准创新基地（智能制造基础）签订共建合作协议，与行业团体共同发布《国家技术标准创新基地（汽车）关于推动汽车领域标准协同发展的工作意见》倡议。

（二）开拓新平台和新途径

加快汽车标准数字化平台建设，策划接入汽车标准、专利以及贸易预警等数据资源，组织专家开展标准拆解分析、高质量解读，整合在研汽车标准资源，提升数字化平台服务能力。依托中汽标协，联合行业企业发起关于共同做好汽车企业产品开发标准化应用和经验传承的倡议，并组织行业企业起草编制《汽车产品开发标准化工作手册》，促进标准在汽车产品全生命周期中的实施和应用。征集并发布《中国汽车企业标准化优秀工作案例集》，在行业中开展宣传推广。

（三）推动标准科技领航项目

依托"标准科技领航"工作机制，探索"标准科技领航"实施路径，并在智能网联领域率先完成标准科技领航项目试点，完成了 5 项标准化领航项目，吸引了整车厂、高校、科研机构等产学研各相关方参与。通过试点探索具体科技领航实施路径，逐步形成固化的工作机制，将标准与"科研—合作—创新"融汇耦合，前瞻布局未来产业标准研究，引领新产业高质量发展。

五 汽车行业团体标准化工作进展

（一）中国汽车工业协会团体标准化工作情况

1. 强化团体标准体系建设

2023 年，中汽协会标准委完成了 ESG 及社会责任专业委员会和汽车芯片专业委员会的组建，进一步完善和丰富了团体标准体系架构，专业委员会总体数量达到 31 个，覆盖汽车产业各个领域，构建了 700 余名标准专家组成的团队，与会员体系形成立体构架。

2023 年，中汽协会共完成 121 项团体标准立项，覆盖新能源汽车、智能网联汽车及零部件领域，特别是新能源汽车及动力电池和燃料电池、智能网联汽车、专用汽车和旅居车、燃气汽车、甲醇汽车、"领跑者"标准评价、北斗产品标准的预研和标准制定。2023 年，中汽协会共发布了 79 项团体标准。其中，《中国汽车行业社会责任指南》入选工信部 2023 年百项团体标准应用示范项目。

2. 持续创新推动各项工作

（1）推动绿色低碳和节能减排发展需求

2023 年，为了落实国家双碳目标，减少碳排放，中汽协会致力于绿色低碳、节能减排、绿色生产、拆解回收等方面的研究。在甲醇汽车领域，中汽协会有 5 项标准立项、11 项标准发布，涉及甲醇汽车的系统、零部件、安全等方面。在燃气汽车领域，中汽协会有 5 项标准立项、6 项标准发布，涉及加气装置、碳排放等方面。其中，CNG汽车压力升级标准（35MPa）不仅国内领先，也是国际首创。同时，在温室气体排放、动力电池能耗计算、动力电池回收等方面也持续开展研究。

（2）推动新技术领域创新发展需求

中汽协会在新能源汽车、智能网联汽车、动力电池、充换电系统、燃料电池、汽车大数据、信息安全、通信与软件、北斗应用、激光雷达、汽车新材料等领域已开展了100余项标准研究和制定工作。在新技术领域的标准研究中，中汽协会团体标准注重填补行业空白，推动标准化与科技创新互动发展，确保产业链供应链标准协调配套、有效衔接，提升产业链和供应链韧性和安全水平。

（3）推动行业细分领域发展需求

中汽协会重视细分领域的标准化研究，了解各细分领域的标准制定需求，组织各领域的专项研究。在旅居车和越野车领域，2023年中汽协会有5项标准立项、2项标准发布，涉及整车、试验场地、车辆评价等方面。在系列标准研究方面，中汽协会组织开展了《质量分级及"领跑者"评价要求》系列标准的研究，研究内容包括电动汽车、货车、半挂车、燃料电池、照明系统、零部件等汽车行业的各个细分领域。

3. 加强与相关标准机构合作

中汽协会与中国汽车技术研究中心有限公司签署合作备忘录，聚焦汽车标准化工作，开展深入合作，充分发挥各自优势，加强行业沟通协调，推动实现信息资源共享，增加标准制修订需求、标准资源信息共享、标准意见协调、团标升级转化、标准化组织交流、标准应用推广等合作内容，共同为汽车标准化发展贡献力量，促进中国汽车产业转型升级和高质量发展。在标准研究合作方面，与中国汽车工程研究院股份有限公司围绕沟通交流机制、团标体系规划、团标信息共享平台、企标领跑者品牌打造、团标推广应用等内容进行合作探讨。

（二）中国汽车工程学会团体标准化工作情况

1. 团体标准制修订工作有序推进

2023年，中国汽车工程学会共发布CSAE团体标准55项，来自489个单位的 1552 人参与制修订，完成了 123 项标准立项。截至 2013 年 12 月，现行有效 CSAE 团体标准共 319 项，在研标准 264 项。

2. 强化团体标准应用转化

《车路协同　智能路侧决策系统　边缘计算节点功能技术要求》（T/CSAE 291—2022）、《电动汽车高压屏蔽线缆及连接器表面转移阻抗测试方法》（T/CSAE 189—2021）、《乘用车塑料前端框架技术条件》（T/CSAE 40—2021）和《特殊过程　汽车零部件涂装生产系统评估规范》（T/CSAE 106—2019）四项标准入选工信部 2023 年团体标准应用示范项目。此外，10 余项团体标准纳入第三方实验室能力建设，成功取得 CNAS 扩项。中国发布的国内首个新能源汽车电安全技术验证体系"NESTA 六维电安全"中涉及驱动电机系统控制器的功能安全测试依据《电动汽车驱动电机系统控制器故障注入测试规范》（T/CSAE 263—2022）。日本本田技研工业株式会社将 CSAE 标准作为相关产品研发时的参考依据。

3. 加强组织建设

2023 年 3 月，中国汽车工程学会标准化工作委员会第二届委员会成立大会暨二届一次会议在北京成功召开。会上回顾了过去五年的各项工作，对二届委员会发展规划及 2023 年工作计划进行了详细介绍，报告了"关于修订《中国汽车工程学会标准专家组工作条例》的议案""关于设立中国汽车工程学会标准化工作委员会标准数字化工作组的议案"，并对优秀标准项目进行了表彰。

六　汽车标准化存在的问题及发展趋势

（一）汽车标准化存在的问题

1. 国家政策提出新要求

随着"放管服"改革措施的全面推进，汽车行业管理法治化进程进一步加快，管理重心从事前审批向事中事后监管转移，技术标准在行业监管中的规范作用日益凸显。近两年，国家层面相继印发《国家标准化发展纲要》

《质量强国建设纲要》，对标准化工作提出了新的更高要求，标准供给体系发生了深刻变革。党的十八大以来，中国实施更加积极主动的开放战略，全面放开股比限制，外资控股及独资企业开始出现，相关企业正按要求平等参与标准化工作，标准化发展策略发生变化。

2.产业变革催生新环境

当前，汽车电动化、网联化、智能化发展加快推进，汽车与能源、交通、信息通信等领域加速融合，供应链、产业链、价值链加速重构，这不仅极大扩展了汽车标准化工作本身的范围，也使汽车标准化工作面临的竞合关系和总体形势更加复杂。标准化工作在竞争中协调合作、在融合中创新发展成为新态势。

3.汽车国际化面临新需求

当今国际环境日趋复杂，不稳定性因素明显增加，逆全球化、泛政治化、单边主义以及地区保护主义日渐抬头，给全球汽车产业深化发展带来较大不确定性。国际外部协调形势日趋严峻，国际上对加强汽车标准协调统一的需求日益强烈，但对汽车国际标准法规领导职务、制修订主导权的控制和争夺也愈加激烈。欧盟反补贴等针对中国汽车产业优势领域的贸易保护措施陆续出台，也对中国汽车产业出海造成阻碍。同时，中国汽车企业"走出去"需求明显增强，对中国标准化工作助力深度参与全球汽车产业治理体系提出更高要求。

（二）汽车行业标准化的发展趋势

1.新能源汽车标准

推进电动汽车远程服务与管理、电动汽车安全要求、燃料电池电动汽车安全要求等标准制修订，提升电动汽车整车安全水平；推进电动汽车动力电池安全要求和动力电池耐久性、规格尺寸、循环寿命等标准研制，强化动力电池安全保障和性能水平；推进电动汽车减速器总成、电机系统工况效率测试、燃料电池电动汽车氢气喷射器等标准研制，规范关键部件产品技术条件；加快"2015+"充电标准配套的控制导引、通信协议等标准研制，推进商用车换电安全要求、换电兼容性测试、换电电池系统技术要求等标准研究，进一步完善充换电标准体系。

2. 智能网联汽车标准

在智能化领域，推进自动驾驶数据记录系统、全景影像、自动驾驶设计运行条件等标准发布；加快自动紧急制动系统、组合驾驶辅助系统等标准研制进程；完成多模态大语言模型、人机交互安全评估等标准领航和需求研究项目。在网联化领域，推进软件升级、整车信息安全、数据通用要求、LTE-V2X等标准发布；加快信息安全工程、汽车密码技术要求、车用操作系统等标准研制进程；启动网联化等级划分、列队跟驰等标准项目和信息安全仿真测试等标准领航项目。

3. 汽车绿色低碳标准

加快下一阶段乘用车燃料消耗量限值及评价指标、纯电动乘用车能量消耗量限值、重型商用车燃料消耗量评价指标等标准研制；推进电动汽车高低温续驶里程缩短法试验方法、乘用车发电机循环外技术、乘用车车载能源消耗量监测、车内气流主动控制系统评价、压缩天然气燃料消耗量试验等循环外技术标准研究。在汽车双碳领域，加快推进乘用车、动力蓄电池、发动机等产品碳足迹核算标准、企业组织层面碳排放核算标准，电动汽车运行碳减排、动力电池梯次利用碳减排等项目层面标准，以及道路车辆温室气体管理术语定义、产品碳足迹标识等基础通用标准研究制定；启动汽车产品碳足迹报告、汽车企业碳排放报告核查方法等标准预研。

4. 汽车安全标准

推动照明装置、光信号装置、回复反射装置、行人保护、顶部抗压、前后端防护、约束系统、车辆外部凸出物、防盗装置、危险货物运输车等强制性标准报批发布；加快乘用车制动、侧面碰撞、后面碰撞、除霜除雾、车辆电子稳定控制系统ESC、制动辅助系统BAS、机动车光源、客车结构安全要求、专用校车安全技术条件等安全标准研制进程；开展GB 1589、GB 4094以及视野、刮水器和洗涤器、门锁及车门保持件等标准修订预研；适应产业发展需要，启动线控转向、线控制动、零重力座椅、主动预紧式安全带等新技术新产品技术研讨与标准研究。

5.汽车电子标准

在电磁兼容领域，推动整车电磁兼容、整车天线 OTA 等标准研制进程，启动智能网联电磁兼容标准领航项目。在功能安全领域，推动电动汽车用电池管理系统功能安全、功能安全要求验证确认方法等标准研究，启动自动驾驶与人工智能功能安全和预期功能安全标准领航项目。在车载电子领域，加快车载事故紧急呼叫系统、车载卫星定位、激光雷达等标准研制进程，启动车载光纤通信、智能网联汽车卫星通信等标准领航项目。在环境及可靠性领域，推进低压电气系统、IP 防护等级等标准制修订研究。在芯片领域，加快推动汽车芯片环境及可靠性、电动汽车芯片环境及可靠性、汽车芯片信息安全等基础通用类汽车芯片标准工作进展；推动智能驾驶计算芯片、汽车 ETC 芯片等产品与技术应用类汽车芯片标准起草和立项进展。

（三）汽车行业标准化下一步工作重点

2024 年，汽车行业将持续贯彻落实《国家标准化发展纲要》《质量强国建设纲要》等重大战略部署，按照《2024 年全国标准化工作要点》等文件要求，主动适配汽车技术产业发展及政府管理需要，有序推进汽车标准化改革及创新措施落地执行，加快实施汽车标准开放、创新、国际、公益发展战略，推动汽车标准质量、服务、能力、影响提升，充分发挥质量支撑和标准引领作用，加快支持构建形成以国内标准研究为主体，国内国际标准协调配合的新发展格局，实现汽车标准化工作高质量发展。

1.持续加强标准体系顶层设计

支撑汽车产业高质量发展，落实《2024 年汽车标准化工作要点》；建立系统的汽车标准化需求调查及分析机制，做好标准体系规划输入；积极按计划推进落实智能网联汽车、汽车芯片、电动车辆、绿色低碳等标准体系建设任务；组织各领域总结"十四五"汽车标准化工作成效和存在的问题，启动汽车行业"十五五"技术标准体系工作方案研究。

2.强化汽标委组织建设

加强标准化基础理论学习，提高标准化工作者专业素质；持续完善汽标委组织建设，优化汽标委专题研讨工作机制；全面开展各分标委跨领域协调工作，建立相对成熟的协调机制；完善标准全过程工作管理体系，继续推进"标准质量提升行动"和"标准能力提升行动"，进一步完善工作制度、工作模式和工作平台。

3. 加强重点领域标准研究

聚焦新能源汽车、智能网联汽车、汽车电子、汽车芯片等行业热点或战略新兴领域标准研究，加强关键核心技术和基础共性技术标准研制；持续开展传统整车与系统部件领域标准制修订，统筹推进汽车安全、产品质量等技术标准工作；以落实国家双碳战略为目标，稳步推进汽车节能、绿色低碳相关标准研究。

4. 创新工作机制

以新兴技术领域为切入点，聚焦重点产业链布局，深入开展前瞻性技术攻关和标准研究；加强创新成果转化，建立技术创新、标准研制、产业应用协调联动机制；总结标准化领航项目试点经验并进行工作模式示范推广；开展标准公益课题研究效果评估，遴选优秀成果择机发布宣传。

5. 深化国际协调合作

全面跟踪、深度参与 UN/WP.29、ISO/IEC 等国际标准法规制定与协调，深化汽车标准国际化发展；持续加强与相关国家和组织的对话交流，充分发挥"中国汽车标准国际化中心""世界汽车标准创新大会"等平台作用，支撑建立"中国—东盟先进汽车技术标准法规合作伙伴关系"，分享和输出中国成果，促进中国标准与国际标准"软联通"，服务中国汽车产业"走出去"。

七 国内外新车测评技术最新进展

第三方汽车测评是独立于买卖双方利益和政府监管之外，以科学、公正、权威的非当事人身份，根据相关标准开展汽车产品检验、测试的市场活动。汽车测评站在消费者的角度，将车辆某一方面或几方面的性能直观呈现给消费者，并通过社会主流媒体进行结果发布，对于消费者全面了解车辆安全、智能、节能环保、健康、驾驶操控等性能指标具有重要的指导意义。

（一）新车安全测评技术研究进展

国际上第一个权威第三方汽车测评是由美国高速公路管理局（NHTSA）于1979年提出的美国新车评价规程（US NCAP），目的是促进和鼓励汽车生产企业超越现有法规标准的限制，进一步提升本国汽车安全水平。自美国最早采用NCAP体系以来，经过几十年的发展，新车评价规程NCAP组织已经遍布全球主要的汽车产销地，各NCAP简介如表1所示。

表 1　全球 NCAP 简介

序号	名称	测评项目
1	A NCAP	成人乘员保护、儿童乘员保护、弱势交通参与者保护和安全辅助
2	IIHS	防撞性评估、碰撞避免和减轻、安全带和儿童约束系统
3	Euro NCAP	成人乘员保护、儿童乘员保护、弱势交通参与者和安全辅助
4	Latin NCAP	成人乘员保护、儿童乘员保护、弱势交通参与者和安全辅助
5	ASEAN NCAP	成人乘员保护、儿童乘员保护、安全辅助和摩托车骑行者安全
6	Global NCAP	成人乘员保护和儿童乘员保护

（二）新车智能网联测评技术进展

随着汽车智能网联技术的发展，汽车测评在传统的主动、被动安全基础上，进一步深化测评技术研究，形成了以辅助驾驶、智慧座舱为代表的智能驾驶测评体系。

国内官方测评体系有中国智能网联汽车技术规程（C-ICAP），国外测评体系有欧洲新车评价规程—辅助驾驶（Euro NCAP AD）、美国消费者报告（CR）调研等，各测评品牌简介如表2所示。

表 2　智能网联测评品牌简介

序号	名称	测评项目
1	C-ICAP	辅助驾驶、智慧座舱、隐私保护、自动驾驶
2	Euro NCAP AD	驾驶员参与（Driver Engagement）、车辆辅助（Vehicle Assistance）和安全储备（Safety Backup）
3	CR	车辆能力测试、保持驾驶员参与、易用性测试、可用范围是否明确以及驾驶员不可用

（三）新车绿色测评技术进展

汽车绿色性能测评因"碳达峰""碳中和""电动汽车""可持续发展"等关键词而受到了国内外的重点关注。汽车绿色性能测评规程旨在推动汽车行业的绿色发展，引导消费者做出更加环保的购车决策，为实现可持续发展目标做出积极贡献。目前处于运营状态的全球绿色测评规程主要有欧洲的Green NCAP 体系和中国的 C-GCAP 体系，如表 3 所示。

表 3　新车绿色测评品牌简介

序号	名称		测评项目
1	C-GCAP	健康	车内空气质量和电磁辐射
		能效	传统能源汽车：综合油耗和市区油耗。电动汽车：车辆续航、充电
		低碳	对汽车全生命周期内的碳排放进行评价，包括原材料开采、生产、使用和报废处理等环节
2	Green NCAP	—	能耗、排放、材料可回收性、生产过程的环境影响以及报废处理

八　未来中国汽车技术发展趋势与建议

（一）安全技术发展趋势与建议

随着交通事故频发和对汽车安全需求的提高，中国汽车安全测评技术正处于快速发展的阶段。为了保障驾乘人员的生命安全和财产安全，中国在汽车安全测评技术领域加大了投入，并不断推动新技术和标准的发展。

中国新车评价规程（C-NCAP）2024 版计划从 2024 年 7 月开始实施。与 2021 版相比，2024 版的变化如下。①首次引入乘员保护虚拟测评技术，测试项目包括侧面远端乘员保护和正面离位乘员保护。②侧碰试验中使用的可变形移动壁障，对试验车辆侧面结构设计提出更高要求。③对儿童安全保护设置了更多的测试内容，其中包括儿童遗忘提醒。④在目标物方面，项目组根据道路上二轮车特征，研发设计了中国特有的电动二轮车目标物。

（二）智能网联技术发展趋势与建议

根据对过去两年测试数据分析，智能网联汽车在行车辅助、泊车辅助、智慧座舱领域可以作出以下提升。①行车辅助功能：可以在复杂环境的适应性上进行改善，包括复杂道路环境（城市道路、乡村道路）、复杂天气环境（雨、雾、夜间）等方面。②泊车辅助功能：应考虑多种场景的适应性，包括复杂的车位类型、多元的目标物类型。同时考虑国内实际情况，还应考虑遥控泊车、泊车辅助等功能的普及。③在智慧座舱方面，未来将重点关注在高频应用场景下人机交互的响应快捷性、滑动流畅性、操作安全性等性能指标。关注在不同光照场景下 HUD 内容显示的丰富性、蓝光对人眼的伤害等。

（三）绿色技术发展趋势与建议

在健康方面，需要关注高辐射强度下的车内空气质量，和对特殊人群（佩戴心脏起搏器等医疗器械）的电磁辐射影响。

在能效方面，C-GCAP 计划将针对续航和油耗问题，设置常温+高温+低温的全场景覆盖。一方面，这将推动插混车型测评体系的建设；另一方面，也可以为消费者提供更全面的用车信息。

在充电评价方面，C-GCAP 计划将新增大功率充电和换电技术测评，以做好中国新能源汽车的技术引导。

在低碳方面，C-GCAP 计划基于混动车型全生命周期的碳排放值以及各阶段的特征数据，制定面向混动车型的碳排放评价体系。

附　录
2023年汽车工业大事记

据中国汽车工业协会发布的数据，2023年，我国汽车产销分别完成3016.1万辆和3009.4万辆，同比分别增长11.6%和12%，产销均首次超过3000万辆，连续15年保持全球第一。2023年我国汽车出口491万辆，同比增长57.9%。另据日本汽车工业协会公布的数据，2023年日本汽车出口442万余辆。我国汽车出口首次超越日本，成为全球汽车出口第一大国。2023年，我国电动载人汽车、锂离子蓄电池和太阳能电池"新三样"产品合计出口1.06万亿元，首次突破万亿元大关，增长29.9%。

2023年1月，特斯拉率先在中国市场降价。3月，湖北省推出为期1个月的政企购车补贴举措，联合多家车企推出"史上最强购车优惠季"。随后，数十个城市跟进。汽车行业主流车企几乎都卷入了这场从年初打到年尾的价格战。

1月

1月5日　东风汽车有限公司宣布，东风有限、东风日产两级总部开启一体化整合运营，撤销东风有限五大总部及下设机构，职能转移至东风日产相应部门，同时设立东风有限武汉办公室。

同日　比亚迪全新高端品牌——仰望及其核心技术平台"易四方"正式发布。仰望品牌旗下两款车型纯电越野车U8、豪华跑车U9也在发布会上亮相。

1月9日 由中国汽车工程研究院股份有限公司筹建的国家氢能动力质量检验检测中心在重庆落成。这是国内首个国家级氢能动力质量检验检测中心。

1月11日 百度与武汉市政府签署合作协议，双方将共同开启规模化无人驾驶商业运营服务，打造全球领先的无人驾驶运营区。

1月12日 2023长安汽车全球伙伴大会在重庆举行，会上发布了长安智电iDD技术，以及新序列OX未来规划。长安汽车董事长朱华荣表示："到2025年，力争实现集团销售400万辆，其中，长安品牌销售300万辆，新能源销售占比35%，海外销售占比15%；到2030年，力争实现集团销售500万辆，其中，长安品牌销售400万辆，新能源销售占比60%以上，海外销售占比30%。"

1月30日 本田中国宣布，全资子公司本田技研科技（中国）有限公司与本田生产技术（中国）有限公司将合并。自2023年4月1日起，本田生产技术（中国）有限公司的主要业务将由本田技研科技（中国）有限公司制造技术广州分公司承接。

2月

2月1日 奇瑞集团正式宣布"全系整车终身质保"政策：自2023年1月1日起，凡购买奇瑞集团旗下星途、奇瑞、捷途、奇瑞新能源四大品牌全系车型，均享整车终身质保。此次"整车终身质保"权益对象为非营运车辆首任车主，在店内签订《奇瑞汽车终身质保服务协议》，且车辆全程在奇瑞4S店保养，即可享受此项权益。

2月2日 商务部表示，2023年将聚焦汽车、家居重点消费领域，推动出台一批新的政策。下一步，将继续会同相关部门，继续稳定和扩大汽车消费，重点抓好以下四个方面：一是稳定新车消费；二是支持新能源汽车消费；三是继续扩大二手车流通；四是畅通汽车报废更新。

2月9日 中国汽车技术研究中心有限公司宣布成立中汽碳（北京）数

字技术中心有限公司，并发布中国首个汽车产业链碳公示平台，这也是全球首个针对汽车全产业链的碳足迹信息公示平台。

2月13日 《中共中央 国务院关于做好2023年全面推进乡村振兴重点工作的意见》发布。其中指出，加快发展现代乡村服务业。具体包括：加快完善县乡村电子商务和快递物流配送体系，建设县域集采集配中心，推动农村客货邮融合发展，大力发展共同配送、即时零售等新模式，推动冷链物流服务网络向乡村下沉。鼓励有条件的地区开展新能源汽车和绿色智能家电下乡。

2月18日 中国汽车工业协会软件分会发布中国车用操作系统开源计划。此次开源的车用操作系统内核，将采用微内核技术路线，针对智能驾驶在实时性和安全性方面的要求进行创新设计，进一步提升操作系统的性能。

2月23日 吉利品牌全新中高端新能源系列——吉利银河正式发布，首款智能电混SUV"吉利银河L7"同步全球首发。

2月23日 《中共中央 国务院关于做好2023年全面推进乡村振兴重点工作的意见》发布。其中提出，"鼓励有条件的地区开展新能源汽车下乡"。这是新能源汽车下乡首次被写进"中央一号文件"。

2月23日 中国一汽董事长、党委书记徐留平调任中华全国总工会，原工作由中国一汽董事总经理、党委副书记邱现东暂时接管。8月31日，中共中央组织部宣布邱现东出任中国一汽董事长和党委书记。

3月

3月2日 《2022中国电动汽车用户充电行为白皮书》发布，整合能链智电和充电联盟的相关数据，统计数据时间范围选取为2021年6月1日至2022年5月31日，主要包含公用充电桩用户的相关充电行为特征及用户充电满意度情况等内容。

3月6日和3月28日 自然资源部和工信部先后发布《智能汽车基础地图标准体系建设指南（2023版）》和《国家汽车芯片标准体系建设指南

（2023 版）》（征求意见稿）。

3 月 23 日 工信部召开重点行业协会座谈会，强调要发挥优势、因业施策，引导企业加大设备更新改造投资力度，积极搭建产销对接平台，着力稳住汽车、消费电子等大宗消费。要推动产业体系优化升级，加快改造升级传统产业，巩固新能源汽车等优势产业领先地位，培育壮大新能源、新材料等新兴产业。

3 月 24 日 海马汽车宣布，与丰田汽车（中国）投资有限公司签署《关于在氢燃料电池汽车研发与产业化领域开展战略合作的框架协议》，将海南岛整体作为一个大型体验测试场，在公司第三代氢燃料电池汽车上搭载运用包括日本丰田第二代 Mirai 电堆在内的成熟部件及系统，完成整车适应性开发，并结合公司自建的氢能供应体系及出行网络实施测试；争取于 2023 年投入小批量（200 辆）开展示范运营，并于 2025 年规划 2000 辆运营规模。

3 月 28~29 日 首届中国商用车论坛在湖北十堰举办。论坛由中国汽车工业协会、湖北省经信厅、东风公司和十堰市人民政府共同主办，以"应变　求变　谋变——共创商用车发展新局面"为主题。

3 月 29 日 工信部表示，将加快推动商用车产业转型升级，组织公共领域车辆全面建成先行区试点，持续做好燃料电池汽车示范推进和应用推广，协同规定充换电站、加氢站基础设施建设，不断促进新技术、新模式、新业态探索和创新应用，加快研究商用车积分管理办法，持续提升电动化水平，加快推动智能网联汽车准入，引导企业加强能力建设和产品研发，加速商用车智能化、网联化进程。

4月

4 月 7 日 奇瑞集团携旗下四大品牌举办"2023 新能源之夜"，发布首个新能源电动品牌 iCAR、星途品牌高端新能源产品系列星纪元 STERRA 和第三代混动平台鲲鹏超级性能电混 C-DM。

4 月 10 日 比亚迪发布全球首个新能源专属智能车身控制系统——云

辇。云辇智能车身控制系统由比亚迪全栈自研，产品矩阵包含云辇-C、云辇-A、云辇-P等产品，将从舒适、操控、安全、越野等维度大幅提升消费者的驾乘体验。

4月18～27日　第二十届上海国际汽车工业展览会举行。该届展览会主题为"拥抱汽车行业新时代"，有9个场馆展示了来自全球最新的乘用车，另有3个场馆集中展示了最先进的汽车科技和供应链产品。

4月19日　国家发展改革委表示，汽车消费是支撑消费的"大头"，将加快推进充电桩和城市停车设施建设，大力推动新能源汽车下乡，鼓励汽车企业开发更适宜县乡村地区使用的车型。同时，加快实施公共领域车辆全面电动化先行区试点。

4月21日　国家标准委等十一部门联合发布《碳达峰碳中和标准体系建设指南》，围绕基础通用标准，以及碳减排、碳清除、碳市场等发展需求，基本建成碳达峰碳中和标准体系。

4月25日　国务院办公厅发布《关于推动外贸稳规模优结构的意见》。其中强调要培育汽车出口优势，要求各地方、商协会组织汽车企业与航运企业进行直客对接，引导汽车企业与航运企业签订中长期协议。各地方进一步支持汽车企业建立和完善国际营销服务体系，提升在海外开展品牌宣传、展示销售、售后服务方面的能力。

4月26日　《北京市自动驾驶车辆道路测试报告（2022年）》对外发布。报告显示，截至2022年底，北京载人试运营测试里程累计超过1400万km，为自动驾驶在实操层面提供了高价值的参考借鉴经验。北京市范围内自动驾驶车辆道路测试累计里程超过2194万km。

4月28日　中共中央政治局召开会议，分析研究当前经济形势和经济工作。会议指出，要巩固和扩大新能源汽车发展优势，加快推进充电桩、储能等设施建设和配套电网改造。

5月

5月8日　工信部等五部门发布《关于实施汽车国六排放标准有关事宜

的公告》。其中提出，自 2023 年 7 月 1 日起，全国范围全面实施国六排放标准 6b 阶段，禁止生产、进口、销售不符合国六排放标准 6b 阶段的汽车。此外，针对部分实际行驶污染物排放试验（即 RDE 试验）报告结果为"仅监测"等轻型汽车国六 b 车型，给予半年销售过渡期，允许销售至 2023 年 12 月 31 日。

5 月 9 日 长安汽车与浙江吉利控股集团签署了战略合作框架协议，将围绕新能源、智能化、新能源动力、海外拓展、出行等产业生态展开战略合作。

5 月 27 日 上海、广州等全国第二批地区统一上线商业车险新版费率标准，即商业车险自主定价系数浮动范围由 [0.65, 1.35] 切换至 [0.5, 1.5]，标志着商业车险二次改革全面实施。第一批 16 个地区已于 2023 年 4 月 28 日 24 时完成系数切换。

同日 中国汽车工业协会正式发布中国车用操作系统开源计划中首个微内核开源项目。项目将采用木兰公共许可证（第 2 版），已通过开放原子开源基金会代码托管平台公开发布包括初始化代码、核心功能源代码、忑驰 G9X 适配代码等共计 122 个文件，14883 行源代码。计划于 2023 年底启动 POSIX PSE51 OEM 预研项目，实现功能验证，并于 2024 年实现功能安全验证，2025 年实现量产验证。

5 月 30 日 工信部节能与综合利用司在北京召开新能源汽车动力蓄电池回收利用管理办法研讨会。会上工信部节能与综合利用司表示，将加快新能源汽车动力蓄电池回收利用管理办法研究制定，强化行业规范管理，持续完善动力电池回收利用体系。

6月

6 月 8 日 商务部办公厅发布《关于组织开展汽车促消费活动的通知》。明确了为进一步稳定和扩大汽车消费，商务部将组织开展汽车促消费活动。活动时间为 2023 年 6 月至 12 月，统筹开展"百城联动"汽车节和"千县万镇"新能源汽车消费季活动。

6月15日　工信部发布关于《道路机动车辆生产企业及产品公告》（第372批）拟发布内容的公示，北京理想汽车有限公司出现在拟发布新增车辆生产企业清单中。理想北京绿色智能工厂投产后，将实现年产10万辆的产能。

6月16日　2023年新能源汽车下乡活动正式启动，受工信部、国家发改委、农业农村部、商务部和国家能源局五部门委托，由中国汽车工业协会组织实施。2023年新能源汽车下乡活动首次采用三城联动形式，在江苏惠山、湖北荆门和海南琼海三地同时展开。

6月19日　吉利集团宣布，极星汽车与星纪魅族集团战略签约，双方将建立面向中国市场的合资企业，极星汽车持有合资公司49%的股权，星纪魅族持有51%的股权。

6月19~20日　国家发展改革委主任郑栅洁先后与大众汽车集团管理董事、大众汽车集团（中国）董事长兼CEO贝瑞德在柏林签署《中华人民共和国国家发展和改革委员会与大众汽车集团合作意向书》；与德国宝马股份公司董事长齐普策在柏林签署《中华人民共和国国家发展和改革委员会与德意志联邦共和国宝马股份公司合作意向书》；与梅赛德斯—奔驰集团董事会主席康林松在柏林签署《中华人民共和国国家发展和改革委员会与德意志联邦共和国梅赛德斯—奔驰集团合作意向书》。

6月20~22日　联合国世界车辆法规协调论坛（WP. 29）第190次会议在瑞士日内瓦召开。会议期间，由中国、美国、韩国和日本共同牵头修订的UN GTR No. 13《燃料电池电动汽车安全全球技术法规》经各缔约方投票表决，获得全票通过。

6月21日　财政部、税务总局、工业和信息化部三部门联合发布《关于延续和优化新能源汽车车辆购置税减免政策的公告》，提出对购置日期在2024年1月1日至2025年12月31日期间的新能源汽车免征车辆购置税，对购置日期在2026年1月1日至2027年12月31日期间的新能源汽车减半征收车辆购置税。

6 月 28 日　《2023 全球汽车供应链核心企业竞争力白皮书》正式发布。该书全面分析了全球汽车供应链的发展趋势，以及核心竞争力，为全球汽车产业高质量发展锚定新方向，为企业制胜下一个时代提供重要参考。

7月

7 月 3 日　由工业和信息化部指导、中国汽车工业协会组织、广汽集团和广汽埃安承办的 2023 中国汽车品牌向上发展专项行动——中国新能源汽车第 2000 万辆在广州广汽埃安生产线下线。从耗时 15 年完成第一个 1000 万辆，到仅用 1 年零 5 个月完成第二个 1000 万辆，中国新能源汽车市场迎来爆发式增长。

7 月 4 日　比亚迪与巴西巴伊亚州政府共同宣布，双方将在巴西设立由三座工厂组成的大型生产基地综合体，总投资额约合人民币 45 亿元。这三座工厂分别为：主营电动客车和载货车底盘的生产工厂、新能源乘用车整车生产工厂、专门从事磷酸铁锂电池材料的加工工厂。

7 月 5 日　在中国–东盟新兴产业论坛上，奇瑞股份国际公司印尼分公司负责人介绍了奇瑞在东盟的相关战略，将分别在印度尼西亚、马来西亚和泰国设立工厂，实现东盟地区车型全覆盖。

7 月 5~7 日　由中国汽车工业协会主办的 2023 中国汽车论坛在上海举行。论坛以"新时代　新使命　新动能——助力建设现代化产业体系"为主题。这是一场会聚全球汽车行业精英、共商行业发展大计的顶级盛会，对洞察汽车行业发展具有风向标意义。

7 月 11 日　吉利控股集团和吉利汽车控股有限公司与雷诺集团签署了一项股比为 50∶50 的约束性合资协议。双方将成立一家新公司，在全球范围内研发、制造和供应混合动力总成和燃油动力总成。

7 月 14 日　国家金融监督管理总局修订发布新版《汽车金融公司管理办法》（以下简称《办法》），自 2023 年 8 月 11 日起施行。《办法》以风险为本加强监管，取消股权投资业务。对出资人提出更高要求，强化股东对汽车金融公司的支持力度；将汽车附加品融资列入业务范围，允许客户在办理汽车贷款后单独申请附加品融资；允许设立境外子公司。

7月15日 2023年，中国汽车工业迎来70周年。1953年7月15日，中国一汽诞生。中国汽车工业70年实现从无到有、从小到大，并由汽车大国向汽车强国迈进。

7月18日 工信部、国家标准化管理委员会联合修订发布《国家车联网产业标准体系建设指南（智能网联汽车）（2023版）》，提出分阶段建立适应我国国情并与国际接轨的智能网联汽车标准体系。

7月23日 2023中国汽车创新大会在吉林长春举行，中国汽车技术研究中心有限公司、北京大学联合发布了《汽车标准必要专利蓝皮书》。这是中国首份在这一领域系统性的研究报告。

8月

8月4日 丰田中国、广汽丰田和小马智行举办签约仪式。三方宣布共同设立合资公司，以支持未来自动驾驶出租车（Robotaxi）前装量产和规模化部署。

8月8日 国家标准委等五部门联合印发《氢能产业标准体系建设指南（2023版）》。这是国家层面首个氢能全产业链标准体系建设指南。

8月9日 比亚迪第500万辆新能源汽车正式下线，成为全球首家达成这一里程碑的汽车企业。

8月14日 吉利控股旗下汽车机器人品牌"极越"正式发布，首款新车正式命名为"极越01"，标志着吉利与百度合作打造的高端智能汽车项目迈出了实质性的一步。

8月16日 东风汽车集团有限公司宣布实施东风乘用车新能源"跃迁行动"，对自主乘用车新能源事业进行重大管理体制调整——集团一体化管理"东风"品牌下东风风神、东风eπ、东风纳米三个产品系列品牌。

8月25日 2023成都国际车展开幕。该届成都车展展出规模超20万

m^2，乘用车共设 11 个展馆，吸引德系、美系、法系、日系、韩系及合资、自主等 129 个品牌，近 1600 款车型参展。

8 月 31 日 长安、华为、宁德时代三方合作公司阿维塔科技宣布，公司完成 B 轮融资，募集资金 30 亿元，投后估值近 200 亿元。

9月

9 月 5~10 日 IAA MOBILITY 2023 在德国慕尼黑举办，有 38 个国家的 750 家参展商参展，其中中国的参展商达到 75 家，是上一届的两倍多。9 月 4 日 IAA MOBILITY 2023 媒体日，在慕尼黑展览中心举办了 IAA 历史上首个中国媒体专场沟通会。此沟通会由 IAA 组委会主办，中国汽车工业协会旗下汽车纵横全媒体独家协办，以多元宣传方式助力中国汽车出海，发出中国声音，展现中国力量。

9 月 11 日 国内首条满足车路协同式自动驾驶等级的全息感知智慧高速公路即将在苏州启用。该项目覆盖苏台高速 S17（黄埭互通—阳澄湖北互通），对双向 56km 路段进行智慧化升级，在 55 个点位布设激光雷达、毫米波雷达、摄像头、路侧天线 RSU 等感知设备 270 套，可实现 L4 级别自动驾驶。

9 月 12 日 长城汽车宣布，在其技术中心下设智能化前沿组织——TCAL（Techn-ology Center AI Lab，AI Lab）。AI Lab 负责构建长城汽车全链路 AI 技术体系，基于跨域化、横向化、创新化的理念，以算力、算法、大模型能力建设为基础，将动力、底盘、造型、上车身等组织拉通，打造长城汽车大模型服务平台，形成面向整车领域与研发领域的技术中台。

9 月 19 日 交通运输部办公厅印发《道路运输企业和城市客运企业安全生产重大事故隐患判定标准（试行）》的通知，于 2023 年 10 月 1 日起施行。该标准适用于道路旅客运输、道路普通货物运输、危险货物道路运输、城市轨道交通运营、城市公共汽电车客运、出租汽车客运、机动车驾驶员培训、机动车维修、汽车客运站等企业的安全生产重大事故隐患判定工作。

同日　北京市智能网联汽车政策先行区颁发首批乘用车"车内无人、车外远程"出行服务商业化试点通知书,百度 Apollo 旗下自动驾驶出行平台萝卜快跑及小马智行获准,在北京亦庄开启车内无人自动驾驶出行服务(Robotaxi)收费。

9月21日　商务部表示,将会同相关部门落实前期已经出台的政策,包括家居、汽车、电子产品等领域,确保这些政策的落地见效。此外,将围绕重点领域,推动出台支持汽车后市场发展等一批政策举措,为消费加快恢复增添动力。

同日　在2023世界智能网联汽车大会上,工信部表示将完善支持政策、优化发展环境,持续推动智能网联汽车产业高质量发展:一是强化创新驱动,支持上下游企业建立创新联合体;二是完善标准法规,加快重点急需标准制修订;三是深化试点示范,尽快启动智能网联汽车准入和上路通行试点,加快推进城市级"车路云一体化"示范应用;四是优化产业生态,推动车路协同基础设施建设。

9月25日　理想汽车第50万辆量产车在常州基地下线,该车为理想L7。

10月

10月7日　哪吒汽车与宁德时代签署了深化战略合作协议。双方宣布将就新项目及新技术合作、神行电池供应、海外业务拓展等方向的业务深化交流,共同"构建长期战略合作关系、深化战略合作"。

10月8日　交通运输部发布《公路工程设施支持自动驾驶技术指南》,充分考虑了既有的公路工程设施实际情况,有针对性提出支持自动驾驶时的功能要求、性能要求和布设要求。

10月9日　交通运输部等九部门发布《关于推进城市公共交通健康可持续发展的若干意见》。意见提出,各地要合理界定城市公共交通价格补偿和财政补偿范围，综合考虑城市公共交通运营成本、公众承受能力、财政补贴等因素，制定城市公共交通价格并建立动态调整机制。

10月12日 商务部等九部门联合发布了《关于推动汽车后市场高质量发展的指导意见》，明确了汽车后市场发展的总体目标和主要任务，系统部署推动汽车后市场高质量发展。

10月17~18日 第三届"一带一路"国际合作高峰论坛在北京举行。至今，已有一汽、东风、长安、北汽、上汽、广汽、比亚迪、奇瑞、吉利等中国汽车企业在"一带一路"共建国家进行了产品布局。

10月24日 广汽集团宣布，拟对广汽三菱、广汽三菱汽车销售公司实施股权调整等重组事项。重组完成后，广汽三菱将成为广汽集团全资子公司，其产能则将被广汽埃安接收。

10月27日 东风汽车集团有限公司召开中层以上管理人员大会。中共中央组织部有关负责同志宣布了党中央关于东风汽车集团有限公司主要领导调整的决定：杨青任东风汽车集团有限公司董事长、党委书记，免去其东风汽车集团有限公司总经理职务。

11月

据中国汽车工业协会发布的数据，2023年11月，新能源汽车产销分别完成107.4万辆和102.6万辆，同比分别增长39.2%和30%。这是我国新能源汽车月度产销首次均超过百万辆。

11月2日 东风集团股份发布公告称，竺延风已届退休年龄，11月2日起不再担任公司执行董事及董事长职务，同时辞去提名委员会委员职务。

11月3日 2023中国汽车软件大会在上海嘉定举办。大会以"聚软件之力，创数智未来"为主题，由中国汽车工业协会主办，中国汽车工业协会下属单位中德智能网联汽车推广应用中心、上海智能汽车软件园共同承办，中国汽车工业协会软件分会、智能网联汽车分会和中国汽车工程学会汽车基础软件分会协办。

11月4日 泰国总理赛塔赴春武里考察上汽正大有限公司,并参加泰国首辆地产纯电动车 MG4 以及首块深度地产化电池的下线和签字仪式。此次活动宣布了泰国首辆地产纯电动车 NEW MG4 ELECTRIC Thailand Edition 的正式下线。这是 MG 汽车在泰国生产的第一辆电动车。

11月5日 第六届中国国际进口博览会暨虹桥国际经济论坛在上海市开幕。作为六大展区之一的汽车展区,此次围绕"共创移动出行美好未来"主题,分为整车及新能源汽车、智慧出行专区和多模式交通三大板块。

11月6日 国家发展改革委发布《国家碳达峰试点建设方案》,首批在15个省区开展碳达峰试点建设。

11月10~12日 由中国汽车工业协会和武汉市人民政府共同主办的"2023 中国汽车供应链大会暨第二届中国新能源智能网联汽车生态大会"在武汉举办。大会以"踔厉奋发,攻坚克难——打造安全、韧性、绿色汽车供应链"为主题。

11月17日 工信部等四部门联合发布《关于开展智能网联汽车准入和上路通行试点工作的通知》。

11月14日 工信部、交通运输部等八部门印发《关于启动第一批公共领域车辆全面电动化先行区试点的通知》,确定北京、深圳、重庆、成都、郑州等15个城市为此次试点城市,将在公务用车、城市公交车、环卫车、出租车、邮政快递车、城市物流配送车、机场用车、特定场景重型载货车等领域推广新能源汽车。

11月15日 小米汽车出现在新一期工信部目录中。信息显示,产品商标为"小米牌",企业名称为"北京汽车集团越野车有限公司"。

11月17日 第二十一届广州国际汽车展览会正式开幕。该届广州车展共展出全球首发车59辆,其中跨国公司首发车8辆;概念车20辆,其中国际品牌展车9辆;新能源车469辆,其中国外品牌展车119辆。

11月21日 大众汽车(安徽)零部件有限公司在安徽合肥投产。该公司是大众集团在中国首个独资电池包生产工厂。

11月22日 国家发展改革委等五部门联合印发《关于加快建立产品碳

足迹管理体系的意见》，对重点任务作出系统部署，构建起产品碳足迹管理体系总体框架。

11月24日 广汽集团宣布，广汽埃安实验室完成固态电池的界面改性技术试验验证，公布了新的技术突破。该技术将使固态电池的寿命衰减降低50%，150周循环后，电池容量能够保持在90%以上。

同月 第二届俄中汽车工业论坛在莫斯科举行，来自两国政府、汽车行业及金融机构的500余名代表参加论坛，共同讨论两国汽车工业领域合作与发展前景。

12月

12月4日 蔚来汽车科技（安徽）有限公司出现在工信部的"车辆生产企业信用信息管理系统"中，法人代表为蔚来总裁秦力洪，生产地址为安徽省合肥经济技术开发区白塔路299号。

12月5~6日 由江苏省工业和信息化厅、无锡市人民政府作为指导单位，中国汽车工业协会和中国电子科技集团有限公司共同主办的2023全球汽车芯片创新大会暨第二届中国汽车芯片高峰论坛在无锡成功召开。大会以"共享中国机遇·共谋创新发展·共赢产业未来"为主题。

12月18日 中国一汽大湾区研发院在广东深圳揭牌成立。研发院将构建前瞻技术、关键零部件、先进材料的创新及产业化平台，打造优质核心人才聚集地、原创技术策源地与新型产业模式实践基地。

12月19~21日 由中国电动汽车充电基础设施促进联盟、中国汽车工业协会充换电分会、杭州市富阳区人民政府联合主办的"2023中国汽车充换电生态大会"在杭州举办。大会以"迎接新挑战，全面推动充换电基础设施高质量发展"为主题。

12月20日 蜂巢能源在泰国春武里府是拉差市举行首款电池包下线仪式。该电池包为蜂巢能源的LCTP电池包，带电量60kWh，续航可达500km以上。

12月22日　比亚迪宣布将在匈牙利赛格德市建设一个新能源汽车整车生产基地。新生产基地计划采用全球先进的工艺设备和高度自动化的生产流程，打造全球领先的新能源汽车整车制造基地。

12月25日　岚图汽车宣布2023年第5万辆整车下线。

同日　合创汽车宣布与缅甸MNEM有限公司签署经销协议，正式进军缅甸市场。根据协议，双方将在缅甸推出合创Z03、A06、V09等产品。

12月28日　小米汽车技术发布会在北京举行，五大核心技术——电驱、电池、大压铸、智能驾驶以及智能座舱正式公布，小米汽车首款产品——小米SU7首次公开亮相。

社会科学文献出版社

皮 书

智库成果出版与传播平台

❖ 皮书定义 ❖

皮书是对中国与世界发展状况和热点问题进行年度监测，以专业的角度、专家的视野和实证研究方法，针对某一领域或区域现状与发展态势展开分析和预测，具备前沿性、原创性、实证性、连续性、时效性等特点的公开出版物，由一系列权威研究报告组成。

❖ 皮书作者 ❖

皮书系列报告作者以国内外一流研究机构、知名高校等重点智库的研究人员为主，多为相关领域一流专家学者，他们的观点代表了当下学界对中国与世界的现实和未来最高水平的解读与分析。

❖ 皮书荣誉 ❖

皮书作为中国社会科学院基础理论研究与应用对策研究融合发展的代表性成果，不仅是哲学社会科学工作者服务中国特色社会主义现代化建设的重要成果，更是助力中国特色新型智库建设、构建中国特色哲学社会科学"三大体系"的重要平台。皮书系列先后被列入"十二五""十三五""十四五"时期国家重点出版物出版专项规划项目；自2013年起，重点皮书被列入中国社会科学院国家哲学社会科学创新工程项目。

皮书网

（网址：www.pishu.cn）

发布皮书研创资讯，传播皮书精彩内容
引领皮书出版潮流，打造皮书服务平台

栏目设置

◆关于皮书

何谓皮书、皮书分类、皮书大事记、
皮书荣誉、皮书出版第一人、皮书编辑部

◆最新资讯

通知公告、新闻动态、媒体聚焦、
网站专题、视频直播、下载专区

◆皮书研创

皮书规范、皮书出版、
皮书研究、研创团队

◆皮书评奖评价

指标体系、皮书评价、皮书评奖

所获荣誉

◆2008年、2011年、2014年，皮书网均
在全国新闻出版业网站荣誉评选中获得
"最具商业价值网站"称号；

◆2012年，获得"出版业网站百强"称号。

网库合一

2014年，皮书网与皮书数据库端口合
一，实现资源共享，搭建智库成果融合创
新平台。

皮书网

"皮书说"
微信公众号

权威报告·连续出版·独家资源

皮书数据库
ANNUAL REPORT(YEARBOOK)
DATABASE

分析解读当下中国发展变迁的高端智库平台

所获荣誉

- 2022年，入选技术赋能"新闻+"推荐案例
- 2020年，入选全国新闻出版深度融合发展创新案例
- 2019年，入选国家新闻出版署数字出版精品遴选推荐计划
- 2016年，入选"十三五"国家重点电子出版物出版规划骨干工程
- 2013年，荣获"中国出版政府奖·网络出版物奖"提名奖

皮书数据库

"社科数托邦"
微信公众号

成为用户

　　登录网址www.pishu.com.cn访问皮书数据库网站或下载皮书数据库APP，通过手机号码验证或邮箱验证即可成为皮书数据库用户。

用户福利

- 已注册用户购书后可免费获赠100元皮书数据库充值卡。刮开充值卡涂层获取充值密码，登录并进入"会员中心"—"在线充值"—"充值卡充值"，充值成功即可购买和查看数据库内容。
- 用户福利最终解释权归社会科学文献出版社所有。

社会科学文献出版社 皮书系列
SOCIAL SCIENCES ACADEMIC PRESS (CHINA)

卡号：654322736617
密码：

数据库服务热线：010-59367265
数据库服务QQ：2475522410
数据库服务邮箱：database@ssap.cn
图书销售热线：010-59367070/7028
图书服务QQ：1265056568
图书服务邮箱：duzhe@ssap.cn

S 基本子库
UB DATABASE

中国社会发展数据库（下设 12 个专题子库）

紧扣人口、政治、外交、法律、教育、医疗卫生、资源环境等 12 个社会发展领域的前沿和热点，全面整合专业著作、智库报告、学术资讯、调研数据等类型资源，帮助用户追踪中国社会发展动态、研究社会发展战略与政策、了解社会热点问题、分析社会发展趋势。

中国经济发展数据库（下设 12 专题子库）

内容涵盖宏观经济、产业经济、工业经济、农业经济、财政金融、房地产经济、城市经济、商业贸易等 12 个重点经济领域，为把握经济运行态势、洞察经济发展规律、研判经济发展趋势、进行经济调控决策提供参考和依据。

中国行业发展数据库（下设 17 个专题子库）

以中国国民经济行业分类为依据，覆盖金融业、旅游业、交通运输业、能源矿产业、制造业等 100 多个行业，跟踪分析国民经济相关行业市场运行状况和政策导向，汇集行业发展前沿资讯，为投资、从业及各种经济决策提供理论支撑和实践指导。

中国区域发展数据库（下设 4 个专题子库）

对中国特定区域内的经济、社会、文化等领域现状与发展情况进行深度分析和预测，涉及省级行政区、城市群、城市、农村等不同维度，研究层级至县及县以下行政区，为学者研究地方经济社会宏观态势、经验模式、发展案例提供支撑，为地方政府决策提供参考。

中国文化传媒数据库（下设 18 个专题子库）

内容覆盖文化产业、新闻传播、电影娱乐、文学艺术、群众文化、图书情报等 18 个重点研究领域，聚焦文化传媒领域发展前沿、热点话题、行业实践，服务用户的教学科研、文化投资、企业规划等需要。

世界经济与国际关系数据库（下设 6 个专题子库）

整合世界经济、国际政治、世界文化与科技、全球性问题、国际组织与国际法、区域研究 6 大领域研究成果，对世界经济形势、国际形势进行连续性深度分析，对年度热点问题进行专题解读，为研判全球发展趋势提供事实和数据支持。

法律声明

"皮书系列"（含蓝皮书、绿皮书、黄皮书）之品牌由社会科学文献出版社最早使用并持续至今，现已被中国图书行业所熟知。"皮书系列"的相关商标已在国家商标管理部门商标局注册，包括但不限于 LOGO（ ）、皮书、Pishu、经济蓝皮书、社会蓝皮书等。"皮书系列"图书的注册商标专用权及封面设计、版式设计的著作权均为社会科学文献出版社所有。未经社会科学文献出版社书面授权许可，任何使用与"皮书系列"图书注册商标、封面设计、版式设计相同或者近似的文字、图形或其组合的行为均系侵权行为。

经作者授权，本书的专有出版权及信息网络传播权等为社会科学文献出版社享有。未经社会科学文献出版社书面授权许可，任何就本书内容的复制、发行或以数字形式进行网络传播的行为均系侵权行为。

社会科学文献出版社将通过法律途径追究上述侵权行为的法律责任，维护自身合法权益。

欢迎社会各界人士对侵犯社会科学文献出版社上述权利的侵权行为进行举报。电话：010-59367121，电子邮箱：fawubu@ssap.cn。

社会科学文献出版社